질적 연구

시작부터 완성까지

Robert K. Yin 저 | 박지연 · 이숙향 · 김남희 공역 |

Qualitative
Research
from Start
to Finish

학지사

Qualitative Research from Start to Finish
by Robert K. Yin

Korean Translation Copyright © **2013** by Hakjisa Publisher, Inc.
The Korean translation rights published by arrangement with
Guilford Publications, Inc.

Copyright © 2011 The Guilford Press
A Division of Guilford Publications, Inc.

All rights reserved.

역자 서문

"현실 세계에서 일어나는 모든 일은 질적 연구의 주제가 될 수 있다."

Robert K. Yin은 이 책의 제1장 서문을 이러한 선언으로 시작하고 있다. '통계적으로 유의미한 차이(statistically significant difference)' 만으로 충분히 설명되지 않는 실험 결과 앞에서, 또는 연구하고 싶고, 연구해야만 하는 주제지만 여러 가지 현실적인 이유로 연구 설계가 암담하게 느껴지는 상황 앞에서 이 선언은 엄청난 매력으로 다가온다. 이러한 매력 때문에 최근 사회과학 영역의 여러 학술지에 실리는 질적 연구 논문의 비율이 점차 높아지고 있다. 2000년대 초반까지만 해도, 『동료평가 학술지(Peer-reviewed Journal)』에 투고한 논문에 대한 심사 결과를 받은 후, 질적 연구 논문의 연구 문제가 왜 연구 결과와 일대일 대응이 되지 않는지, 자료 수집을 위한 면담 질문이 왜 연구 참여자마다 조금씩 달랐는지, 연구 결과를 왜 일반화하여 서술할 수 없는지 등을 설명하는 편지를 학술지 논문 심사위원들에게 따로 써야 했다는 질적 연구자들의 무용담을 드물지 않게 접할 수 있었지만, 어느새 질적 연구가 사회과학 각 분야의 전문 학술지에 실리는 것이 익숙하고 자연스러운 일이 되었다. 이는 질적 연구에 대한 학계의 이해가 높아지고 그 필요성이 인정받게 되었다는 의미로, 질적 연구는 앞으로도 주요 연구 방법 중 하나로 고유의 역할과 기여를 할 것으로 예상된다.

이 책이 어느 특정 학문 분야에 한정된 질적 연구를 다루는 것은 아니지만, 우리 역자들은 모두 특수교육 전공자들이다. 우리는 그간 장애학생과 그 가족, 장애학생을 지원하는 여러 사람들의 이야기를 5점 척도의 설문지나 행동 발생 빈도만으로는 담아내기 어렵다는 인식에서 종종 질적 연구를 수행해 왔다. 그러나 질적 연구 방법에 대해 강의하거나 학생의 질문을 받을 때마다 간결한 요약

이 불가능한 질적 연구의 특성상, 불가피하게 길고 장황한 부연 설명을 하면서 질적 연구의 전 과정을 친절하고 상세하게 설명해 주는 책이 있으면 얼마나 좋을까 하고 바라던 차에 이 책을 접하게 되었다. 질적 연구의 권위자로 널리 알려진 Yin은 이 책에서 질적 연구를 수행해 온 역자들도 미처 생각하지 못한 부분까지 짚어 가며, 마치 맛있기로 소문난 요리의 비결을 손녀에게만 전수하기로 작정한 할머니처럼 차근차근 설명해 주고 있다.

이 책은 또한 연구방법론을 다루는 책이 반드시 갖추어야 할 구체성 외에 풍부한 예시 연구를 제공했다는 장점이 돋보인다. 저자가 자신의 설명을 독자에게 이해시키기 위해 제시한 수많은 선행 질적 연구들은 그 자체로 너무나 흥미로운 주제를 다루고 있어서 역자들은 때때로 이 예시가 무엇 때문에 등장했는지를 잠시 잊어버리고 '그런데 이 연구의 결과는 어떻게 나왔을까?'가 궁금하여 원문을 찾아보는 지경에 이르렀다. 그리고 그 연구를 수행한 선배 연구자에게 한없는 찬사를 보내기도 하였다. 이 책을 읽는 여러분도 비슷한 경험을 하리라 생각된다.

부디 이 책이 '배워서 남 주니?'가 아닌 '배워서 남 주자!'의 신념을 가지고, 이 사회에서 여러 이유로 목소리를 높이지 못하는 많은 사람들의 이야기를 따뜻하게 경청하고 세심하게 분석하여 이 세상에 알리고 싶어 하는 많은 학생들과 학자들에게 유익한 도구로 사용되기를 바란다. 마지막으로 편집에 수고해 주신 김선우 선생님을 비롯한 학지사 가족들에게 감사의 마음을 전한다.

2013년 10월
역자 일동

저자 서문

질적 연구의 시대가 도래했다. 수많은 연구물이 출판되고 있으며, 이러한 질적 연구의 결과는 세계의 거의 모든 주제를 다루고 있다. 이와 함께 현재 강력한 방법론적 연구들이 사회과학의 주류에 통합될 수 있는 연구 기술을 정의하고 있다는 것도 동일하게 중요한 성과다. 질적 연구에 대한 여러분의 관심은 질적 연구를 잘 수행하거나 지도하고, 혹은 단지 질적 연구를 배우고자 하는 요구를 반영할 수 있을 것이다. 여러분의 요구가 어떤 것이든, 이 책은 여러분을 도울 수 있다.

이 책의 특징

실제적 접근

주된 주제로서, 이 책은 실제적인 관점에서 질적 연구를 소개한다. 이러한 관점은 기초적인 수준에서부터 어떻게 질적 연구가 수행되는지에 대한 통찰을 제공한다. 이러한 접근은 사실 개인의 독자적인 연구든, 대규모 연구의 일부든 혹은 학부, 대학원, 평생교육 과정의 학습 및 훈련 과제든 상관없이 여러분이 실제로 질적 연구를 수행하고 있다면 더 유용할 것이다.

귀납적 접근

이 책은 성공적으로 수행되고 출판된 수많은 질적 연구의 예들을 제시하면서 사회학, 인류학, 심리학, 교육, 공중보건, 사회복지, 지역사회 개발, 평가, 국제문제 등과 같은 다양한 학문 분야 및 전문 영역을 다루고 있다. 이 예들은 일반적으로 이 책 전체에 걸쳐 흩어져 있는 예시와 연구 요약의 형태로 제시된다. 이 두 가지 모두 다른 교재들에서 자주 소개되는 표준적인 인용구보다는 각 연구에 대한 좀 더 구체적인 내용을 제시한다. 더욱이, 이 연구들은 광범위하게 이용되고 있는 학술지나 책에서 이미 다룬 것이다. 이 연구들은 쉽게 구할 수 있기 때문에 여러분이 원한다면 이들 자료를 좀 더 자세히 살펴볼 수 있을 것이다.

수많은 예들은 어떻게 광범위한 분야의 다양한 학자들에 의해 질적 연구가 이루어졌는지 이해하기 위해 보다 실제적인 토대를 제공할 뿐만 아니라 폭넓은 질적 연구의 범위를 소개한다. 연구 주제는 다양한 유형의 사회적 환경과 일상으로 확대되고 있으며, 동시에 실행연구, 근거이론, 사례연구, 여성운동, 내러티브 연구, 현상학을 포함한 다양한 주요 질적 연구 유형을 다루고 있다. 가장 중요한 특징으로는 모든 예시 연구들이 이미 완료된 연구라는 것이다. 그런 의미에서 이런 연구는 여러분이 자신의 질적 연구를 마칠 수 있다는(그리고 출간할 수 있다는) 자신감을 높여 줄 것이다.

마찬가지로 완료된 두 가지 연구가 있는데, 이 연구들은 제8장, 제9장, 제12장에서 다루는 내용과 관련되어 있으며, 어떻게 연구가 수행되었는지를 각 장의 후반부에서 깊이 있게 다루고 있다. 이들 연구는 두 가지 주제(한 사례는 K-12에 대해서, 또 다른 연구는 대학 행정에 대해서)를 조사하고 있는데, 이것은 모든 사람이 이 두 가지 환경을 경험해 봤기 때문에 독자들도 모두 쉽게 이해할 수 있도록 의도된 것이다.

적용적 접근

이 책은 의도적으로 적용적 방식으로 질적 연구를 소개하고 있는데, 이것은 사실상 기술이라고 하는 것이 더 어울린다. 이 기술을 독단적인 방법으로 전하기보다는 훨씬 덜 이념적인 방법으로 전하기 위해, 이 책은 중요한 방법론적인 주제(예: 어떻게 질적 연구를 설계하고 분석하는지)를 선택할 수 있는 옵션의 형식으로 제시한다. 이러한 선택은 여러분이 자신의 연구를 원하는 대로 수행할 수 있게 해 준다.

예를 들어, 여러분은 제4장에서 제시한 여덟 가지 선택을 바탕으로 자신만의 연구 설계를 구상할 수 있다. 그 결과 질적 연구는 질적 연구 수행과 관련된 전통적인 방법에서부터 현재의 기술과 도구를 이용하는 보다 실용적인 접근에까지 이르고 있다. 이와 같이 여러분은 자신의 연구 문제를 최종 확정하기 전에 현장연구를 시작할 것인지 선택할 수 있는데, 이에 대한 옵션은 제3장에 있다. 여러분은 또한 제8장과 제9장에서 논의하고 있듯이 자신의 자료를 코딩할 것인지, 자료 분석을 지원하기 위한 컴퓨터 소프트웨어를 사용할 것인지를 결정할 수 있다. 만약 여러분이 처음 질적 연구를 시작하는 데 어려움이 있다면, '선행연구 모음집(study bank)' 제작에 대한 제3장의 아이디어들이 통찰력 있는 옵션을 제공할 것이다.

저 자

본 저자의 경험은 앞서 말한 이 책의 세 가지 특징(실제적인 주제, 어떻게 다른 연구가 수행되었는지 이해하고자 쏟은 노력 그리고 보다 적용적이 될 필요성)을 설명할 수 있다. 이 실제적인 지침과 귀납적 관점은 사회과학 연구에서 지난 30년 동안 계속되어 온 전통에서 비롯된다. 이 시간 동안 본 저자는 거의 200여 편의 연구를 직접 감독하거나 이끌었으며 직접 참여하기도 했는데, 여기에는 의도적으로 혼합연구와 비질적 연구 방법을 사용한 연구도 포함되어 있다. 적용적 관점은 다양한 범위의 현장(초등 및 중등 교육, 중등 이후 교육, 건강 증진, HIV/AIDS 예방과 물질남용 예방, 마을과 공동체 및 도시 개발, 범죄 예방, 기술혁신과 보급, 의사소통, 기관 발전과 프로그램 평가)을 다루고 있다.

이 모든 연구에 대해 학술지의 형태든지 혹은 일종의 최종 연구 보고서든지 공식적인 서면 결과 보고가 이루어졌다. 이러한 최종 단계에 성공적으로 도달했다는 것은 본 저자가 처음부터 끝까지 전체 연구의 순환 과정을 여러 번 연습했음을 의미한다. 각 연구는 다른 비교 연구들을 집중적으로 훑어보고 검토함으로써 시작되었는데, 이 작업은 다른 학자들이 연구를 설계하고 수행한 방법을 보여 주었다. 본 저자의 연구들은 각각 서로 다른 상황에서 수행되었고 서로 다른 연구 문제를 다루었기 때문에, 연구가 설계되고, 분석되며, 제시될 수 있는 다양한 방법을 접하게 되었다.

과거를 돌이켜 볼 때, 이러한 경력은 본질적으로 '어떻게'와 '왜'라는 질문을 다루어야 하는 연구 문제와 함께 질적 연구 방법을 수행하는 데 따르는 엄청난 분량의 작업을 포함하고 있음을 깨닫게 해 주었다. 비록 현장에서 문화기술지 연구를 하는 데 드는 시간만큼 장기간의 시간을 소비하지는 않았지만, 저자는 참여관찰, 사례연구, 질적 면담, 현장 사진, 현장 방문을 통한 수많은 현장 중심 연구를 감독하거나 수행했다. 그리고 최종 자료 분석하기, 분석을 토대로 결론 내리기, 전문가 자문위원 앞에서 연구 발표하기 혹은 반대로 동료 학자의 심사에 대해 반응하기와 관련된 옵션들로 고심했었다.

본 저자의 경력은 이 책을 통해 질적 연구를 종합적으로 다루고자 하는 의도의 기저를 이룬다. 이 책의 다양한 장은 다른 교재에서 간과하고 있는 주제들도 포함하여 질적 연구를 수행하는 각 단계를 실제적으로 다루고 있다. 예를 들어, 거의 모든 질적 연구는 연구 참여자(연구의 주요 관심 대상이 되는 사람들)의 관점으로부터 사회 현실의 의미를 제시하기를 요구한다. 그러나 자신의 이야기나 생애사를 표현하는 방법은 다양하다. 이 책에서는 이러한 다양성을 명확히 다룬다(제10장 참고). 또 다른 예로, 대부분의 책에서는 질적 연구로부터 결론을 내리는 다양한 방법을 논의하지 않고 있으나, 이 책에서는 적어도 이런 방법을 다섯 가지로 구분하고 있다(제9장 참고). 마지막으로, 현대 질적 연구는 전통적인 문화기술지 활동과는 달리 간단히 현장을 방문하는 것으로도 가능할 수 있는데, 이 책에서는 기본적인 현장 방문 절차도 설명한다(제5장 참고).

이 책의 구조

각 장의 순서

일반적으로 책은 순서에 따라 설명을 하기 때문에 책들은 각 장의 특정 순서를 따른다. 그러나 질적 연구에서 정해진 순서는 없다. 특정 주제에 대한 이해는 이 책에서 미처 설명하지 못한 다른 주제에 관해서 얼마나 많이 아느냐에 달려 있다. 어떤 면에서 독자는 한 번에 모든 것을 알 필요가 있으며, 그리고 나서 특정 주제를 순환적으로 다시 살펴볼 필요가 있다. 결과적으로, 이 책의 각 장의 순서를 마음대로 넘나들며 볼 수 있어야 한다. 질적 연구를 시작하고자 하는 독자들은 지금 당장 책으로 들어가서 제3장에서 혹은 제4장에서부터 시작할 수도 있다. 반대로, 질적 연구 수행과 관련된 심도 있는 쟁점을 이해하고자 하는 독자들은 제1장과 제2장을 먼저 읽고 싶을지도 모른다. 개인적으로는 젊었을 때 질적 연구를 위한 증거가 되는 기본적인 내용을 이해하고 싶었다. 그 시기였다면 제5장과 제6장의 현장연구와 자료 수집을 이해하기 위한 시도를 먼저 시작했을 것이다. 여러분은 독자로서 선택할 수 있는 순서가 무척 다양하다는 것을 알 수 있을 것이다.

효과적인 활용을 위한 이 책의 특징

독자들이 이 책을 적극적으로 활용하도록 하는 데 이 책은 몇 가지 특징을 가지고 있다. 첫째, 각 장은 모두 그 장의 내용을 소개하는 간단한 초록으로 시작한다. 그리고 나서 각 장 안에 있는 하위 절들은 모두 이 절을 통해 알아야 할 것을 간단히 다루고 있는 미리 보기로 시작한다. 마지막으로, 모든 장은 해당 장에서 설명한 용어와 개념을 요약함으로써 끝난다.

둘째, 각 장은 그 장에서 다룬 실제들을 반영하는 학습활동으로 끝난다. 이 학습활동은 주 단위로 수행될 수 있는 수업 외의 과제로 활용될 수 있다. 대안적 활동으로, 부록에는 개별적인 학습활동 대신에 (또는 이와 함께) 한 학기나 일 년에 걸쳐 수행할 수 있는 종합적인 장기 프로젝트가 포함되어 있다.

셋째, 여러분의 불편을 조금이라도 덜기 위해 이 책은 질적 연구에서 이용되고 있는 특정 용어에 대한 간략한 용어사전을 포함하고 있다. 또한 Guilford 출판사 편집장이 승인한 표준 APA(American Psychological Association) 양식을 임의로 확장한 참고문헌이 맨 뒤에 있다. 이 참고문헌은 저자 이름의 첫 글자뿐만 아니라 나머지 철자를 모두 포함한다. 이름을 완전히 다 아는 것이 이름의 첫 글자가 비슷하거나 성이 같은 사람들 사이의 혼동을 줄인다. 이러한 지식은 독자들이 책에서 인용된 저자들을 자신의 학문 분야에서 현재 가르치고 있거나 혹은 가르쳤던 실제 인물들과 연계하는 데도 도움을 준다.

마지막으로, 이 책은 다양한 방법론적 주제로 연구 윤리(제2장), 연구 설계(제4장), 동료 검토 의견 다루기(제11장), 혼합연구 수행(제12장)을 소개하고 있다. 이러한 주제 혹은 이와 관련된 주제를 다룰 때, 현대뿐만 아니라 전통적인 연구도 학문적으로 혼합하여 인용하려 시도했다. 이와 같이 관련 개념들은 '심층 묘사(thick description)'의 가치를 이해하는 것에서부터 '절대 기준(gold standard)'의 당위성 문제에 이르기까지 광범위하다. 동시에 이 저서와 같은 책들은 연구 보고서를 대신하지 못한다. 교재는 연구 현장에서의 풍부한 현장감이나 그것의 깊이 있는 의미를 재생산할 수 없다. 대신 좋은 교재는 두 가지, 즉 여러분이 연구를 수행할 수 있도록 하는 실제적인 지식과 현장의 정신에 대해서 좀 더 배울 수 있는 인용 형태로 제공되는 단서를 제시해야 한다. 이 책이 바로 그렇게 구성되어 있다.

감사의 글

나의 30여 년간의 연구 경험은 서로 다른 여러 연구기관 및 학문기관에서 일했던 경험과 관련 있다. 각 장소마다 질적 연구를 포함하여 광범위한 사회과학 연구를 이해하는 데 도움을 준 소중한 동료들이 있었다.

MIT에 있을 때, 나는 Hans-Lukas Teuber 교수의 수하에서 공부했다. 우리는 둘 다 얼굴 인식이란 주제에 관심을 가졌다. 비록 이 연구는 실험심리학의 방법을 이용했지만, 여전히 내 마음속에 있는 이 주제(객관적으로 볼 때 유사함에도 불구하고 어떻게 수많은 얼굴을 쉽게 인식하고 구분하는지)는 최고의 질적 연구 문제를 대표한다.

MIT 시절 말에 나는 지금은 도시 연구 및 계획학과에 있는 Lawrence Susskind와 Lloyd Rodwin을 알게 되어 기뻤는데, 이 두 사람은 인근 지역 개발에 대한 연구에 많은 격려를 해 주었다. 이 주제는 인류학에서부터 인구통계학에 이르기까지 다양한 연구 방법을 끌어들였다.

뉴욕시티랜드기구(New York City-Rand Institute)와 워싱턴 D.C.의 랜드 법인(Rand Corporation) 연구실에서의 작업은 도시뿐만 아니라 도시 관련 정책에 대해서도 보다 깊이 있게 조사하도록 나를 떠밀었다. Peter Szanton은 이들 주제를 어떻게 조사할지에 대해 끊임없는 질문과 사려 깊은 조언을 통해 나의 사고에 깊은 영향을 주었다. 마찬가지로, Nanette Levinson 교수가 진행했던 미국 대학의 학교국제서비스(American University's School of International Service)에서의 일은 국제 발전에 대한 보다 광범위한 연구로 나를 이끌었다.

그중에서도 가장 많은 노력은 연방정부와 주의 다양한 정책적 쟁점을 조사하는 데 헌신한 독자적인 연구기관인 COSMOS 법인에 있을 때 이루어졌다. 특히, 전미과학기구(National Science Foundation)의 Bernice Anderson을 포함하여

COSMOS의 수많은 의뢰인들은 자신만의 학문적 자격 인증서를 가지고 있으며, 연구물을 출판하고, 자신만의 고무적인 아이디어와 중요한 피드백을 창출해 왔다. 논쟁까지는 아니더라도 논의의 핵심적인 주제는 항상 방법론적인 것에 해당되는 경향이 많았다.

같은 기간 동안 나는 국외, 특히 덴마크, 프랑스 그리고 네덜란드의 학자들과의 협력교수를 통해 보다 광범위한 관점을 가지게 되었다. 예를 들어, 최근 과제는 코펜하겐 대학의 Iben Nathan 교수의 지도를 받고 있는 박사과정생들과의 연구와 관련 있다.

근래에 나는 국제연합(United Nations: UN)에서 평가연구를 하는 학자들과의 협력에 엄청나게 많은 시간을 보내고 있다. 더불어 우리는 광범위한 국제 주제에 대해 질적 연구를 수행하는 엄격하면서도 비용 효율적인 방법을 개발해야 했다. 국제연합에서는 Sukai Prom-Jackson과 Fabrizio Felloni가 주요 협력자들이었고, 나에게 이러한 연구를 수행할 때 관련되는 다양한 어려움을 일깨워 주었다.

이 책을 준비하면서 가까운 몇 명의 중요한 친구들에게 도움을 얻었다. 그들은 초안을 검토해 준 7명(일리노이 주립대학교 형사행정학과 Jessie L. Kreinert, 버지니아 공대 교육학과 Penny Burge, 마케트 대학교 사회 및 문화과학과 James A. Holstein, 클레어몬트 대학원 행동 및 조직과학 전공 Michelle Bligh, 노스캐롤라이나 주립대학교 교육리더십과 Lance Fuarelli, 볼주립대학교 교육학과 Thalia Mulvihill 그리고 아메리카대학교 경영대 Susan Shepler)을 포함한다. 검토자들은 친절하게도 매우 도움이 되는 제언과 비평을 해 주었고, 보완해야 할 부분을 확인해 주었을 뿐만 아니라 각 장의 순서를 재배열하고 재구조화하는 데도 도움을 주었다. 그들의 이 같은 노력에 나는 영원히 감사할 것이다.

아주 소중한 친구이면서 Guilford의 발행인인 C. Deborah Laughton은 격려와 조언을 아끼지 않았는데, 질적 연구와 다른 연구 방법론 교재를 출판하면서 쌓아 온 그녀의 방법론과 통계에 대한 경험은 그녀가 인정하는 범위를 훨씬 넘어 앞서 가고 있다. 우리의 오랜 친분은 이 책의 시작과 완성에 영감을 제공하는 더할 나위 없이 소중한 존재 그 자체였다.

마지막으로, 나의 아내 Karen, 아들 Andrew는 이 책의 집필 과정이 오랜 시간 동안 우리 가족을 방해하는 것을 기꺼이 견뎌 주었다. 그들은 글쓰기의 독창성을 바탕으로 더 나은 단어와 정확한 문장을 찾도록 도와주면서 내게 무조건적인 사랑을 보여 주었다. 이 책을 그들에게 바침으로써 그들의 지속적인 지원에 조금이나마 감사를 표한다.

이 모든 사람이 관련되어 있지만, 앞에서 이름을 거론한 기관이나 개인 중 그 누구도 이 책의 최종 출판이나 진술에 대한 책임이 없으며 진술에 대한 모든 책임은 나에게 있다.

차 례

제1부 질적 연구 이해하기

제2부 질적 연구 수행하기

제3부 질적 연구 결과 발표하기

제10장 질적 자료 제시하기 351

제4부 질적 연구 수행의 한 걸음 더 나아가기

제1부

질적 연구 이해하기

제1장

질적 연구란 무엇인가

　이 장에서는 이미 출판된 다양한 주제의 연구들을 예시로 들면서 질적 연구에 대한 소개를 시작한다. 이렇게 폭넓은 연구들의 존재는 질적 연구의 적절성과 매력을 입증한다. 다른 사회과학 연구 방법들과는 달리, 현실 세계에서 일어나는 모든 일은 질적 연구의 주제가 될 수 있다.

　이 장에서는 질적 연구를 규정하는 몇 가지 일반적인 연구 실제(research practices)와 질적 연구의 다섯 가지 특징을 논의한다(일반적 실제는 이 책의 나머지 장에서 더 자세히 다룰 것이다). 이와 같은 다섯 가지 특징과 일반적 실제가 있기는 하지만, 질적 연구는 다양한 원칙과 방법으로 특징지어지는 다면적 연구 영역이기도 하다. 진리는 오로지 하나라고 보는지 여러 가지일 수 있다고 보는지, 인간사를 고유한 것으로 보는지 일반화의 가능성이 있는 것이라고 보는지, 질적 연구의 특정 방법을 따라야 할 필요가 있다고 보는지 그럴 필요가 없다고 보는지에 따라 중요한 구분이 시작된다. 이 장에서는 이 세 가지 구분을 모두 다루는 동시에 연구를 진행하는 데 도움이 될 두 가지 조정 전략을 제안한다. 이 장 마지막 부분에서는 이 세 가지 구분 모두에서 매우 중요하게 다루어야 할 질적 연구의 공통분모를 제시하였다. 이 공통분모란 바로 '**신뢰성**(trustworthiness)과 **신빙성**(credibility)을 확보할 필요성'을 뜻한다.

1. 질적 연구의 매력: 여러 연구의 주제별 개관

■ 미리 보기

- 다른 사회과학 연구의 여러 유형들과 달리 질적 연구를 통해 탐구할 수 있는 광범위한 주제
- 여러 학문 분야에 걸쳐 존재하는 질적 연구

질적 연구를 하는 이유는 무엇일까? 여러분이 어떤 현실 상황을 탐구하고 사람들이 어떻게 그 상황에 대처하고 자신을 발전시켜 나가는지를 알아내려(즉, 인간의 일상적 삶에 숨어 있는 풍부한 맥락을 포착하려) 한다고 가정해 보자. 이때 탐구할 수 있는 다양한 연구 주제를 생각해 보라.

여러분은 노숙 여성처럼 특정 집단의 사람들에게 초점을 두고, 노숙인 쉼터에서 자원봉사자로 일하며 이들과 여러 날 밤을 보내며, 이 여성들이 일상에서 마주치는 어려움을 어떻게 헤쳐 나가는지에 대해 노숙인 쉼터 안팎의 사람들이 이해하게 도울 수 있다(예: Liebow, 1993). 그 과정에서 여러분은 노숙 여성들이 어떻게(그리고 왜) 이러한 상황에 처하게 되었는지에 대한 통찰력을 갖게 될 수도 있다. 또한 그 여성들 중 다수의 생애사를 추적함으로써 이러한 통찰력에 대한 예시를 제공할 수도 있을 것이다(예시 1.1 '노숙 여성에 관한 질적 연구' 참고).

예시 1.1 **노숙 여성에 관한 질적 연구**

노숙인이라고 하면 흔히 남성 노숙인을 떠올리지만 여성 역시 노숙인이 될 수 있으며, 남성을 위한 노숙인 쉼터가 따로 있듯이 여성을 위한 노숙인 쉼터도 있다. 워싱턴 DC에서 수행된 Elliot Liebow(1993)의 연구는 이러한 노숙 여성과 이들의 쉼터를 다루고 있다. 이 연구를 위해 Liebow는 4년 중 대부분의 시간을 쉼터에서 자원봉사를 하였고 낮 시간뿐 아니라 많은 밤을 쉼터에서 보냈다.

　　Liebow의 연구는 개인적 필요와 시설의 요구에 부응하려 애쓰는 쉼터 이용자들과 스태프들 간의 상호작용을 비롯한 쉼터의 문화를 묘사하고 있다. 노숙 여성들은 연령이나 인종이 매우 다양했고 그중에는 가족이 있는 이들도 있었다. 이러한 다양성을 포착하기 위해 이 연구는 노숙 여성 20여 명의 개인별 생애사를 포함하고 있다. 이 책을 통해 Liebow는 왜 이 여성들이 노숙을 하고 있는지를 끊임없이 고민하면서, 독자들이 스스로 이 의문에 대한 결론을 내릴 수 있도록 풍부한 정보를 제시한다.

　　이 연구 이전에 Liebow는 도시 지역 실업자에 대한 연구를 수행했다. 이 연구의 결과물인 『길모퉁이 남자들』(1967)은 질적 연구의 고전으로 오랫동안 인정받아 왔다.

＊ 예시 5.6, 예시 11.7 참고

　　한편 여러분은 정부와 보건 분야 공무원들이 무시무시한 신종플루에 대한 대책을 어떻게 결정하는지를 연구하고 싶을 수도 있다. 1978년 신종플루의 위협 때문에 4억 명의 미국인들에게 집단 예방접종이 실시되었다(Neustadt & Fineberg, 1983). 그러나 신종플루 시즌이 진행됨에 따라 공무원들은 이 전염병의 위력을 과대평가했음을 깨닫게 되었다. 또한 예방접종이 드물지만 치명적인 질병을 유발할 수 있음을 발견하고 서둘러 예방접종 캠페인을 종료하였다. 이에 대한 연구를 위해 아마도 여러분은 이 결정에 핵심적 역할을 한 공무원들을 면담하고 많은 공문서를 검토할 것이다. 여러분의 연구 결과는 집단 예방접종 캠페인과 관련된 어려움과 불확실성에 대해 지적할 것이며, 이는 21세기에도 여전히 유효한 쟁점이다.

　　이보다 좀 더 개인적 차원의 예로, 여러분은 두 사람의 대화와 상호작용을 이해하고 분석하기를 원할 수도 있다. 여러분의 관심은 대화에 사용된 특정 단어를 넘어서는 것이기 때문에 녹화까지는 아니더라도 대화를 녹음해야 할 것이다. 녹음된 자료는 대화 상대자 간의 대화 휴지기, 대화의 중복, 몸짓뿐 아니라 단어들이 조합되거나 축약되는 방식까지 포함할 것이다(예: Drew, 2009). 이 연구의 궁극적 목표는 각 대화자가 추구하는 권력과 통제, 그 외의 동기 등을 명료하게 설명하는 것이 될 것이다. 이러한 연구는 현실 세계에서 의사와 환자 간, 교사와 학생 간, 친구 간의 관계를 이해하는 데 유익할 것이다.

이 외에도 질적 연구의 예는 무수히 많다. 질적 연구는 삶의 모든 영역을 다룬다. 우리 모두의 삶에 밀접하게 연결된 주제라 할 수 있는 '미국 사회에서 여성 역할의 변화'는 다음에 나열된 연구를 포함한 상당수의 연구에서 다루어졌다.

- 혼자 자녀를 키우는 어머니가 사회적 · 경제적 어려움을 어떻게 감당하는지를 탐구한 Ruth Sidel(2006)의 연구
- 성공적인 직장 여성이 왜 주부가 되기 위해 직장을 그만두는지를 살펴본 Pamela Stone(2007)의 연구
- 저소득층 여성들은 왜 결혼보다 출산을 우선하는지를 조사한 Kathryn Edin과 Maria Kefalas(2005)의 연구

이 세 연구에서 연구자들은 많은 여성과 그 가족을 대상으로 광범위한 면담을 진행하고 이들의 집을 방문했으며 가족의 행동을 관찰했다. 어떤 의미에서 이 연구들을 포함한 그 외 연구들은, 남성 중심의 세상에서 여성의 지위를 연구한 Carol Gilligan(1982)의 기념비적 연구를 따르고 있다고 할 수 있는데, 이 연구에서 Gilligan은 윤리와 정서 발달에 관한 보편적 이론이라 불리는 것들의 대부분이 사실은 남성의 인식과 경험에만 기반을 둔 것이라고 주장하고 있다.

이러한 예들 외에도 최근의 질적 연구가 다루는 주제는 다음에 나열된 연구에서 보는 바와 같이 매우 드문 현상에서부터 매우 흔한 현상에 이르기까지 상당히 광범위하다.

- 타이, 모리타니, 브라질, 파키스탄, 인도의 노예제도처럼 믿을 수 없지만 여전히 존재하는 인간 착취 현상의 폭로(예: Bales, 2004)
- 미국과 다른 나라 간 이민자의 어려움에 대한 분석: 교육현장에서(예: Valenzuela, 1999) 또는 지역사회에서(예: Levitt, 2001) 경험하는 어려움 등
- 불가피한 상황이 아닌데도 노인들이 병원이나 장기 요양시설에 입원 또는 입소하게 되는 경위에 대한 연구(예: Tetley, Grant, & Davies, 2009)

- 『포춘(Fortune)』이 선정한 컴퓨터 산업 분야 500대 기업 중 하나가 1990년 대에 파산한 것에 대한 자료와 설명의 제공(예: Schein, 2003)
- 중산층 동네와 공단 지역에 위치한 완구점의 소비자 비교: 완구점의 서비스 뿐 아니라 완구점을 이용하는 사람들의 쇼핑과 구매 습관 고찰(예: Williams, 2006)
- 4개의 도시 빈민 지역 거주자의 삶에 대한 고찰 및 각 지역 간 인종적 · 민족적 · 계층적 긴장의 차이점 탐구(예: Wilson & Taub, 2006)
- 열두 가정에 대한 광범위한 관찰을 바탕으로 한 노동자 계층과 중산층 가정에서의 아동기 경험 간 차이점 탐구(예: Lareau, 2003)

다음의 예처럼 여러분이 살고 있는 도시나 마을의 거리에서 일어나는 일상을 연구할 수도 있다.

- 노점 상인에 관한 Duneier(1999)의 연구
- 거리에서 일어나는 상호작용에 관한 Lee(2009)의 연구
- 마약 중독자, 절도범, 장물이나 마약 중개상 등 몇몇 도시의 지하 경제를 구성하는 사람들에 관한 Bourgois(2003)의 연구

질적 연구의 매력은 연구자의 관심사를 포함한 광범위한 주제에 대해 알기 쉬운 일상적 언어로 깊이 있는 탐구를 할 수 있게 해 준다는 것이다. 또한 질적 연구는 다음과 같은 이유로 다른 연구 방법에서는 제한적일 수밖에 없는 '주제 선정' 면에서도 더 넓은 선택의 범위를 제공한다.

- (실험연구에서) 필요한 연구 여건을 조성할 수 없을 때
- (경제연구에서) 충분한 데이터군을 얻을 수 없거나 충분한 변인을 다루기 어려울 때
- (조사연구에서) 응답자를 적절하게 표집하기 어렵거나 높은 회수율을 확보하지 못할 때
- (역사연구에서) 현재 진행되고 있는 사건이 아니라 과거 사건의 연구에 전념

해야 하는 등의 기타 제한점[1]

이제 질적 연구는 많은 학문 분야 및 전문 분야에서 주류까지는 아니더라도 수용 가능한 연구 방법이 되었다. 그 결과, 여러 사회과학 분야(예: 사회학, 인류학, 정치학, 심리학) 또는 전문 영역(예: 교육, 경영, 간호, 도시 설계, 프로그램 평가)의 학생들과 학자들 다수가 질적 연구를 수행하게 되었다. 질적 연구는 이러한 여러 분야에서 매력적이고도 효과적인 연구 방법이다.

2. 질적 연구의 특징

■ 미리 보기
- 질적 연구를 다른 사회과학 연구와 구별되게 하는 다섯 가지 특징
- 질적 연구의 다섯 가지 특징이 질적 연구 수행의 구체적 방법을 규정하는 방식

질적 연구의 광범위성에도 불구하고, 여러분의 동료들은 조사연구, 경제연구, 실험연구, 준실험연구, 역사연구 등과 같은 다른 유형의 사회과학 연구들도 질적 연구가 다루는 대부분의 주제를 다룰 수 있다고 주장할 것이다. 이러한 다른 유형의 연구 방법들은 노숙 여성과 같은 특정 집단, 예방접종 캠페인이나 의사와 환자의 관계와 같은 공중보건 이슈, 젠더와 여성 관련 주제, 심지어 앞서 인용한 국가적·세계적 주제 등을 다루는 연구의 기초가 될 수 있다. 따라서 이와 같은 동료들의 주장은 여러분이 다른 사회과학 연구 방법에 비하여 질적 연구가 갖는 특별함이 무엇인가 하는 질문에 직면해야 할 필요가 있음을 말한다.

---

1 구술사(Yow, 1994)는 좀 더 최근에 등장한 역사연구의 한 유형으로, 현재 진행 중인 사건을 연구할 수도 있다. 따라서 구술사는 전통적인 역사연구에도 포함될 수 있고 질적 연구에도 포함될 수 있다. 여기서 사회과학 연구의 다른 유형을 간단하게 언급한 것은 이러한 연구 방법들이 명확하게 구분된다는 말을 하려는 것이 아니다. 이 연구 방법들은 다른 방법과는 다른 고유의 핵심 특징을 가지고 있기는 하지만, 어떤 식으로든 서로 겹치는 부분이 있다.

질적 연구: 넓은 탐구 영역

　매우 많은 학문 분야와 전문 영역에서 활용되고 있는 질적 연구는 그 다양성으로 인해 간결하게 정의하기가 매우 어려운 용어다. 정의를 너무 간결하게 내리면 어떤 영역이 제외될 수 있고, 정의를 너무 광범위하게 내리면 불필요하게 포괄적인 개념이 되어 버릴 것이다. 사실 '질적 연구'라는 용어는 연구 방법을 일컫는 다른 용어들(예: 사회학 연구, 심리학 연구, 교육학 연구)과 비슷한 점이 있다. 즉, 각 용어는 그 용어가 사용되는 학문 분야와 전문 영역에서 수행된 방대한 연구들을 내포하고 있으며, 때로는 매우 상반되는 다양한 방법들을 포괄하기도 한다. 임상심리학(clinical psychology)과 실험심리학(experimental psychology)을 예로 들어 보자. 이 두 분야의 방법론은 매우 다르지만, 둘 다 같은 학문 영역 내에서 강력한 지위를 차지하고 있다.

질적 연구의 다섯 가지 특징

　질적 연구의 정의를 획일화하려 애쓰는 대신, 다음에 열거된 질적 연구의 다섯 가지 특징을 살펴보자. 여기서는 다섯 가지 특징을 먼저 제시한 후, 각각에 대한 논의를 제공하였다.

1. 인간 삶의 의미를 현실 세계의 조건하에서 연구한다.
2. 사람들(이 책에서 연구 참여자[2]라고 명명될 사람들)의 견해와 관점을 연구를 통해 제시한다.
3. 사람들이 살고 있는 맥락적 조건을 다룬다.
4. 인간의 사회적 행동을 설명하는 데 도움이 될 만한 기존의 개념 또는 새로 등장하는 개념에 대한 통찰력을 제공한다.

---

2 질적 연구 문헌에서는 연구 참여자 대신 구성원(members)이라는 대안적 명칭을 쓰기도 한다. 그러나 질적 연구에 참여했다는 이유만으로 이 용어를 쓰는 데는 무리가 있다. 대부분의 질적 연구자들은 연구 참여자를 또 다른 대안적 용어인 피험자(subject)로 부르는 것에도 반대한다. 따라서 연구 참여자가 최선의 대안인 듯하다.

5. 단일한 자료 출처에 의존하기보다는 다양한 자료 출처를 확보하려 노력한다.

첫째, 질적 연구는 인간 삶의 의미를 현실 세계의 조건하에서 연구한다. 연구와 관계없이 사람들은 일상적인 역할을 수행하고, 일기, 일지, 저술, 심지어 사진 등을 통해 자신을 표현해 왔다. 인위적인 연구 절차가 일상을 침범하는 정도가 미미하다면 사회적 상호작용은 별 차이 없이 발생할 것이고, 사람들은 연구자가 미리 설정한 질문에 대한 답변만이 아닌 그저 하고 싶은 말을 할 것이다. 이처럼 사람들은 실험실이나 실험실과 유사한 환경이 주는 제약에 그리 방해받지 않을 것이다. '2006년 현재 미국 가정의 평균 식구 수는 3.18명이다.'와 같은 통계적 평균은 이 사람들을 제대로 설명할 수 없다. 이러한 수치는 어느 한 시점의 총인구를 대표할 수는 있겠지만, 현실에 존재하는 어떤 한 가족도 제대로 설명하지 못한다.

둘째, 질적 연구는 연구 참여자들의 견해와 관점을 묘사할 수 있다는 점에서 다른 방법들과 구분된다. 참여자들의 관점을 포착하는 것은 질적 연구의 주요 목적이라고 볼 수 있다. 따라서 질적 연구에 등장하는 사건과 생각은 연구자들이 가진 가치, 예상이나 의미가 아니라 연구 참여자들이 현실에서 일어난 사건에 부여한 의미를 대표한다.

셋째, 질적 연구는 맥락적 조건(사람들의 삶이 이루어지는 사회적·제도적·환경적 조건)을 다룬다. 맥락적 조건은 많은 면에서 모든 인간사에 막대한 영향을 미친다. 그러나 다른 사회과학 연구 방법으로는(생애사 제외) 이러한 조건을 다루기가 어렵다.

예를 들어, 실험연구는 이러한 조건들을 통제한다(즉, 인위적인 실험조건을 조성함). 준실험연구는 이러한 조건들을 허용하기는 하지만, 설계의 특성상 제한된 변인들에만 초점을 두는데, 이러한 변인들은 맥락적 조건을 충분히 다루지 못할 수도 있다. 조사연구 또한 설문 문항에 대한 응답 자료의 분석에 요구되는 자유도(degree of freedom)를 주의 깊게 다루어야 한다는 점에서 제한을 받는다. 즉, 조사연구는 맥락적 조건에 할애할 수 있는 문항의 수가 한정되어 있다. 생애사는 맥락적 조건을 다루기는 하지만, 전통적 형태의 생애사는 이미 지나간 과거를 연구하는 것이지 질적 연구에서처럼 현재에도 진행되고 있는 사건을 연구하는 것은 아니다(구술사에 대한 '주 1' 참고).

　넷째, 질적 연구는 단지 일기나 일상에 대한 연대기가 아니다. 일기나 연대기는 현실 세계에서 일어나는 사건에 대한 다소 평범한 기록이다. 질적 연구는 이와 달리 기존의 개념 또는 새로 등장하는 개념을 통해 이 사건들을 설명하고자 하는 바람(desire)에 의해 진행된다. Goffman(1963)의 낙인 관리(stigma management)라는 기존의 개념을 예로 들어 보자. 원저에서 낙인 관리는 대부분의 경우 개인별로 적용되는 것이었다. 그러나 최근의 질적 연구에서는 이를 집단에 적용하고 있는데, 그 결과 역사적으로 오점이 되는 사건을 극복하기 위해 국가가 어떻게 노력하는지에 대한 새로운 통찰력이 제시되었다(예시 1.2 '새로운 통찰력을 얻기 위해 질적 연구를 활용하기' 참고).

예시 1.2　　**새로운 통찰력을 얻기 위해 질적 연구를 활용하기**

　Lauren Rivera(2008)의 연구에서는 크로아티아 정부가 어떤 방식으로 "격렬했던 유고슬라비아로부터의 독립 전쟁이 끝난 후, 국제관광산업을 통해 국가의 역사 및 문화에 대한 설명을 바꾸었는지"(p. 614)를 면밀히 고찰한다. 정부의 목표는 외국 관광객을 끌 수 있는 활기찬 관광산업을 육성하는 것이었다. 이를 위해서는 "사람들의 주의를 전쟁에서 멀어지게 하고, 이 나라가 유럽의 이웃 나라들과 다를 바 없는 곳이라는 이미지 전환을 꾀할"(p. 614) 필요가 있었다.

　현장 기반의 다양한 출처로부터 수집된 자료들은 크로아티아가 "대중의 인정보다는 문화 재구성"(Rivera, 2008, p. 613)을 통해 과거의 어려움을 극복했음을 보여 준다. 이러한 결과는 낙인과 낙인 관리에 대한 Erving Goffman(1963)의 고전적 연구에 비추어 논의되었다. 정신적 혹은 신체적 장애인에 대한 연구에 주로 적용되었던 그의 낙인 관리 유형학(typology)은 민족국가인 크로아티아의 상황에 적용해도 통찰력 있는 사고 체계를 제공해 주는 것으로 나타났다. Rivera의 연구는 Goffman이 주창한 개념의 범위를 "역사적·문화적 표상의 과정"(p. 615)을 이해하는 데까지 확장함으로써 통찰력 있는 사회적 과정과 질적 연구를 연결하는 작업의 가치를 훌륭하게 보여 주었다.

질적 연구는 새로운 개념을 발전시키는 데도 사용할 수 있다. 이러한 개념은 '미국 학생들의 학교교육'과 같은 사회적 과정을 설명하려는 시도일 수 있다. 질적 연구를 통해 제안된 새로운 개념의 예로, 새로운 연구 결과에 유용한 설명을 제공하고 그 기반을 닦기 위해 사용된 '(학생의 자원을) 빼앗는 학교교육(subtractive schooling)'이라는 개념을 들 수 있다(예시 1.3 '질적 연구를 구성하기 위해 총괄 개념을 이용하기' 참고).

다섯째, 질적 연구는 다양한 출처로부터 자료를 수집하고 통합하여 제시하려고 항상 노력한다. 질적 연구에서는 현실 세계의 환경과 그 안에 사는 연구 참여자들에 대해 연구해야 하기 때문에 이러한 다양성이 흔히 수반된다. 현장 환경과 연구 참여자들의 다양성은 면담, 관찰, 심지어는 문서와 유물에 대한 검토까지 하게 만들 가능성이 크다. 연구의 결론은 다양한 출처를 통해 수집된 자료

예시 1.3   질적 연구를 구성하기 위해 총괄 개념을 이용하기

휴스턴(Houston)에 있는 한 고등학교에 관한 Valenzuela(1999)의 연구는 총괄 개념이 연구 전체의 구성을 어떻게 이끌어 가는지 보여 주었다. 이 연구에 사용된 총괄 개념(overarching concept)은 '빼앗는 학교교육'으로, 제2언어로서의 영어(English as a second language: ESL) 프로그램이 이민가정 학생에게 부과되는 과정에서 발생하는 경험을 뜻한다.

저자는 참여 관찰자(participant-observer)로 3년간 그 학교에 머물면서 방대한 면담과 문서 자료를 수집하였다. Valenzuela는 ESL 프로그램에 관한 대부분의 연구가 학생들이 어떻게 학교에 동화되어 가는가보다는 어떻게 학습하는가에 초점을 두고 있어 선행연구에 빈틈이 있다는 점에 주목하였다. 그녀의 연구는 스페인어를 유창하게 하는 것이 다른 능력의 토대가 될 수 있는 강점이 아니라 "극복해야 할 장벽"(1999, p. 262)이라고 인식함으로써 학교 경험이 (학생으로부터 자원을) 빼앗는 속성을 갖게 된 경로를 보여 준다. "개인의 고유문화를 포기하는 것"(p. 264)은 소외 과정의 일부가 된다. 연구 결과는 빼앗는 속성을 가진 학교교육의 영향이 다른 집단의 학생들에게도 확대될 수 있음을 보여 준다.

* 예시 4.5 참고

들 간 삼각검증을 기반으로 전개될 것이다. 이와 같이 자료가 한 방향으로 수렴된다면, 연구의 신빙성과 신뢰성이 높아질 것이다(이에 대해서는 이 장의 마지막 부분을 참고하라).

보편적으로 사용되는 실제

앞에서 살펴본 다섯 가지 특징이 실제로 연구할 때 어떻게 나타나는지를 설명하는 것이 이 책의 나머지 부분에서 할 일이다. 공식적인 질적 연구 '방법론'은 존재하지 않지만, 이 책에 제공된 설명은 이 다섯 가지 특징에서 직접적으로 비롯되는 방법론적 실제를 포착하게 해 줄 것이다. 다음에서 몇 가지 실제를 간단하게 제시하였다. 그러나 이 실제들을 어떻게 사용할지에 대해 자세히 알기 위해서는 괄호 안에 제시된 장을 읽어 보아야 한다.

1. 연구의 타당도 강화하기, 연구 대상 표집하기, 일반화 고려하기 등을 포함하는 여덟 가지 선택을 포괄하는 동시에, 고정되지 않고 융통성 있는 연구 설계의 사용(제4장)
2. 연구 참여자의 관점뿐 아니라 맥락적 조건도 포착하기 위해 연구자 스스로 현장 작업을 실시하고, 연구 참여자와 관련된 일기, 일지, 작품, 사진, 유물 등을 검토하는 등의 적절한 노력을 기울인 현장 기반의 자료 수집(제5장과 제6장)
3. 숫자로 이루어지지 않은 자료의 분석(자료 분석 과정에서 다양한 유형의 컴퓨터 소프트웨어를 사용할지 여부를 결정하는 것을 포함)(제8장)
4. 전통적인 일반론과 사회적 고정관념에 도전이 될 수 있는 질적 연구 결과의 해석(제9장)

이 책의 다른 장들은 질적 연구 준비하기(제2장), 질적 연구 시작하기(제3장), 자료를 적절하게 기록하기(제7장), 문서와 시각적 형태로 질적 자료 제시하기와 최종 보고서 작성하기(제10장과 제11장) 등과 같은 보다 일반적인 쟁점을 다룬다. 마지막 장은 질적 연구에 직접적으로 관련된 최근 동향이라 할 수 있는 혼합연구 방법을 소개한다(제12장). 연구자의 역할이 연구에 미칠 수 있는 영향에 대해 지속적으로 의식하기 등을 포함한 몇몇 중요한 주제들은 이 책 전체에 걸쳐 제시하였다(완료된 질적 연구의 일부라 할 수 있는 연구자의 '반성적 자아'를 어떻게 제시할 것인가에 대한 제11장의 논의 참고).

3. 질적 연구의 다면적 세계

■ **미리 보기**

- 사람들에게 일어나는 사건이 보여 주는 다양한 실재(multiple realities)
- 사람들에게 일어나는 각 사건이 갖는 고유성에도 불구하고, 질적 연구가 공통적으로 따를 수 있는 자료 수집과 분석 방법
- 질적 연구의 다양한 방법론
- 질적 연구의 풍부한 모자이크에 비추어 질적 연구를 진행하기 위한 두 가지 조정 전략

질적 연구의 범위는 방법상의 선택뿐 아니라 지향성(연구자가 지향하는 바)의 모자이크도 포함한다. 이 모자이크의 풍부함을 잘 이용하면 질적 연구를 연구의 목적에 따른 맞춤형으로 설계할 수 있다.

특히 세 가지 상황이 이 모자이크에 기여한다. 연구하려는 사건에 대한 여러 가지 해석의 가능성, 연구하려는 사건의 잠재적 고유성, 질적 연구 내에서의 다양한 방법론, 이 각각은 단지 방법적 문제가 아닌 철학적 고려까지 관련된 극단적인 선택을 하게 할 수도 있다. 그러나 수용 가능한 광범위한 입장이 그 극단들 사이에 존재한다. 따라서 이 세 가지 상황은 질적 연구의 다면적 세계 대부분을 구성한다.

동일한 사건에 대해 여러 해석이 존재할 수 있는가

이 첫 번째 상황은 연구 참여자의 관점에서 현실 세계의 사건이 갖는 의미를 포착하려는 질적 연구의 목표에서 비롯된다. 이러한 목표하에서는 연구 참여자가 사건에 부여한 의미를 연구자가 조사하고 기록할 경우 동일한 사건에 대한 두 번째 의견, 즉 연구자의 의견이 불가피하게 반영된다는 사실을 간과할 수 없다.

이제는 다소 구식 용어가 되었지만 내부자 관점(emic)과 외부자 관점(etic)이라는 두 상보적 용어는, 동일한 사건이 가질 수 있는 의미의 이중성을(다중성까지는 아니더라도) 명확하게 보여 준다. 내부자 관점은 연구 참여자가 현실 세계에서 일어난 사건에 부여한 고유의 의미를 포착하는 것을 말한다. 반대로 외부자 관점은 동일한 사건에 대한 외부의 견해(주로 연구자의 견해)를 말한다. 이 두 용어는 언어학에서 빌려 온 것으로, 음소론(phonemics)은 언어의 내적 기능에 근거한 소리를 대표하는 반면, 음성론(phonetics)은 음향이나 단어의 외적 특성을 대표한다(예: Emerson, 2001, p. 31).

내부자 관점과 외부자 관점은 서로 다른 경우가 많은데, 이는 관찰자의 가치 체계, 입장, 성별, 연령, 인종, 민족 등이 내부자들과 다르기 때문이다. 예를 들어, 자연주의적 문화기술지(naturalistic ethnography) 연구를 위해 현장에서 활동하는 연구자는 "중산층 백인이자 학자인 연구자 자신의 주관적 견해, 신념, 관심사를 명백히 밝혀서 연구 참여자들이 속한 사회의 생태를 교란하지 않도록 주의해야"(Roman & Apple, 1990, p. 45) 하는 문화인류학적 이방인임을 명심해야 한다. 이 과정에서 연구자에게 힘든 점은 "자신이 기존에 가지고 있던 정치적 가설과 이론적 입장에 대한 결론을 일단 보류해야 한다는 것"(p. 46)이다.

가치 체계의 차이는 사고 과정에 서서히 스며든다. 이러한 차이는 질적 연구가 수행되고 기록되는 방식에 영향을 미친다. 이러한 현상은 심지어 현실 세계의 여러 사건을 묘사할 때도 나타난다. 불가피한 취사선택의 과정으로 인해 (Emerson, 2001, p. 28; Wolfinger, 2002) 사건의 묘사라는 명백하고 간단한 일이 해석에 따라 좌우되는 문제가 되는 것이다(Lawrence-Lightfoot & Davis, 1997). 묘사 과정에서는 현장 상황에서 관찰된 모든 사건을 빠짐없이 다룰 수는 없다. 사회적 행동을 녹화하거나 녹음하면 사건을 완벽하게 설명할 수 있을 것 같지만, 실은 이마저도 연구자가 정한 기본 틀(언제, 어디서, 무엇을 녹화하거나 녹음할 것인가)의 제약을 받는다.

사건과 그 본질에 의미를 부여하기 위해 연구자가 이전부터 사용해 왔던 범주 때문에 취사선택이 발생하기도 한다(예: Becker, 1998, pp. 76-85). 이와 관련하여 Robert Emerson은 다음과 같이 말하였다(2001, p. 48).

> 저자는 어떤 사건이 의미 있는지, 어떤 사건이 포함될 가치가 있으며 필연적인 것인지, 그리고 어떻게 사건들을 배열할지 결정하는 사람이지만, 그에 앞서 무엇이 '사건'으로 인정될 수 있는지를 결정하는 사람이다.

심층묘사(thick description)[이 용어는 Clifford Geertz(1973)의 저작에서 주로 사용되었지만 사실 그는 이 용어의 시작이 Gilbert Ryle(1949)에게서 비롯되었다고 말하고 있음(pp. 6-7)]에 대한 강조는 취사선택과 미리 형성된 범주에 대해 연구자가 인식하고 있음을 드러내거나 이에 대한 연구자의 경각심을 높이는 한 방법이다 (Becker, 1998). 묘사가 깊이 있게 이루어질수록 임의적인 취사선택이 줄어든 것이라 할 수 있다.

심층묘사 외에 또 다른 바람직한 현장연구의 실제로 "관습적인 범주들, 관습적인 문제 진술과 해결책에서 벗어나도록 우리를 뒤흔드는 것들과 직면하기" (Becker, 1998, p. 85)와 "사고 체계를 전복시킬 수 있는 사례를 판별하고 찾기" (p. 87)를 들 수 있다.

그러한 직면이 아무리 성공적이라 해도 연구자가 최종 분석을 위해 현실을 설명할 때 연구자로서 가진 자신만의 렌즈를 피하기는 어렵다. 따라서 연구자는 다양한 해석의 가능성을 인지하고, 자기도 모르는 사이에 연구자 자신의 (etic) 해석을 연구 참여자의(emic) 해석에 강요하는 상황을 막기 위해 할 수 있는 최선의 노력을 다했는지 확인해야 한다.

이 점에서 현장연구에 대한 묘사는 "구성되는"(Guba, 1990) 것이다. 현장의 "환경"조차 "미리 주어진 자연 그대로의 실체"가 아니라 구성된 그 무엇이다 (Emerson, 2001, p. 43). 사람이나 지역의 문화를 연구할 때 연구자의 묘사는 2순위 또는 3순위의 해석으로 간주되는데, 이는 이러한 묘사가 "연구 참여자가 자신과 그 동료들이 처한 상황에 대해 해석한 것을 연구자가 재구성한 것"(Geertz, 1973, pp. 9, 15)이기 때문이다.

이러한 논리에 따르면, 사실 현장 연구자는 질적 연구에서 자료 수집을 위한 주요 연구 도구라고 할 수 있다(이에 대한 자세한 설명은 제5장의 제4절을 참고하라). 물리적인 측정 도구, 실험 절차 또는 설문지 등이 질적 연구의 일부로 사용될 수는 있지만 이 중 어떤 것도 연구 도구로서의 연구자보다 우세하지는 않다. 중요한 현실 세계의 현상(예를 들어, 질적 연구에서 자주 등장하는 연구 주제인 '문화' 같은 것)은 외적인 도구로는 측정할 수 없으며, 관찰된 행동에 대한 추론이나 사람들과의 대화를 통해서만 밝혀낼 수 있기 때문에, 대부분의 경우 연구자는 연구 도구의 역할을 할 수밖에 없다(Spradley, 1979, p. 7).

연구자는 개성을 가진 인간이고, "정체불명의 로봇이나 인간사를 기록하는 기계 같은 측정자"(Powdermaker, 1966, p. 19)로 일할 수는 없다. 이러한 개성은 "연구 현장에서 형성된 것이 아니라 '연구 문제와 연구 방법의 선택, 심지어 학문 분야 자체에 대한 선택'을 포함하여 다년간의 조건화에 의해 형성된 것이다" (p. 19).

질적 연구를 하는 사람은 내부자 관점과 외부자 관점 간의 구별이나 동일한 사건에 대한 다양한 해석 가능성을 속박이 아닌 기회로 본다. 사실 많은 질적 연구에 깔려 있는 공통된 주제는 연구 참여자의 관점이 외부인의 관점과 얼마나 다른지를 보여 주는 것이라 할 수 있다.

예를 들어, '다문화 연구(multicultural research)'는 정확하고 타당한 동시에 호의적인 방식으로 연구 참여자의 관점을 묘사하고자 한다. 따라서 이러한 연구들은 공통적으로 "오랫동안 인종적 편견, 차별, 소외를 경험한"(Banks, 2006, p. 775) 집단을 다루어 왔다. 이와 유사하게, 연구 참여자들이 왜 결혼보다 모성을 우선하는지를 연구한 Edin과 Kefalas(2005)의 연구는, 연구 참여자들이 신봉하는 신념이 중산층의 일반적 관점과는 다르더라도 그 자체로 가치 있는 것임을 설명하려는 시도였다.

다문화 관점을 채택하든 아니든, 유사한 사건에 대한 다양한 해석 가능성을 인정하는 것은 질적 연구를 사실주의(관찰자가 누구든 영향을 받지 않는 단일한 실재와 일련의 '사실들')보다는 상대주의(관찰자에 의해 영향을 받는 다양한 실재)로 특징짓게 한다. 대부분의 질적 연구는 이 두 가지 철학적 극단을 잇는 연속선상에 위치한다. 예를 들어, 여러분은 연구 참여자들의 다양한 관점을 강조하는 동시에 그 관점들을 무리하게 하나의 실재로 수렴하지 않으려고 노력함으로써 독자들이 다양한 실재를 수용하는 법을 배우게 할 수 있다. 또한 이 책의 제6장에서 논의한 것처럼 자신의 연구 렌즈 중 중요한 측면을 강조하면서 강력한 자기반성적 진술을 포함하고 싶을 수도 있다.

한편으로 여러분의 연구는 다양한 자료의 출처를 이용하여 삼각검증을 하고 공통되는 일련의 사실들을 입증하려고 노력함으로써 독자들에게 단일한 실재를 수용하는 법을 배우게 할 수도 있다. 여러분의 목표는 특정 실재(reality)를 규정하는 것이므로, 이 실재와 관련하여 연구자 자신의 해석과 연구 참여자의 해석이 혼합되는 것을 최소화하도록 노력할 것이다.

 인간사는 고유한 것인가

인간에게 일어난 사건은 완전히 고유할 수도 있고, 한편으로 다른 상황과 관련되거나 다른 상황에 적용 가능한 속성을 가질 수도 있다는 두 번째 상황은 이 모자이크를 한층 더 풍부하게 한다. 이 둘 사이에 다양한 입장들이 존재하지만, 이 중 어느 편이든 사회적 주제에 대한 거의 모든 연구에 적용 가능하다. 두 사람의 애정 관계를 다루는 심리학에서의 질적 연구를 생각해 보라. 또한 특정 기간에 특정 도심 슬럼가의 고급 주택화 현상을 다루는 사회학에서의 질적 연구나 두 기업의 합병을 다루는 경영학에서의 질적 연구를 생각해 보라. 당신은 이 모든 상황이 완벽하게 고유한 것이라고 생각할 수 있다. 반대로 여러분은 이러한 상황을 연구하면서 이것이 다른 유사 상황에 어떤 시사점을 갖는지 알아내려고 노력할 수도 있다.

질적 연구에서 해석학적 분석을 강조하는 현상학 연구(phenomenological studies)는 사건의 고유성 포착을 매우 중시한다. 일례로, 여러분은 심리학 연구활동의 일부로 가정의학과 수련의들의 삶에 깊이 관여할 수 있다. 이러한 연구를 수행할 때 여러분은 수련생들이 그와 같은 훈련 경험을 거치는 것이 어떠할지에 대한 깊은 이해를 끌어내기 위해 수련 과정의 초기 몇 년간 이들을 따라다니며 그들만의 특별한 노력, 모순, 갈등, 시도 등에 대한 이야기를 수집하게 될 것이다(예시 1.4 '의사 양성에 관한 심층적 참여 연구' 참고).

예시 1.4　　**의사 양성에 관한 심층적 참여 연구**

　Richard Addison(1992)은 근거 해석학적 접근을 이용하여 레지던트 1년차 9명을 연구하였다. 그는 한 대학부설 가정의학과 레지던트 프로그램을 선택하고, 특히 레지던트로서의 첫해 경험에 초점을 두었다.

　Addison은 스스로 레지던트의 일상에 깊이 관여하여 레지던트 수련에 대한 자신만의 경험적 이해를 발전시키고자 하였다. 그는 이 레지던트들과 함께 어울려 다닌 것은 물론이고, 이들의 배우자 및 같은 교육 환경에 있는 다른 사람들을 면담하였으며, "방대한 분량의 메모, 일정표, 문서"(1992, p. 115)를 읽었다.

　'해석학적 순환 절차(hermeneutically circular process)'의 일부로, Addison은 그가 쌓아 온 충분한 이해를 바탕으로 더욱 깊이 있는 관찰과 심층적 참여를 실시하였다(1992, p. 116). 연구 수행의 여러 단계에서 그는 자신이 하고 있는 작업을 동료들에게 소개하였는데, 이 절차는 그가 "한 걸음 물러서서 자신이 이해한 바를 숙고하고 자문하는 데"(p. 119) 도움이 되었다.

　Addison의 분석은 지속적으로 그를 "연구 참여자들은 어떤 과정을 통해 가정의학과 전문의가 되는가?"(1992, pp. 122-123)라는 중심 연구 문제로 돌아오게 했다. "레지던트 생활을 구성하는 갈등과 모순의 배경"에 포함된 "살아남기(surviving)"(1992, pp. 122-123)는 이 연구의 통합적 주제였으며, 이 주제의 중요성은 연구 결과에서 중요하게 다루어졌다.

　현상학적 연구는 연구 중인 사건뿐 아니라 그 사건이 갖는 정치적 · 역사적 · 사회문화적 맥락에도 관심을 둔다(예: Miller & Crabtree, 1992, p. 25). 이 연구들은 생생한 경험에 최대한 충실하고자 애쓰며, 특히 연구 참여자들의 언어로 묘사된다. 교육학 분야에서의 간단한 예로, 사람들이 어떻게 학습하는지 알아보기 위해 특정 실험실 상황을 조성하는 대신 사람들에게 학습이 잘되는 상

황과 학습이 잘되지 않는 상황을 설명해 보게 하는 것을 들 수 있다(Giorgi & Giorgi, 2009). 이와 같은 탐구에서 현상학적 연구는 "경험에 대한 모든 개념, 범주, 분류, 또는 반성(reflections)의 사용"(Van Manen, 1990, p. 9)에 저항한다. 이와 관련하여 이 책의 제3장에서는 새로 질적 연구를 시작하는 절차 중 하나인 연구 문제의 선정보다 먼저 이루어질 수도 있는 '현장 작업 우선'에 대해 논의한다.

현상학적 연구의 저항을 받는 또 다른 요소는 일반화에 대한 관심이다. 이는 일반화가 특정 사건의 고유성에 대한 초점을 왜곡할 수 있기 때문이다(Van Manen, 1990, p. 22). 미리 정해진 연구 방법을 사용할 경우, "규칙이 지배하는 연구 프로젝트"(p. 29)의 융통성 없는 절차가 사건의 해석을 인위적으로 제한할 수 있다는 우려가 있다. 이 점에서 현상학적 연구는, 연구 결과의 일반화와 관련된 문제를 가진 설계를 포함한 대부분의(또는 모든) 연구 설계를 피하고 싶어 할 수도 있는데, 이와 관련된 내용은 이 책의 제4장에 제시하였다.

현상학적 연구의 이러한 입장에도 불구하고, 연구 중인 사건의 고유성을 이유로 현상학적 연구가 비현상학적 연구에 사용되는 자료 수집 절차를 사용할 수 없는 것은 아니다. 그러한 절차에는 다양한 핵심 관련인들의 경험담 수집, 면담, 관찰, 일기와 일지 및 기록물과 같은 실제 경험에 대한 자료원으로부터의 정보 수집이 포함된다(예: Van Manen, 1990, pp. 53-76). 이런 절차들은 제6장에 제시된 자료 수집의 실제와 매우 유사하다.

마찬가지로 현상학적 연구는 비현상학적 연구에서 사용되는 자료 분석 절차와 유사한 방법을 사용하곤 한다. 예를 들어, 연구 참여자가 쓰는 단어나 문장을 포착하여 해석하는 것을 중시하는 현상학적 연구에서는, 일종의 주제 분석(thematic analysis)을 해야 할 필요성이 발생할 뿐 아니라(Van Manen, 1990, pp. 77-109) 연구 참여자가 원래 했던 말과 연구자의 해석 그리고 심지어는 이 말들에 대한 수정된 표현을 나란히 배열하기도 한다(Giorgi & Giorgi, 2009, p. 44). 이러한 절차는 다른 유형의 질적 연구나 제8장에 제시될 분석의 실제에 사용되는 원문 정보의 코딩과 다르지 않다. 다시 말해서, 철학적 성향과 연구 설계가 매우 다른 여러 질적 연구들의 기저에는 공통되는 연구 절차가 많이 있다.

질적 연구의 다양한 방법론 중 하나를 선택해야 하는가

모자이크를 구성하는 세 번째 상황은 지금까지 널리 알려져 온 수많은 질적 연구 방법론에 대한 것이다. 자신의 질적 연구를 규정할 때, 당신은 아마도 여러 질적 연구 유형 중 하나를 따르고 싶을 것이다. 지도교수가 그렇게 하라고 권했을 수도 있고, 스스로가 '내가 하고 있는 질적 연구는 어느 유형에 속할까?'[3]라는 질문에 답해야 할 의무감으로 유형을 정해야 한다고 느낄 수도 있다. 방법론을 선택하기 위한 공식적인 분류 체계나 목록은 존재하지 않지만, 많은 논문과 서적(예: Denzin & Lincoln, 2005)이 제시하는 구체적인 지침들은 여러분의 연구가 따를 만한 다양한 유형들에 대해 풍부한 모델을 제공해 준다.

예를 들어, 〈표 1-1〉에 나타난 10가지 유형을 생각해 보자. 이 모두는 질적 연구에서 공통적으로 수용되는 방법론의 유형이다. 그러나 이 유형들은 체계적인 범주로 구조화할 수가 없다. 그 결과, 참여관찰에 기반을 둔 사례연구 수행, 내러티브연구의 일부로 생애사 연구 수행, 자료 수집과 분석에서 근거이론 접근을 채택한 실행연구 수행 등의 예처럼 유형 간에 중복이 발생할 수 있다.

여러분은 이러한 다양한 유형을 잘 알고 있어야 한다. 하지만 구태여 이 중에서 하나를 선택할 필요는 없다. 무수하게 많은 유형이 있다는 점을 인정하기만 하면 된다. 예를 들어, 〈표 1-1〉에 제시된 10가지 유형 외에도 자문화기술지(autoethnography)(예: Jones, 2005), 대화 분석(conversation analysis)(예: Drew, 2009), 담론 분석(discourse analysis)(예: Bloome & Clark, 2006; Willig, 2009), 연행적 문화기술지(performance ethnography)(예: Denzin, 2003), 상징적 상호작용론(symbolic interactionism)(예: Blumer, 1969; Mead, 1934) 등이 있다. 따라서 여러분은 다양한 질적 연구 학술지[예: *Action Research, Narrative Inquiry*(변경 전 학술지명: *Journal of Narrative and Life History, Journal of Contemporary Ethnography*)]에 실린 논문들이 서로 다른 유형을 선호하거나 서로 다른 연구 지향점을 가지

---

3 예를 들어, Creswell(2007, p. 5)은 이 질문을 제기한 후 연구자들이 질적 연구의 다섯 유형(내러티브 연구, 현상학, 근거이론, 문화기술지, 사례연구) 중 어느 하나에 중점을 둔 연구를 할 수 있도록 지침을 제공하였다. 그는 실행연구(action research)와 같은 기타 유형은 자신의 책에서 다루지 못했다고 스스로 밝히고 있다(p. 11).

〈표 1-1〉 질적 연구의 다양한 유형

유 형	관련 연구	간단한 설명
실행연구 action research	Lewin(1946), Small(1995), Greenwood & Levin(1998), Reason & Riley(2009)	연구자의 실천가 역할이나 연구 참여자와의 적극적 협력을 강조한다.
사례연구 case study	Platt(1992), Yin(2009), Yin(in press)	현실 세계의 맥락에서 하나의 현상(사례)을 연구한다.
문화기술지 ethnography	Powdermaker(1966), Geertz(1973), Wolcott(1999), Anderson-Levitt(2006)	사람들의 일상적 규준(norms), 의식(rituals), 일과(routines)를 자세히 제시할 수 있을 정도로 방대한 현장 기반(field-based) 연구 활동을 포함한다.
민속방법론 ethnomethodology	Garfinkel(1967), Cicourel(1971), Holstein & Gubrium(2005)	사람들이 사회적 의식(social rituals), 태도, 상징을 어떻게 배우고 이해하는지에 대한 이해를 추구한다.
페미니스트연구 feminist research	Fine(1992), Olesen(2005), Hesse-Biber & Leavy(2007)	자주 간과되나 연구 결과에 영향을 미칠 수 있는 권력관계가 방법론과 기타 관계에 내재해 있다는 관점을 견지한다.
근거이론 grounded theory	Glaser & Strauss(1967), Charmaz(2005), Corbin & Strauss(2007)	현실 세계에서 사회적 행동의 자연적 발생은 상향식(bottom-up)의 근거 범주와 개념을 도출함으로써 가장 잘 분석할 수 있다고 가정한다.
생애사 life history	Lewis(1961, 1965), Langness(1965), Bertaux(1981)	삶의 전환점과 중요한 주제를 포함하여 한 사람의 인생 이야기를 수집하고 서술한다.
내러티브연구 narrative inquiry	Riessman(1993, 2008), Chase(2005), Murray(2009), Connelly & Clandinin(2006)	현장감을 강조하기 위해 실제 환경 및 연구 참여자로부터 얻은 연구 결과에 대한 이야기식 해석을 구성한다.
참여관찰연구 participant-observer study	Becker(1958), Spradley(1980), Tedlock(1991)	연구하려는 실제 환경에 연구자가 직접 찾아가는 현장 기반 연구(field-based research)를 수행한다.
현상학적 연구 phenomenological study	Husserl(1970), Schutz(1970), Van Manen(1990), Moustakas(1994), Giorgi & Giorgi(2009)	사건을 이해하는 경험적 기반을 왜곡할 수 있는 기존의 범주와 개념을 거부하며, 현실 세계에서 사람들이 경험하는 사건을 연구한다.

고 있을 가능성을 충분히 이해하고 인식해야 한다. 어떤 학자들(예: Grbich, 2007; Rex, Steadman, & Graciano, 2006)은 어떤 유형의 질적 연구를 하느냐에 따라 선호하는 분석 방법에도 차이가 있음을 발견하였다.

질적 연구의 다양한 유형에도 불구하고, 모든 유형에 공통되는 요소들이 존재해 왔고 이에 대한 이해도 높아지고 있다. 어떤 유형의 질적 연구를 하든 사실상의 모든 질적 연구는 앞서 설명한 질적 연구의 다섯 가지 특징 대부분을 따르고 있다. 실제로 질적 연구 중 어느 한 유형에 의존하지 않고 '질적 연구'나 '현장 기반 연구'라는 일반적인 명칭만으로도 얼마든지 훌륭한 연구를 수행할 수 있다(그것이 '전형적인' 연구는 아니겠지만 말이다).

흥미롭게도 이와 같은 일반적인 질적 연구들이 최상위 학술지와 대학 출판물에 정기적으로 실리고 있다. 예를 들어, 사회학 분야의 양대 최상위 학술지는 사회학 연구의 모든 범위를 다룬다. 이 두 학술지는 다양한 질적 연구 논문에 상당한 지면을 할애해 왔다(예: Auyero & Swistun, 2008; Cable, Shriver, & Mix, 2008; Davis & Robinson, 2009; Madsen, 2009; Moore, 2008; Read & Oselin, 2008; Rivera, 2008).

다른 학문 분야와 전문 영역에서도 최상위 학술지가 질적 연구뿐 아니라 모든 유형의 연구를 게재하는 유사한 상황이 일어나고 있다[경영학 분야와 관련해서는 Sauder(2008)를, 교사교육 분야에서는 Sack(2008)을 참고하라]. 또한 대학 출판사들도 하나의 특정 유형에 속하기보다는 질적 연구의 일반적 특징을 많이 가진 다수의 질적 연구를 출판하고 있다.

따라서 질적 연구를 위해 어느 한 유형을 선택해야 한다는 압박감을 느끼는 대신, 질적 연구를 일반적인 형태로 실행해 보는 실용적인 선택을 하면 된다. 앞서 인용한 최상위 학술지에 실린 논문들에서처럼, 어떤 유형의 질적 연구인지 언급할 필요 없이 그저 '질적 연구'라고만 서술하면 된다. 일반적 형태의 질적 연구는 엄격한 방법론이 아님을 주의하라. 연구 설계(제4장 참고), 특정 자료 수집 방법(제6장 참고), 자료를 코딩할지의 여부와 같은 자료 분석 방법에 관련된 선택(제8장 참고) 등은 여전히 여러분의 선택을 기다리고 있다.

조정 전략

지향점(orientations)과 방법론(methodologies)의 모자이크 내에서 조정할 때 여러분은 두 가지 방법 중 하나를 사용할 수 있다. 여러분이 특정 유형을 따를 계획이든 일반적 형태의 질적 연구를 수행할 예정이든 관계없이, 두 방법 모두 질적 연구를 수행하는 데 도움을 준다.

첫 번째 방법은, 여러분이 선택 가능한 방법론에 대해 이전부터 명백히 알고 있었다는 것과 각 방법론의 장점, 한계점, 철학적 토대를 잘 이해하고 있음을 표명하는 것이다. 이 절차는 '자기 연구의 인식론상 위치(즉, 자신이 아는 것을 인식하는 방식에 대해 자신이 갖고 있는 철학적 가정) 확인하기'라는 Grbich(2007, p. 17)의 묘사와 유사하다. 여러분의 인식론상의 위치는 상대주의-사실주의 및 고유성-비고유성의 조합에서 선택하게 되는 어느 한 극단일 수도 있지만, Gubrium과 Holstein(1988)이 다음에서 지적한 것처럼 '실용적 중도(middle ground)'에 해당하는 중간의 어느 지점일 수도 있다.

여러분은 자신의 인식론상 위치를 서술한 다음, 여러분의 연구와 유사한 선

> 예를 들어, 여러분은 이것이 그 자체로 연구할 가치가 있는 고유한 사례이기 때문에 사례연구를 하려 한다는 자신의 의도를 표현하고 옹호할 수 있다. 특정 상황에만 해당되는 사례라도 그 연구를 정당화하는 색다른 통찰력을 제공할 수 있다. Robert Stake(1995, p. 8; 2005)는 이것을 본질적 사례연구(intrinsic case studies)라 불렀다.[4]
>
> 한편 여러분은 여러분의 사례연구가 특정 상황을 대표할 뿐 아니라 그와 다른 상황이나 사례에도 정보를 제공하기 위한 것이라고 주장할 수도 있는데, Stake는 이를 도구적 사례연구(instrumental case studies)라 불렀다.

---

4 Rolls(2005)는 심리학 분야에서 널리 알려진 사례연구 16편(예: '이브의 세 얼굴'이라고 알려진 다중인격장애 사례)으로 구성된 그의 책에서 다음과 같은 말로 동일한 내용을 설명하고 있다. "그러나 우리가 항상 행동의 보편적 진실을 찾아야만 할까? 때로는 고유한 개인의 삶을 탐색하는 것만으로 충분하다"(p. 2). 역사학에서는 일대기 연구의 수행이 이와 유사한 주제에 관심을 둔다.

택을 하고 적절한 주의점을 명시한 다른 연구들을 인용하면서 여러분의 연구
설계와 절차가 그러한 인식론상의 위치를 반영하고 있음을 기술할 것이다. 연
구 결과를 보고할 때는 이야기 형태의 여러 '발언(voices)'을 선택할 수도 있는
데, 이 경우 왜 그 특정 발언을 선택했는지를 미리 기술해야 한다.

예를 들어, John van Maanen(1988)(예시 11.3 참고)은 침착하고 공정한 제삼자
의 발언(사실적 이야기), 연구 현장에서의 연구자 역할을 공공연히 인식하는 참여
적 당사자의 발언(고백적 이야기), 특정 연구 현장 상황을 부각하기 위해 독자를 그
상황 안으로 들어가게 하려는 서술(인상적 이야기)로 발언의 형태를 구분하였다.

이러한 다양한 발언들은 여러분의 인식론상 위치를 조절하고 보충해 줄 것이
다.
두 번째 조정 전략은 이 모자이크를 다루는 대안인 동시에 첫 번째 전략만큼
이나 현실적인 방법으로서, "믿을 수 있는 결론에 도달하는 것을 목표로 하고 있
는 한, 모든 유형의 연구는 근원적인 인식론적 유사성을 가지고 있다."(Phillips,
1990b, p. 35)라고 가정하는 것이다. 이러한 유사성은 그 모자이크 내에서 어떤
식으로 선택, 응용, 맞춤화를 했는지에 관계없이 모든 질적 연구의 바탕에 깔려
있다. 믿을 수 있고 진실한 질적 연구의 실행이라는 주요 목표는 모든 연구 노력
에 공통되는 것이므로, 다음 절의 모든 내용은 이 두 번째 조정 전략을 다루고
있다.

4. 질적 연구의 신뢰성과 신빙성의 확보

◢ 미리 보기

• 질적 연구의 신뢰성과 신빙성을 확보하기 위한 세 가지 목표

투명성

신뢰성과 신빙성을 확보하기 위한 첫 번째 목표는 공적으로 접근 가능한 방식에 따라 질적 연구를 수행하는 것이다. 21세기에 유행하게 된 용어로 말하자면, 연구 절차가 '투명해야(transparent)' 한다는 것이다.

이 목표는 질적 연구 절차를 잘 묘사하고 기록해서 다른 사람들이 검토하고 이해할 수 있게 해야 한다는 뜻이다. 모든 자료들도 다른 사람이 검토할 수 있게 준비되어 있어야 한다. 이는 여러분의 연구 결과와 결론을 지지하는 데 사용된 증거나 연구 활동을 다른 사람들이 자세히 조사할 수 있어야 함을 말한다. 이러한 자세한 조사를 통해 비판, 지지 또는 정교화가 이루어진다. 또한 친구, 동료, 해당 질적 연구의 참여자 등 그 누구라도 그러한 자세한 조사를 할 수 있어야 한다. 이런 식으로 연구의 최종 결과물은 타인의 면밀한 검토에 대비되어 있어야 한다(예: Yardley, 2009, pp. 243-250).

체계성

두 번째 목표는 질적 연구의 수행이 체계적이어야 한다는 것이다. 예기치 못한 사건을 새로 발견하거나 이러한 사건을 참작할 여지를 충분히 두어야 한다. 그러나 체계적이어야 한다는 말은 연구 절차를 질서 정연하게 따르고, 변덕스럽거나 부주의한 일을 최소화한다는 뜻이며, 이는 그 연구가 명확하게 정의된 연구 설계에 기초한 것이든, 좀 더 비공식적이지만 여전히 엄격한 연구 현장의 방식에 기초한 것이든 마찬가지다. 또한 체계성은 설명될 수 없는 편견이나 임의적 왜곡을 피하는 것도 포함한다. 마지막으로 체계성은 연구 절차와 연구 자료를 상호 확인(cross-checking)하는 것과 완성도 높은 연구를 수행한다는 것도 의미한다.

Eisenhart(2006)는 체계성이라는 목표를 달성하는 데 사용할 수 있는 방법을 논의하였다. 예를 들어, 현장에서의 연구 활동에 대한 설명은 연구자가 "연구 중인 그 장면에 물리적, 인지적, 정서적으로 실제적이고 완전하게 함께했음" (Eisenhart, 2006, p. 574)을 보여 줄 수 있어야 한다. 이러한 목표는 질적 연구에 속한 것이지만, 다른 유형의 사회과학 연구 방법에도 이에 상응하는 것이 있다. 실험연구에서 이에 상응하는 것으로는 실험자의 자료 수집 절차의 일부로 실행되는[특히 '실험자 효과(experimenter effects)' 문제를 다루는] 질적 통제(quality control)가 있다(Rosenthal, 1966).

또한 Eisenhart는 질적 연구자들이 수집한 자료와 그에 대한 해석이 어떤 관점에서는 정확한 것임을 설명해야 한다고 주장하였는데, 이는 '연구자의 입장(연구 도구로서의)'과 '연구 현장의 사건 및 연구 참여자들' 간에 예측 가능한 상호작용을 자기반성적 방식으로 보고해야 할 필요를 제기한다(pp. 575-579). "경험, 생각, 두려움, 실수, 혼란, 발생한 문제와 해결책 등에 대한 기록을 담고 있는"(Spradley, 1979, p. 76) 연구자의 일지는 그러한 자기반성적 기록과 가장 밀접하다. 비질적 연구를 하는 모범적인 연구자들 역시 질적 연구자의 일지에 상응하는 일지를 기록하는데, 이들의 일지는 형식을 갖춘 체계적인 필기의 형태를 띠는 것이 보통이다.

증거 충실성

마지막 목표는 질적 연구가 명백한 일련의 증거에 기초를 두게 하는 것이다. 많은 연구들, 특히 연구 참여자들이 자신의 의사 결정 과정을 묘사하게 하는 것을 목표로 하는 연구에서는 연구 참여자의 실제 언어와 그 언어가 표현된 맥락 등으로 증거가 구성된다(Van Manen, 1990, p. 38; Willig, 2009, p. 162). 이러한 상황에서 언어는 현실의 표현 수단이라는 가치를 가진다. 이러한 기능은 사람들의 행동을 주요 초점으로 하는 연구에서의 상황과는 매우 다른 것으로, 이 책 전체에서 강조되는 것이다. 후자, 즉 행동을 다루는 연구에서는 연구 참여자들의 말을 자신의 행동에 대한 '자기 보고(self-reports)'로 본다. 이들의 말은 있는 그대로 수용되지 않으며, 실제 그 행동이 일어났는지 아닌지를 결정하기 위해 더 많은 증거를 보강해야 한다.

수집된 자료의 유형에 관계없이 연구의 결론은 자료를 참조하여 도출되어야 한다. 여러 관점이 공존할 경우, Anderson-Levitt(2006, p. 289)은 "분석이란 각각의 관점을 이해할 수 있게 설명하고, 연구 결과를 강화하기 위해 상반되는 사례를 찾으려는 신중한 노력과 더불어 여러 가지 자료 출처들 간에 일관성이 있는지 증거를 찾는 것"이라고 설명하였다.

증거와 관련된 이 목표는 이 책 전체를 통해 추구되고 있다. 이 목표는 '실증적 연구(empirical research)'라는 용어의 사용에도 반영되어 있는데, 이 용어 역시 이 책 전체에 걸쳐 등장한다.[5] 궁극적 목표는 바르게 수집되고 분석된 자료에 근거하여 결론을 내리는 것이다.

이 책 전체적으로 사용된 또 다른 장치는 이미 출판된 질적 연구에서 인용된 수많은 예화들로서, 상자에 제시된 예시나 본문에 삽입된 짧은 글의 형태로 제공되었다. 몇몇 연구들은 각 연구의 내용뿐 아니라 방법적인 측면(특히 질적 연구의 집필과 결과 제시)도 포함하고 있다(제10장과 제11장 참고). 이미 성공적으로 수행된 질적 연구의 방법론으로부터 권장할 만한 연구 실제 대부분을 이끌어 냈다는 점에서 이 책은 귀납적 원칙에 기반을 두고 있다. 어떤 의미에서 예화로 제시된 연구들은 이 책을 위한 '자료(data)'라고 할 수 있으며, 따라서 이 책 자체도 증거를 충실하게 추구하고 있는 셈이다.

이 책에 제시된 예시 연구

귀납적 원칙은 질적 연구의 정신과도 잘 맞는다. 질적 연구를 통해 얻어진 귀중한 생각은 특정 절차나 사건으로부터 광범위한 개념이 개발되는(그러나 그 반대는 성립하지 않는) '상향식(bottom-up)' 접근을 따르는 경향이 있다.

상자 안 예시와 본문에 삽입된 예화 외에도 네 가지의 특별한 장치가 귀납적 원칙을 자세히 보여 줄 것이다. 첫 번째는 우리의 관심을 선행연구 모음집(study bank) 제작이 갖는 가치에 돌리는 것이다(제3장 제1절). 두 번째는 많은 질적

---

5 그러나 이 용어의 사용은 비슷해 보이는 용어인 '경험주의적 시각(empiricist view)'과 혼동되지 않아야 한다. 인간의 지식이 어떻게 만들어지는가를 다루는 경험주의는 실증주의보다 훨씬 오래된 철학적 논의로서, John Locke와 Immanuel Kant의 저작에서 비롯된 것이다. 경험주의에서는 인간의 지식이 학습된 경험에서만 비롯되는지, 말을 이해하고 산출하는 능력처럼 어느 정도 타고난 지식을 가진 상태에서 시작되는 것인지에 대해 논쟁한다. '증거 충실성'이라는 이 책의 목표는 연구의 수행에 대한 것이지 인간이 지식을 확립하는 과정(그것이 경험에서 비롯된 것이든 타고나는 것이든)에 대한 것이 아니다.

연구들의 목록을 각각의 주제와 자료 수집 단위의 수준과 함께 제시한 것이다
(제4장의 선택 3). 세 번째는 개별연구의 목차를 분석하여 광범위한 분석 구조
를 보여 준 것이다(제9장 제2절). 네 번째는 두 가지의 구체적 예시연구를 제공
한 것이다. '예시연구 1'은 질적 자료 분석이라는 질적 연구의 가장 어려운 부
분을 다루고 있으며(제8장과 제9장), '예시연구 2'는 혼합연구 방법을 보여 준
다(제12장).

　귀납적 접근은 질적 연구라는 모자이크의 다른 측면, 즉 수많은 학문 분야와
전문 영역을 아우를 수 있는 다양성을 부각하는 데도 유용하다. 이 책의 예시와
예화들은 사회학, 인류학, 심리학, 정치학, 경영학, 사회복지학, 공중보건, 교
육, 프로그램 평가 등의 분야에서 가져온 것이다. 또한 이 모든 연구들은 학문

예시 1.5　　**미국의 주요 정책 변화를 다룬 질적 연구**

　20세기 후반에 미국에서 가장 큰 관심을 받은 이슈는 공적 부조를 받는 많은 사
람들이었다. 여러 해에 걸친 논의 끝에 미국 정부는 1996년에 '복지 개혁(welfare
reform)' 법안을 통과시켰다.

　공적 부조를 받고 있는 사람들의 수가 많은 덕분에 이들과 관련된 주제는 통
계 분석이 용이했고, 따라서 사회복지연구에서는 양적 연구가 지배적으로 많았
다. 이와 대조적으로 Sharon Hays(2003)는 질적 연구가 복지 수혜자와 복지 서
비스 종사자의 세계에 대한 심도 있는 통찰을 제공해 줄 수 있음을 보여 주었다.

　그녀의 연구는 두 개 도시에 있는 복지 업무 담당센터에 초점을 두고, 수혜자
들이 그러한 상황에 처하게 된 경위와 그들이 복지체계에 의해 다루어지는 방식
을 보여 주는 방대한 현장 자료를 제시하였다. 가장 중요한 것은 그녀의 면담 자
료가 그들이 거쳐 간 삶의 궤적(복지체계의 수혜자가 되기 전, 수혜자로 선정되
는 동안, 수혜자가 된 후)을 보여 주었다는 것인데, 이것은 오로지 질적 연구만
이 제공할 수 있는 이야기였다.

　Hays는 또한 자신의 방법론적 실제를 대안적 방식으로 제시하였다. 이 연구를
담은 책에는 연구 방법에 대한 장이 따로 없다. 대신 방법상의 절차와 유의점이
본문의 여러 부분에 걸쳐 나타나 있고, 때로는 방대한 각주로 제시되어 있다(예:
pp. 140-141, 244-245, 251).

분야가 무엇이든 관계없이 미국의 공공정책이 제기하는 주요 질문을 다루고 있다(예시 1.5 '미국의 주요 정책 변화를 다룬 질적 연구' 참고).

전문 작가나 언론인들이 수행한 많은 연구들은 고려 대상에서 제외했다. 그들의 연구도 질적 연구 방식으로 제시되는 경우가 많고 주목할 만한 주제를 다루기는 하지만, 그 연구들 대부분은 본문에 방법론에 대한 내용을 넣거나 각주를 붙이는 등의 방식으로 방법론에 대해 논의하는 일이 거의 없다. 이런 연구들이 이 책에서 강조되고 있는 연구의 실제를 실제로 따랐는지의 여부가 명확하지 않기 때문에, 이 책에 소개한 예시나 예화에 포함시키지 않았다.

이 책의 목적은 질적 연구를 실행하는 전 과정을 제시하고, 참고할 수 있는 구체적인 예시를 바로 접할 수 있게 하는 것이다. 이러한 기회를 최대한 활용하기 위해, 이 책은 독자들이 경험의 정도가 매우 다양한 연구자들일 것이라고는 가정하되 초보자는 아니라고 가정한다. 다시 말해서, 여러분은 처음으로 질적 연구를 해 보는 것일 수는 있지만 사회과학 연구가 어떻게 진행되는지 이해하고, 출판된 논문을 비판적 시각으로 읽을 수 있을 정도의 기본은 갖추고 있어야 한다.

마지막으로 강조할 점은, 이 책의 나머지 부분에서 다룰 연구의 실제는 여러분이 질적 연구를 해야 할 충분한 이유를 갖고 있다는(즉, 이 장 초반에 제기한 '질적 연구를 하는 이유는 무엇일까?' 라는 질문에 대한 답을 가지고 있다는) 가정하에 제시되었다는 것이다. 따라서 계획 중이거나 진행 중인 가설적 연구가 존재한다는 전제하에 실행 지침이 제시된다. 이러한 연구는 장기(long-term) 연구의 일부일 수도 있고(예시 1.6 'Ticuanense 마을에서의 15년 문화기술지 연구' 참고), 일 년 안에 끝나는 연구일 수도 있다. 자비로 하는 연구든지 재정 지원을 받는 연구든지 관계없이 이 책에 제시된 지침들이 적용될 수 있기를 바란다.

여러분이 질적 연구를 하고 싶다면, 질적 연구를 잘 수행하는 데 도움이 되는 개인적 자질 및 능력과 관련하여 기억할 사항이 몇 가지 있는데, 이것이 바로 다음 장의 주제다.

예시 1.6   **Ticuanense 마을에서의 15년 문화기술지 연구**

때로 질적 연구는 수행하는 데 매우 오랜 시간이 걸린다. Robert Courtney Smith (2006)는 멕시코의 작은 지방인 Ticuani에서부터 뉴욕 시로의 이주를 15년에 걸쳐 연구했다.

Smith의 현장연구는 1988년 여름에 시작되었고 "1991년부터 1993년까지 5주 내지 6주간의 멕시코 여행과 뉴욕에서의 문화기술지"를 포함하고 있다. 그는 그 다음 4년간 주요 정보 제공자들과 계속 관계를 유지했으며, "1997년부터 2002년까지 두 번째의 집중적 현장연구 활동"을 실시하였다(p. 5).

이처럼 오랜 기간에 걸쳐 연구를 수행한 덕분에 Smith는 이민자 1세대뿐 아니라 2세대까지 연구할 수 있었다. Smith는 이 연구를 수행한 경험에 대해서 "사태가 결국 어떻게 되어 가는지를 직접 봄으로써 더욱 큰 통찰력을 얻을 수 있었다" (2006, p. 358)라고 기록하고 있다.

출처: Smith(2006).

주요 용어와 개념

1. 질적 연구의 참여자
2. 맥락 조건
3. 다양한 증거의 출처
4. 반성성
5. 내부자 관점-외부자 관점
6. 자연주의적 문화기술지
7. 심층묘사
8. 현장에서의 연구 활동에 대한 설명 구성
9. 주요 연구 도구로서의 현장 연구자
10. 상대주의적 연구 방법과 사실주의적 연구 방법
11. 현상학 연구
12. 질적 연구에서 공식적으로 알려진 방법론의 유형

13. 인식론적 유사성과 대조되는 인식론상 위치
14. 투명성
15. 체계성
16. 실증적 연구

학습활동   질적 연구와 관련된 전기 개요 작성하기

미래에 쓸 책이나 기사에 실릴 전기문의 개요를 작성한다고 가정하고, 3쪽(줄 간격 200%) 분량의 자서전적 문장을 써 보라. 질적 연구를 위해 소규모 기금이나 연구비를 받고 싶어 한다고 가정하고, 홍보하기에 아주 좋은 방식으로 전기문의 개요를 작성하라. 글의 내용이 적절할 뿐 아니라 의미가 잘 전달되도록 최소한 한 번은 글 전체를 수정하라.

이 개요는 실증적 연구를 얼마나 해 보았는지를 서술하는 것으로 시작해야 한다. 실증적 연구를 해 보았다면 연구의 유형(사회과학 연구인지의 여부), 주요 연구 주제, 사용된 자료 수집 방법 등을 밝히도록 하라. 실증적 연구를 해 본 적이 없다면, 그러한 연구를 수행하는 것에 대한 자신의 관심과 동기의 정도에 대해 쓰면 된다.

어느 편이든(즉, 실증적 연구를 하든지 하지 않든지) 지금과 같은 성취를 하게 해 주었거나 질적 연구 수행에 관심을 갖게 해 준 주요 경험(예: 수강한 과목, 학부 때 작성한 과제 또는 격려해 준 선생님) 중 일부를 설명하라(제8장과 제9장의 학습활동에 들어갈 자서전에 포함될 경험은 여기서는 피하도록 노력하라). 제 1장에 인용된 여러 연구를 숙지하고, 따르고 싶은 특징을 가진 시범 사례로 이 연구들을 이용하라.

제2장

질적 연구를 위한 준비

　　현장 기반 연구를 관리하는 능력을 포함한 개인의 특정 능력은 질적 연구를 잘 해내는 데 중요하다. 이러한 능력 중에서도 가장 중요한 것은 좋은 질문을 할 수 있는 능력과 다중모드 방식으로(multimodal manner) 경청하는 능력이다. 이 장에서는 이 두 가지와 그 외의 다른 주요 능력에 대해 알아보고자 한다. 연구자가 준비해야 할 또 다른 사항으로, 실제로 연구를 하기 전에 연구 절차를 연습하는 방법에 대해서도 논의할 것이다.

　　어떤 연구를 하든지 간에 이와 관련된 또 다른 주제는 윤리 지침을 지키는 것이다. 사회과학 분야의 전문가 조직은 바람직한 수준의 '연구 진실성'에 이르기 위한 구체적인 규범을 정해 두고 있는데, 이 장에서는 이러한 규범을 요약하고 논의할 것이다. 연구 윤리와 관련된 마지막 사항은 계획 중인 연구가 기관생명윤리위원회(Institutional Review Board)의 승인을 거치는 것과 관련된 공식적인 절차다. 이 장의 마지막 부분에서는 그 절차를 묘사하고, 절차를 거치는 과정에서 질적 연구가 승인을 받고자 할 때의 어려움을 설명하였다.

질적 연구를 수행하는 것은 어려운 일이다. 따라서 연구자는 자신의 연구에 대해 빈틈없는 사고를 하고 일관된 태도를 유지할 필요가 있다. 연구 주제는 깔끔하게 틀이 잘 잡힌 영역에 딱 맞아떨어지지 않으며 늘 예상치 못한 일이 생긴다. 게다가 주요 연구 도구로서 연구자의 역할은 심각한 어려움을 야기한다.

따라서 질적 연구를 하는 사람들은 연구를 성공적으로 하기 위해 특정 자질을 갖추어야 하는데, 이 장은 그러한 자질을 다룬다. 이미 그러한 자질의 대부분 또는 전부를 갖추었더라도 이 장을 빨리 한번 읽어 보면 유익한 복습이 될 것이다.

1. 질적 연구에 필요한 능력

◢ 미리 보기

- 질적 연구를 잘하기 위해 요구되는 기교 이상의 일반적 능력 여섯 가지
- 이러한 능력이 요구되는 연구 상황

이 책의 나머지 장에서 묘사할 연구 절차를 사용하기 위해 여러분은 특정 기교를 갖추고 있어야 한다. 그러나 이 절에서 다루고자 하는 능력은 그러한 기교들과는 다르다. 이 절에서는 연구자라는 여러분의 정체성의 일부가 되어야 할 여섯 가지 일반적인 능력(경청하기, 좋은 질문하기, 연구 주제에 대한 지식 갖추기, 자료 관리하기, 동시에 여러 과제 수행하기, 인내하기)을 다룬다. 이러한 능력들은 여러분이 가진 특정 기교를 넘어서는 것으로, 그러한 기교들보다 훨씬 근본적인 것이다.

이미 이 여섯 가지 능력의 대부분이나 모두를 어느 정도는 가지고 있을 수도 있다. 이제 도전해야 할 과제는 그 능력을 타의 모범이 될 정도로 개발하고 실천할 수 있도록 높은 기준을 세우는 것이다. 연수, 자기 훈련, 멘토나 모델이 될 수 있는 훌륭한 연구자에게 배우기 등은 모두 능력을 끌어올리는 방법이 될

수 있다.

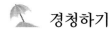 경청하기

이 능력은 여러 가지 형태를 띤다. 경청하기는 청취를 능가하는 것으로, 직관을 포함한 모든 감각을 사용하기를 요구한다. 예를 들어, '경청하기'는 한 집단의 사람들을 처음 만나기 시작할 때 그들의 분위기, 예상되는 친절이나 냉담함을 한눈에 훑어보는 것에서 시작될 수 있다. 이와 유사하게 다른 사람들과 이야기할 때 그들의 몸짓과 어조를 알아채는 것은 그들의 말을 듣는 것 못지않게 중요하다. 마지막으로 대화를 지배하려 하지 않고 다른 사람의 말을 경청하려는 태도는 사람들이 어떤 사건에 대해 어떤 생각을 하고 있는지와 관련하여 통찰력을 갖게 한다.

이 과정에서 요구되는 것은 환경에 대한 방대한 분량의 정보(특히 그 환경 내에 존재하는 사람들에 대한 정보)를 받아들이는 능력이다. 이러한 정보의 수용은 명백하게 일어날 수도 있고, 추리에 근거하여 일어날 수도 있다. 우리가 일상에서 종종 쓰는 '(문서에서) 행간을 읽다.' 또는 '(구어에서) 말속에 숨은 뜻을 알아내다.' 와 같은 관용구가 바로 경청하기와 관련된다. 따라서 질적 연구에서의 현장연구자는 보고 듣는 것 이면에 연구 참여자의 동기, 의도 또는 깊은 의미 등을 드러내 줄 무언가가 숨어 있을 가능성을 늘 의심할 필요가 있다. 이러한 신호를 더 잘 알아듣게 될수록 현장연구는 좋아질 것이다.

'경청하기'는 또한 특별한 시각적 방식을 가지고 있는데, 이는 예리한 관찰력의 형태로 나타난다. 이와 관련된 경청하기 능력은 전적으로 신체적인 자질 몇 가지와 함께 시작된다. 예를 들어, 자신의 주변 시야(peripheral vision)가 얼마나 넓은지 혹은 좁은지를 알아야 하며, 고개를 돌리지 않고도 바로 옆을 지나가는 동료를 인식하듯이 길 건너편에서 일어나는 일도 쉽게 눈치챌 수 있는지 알아야 한다. 또한 특정인이나 특정 사물을 찾기 위해 군중을 얼마나 효율적으로 훑어볼 수 있는지 알아야 한다. 이러한 신체적 자질은 시각적 신호(특히 타인의 손짓, 몸짓 언어, 몸의 자세 등의 형태로 나타나는 신호)에 대한 세심함과 연합하여 예리한 관찰력을 갖게 도와준다.

예리한 관찰력에는 사회적 환경뿐 아니라 물리적 환경을 한눈에 파악하는 기술도 포함된다. 어떤 진료실에 걸린 의학박사 학위증, 어떤 학교에 게시된 학생들의 작품, 어떤 지역의 물리적 환경이 좋아지거나 나빠진 모습 등은 여러분의 연구가 이러한 환경을 주제로 삼고 있다면 모두 의미 있는 정보를 전해 줄 것이다.

> 한 예로 읽기 교육에 대한 현장 기반 연구 중 하나에 따르면, 저소득층이 거주하는 지역의 공공 환경에는 중산층이 거주하는 지역에 비해 공공 표지판과 게시문이 적다고 한다(Neuman & Celano, 2001).
> 이 연구는 저소득층 거주 지역의 공공도서관의 부재, 학교에서 제공되는 읽기 교육과정의 부실함과 함께, 거리와 공공장소에서 접할 수 있는 시각적 정보의 결핍으로 인해, 그 지역의 높은 문맹률 문제가 더욱 심화되었다고 주장하였다.

여러분은 또한 시각적 단서에 아무런 기반을 두지 않고 사회적 환경의 다른 특징에 주의를 기울여야 할 수도 있다. 그 예로는 특정 환경에서의 '시간'이나 '속도(pace)', 흥분, 대화에서 음성의 고저와 어조, 분위기에서 감지되는 일반적인 긴장 등이 있다. 이러한 특징은 정확하게 측정할 수 없는 것이지만, 이것을 간과하는 것 역시 좋은 생각이 아니다.

🏖 좋은 질문하기

많은 연구 자료가 듣기에서 비롯되지만, 이에 못지않게 많은 자료들이 좋은 질문하기의 결과로 얻어진다. 좋은 질문이 없다면 결정적인 정보를 놓친 채 무관한 정보만 많이 수집하게 될 위험이 있다. 훌륭한 경청자가 된다는 것은 주어진 상황에서 완전히 수동적인 청취자로 자리매김해야 한다는 의미는 아니며, 면담을 할 때 "아, 네." 외에 아무 말도 하지 않아야 한다는 의미도 아니다. 좋은 질문도 할 수 있어야 한다.

실제로 좋은 질문을 하는 재능이 있다면, 그 재능을 숨기기가 쉽지 않음을 잘 알 것이다. 예를 들어, 질적 연구에서 일반적으로 하게 되는 대화 형태로 연구 참여자를 면담하고자 할 때, 예의를 지키기 위해, 그리고 연구 참여자의 말을 방해하거나 더 나쁘게는 연구 참여자의 말을 조종하게 될까 두려워하는 마음에 많은 질문을 하고 싶은 마음을 억누르고 있는 자신을 발견할 것이다. 그러나 그 면담이 끝난 후에는 재능이 다시 살아나 면담 중에 하지 못했던 여러 질문들을 떠올리며 괴로워하게 된다.

유사한 예로, 자신의 연구 주제와 관련된 기사를 읽는다고 가정해 보자. 기사를 읽는 동안 스스로에게 여러 질문을 던지는 것은 좋은 질문하기 재능을 가지고 있음을 뜻한다. 이 질문은 기사의 내용에 대한 것일 수도 있고, 기사의 정확성과 신빙성에 대한 것일 수도 있다. 기사를 읽으면서 그 기사와 자료 수집의 일부로 검토해 온 여러 정보 출처들 간의 관계에 대한 질문도 생각해 낼 것이다. 이 모든 질문들은 '읽은 내용에 대한 필기'와 '스스로 던진 질문에 대한 필기'라는 두 가지 형태의 노트 필기 방식을 낳는다.

질문하려는 성향은 꼬리에 꼬리를 무는 질문을 지속적으로 하는 사람들 사이에서 나타나는데, 일련의 질문에 대한 답은 곧바로 또 다른 질문을 낳게 한다. 이와는 반대로, 어떤 사람들은 질문을 하기보다는 자신의 경험과 의견을 이야기하느라 많은 시간을 보낸다. 여러분이 이런 유형의 사람이라면, 좋은 질적 연구를 하기가 어려울 것이다.

연구 주제에 대한 지식 갖추기

자신의 연구 주제에 대한 지식은 질적 연구자에게 기대되는 능력 중에서도 가장 중요하다. 많은 사람들은, 질적 연구의 경우 주제에 대한 지식이 그 연구의 현장 환경과 연구 참여자에 대한 감각이 있으면 저절로 생길 것이라고 믿는다. 그런 사람들은 선택된 연구 주제가 이전 연구들의 주제일 수도 있음을 간과하고 있다. 연구 주제를 잘 파악하기 위해서는, 계획하고 있는 현장 환경과 연구 참여자에 대한 조사뿐 아니라 자신의 연구 주제에 대한 선행연구들의 결과를 조사해야 한다.

충분한 지식을 갖추기 위해서는 이와 같이 다른 연구들을 검색하여 공부하고 그 방법론까지 검토해 보아야 한다. 여러분의 목표는 무모한 반복이나 이미 발견된 사실의 재발견을 피하는 것이다. 여러분은 자신의 연구에서 따라 해 볼 가치가 있는 연구 절차에 대해 배우게 될 수도 있다. 이와 유사하게 선행연구에서 얻은 통찰력은 자신의 연구 자료를 잘못 해석할 가능성을 줄이는 데 도움이 된다.

종합적 문헌연구까지는 아니더라도 선택적 문헌연구(제3장 제2절 참고)를 하는 것은 선행연구에 대해 배울 수 있는 한 방편이다. 연구들을 검색하여 읽으면서 연구 주제와 관련된 본질적 이슈에 대해 익숙해져야 한다. 최근의 기사, 석·박사 논문, 소속 대학이나 연구 기관의 동료 학자들이 했던 공적인 발표 등을 검색하여 문헌연구를 더 명확하게 할 수도 있다. 예를 들어, 여러분이 속한 학문 분야나 조직의 동료 학자가 자신이 연구하려는 주제를 최근 몇 년 안에 다룬 적이 있는지를 빨리 알고 싶을 것이다.

불완전한 범주와 개념을 채택하고 싶지 않아서 **문헌연구를 하지 않기로 선택**했더라도(제3장 제3절 참고), 계획하고 있는 연구 현장과 그곳에 있는 연구 참여자에 대해 익숙해지기 위해 어느 정도 준비해야 한다. 인터넷을 이용하고, 지명, 조직, 사람의 이름을 구글(Google)에서 검색하라. 위키백과(Wikipedia)에서 연구 주제에 대한 광범위한 내용을 읽으라. 현장에 있는 사람들과 이야기를 나누라. 이런 정보들은 연구에 기반을 둔 것은 아니다. 하지만 이것에 의해 지식을 얻을 수도 있고 잘못 인도될 수도 있음을 수용할 정도의 열린 마음을 가지고 있기만 하다면, 이 정보들은 연구 주제를 일반적인 방식으로 소개해 줄 것이다.

자료 관리하기

누구나 한 번쯤은 귀중한 소지품을 잃어버리고 괴로워해 본 적이 있을 것이다. 그러한 소지품이 귀중한 것과 마찬가지로, 연구를 할 때 수집하는 연구 자료는 값을 따질 수 없을 정도로 소중하다. 이와 관련된 능력은 연구 자료를 인식하고 관리하는 것과 관련된 고도의 민감성이다. 여러분은 자신의 노트, 파일, 출력본을 잘 관리하고 함부로 다루지 않기를 원할 것이다. 또한 연구 자료의 일부인 서류나 물건을 주의 깊게 다루고 싶을 것이다.

연구 자료, 특히 질적 연구에서의 현장 자료는 특별한 주의와 보안을 요한다.

예를 들어, 현장 노트(field notes)를 무질서하거나 지저분하게 관리하지 않아야 한다. 그 노트를 기록하기 위해 다양한 크기의 종이를 이용했을 수도 있고, 종이 앞뒤 면 모두에 기록했을 수도 있는데, 이는 곧 여러분을 곤혹스럽게 할 것이다. 제7장에서 논의한 것처럼 최대한 빨리 이 노트들을 순서대로 배열하거나 정교하게 정리해야 한다. 현장 노트의 규격을 통일하고 모든 노트가 앞면에만 필기되도록 통일하기 위해 크기가 다른 종이나 양면으로 적힌 내용은 통일된 크기의 종이에 복사할 수도 있다. 그다음에는 이 모든 노트를 한 부 더 복사하여 원본을 보관한 곳과 다른 장소에 두어야 한다. 이와 유사하게 노트를 파일 형태로 저장할 때는 백업 파일을 하나 더 만들어야 한다. 이상적으로는, 컴퓨터의 하드웨어나 소프트웨어에 문제가 생겼을 때 기록이 소실되는 것을 막기 위해 백업 파일은 컴퓨터 외부 장치(예: USB 저장 장치, 외장 하드 드라이브)에 저장해야 한다. 녹음이나 녹화를 할 때도 최대한 빨리 복사본을 만들어 원본을 보관한 곳과 다른 장소에 보관해야 한다.

연구 자료를 다루는 일에는 아무리 주의를 기울여도 지나치지 않다. 어떤 물건이나 소지품은 잃어버려도 대체가 가능하다. 그러나 현장 노트는 대체가 불가능하다. 현장 노트가 작성된 때와 완전히 똑같은 조건을 만드는 것은 불가능하다. 예를 들어, 동일한 연구 참여자와 같은 대화를 다시 한 번 더 한다고 상상해 보자. 그 대화는 처음과 같을 수가 없으며, 연구 참여자는 처음에 했던 대화 내용을 담았던 노트를 잃어버렸다고 말하는 여러분을 무시할 수도 있다.

유사한 상황이 문서 자료와 관련해서 발생한다. 문서를 복사할 수 있는지의 여부를 연구 초기부터 결정할 필요가 있다. 만약 복사가 허락되지 않거나 엄청난 분량의 복사물을 들고 다니고 싶지 않다면, 그 자리에서 바로 필기를 해야 한다. 이 노트 역시 매우 주의하여 관리해야 한다. 그 서류를 다시 볼 수 없을지도 모르기 때문이다. 오래되었거나 점점 상태가 나빠지고 있는 문서는 적절한 라벨을 붙인 봉투나 폴더에 넣어 잘 보관해야 한다.

동시에 여러 과제 수행하기

질적 연구에서의 활동들은 깔끔하게 포장된 묶음의 형태로 다가오지 않는다.

여러 과제(자신의 통제를 벗어난 과제도 포함하여)를 동시에 하거나 동시에 신경을 써야 하는 어려움을 계속 경험할 것이다. 이러한 복잡한 환경은, 하나의 자료에 고도로 집중하여 기술적인 문제를 풀기 위해 노력하는 것이 도전이자 재능인 전형적인 연구 과학자의 작업과는 다르다.

동시에 해야 하는 여러 과제들 중 일부는 이미 앞에서 설명하였다. 가령, 현장 관찰을 하는 동시에 현장 노트를 작성할 수 있어야 한다. 이 두 작업은 회의를 하는 동시에 필기를 하는 것과 비슷하게 들릴지도 모른다. 그러나 회의 때 하는 필기와 달리, 현장 관찰과 현장 노트 기록을 동시에 하는 작업은 오랜 기간 동안 계속해야 하는 것이다. 피로와 이에 따른 휴식의 필요성이 이슈가 될 수 있다. 때로는 막 노트를 내려놓고 휴식을 취하려는 순간, 예상치 못했던 현장에서 사건이 발생하여 새로운 관심을 기울여야 할 때도 있다. 현장연구를 할 때 진정한 휴식은 연구 현장을 완전히 떠나 혼자만의 공간에 도착했을 때야 비로소 가능하다.

질적 연구를 할 때 동시에 해야 하는 또 다른 과제들도 힘들기는 마찬가지다. 예를 들어, 연구 설계, 자료 수집, 자료 분석 간의 관계가 선형(linear)이기보다는 순환(recursive) 관계라는 것은 이 책의 제4장부터 제9장까지에서 충분히 논의하였다. 그러한 관계는 자료를 수집하는 동시에 그 자료들의 분석적 시사점을 생각하면서, 수집된 자료의 확인이나 보충을 위해 추가 자료 수집이 필요할지 결정해야 함을 의미한다.

질적 연구에서 여러 과제를 동시에 해야 하는 가장 단순한 수준의 예를 마지막으로 하나만 더 들어 보자. 중요한 사건의 모든 세부 사항과 그 사건에 대한 연구 참여자의 해석을 듣는 동시에 연구자와는 다른 문화적 환경을 반영하는 뉘앙스를 감지하기, 연구자가 자신의 말을 잘 듣고 있음을 연구 참여자가 알 수 있도록 경청하는 태도를 유지하기, 노트 필기하기, 최선의 추가 질문 생각해 내기 등이 그것이다. 이것들을 동시에 하는 상황에 숙달되었다면, 이 특별한 능력을 갖추게 되었다고 확신해도 좋다.

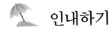 인내하기

이 단어는 다양한 개인적 자질을 의미하지만, 이 모든 자질은 질적 연구를 할 때 직면할 수 있는 불가피한 좌절, 불확실성, 심지어는 불쾌한 일에도 불구하고 탐구를 계속해 나가는 능력과 어떤 식으로든 관련이 있다. 우리는 현실 세계의 사건을 연구하는 것이므로, 이 사건들은 각자의 자연스러운 진행 방식이 있고 예상치 못한 저항과 도전을 던져 줄 수 있다. 우리는 당황스럽거나 어려운 대인 간 상황도 성공적으로 다루어야 한다.

이 능력은 이 모든 어려움에도 불구하고 연구를 진전시키는 능력을 포함한다. 때로 연구를 중지하는 것이 좋겠다는 충고를 받는 시점에 이를 수도 있는데, 이 경우 항복하기 전에 동료나 지도교수 등 다른 사람들의 자문을 구해야 한다. 그런 일은 대부분의 경우 잘 일어나지 않는다. 이런 일이 일어난 경우에도 인내하면서 어려운 상황을 타개할 방법을 모색한다면, Annette Lareau(2003)와 그녀의 연구팀이 수행한 가족 생활 연구와 같은 모범적인 연구가 나올 수도 있다(예시 2.1 '집중적인 현장 기반 연구의 어려움 극복하기' 참고).

예시 2.1   집중적인 현장 기반 연구의 어려움 극복하기

열두 가족에 대한 연구는 "부모의 사회적 계급이 자녀의 삶의 경험에 영향을 미치는 보이지 않지만 강력한 경로"(Lareau, 2003, p. 3)를 주제로 하고 있다. 이 연구는 "아동이 방과 후에 어떻게 시간을 보내는지와 (중략) 아동이 하루를 보내는 중에 부모들이 해 주는 일이 무엇인지"(p. 263)를 조사하였다.

연구자는 일 년에 걸쳐 각 가정을 서로 다른 시간에 20회 정도 방문하였다. 연구자가 3학년 교실을 관찰하기 위해 학교의 허락을 얻고, 그 교실의 학생들과 친해지며, 많은 부모들을 면담한 후에야 연구 참여 가족들에 대한 접근이 가능했다. 즉, 이 과정을 거친 다음에야 연구자는 현장연구를 위한 가족을 모집할 수 있었는데, 연구자는 이 과정에서 "매우 스트레스가 심했다."(Lareau, 2003, p. 265)라고 보고하고 있다.

방문 초기의 어색함을 극복하는 것을 포함하여(Lareau, 2003, p. 269) 가정에서의 관찰 역시 쉽지 않았다. 현장연구자는 가정에서 "소리 지르기, 음주, 정서적 혼란, 체벌"(p. 267)이 일어날 때도 개입하려는 마음을 억누르고 가만히 있기를 배워야 했다. 가족들과 함께 식사하면서 때로는 "매우 싫어하는"(p. 268) 음식이 나와도 모두 다 잘 먹는 척을 해야 할 때도 있었다. 이 연구는 이러한 방법적인 주제에 대해 자세히 설명하고 있다. 견고한 연구 결과와 더불어 이러한 연구 방법론을 선보인 이 연구는 당연히 사회학 분야의 권위 있는 상들을 수상했고, 큰 호평을 받고 있다.

2. 현장 기반 연구의 운영

■ 미리 보기

- 현장연구의 광범위한 특성과 그에 따라 현장연구를 기술적 문제가 아닌 운영의 문제로 고려해야 할 필요성
- 현장연구를 할 때 다음 단계를 계획하고 준비할 충분한 시간을 확보하는 방법
- 두 명 이상의 사람들이 현장연구를 할 때의 다양한 양상과 관계

앞서 설명한 개인적 자질과 능력 외에도 질적 연구를 수행하기 위해서는 현장 기반 연구를 운영하는 능력이 필요하다.

현장 기반 연구의 종류는 다양하다. 여러분은 실제 환경의 참여관찰자로 활약할 수도 있다(제5장 제4절 참고). 이러한 연구를 하려면 '현장(field)'의 본질상 사건이 연구자의 통제하에 있지 않으며, 누구도 사건을 통제하려고 해서도 안 된다는 것을 인식해야 한다. 따라서 현장 기반 연구를 운영할 때의 어려움은 어느 정도의 체계성(methodic-ness)을 확보하면서도, 현장에서 진행되고 있는 일에 간섭하지 않고 때때로 발생하는 높은 수준의 불확실성을 참아 내는 것이다.

대안적으로, 자료 수집의 대부분을(모두는 아니더라도) 일련의 개방형 면담에 의존하는 질적 연구를 수행할 수도 있다(예시 2.2 '개방형 면담에만 기반을 둔 질

예시 2.2　**개방형 면담에만 기반을 둔 질적 연구**

　질적 연구에서 '현장'이 항상 연구자의 관찰 대상이나 대인 간 상호작용이어야 할 필요는 없다. 많은 질적 연구들이 일련의 개방형 면담에만 기반을 둔다. 이러한 연구가 질적 연구가 될 수 있는 이유는, 이 연구들이 연구 참여자들의 반응을 숫자로 정리하는 데 관심을 두는 것이 아니라 면담 참여자의 말과 생각에 관심을 두기 때문이다.

　그러한 연구 중 하나가 Kathleen Bogle(2008)에 의해 수행되었는데, 그녀는 2개 대학의 학생과 동창생 76명을 면담하여 대학 캠퍼스 내 '이성과의 만남'을 연구하였다. 각 면담은 한 시간 내지 한 시간 반 정도 소요되었고, 익명성을 보장하며 녹음되었다(p. 188).

　이 연구는 Bogle과 면담 참여자 간 대화의 요약과 인용구(영화 대본의 형식으로)를 매우 많이 제시하고 있다. 각 대화는 중요한 주제의 예증이 되며, 그 주제에 대한 면담 참여자의 정보와 관점을 보여 준다. 따라서 이 대화는 연구 전체의 실제 자료이기도 하다.

* 예시 11.5 참고

적 연구' 참고). 이러한 면담은 설문 기반 연구의 개방형 질문 부분과는 다르다는 점에 유의하라.

　질적 연구에서 면담은 주로 대화의 형태를 띤다(자세한 사항은 제6장 제2절 참고). 하나의 면담에서 대화 모드는 상당 시간(예를 들어 2시간) 지속된다. 이때의 목표는 면담 참여자가 자신의 경험과 현실을 자신의 말로 재구성할 시간과 기회를 갖게 하는 것이다. 따라서 면담은 연구자가 작성한 질문지에 기반을 둘 수 없다. 많은 연구들은 동일한 사람을 세 번 정도 면담한다. 첫 면담은 연구 참여자의 생애사를 다루고, 두 번째 면담은 연구 주제와 관련된 사건을 다루며, 세 번째 면담은 그 경험의 의미에 대한 연구 참여자의 반성(reflections)을 다루게 된다(Seidman, 2006, pp. 15-19).

　그러한 면담 기반의 현장연구를 수행하기 위해서는 참여자를 모집하고 면담 장소를 물색해야 한다. 바람직한 장소는 각 참여자에게 편리한 곳(예: 연구의 특성에 따라 다르지만 주로 참여자의 집)이다. 연구자에게는 편리한 장소지만 참여자가 멀리까지 이동해야 한다면 그 장소(예: 연구실)는 덜 바람직하다.

참여관찰과 광범위한 면담을 모두 실시하는 등 둘 이상의 방법을 쓰는 많은 질적 연구에서는 이와 같은 운영과 관련한 어려움이 더욱 증가한다.

앞서 생각하기 위해 시간 내기

이러한 상황에서 체계성을 갖추려면 모순적인 자세가 요구된다. 여러분은 현장의 자연스러운 사건의 흐름을 따라갈 수 있기를 바라겠지만, 동시에 자신이 그 흐름을 잘 따라갈 수 있도록 준비되어 있음을 확신해야 한다.

이와 관련하여 유명한 시간관리 조언자이자 베스트셀러 작가인 Stephen Covey는 오래전에 현장연구뿐 아니라 모든 종류의 업무를 분류하는 '2×2 매트릭스'를 만들었다. 이 매트릭스는 현장연구의 운영 방식을 이해하는 데 매우 도움이 되는 통찰력을 제공한다. 2×2 매트릭스의 가로축은 모든 업무를 급한 것과 급하지 않은 것으로 나누고, 세로축은 중요한 업무와 중요하지 않은 업무로 나눈다(〈표 2-1〉 참고). 이 두 가지 축에 따라 4개의 칸이 만들어진다(I, II, III, IV 영역).

이 매트릭스는 압박이 심한 직업들에서 어떤 일이 일어나는지 이해하는 데 도움을 준다. 많은 업무들은 불가피하게 급하기도 하고 중요하기도 하다(I 영역). 게다가 사람들은 마감 기한을 잊고 있다가 중요한 일은 아니지만 기한 내 마쳐야 하는 일이라서 중요하지 않은 일을 급한 일로 만들어 버림으로써 상황을 악

〈표 2-1〉 Stephen Covey(1989)의 시간관리 매트릭스(약간 축약됨)

	급 함	급하지 않음
중요함	I 영역 위기, 절박한 문제, 기한이 정해진 프로젝트	II 영역 예방, 계획, 새로운 기회의 모색, 관계 형성
중요하지 않음	III 영역 전화, 이메일, 미팅 등으로 인한 일의 중단, 작성해야 할 보고서	IV 영역 하찮은 일, 시간을 대충 보내기 위한 일, 시간을 낭비하게 하는 일, 재미있는 활동

화시키기까지 한다(III 영역).

Covey는 급한 업무가 많아질수록 신체적으로까지는 아니더라도 심적인 에너지의 충전을 위해 IV 영역에 속하는 일, 즉 휴식을 취하고 여가 활동을 해야 할 필요가 있음을 강조한다. 여유 있게 식사를 하거나 일에 대해 의도적으로 생각하지 않음으로써 연구 현장에서의 작업 중에도 그러한 휴식을 취할 수 있다.

이러한 패턴으로 지내게 될 때의 결과는, 중요하지만 급하지 않은 업무(II 영역)에 필요한 시간을 최소화하거나 없애게 되는 것이다. 다시 말해서, 현장에서의 시간을 I, III, IV 영역의 업무에 쏟으면, 계획하고, 상황을 진단하며, 좋은 관계를 형성하는 등과 같은 II 영역의 일을 할 기회를 잃는다. 결국 지금 눈앞에 닥친 사안의 긴급함을 따라가다 보면 새로운 사건을 예상하지 못하게 되고, 예기치 못한 일을 기회로 활용하지도 못하게 된다.

이 매트릭스는 현장에서 다음 단계에 대해 생각하고 임의적인 선택을 고려할(즉, 계획을 세울) 충분한 시간을 확보하기 위해 노력해야 함을 보여 준다. 개인 생활에서와 마찬가지로, 그러한 계획 시간이 없이는 추이를 예상하여 사안보다 약간 앞서 가는 것이 불가능하다. 대신 지속적으로 한두 걸음 뒤처진 채 사태를 따라잡느라 애쓰는 상태가 이어질 것이다.

현장연구팀 운영하기

참여관찰을 위주로 하거나 면담을 위주로 하거나 관계없이 대부분의 질적 연구에서 현장연구는 개별 연구자에 의해 수행된다. 그러한 상황에서 현장연구를 운영할 때 어려움을 겪는 부분은 자기관리와 자기통제 능력이다.

어떤 질적 연구는 의도적으로 현장연구를 도와줄 추가 인력을 투입한다. 이 인력들의 역할은 매우 다양하다. 가장 덜 힘든 역할로는 책임 연구자와 함께 다니되 공식적인 연구를 수행하지는 않는 형태가 있다. 여성 연구자가 저녁 시간에 면담을 하기 위해 젊은 남성의 집을 방문해야 할 때와 같이, 안전의 이유로 이러한 추가 인력이 필요할 때가 있다(예: Royster, 2003). 한편 연구자와 연구 참여자의 성별이 다를 때 두 사람이 만나 사적인 면담을 하는 것이 사회적으로 부적절하게 간주되어 연구 중인 지역사회에서 연구자의 입지를 위협할 경우처럼 문화적인 이유로 추가 인력을 투입하기도 한다(예: Menjíva, 2000, pp. 246-247).

추가 인력에게 좀 더 힘든 역할을 맡기기 위해서는 연구를 보조할 동료에게 연구를 수행하기 위한 훈련을 제공해야 한다. 동료 연구자의 투입은 **반성성 위협** (reflexivity threats)을 다루기 위해 이루어질 수도 있다. 예를 들어, 책임 연구자는 자신의 성별, 연령, 인종, 민족 등이 연구 참여자와 다르다는 사실이 면담 결과를 왜곡하지는 않을지 염려할 수 있다. 몇 가지의 중요한 인구학적 측면에서 책임 연구자와는 다른 집단에 속한 동료 연구자에게 면담의 일부를 부탁하면, 그러한 염려를 줄이는 데 도움이 될 것이다(예시 2.3 '개방형 면담 중심의 연구를 위한 바람직한 팀워크' 참고).

예시 2.3   개방형 면담 중심의 연구를 위한 바람직한 팀워크

Pamela Stone(2007)은 직장 여성들이 전업주부로 가족을 돌보기 위해 직장을 그만두는 이유에 대한 연구를 수행하였다. 이 연구는 54회의 면담에 기반을 두고 있다. 이 연구는 54명의 면담 대상 선택, 면담 환경, 면담 질문, 기타 절차 등을 설명하고 있을 뿐 아니라, 면담 참여자의 이름(가명)을 나열하고 각 참여자의 주요 인구학적 자료를 세 쪽에 걸쳐 제공한다.

저자 자신이 일하는 어머니였고 이 연구의 참여자들도 직장을 다니다가 그만둔 어머니였기 때문에, 저자는 연구 절차에서 반성성 위협을 다루어야 했다. 저자가 54회의 면담 중 46회의 면담을 실시하는 동안, 유능한 대학원생(연구자보다 젊지만, 일하는 어머니는 아닌)이 나머지 8회의 면담에 투입되었다. 그 결과 저자는 서로 다른 특성을 가진 두 면담 진행자가 실시한 면담 결과를 비교할 수 있었다. Stone은 면밀한 검토를 거친 후 다음과 같이 서술하고 있다. "내가 진행한 면담과 내 연구조교가 진행한 면담에서 도출된 주제들 간에는 거의 차이가 없었다" (2007, p. 251).

한 사람의 연구자가 다루기에는 연구의 범위가 너무 넓을 때, 추가 팀원을 투입하는 것에 대한 다른 동기가 발생한다. 연구가 여러 현장에서 진행되어야 할 때가 가장 전형적인 예다. 여러 환경에서 자료를 수집할 때 시간이나 계절의 차이를 없애려면, 현장연구는 동일한 기간에 수행되어야 한다. 이런 상황에서 책임 연구자는 한 명 이상의 동료 연구자를 완벽하게 훈련하여 각 연구자가 서로 다른 환경을 하나씩 담당할 수 있게 해야 한다(예시 2.4 '여러 환경에서 일하는 다양한 사람들과 함께 현장연구하기' 참고).

예시 2.4   **여러 환경에서 일하는 다양한 사람들과 함께 현장연구하기**

고전적인 현장연구에서는 한 명의 연구자가 한곳에서 일한다. 이러한 형태는 여전히 대부분의 질적 연구를 지배하고 있다.

그 대안으로, 동일한 한 연구 안에서 여러 명의 연구자가 여러 장소에서 일하는 형태가 있다. 뉴욕 시에 있는 7개의 마을을 다룬 연구는 이러한 대안적 형태를 따르고 있다(Yin, 1982b). 여러 현장연구자는 각기 다른 동네에서 석 달을 머물며 도시 서비스(예: 화재 예방, 치안, 위생 시설, 법규 시행)와 관련하여 그 지역 사람들의 삶이 어떤지 관찰하고 직접 참여하였다.

이 설계의 주요 이점은 여러 마을을 동시에 다룰 수 있을 뿐 아니라 비교도 할 수 있다는 점 그리고 마을 사람들의 관점을 근거로 도시 서비스에 대한 결론에 도달할 수 있다는 점이다. 이 설계의 어려운 점은 여러 현장연구자들 간의 조정을 해야 한다는 점 그리고 현장연구자들에게 공통의 절차를 훈련하는 동시에, 특징적인 삶의 모습과 도시 서비스의 맥락을 제공하는 각 마을 상황에 대한 정보를 교환하게 해야 한다는 점이다. 예를 들어, 폐가가 많은 동네의 어려움은 자동차가 많아서 주차 위반 문제가 만성적으로 발생하는 동네의 어려움과는 다를 것이다. 그러나 만약 어느 한 동네만 연구했다면 이러한 상황에 대해 명백하게 알기는 어려웠을 것이다.

* 예시 11.2 참고

연구가 여러 환경에서 수행되지 않는 경우에도 잘 훈련된 동료가 필요할 수 있다. 즉, 동일한 하나의 상황에서 방대한 자료를 수집해야 하는 경우가 있다. 매우 정교하고 복잡한 연구에서는 연구팀 전체가 연구할 환경에 사무실을 설치하고 그곳에서 1~2년을 보내기도 한다(예: Lynd & Lynd, 1929). 이러한 연구에서는 현장 관찰과 면담뿐 아니라 기록과 문서 정보의 검색과 검토, 설문 등을 통해서도 관련 자료를 수집한다.

이보다는 덜 정교한 연구라서 같은 사무실에서 늘 함께 있을 필요는 없더라도, 모든 팀원은 오랜 기간 동안 함께 일하게 된다. 앞의 예처럼 현장에서 수집된 자료는 매우 다양한데, 때로는 150명의 생애사를 수집하는 연구(예시 2.5 '광범위한 현장 자료 수집을 위해 연구팀 조직하기' 참고)에서와 같이 매우 광범위한 자료 수집이 수행될 수도 있다.

예시 2.5　　**광범위한 현장 자료 수집을 위해 연구팀 조직하기**

Newman(1999)은 뉴욕 시의 할렘가(Harlem Neighborhood)에서 진행된 2년짜리 연구를 위해 "대규모의 박사과정생 집단"(p. xvi)을 조직하였다. 이 연구는 '네 군데 성공적인 대형 패스트푸드 레스토랑'에 고용된 200명의 근로 빈곤층(working poor)과 "이들과 같은 시기에 이 레스토랑 중 두 곳에 취직하려고 찾아왔으나 고용되지 못한 구직자"(p. 36) 100명에게 초점을 두고 있다.

연구 참여자 300명과 레스토랑 네 곳의 점장과 매니저를 대상으로 한 설문조사, 이 중 150명에 대해 한 사람당 3~4시간에 걸쳐 조사한 생애사, 12명의 레스토랑 근로자를 거의 일 년 정도 가까이서 따라다니며 그들의 직장생활뿐 아니라 개인생활까지 광범위하게 수집한 자료(1999, p. 37) 등이 연구팀에 의해 수집되었다. 또한 이 팀의 대학원생들은 네 곳의 패스트푸드 레스토랑에서 4개월 동안 점원으로 일하기도 했다.

Newman이 말했듯이 "모든 방면에서 쏟아져 나온 풍부하고 세밀한 자료는 Black America의 역사적 중심지에 있는 패스트푸드 산업에 고용된 최소임금 노동자들을 설명하는 데 초석이 되었다"(1999, p. 37).

여러 장소에서 또는 한 장소에서 동료 연구자들이 조화로운 방식으로 자료를 모으는 동안, 중요한 팀 운영 절차가 형성된다. 첫째, 팀은 자료 수집 시 원치 않는 불협화음이 일어나지 않도록 공통의 현장 프로토콜(field protocol)을 개발하고 사용하기를 원할 것이다(현장 지침 관련 논의에 대해서는 제4장 '선택 8' 참고). 둘째, 팀은 현장연구를 성실하게 조정하고 협력적으로 수행하기 위해 현장연구 기간 동안 정기적인 회의를 할 필요가 있다(예: Lareau, 2003, p. 268). 이러한 실제들이 적절하게 실천되고 있는지 확인하는 책임 연구자의 리더십은 필수적이다.

3. 연 습

◢ 미리 보기
- 학문적 노력을 넘어서는 '연구'의 의미
- 실제 연구를 시작하기 전에 연구 기술을 연습하는 세 가지 방법

연구는 학문 활동의 일부로 간주된다. 예전에는 '연구를 한다.'는 것이 도서관에 앉아서 정보를 검색하고 능숙하게 다루는 것을 의미했다. 존경받는 학식이 그러한 책상 앞 작업에서 비롯되었다. 그러나 오늘날에 '연구를 한다.'는 것은 실험실에서든 실제 세계의 환경에서든 새로운 자료를 적극적으로 수집하는 것을 의미한다. 이런 점에서 연구를 단지 학문 활동의 한 형태라고 할 수만은 없다. 연구는 동시에 '실제(practices)'다. 실제는 연습이 가능하고 더 많이 연습할수록 좋은 결과를 얻을 수 있다. 질적 연구의 실제를 연습함으로써 질적 연구를 위한 준비를 하는 것이 바로 이 절의 주제다.

불행히도 질적 연구를 수행하기 위한 최선의 연습은 하나의 연구를 실제로 해 보는 것이다. 그러나 이런 논리는 질적 연구를 처음 해 보기 전에 무엇을 해야 할지 이해하는 데 도움이 되지 못한다. 여러분이 할 수 있는 것은 주요 연구 절차의 일부를 연습하고 시도해 보는 것이다.

이 책의 학습활동을 이용하여 연습하기

이 책에서 제공하고 있는 학습활동은 이러한 절차 중 일부를 제시한다. 아마 독자들이 가장 좋아할 학습활동은 제6장에 나오는 현장 자료의 수집에 직접 관련된 내용일 것이다. 이 학습활동은 출처가 다른 여러 자료를 상호 확인(cross-checking)하는 내용을 포함하고 있다.

학습활동은 '하나의 문서와 한 사람을 대상으로 실시한 면담을 비교하기' 등과 같이 단순한 예시 활동을 요구하지만, 이보다 더 많은 것을 할 수 있다. 예를 들어, 여러 문서를 검토하고 이를 여러 사람을 대상으로 실시한 면담과 비교할 수 있다. 학습활동의 효과를 극대화하기 위해서는 문서와 면담 간 비교를 해 본 후, 자신의 작업을 평가하고 앞으로 하게 될 비교에서 개선하거나 변화시켜야 할 것이 있는지 생각해 보아야 한다. 예를 들어, 면담을 잘하기 위해서는 꾸준한 연습을 통해 궁극적으로는 경청하기, 좋은 질문하기, 필기하기를 동시에 하는 데 익숙해져야 한다. 이상적으로는, 자신이 편하게 느끼는 일정한 면담 절차를 개발해 나가야 한다.

자기진단 외에도 다른 사람으로 하여금 여러분의 작업을 관찰하게 하여 피드백을 얻고 큰 도움을 받을 수 있다.

 ## 예비 연구 실행하기

예비 연구는 실제 연구가 갖는 한 가지 이상의 측면(예: 연구 설계, 현장연구 절차, 자료 수집 도구, 자료 분석 계획)을 시험하고 정교하게 만드는 데 도움을 준다. 이 점에서 예비 연구 역시 본 연구를 위한 연습의 일환이라 할 수 있다.

예비 연구에서 얻은 정보는 상세한 연구 수행 계획에 대한 것(예: 특정 절차를 수행하기 위해 현장에서 소요되는 시간을 알아보기)에서부터 연구 내용에 대한 것(예: 연구 문제를 다듬기)까지 다양하다. 예비 연구의 목적이 무엇이든지 간에 예비 연구 참여자는 자신이 예비 연구에 참여하고 있음을 알아야 한다. 본 연구와는 달리 예비 연구에서는 연구 참여자들의 요구에 맞추어 절차를 고안할 수 있으므로 연구 참여자들이 기꺼이 연구에 응해 주는데, 아마 이러한 상황에 놀라게 될 것이다.

예를 들어, 예비 연구 참여자는 자신을 힘들게 하는 이슈에 대한 외부 관찰자의 피드백을 받고 싶어 할 수도 있다. 또한 예비 연구 참여자는 예비 연구가 끝난 후 그 이슈에 대한 간단한 서면 보고서를 달라고 요청할 수도 있다. 이러한 요청을 들어줄 수 있다면 예비 연구를 한결 쉽게 준비할 수 있다.

동기부여하기

질적 연구를 하려는 동기를 높이는 것 역시 연습이 가능한 일이며, 질적 연구를 위한 준비의 중요한 마지막 요소이기도 하다. 질적 연구를 시작하기 전에 불안하고 걱정이 된다면, 동기를 유발하는 것이 도움이 될 수 있다. 그러한 동기부여는 자신의 연구 수행에 대한 기준을 높게 설정하는 것과 같은 도전적인 자세에서 비롯될 수 있다. 여러분은 관련 연구를 찾아보고, 다른 연구자들이 당신과 유사한 상황에서 어떻게 그 연구를 수행했는지 살펴보면서 그들보다 더 잘하기를 열망할 것이다.

이와 같은 도전적인 동기가 생기지 않는다면, 동기를 높이는 대안은 질적 연구를 하는 데서 얻는 보람에 대해 생각하는 것이다. 질적 연구는 현실 세계의 상황을 그 상황만이 갖는 방식으로 연구할 기회를 주며, 따라서 광범위한 연구 주제가 여러분의 재량에 달려 있음을 기억하라. 질적 연구를 함으로써 얻는 지식에 대해 스스로에게 상기시켜라. 자신의 분야에서 질적 연구를 성공적으로 수행해 온 명망 있는 연구자들의 귀중한 경험을 떠올려 보라.

질적 연구라는 분야에 자신을 바치기 전에, 질적 연구에 대해 더 많이 알고 싶다면 제5장으로 건너뛰어 그 장을 먼저 읽어도 좋다. 제5장은 전적으로 현장연구 경험과 질적 연구에서 현장연구를 잘할 수 있는 방법에 초점을 두고 있다. 여기서 목표는 앞서 언급했던(제1장 제1절 참고) 질적 연구의 화려함과 초기 매력의 이면을 이해하고, 다른 연구자들이 마주쳤던 어려움과 그들이 찾아낸 해결책을 포함하여 질적 연구에서의 현장연구에 대한 현실적인 감각을 갖게 되는 것이다.

실제 연구를 시작하기 전에 연구 기술을 연습하고 자신을 동기화하는 것에 더하여, 다음 절에서는 질적 연구를 위해 준비해야 할 매우 중요한 개인적 자질 중 또 다른 하나를 논의하고자 한다.

4. 연구 행위의 윤리적 기준을 정하고 이를 지키기

미리 보기

- 연구 자료를 분석할 때 발생하는 윤리적 문제의 예시
- 사회과학 분야에서 지지되고 있는 윤리 지침
- 연구의 진실성을 보여 주기 위해 숨김없이 발표하는 방법

하나의 연구를 수행하는 동안에는 말할 것도 없고 연구자로 활동하는 모든 기간 동안에는 중요한 개인적 자질 하나, 즉 철저한 윤리의식을 지니고 있어야 한다. 윤리의식을 갖추는 것이 중요한 것은 수많은 선택이 연구자의 재량에 따라 이루어지며, 질적 연구의 경우 더욱 그러하기 때문이다(윤리의식이 인간을 대상으로 하는 연구에서 연구 대상 보호 절차에 국한되는 것은 아니지만, 이 장의 마지막 절에서 주제로 다루고 있는 연구 대상 보호의 구체적 절차와 직접적으로 관련되어 있는 것은 사실이다).

 윤리적 어려움의 예: 모든 자료에 대한 공정한 검토

연구를 할 때 가장 중요한 선택 중 하나는 수집된 자료 중 어떤 것을 분석에 포함시킬지에 대한 결정이다. 제1장에서 논의한 바와 같이 신빙성과 신뢰성을 수립하기 위한 첫 번째 주요 목표는 연구 절차와 자료를 최대한 투명하게 보고하는 것이지만, 어떤 자료는 분석에서 제외되어 보고되지 않는다.

표면적으로 보면, 수집된 모든 자료를 분석하는 것은 불가능하기 때문에 이런 일이 일어난다. 또한 연구 자료를 모두 보고하는 것 역시 논문 분량의 제한

이라는 문제에 부딪힌다. 책이나 박사논문 같은 좀 더 방대한 작업 역시 나름의 한계가 있다. 연구자들은 자신이 수집한 모든 자료를 토대로 작업해야 한다. 그러나 자료 중 일부가 자신의 연구에서 제시한 주요 주장을 지지하지 않을 경우, 그 자료를 묵살하는 연구자도 있지 않을까?

누구도 노골적으로 그런 부정적 사례를 배제하지는 않는다. 이 장의 이후 부분(제4장 '선택 2' 참고)에서도 논의하겠지만, 그러한 부정적 사례는 연구 초기에 설정한 전제를 다소 수정하게 만들더라도 그 연구를 보강해 주는 매우 소중한 것이다. 그러나 연구자가 어떤 자료를 배제할지도 모른다는 가능성은 실험연구에서조차 연구 대상 중 한 명이 협조하지 않았다거나 실험 결과 중 하나가 불규칙해 보인다는 이유로 현실이 될 수 있다. 절차상의 이유나 모순되는 결과때문에 실험자(양적 연구자)의 자료 중 일부가 배제되는 것과 마찬가지로, 질적연구에서도 회의적이고 의심 많은 연구 참여자의 면담 내용을 배제하는 상황이 발생할 수 있다. 그 연구 참여자는 정말 회의적인 사람이었을까, 아니면 단순히 연구자가 갖고 있던 기존의 신념에 동의하지 않았던 것일까? 다시 말해서, 연구자는 특정 연구 자료를 노골적으로 배제하지는 않더라도 자신의 배제를 정당화할 변명거리를 찾을 것이다.

이러한 부류의 편견을 피하기 위해서는 철저한 윤리 지침이 필요하다. 여러분은 연구를 시작할 때, 특정 자료를 분석에서 제외해도 되는 상황은 어떤 것인지를 규정하는 명확한 원칙을 세워야 한다. 또한 자신의 연구활동을 모니터링하고, 정해진 규칙을 따르려는 의지력을 가져야 한다. 예를 들어, 의사결정의 개념틀이 정해져 있어서 특정 상황이 여러분이 재직하는 기관, 규칙, 원칙과 이론, 가치, 행동과 어떻게 일치 또는 상반되는지에 대한 명백한 기준을 다룰 수 있다면, 이러한 개념틀은 매우 도움이 될 것이다(Newman & Brown, 1996, pp. 101-113 참고). 예외를 두고 싶은 유혹을 느낄 때를 스스로 예상할 수 있을 만큼 자신을 잘 알아야 하며, 윤리적 규칙을 어겼을 때의 무서운 결과를 스스로에게 강력하게 상기시키면서 그러한 유혹에 맞설 수 있어야 한다(연구 자료가 자신의 예상과 상반될수록 예외를 두지 않으려 노력해야 한다).

윤리 지침

이 상황에서 적절하게 행동하는 것은 연구 진실성의 문제다. 여러분은 다양한 출처로부터 연구 진실성에 대한 실제 지침을 찾을 수 있다. 이 출처들은 공식적으로 서술된 윤리규정(code of ethics), 윤리기준(ethical standards), 지침이 되는 원칙(guiding principles) 등을 제공하고 있으며, 전문가 학회들에 의해 계속 발전하고 있다. 〈표 2-2〉는 질적 연구를 수행하는 연구자들이 주로 소속된 5개 전문가 학회에서 제시하는 몇 가지 예를 보여 주고 있다. 이 지침은 질적 연구뿐 아니라 이 학문 분야에서 다루는 모든 종류의 연구에 대한 것이다.

이러한 지침이나 규칙은 어떤 사람이 연구를 하고 특정 분야를 대표하고자 할 때 늘 적용된다. 〈표 2-2〉는 학회 규칙의 개요만을 제시한 것이다. 전체적인 내용을 알기 위해서는 이 규정(또는 여러분의 연구와 관련된 다른 전문 분야에서 정한 유사한 규정) 중 최소한 하나를 검색하여 읽고 기억해야 한다.

이 지침들은 긴 문서가 아니다. 예를 들어, 미국교육연구학회(American Educational Research Association: AERA)(2000)의 지침이 되는 기준은 여섯 가지 세트를 포함하고 있다. 각 세트는 서문과 이에 대한 몇 가지 기준으로 구성된다. '이 분야에 대한 책임'을 다루는 첫 번째 세트의 서문은 대부분의 윤리규정에 포함된 좋은 예를 보여 준다.

> 연구 진실성의 유지를 위해 교육 연구자들은 자신의 이론적 · 방법적 관점의 기준에 일관된 방식으로 연구의 결론을 적절하게 보증해야 한다.
>
> 연구자는 자신이 하고 있는 연구와 관련하여 스스로 가지고 있는 패러다임과 그것과 상충하는 패러다임 모두에 대해 잘 알고 있어야 하며, 연구의 적절성을 판단하는 기준을 지속적으로 평가해야 한다.

이 서문을 보면, 제1장에서 소개한 질적 연구의 다양한 유형을 언급하지 않음은 물론이고, 특정 질적 연구 방법이나 비질적 연구 방법도 전제하고 있지 않음을 알 수 있다. 이 서문은 어떤 종류의 연구에든 적용되는 것으로, 연구 결과에 대한 체계적인 지지[서문에서 '보증(warrant)'이라는 말로 표현됨]가 제공되어야 한

〈표 2-2〉 전문가 학회의 윤리 지침 중 대표적 항목(인간을 연구 대상으로 할 때의 보호 조항 제외)

학회명/ 출간 시기	대표 항목
미국인류학회 American Anthropological Association (1998, Sec. III)	• 연구의 대상이 되는 인간과 동물에 대한 책임(예: 해를 끼치지 않기, 대상의 복지를 존중하기, 연구 참여자에게 보답하기) • 학문과 과학에 대한 책임(예: 윤리적 딜레마를 예상하기, 잘못된 설명이나 속임수를 피하기) • 대중에 대한 책임(예: 개방적일 것, 진실할 것)
미국교육연구학회 American Educational Research Association (2000)	• 이 분야에 대한 책임(예: 이 분야에 누가 되지 않도록 전문가답게 살기, 위조하거나 왜곡하지 않기, 전문가로서 의견을 제시할 때 자신의 자격 사항과 한계점을 알리기, 모든 핵심 관련자에게 연구 결과를 알리기, 다른 연구자들이 이해하고 해석할 수 있도록 모든 자료와 절차를 밝히기) • 지적 소유권(예: 공저자 관련 지침) • 논문의 퇴고, 심사, 평가에 대한 내용
미국평가학회 American Evaluation Association(2004)	• 체계적 연구(예: 연구 결과의 정확성과 신빙성 확보하기) • 유능함(예: 평가 관련 과제를 수행하는 데 필요한 능력 갖추기) • 진실성/정직(예: 연구자 자신의 행동 면에서, 평가의 전 과정에서) • 인간 존중(예: 이들의 안전, 존엄, 자아 가치에 대한 존중) • 대중과 일반적 복지에 대한 책임(예: 평가와 관련된 이해관계 및 가치의 다양성 고려하기)
미국사회학회 American Sociological Association(1999)	• 전문가로서의 유능함(예: 최신의 과학적 · 전문적 정보를 지속적으로 따라잡기) • 진실성(예: 정직, 공정함, 존중) • 전문적이고 과학적인 책임(예: 자신의 연구에서 높은 기준을 고수하고 책임을 수용하기) • 사람들의 권리, 존엄, 다양성을 존중하기 • 사회적 책임
미국정치학회 American Political Science Association (APSA 위원회, 2008)	• 불만 처리 절차(예: 다른 나라 학자들의 인권을 위해) • 미국대학교수협회(American Association of University Professors)가 채택한 전문가 윤리(예: 진실을 추구하고 서술하기, 학자로서의 능력을 계발하고 향상시키기) • 전문가 행위의 원칙(예: 연구의 자유와 연구 진실성)

다는 것과 전문가 수준의 유능함(서문에서 '자신이 하고 있는 연구와 관련하여……
잘 알고 있어야 하며'라는 말로 표현됨)을 유지해야 한다는 것을 강조하고 있다.

🏝 연구 진실성

이 개인적 자질은 다양한 윤리규정에 공통적으로 포함되어 있을 뿐 아니라 눈에 띄는 위치를 차지하고 있지만, 그렇다고 해서 이를 당연한 것으로 여겨서는 안 된다. 원시적 형태로 말하자면, 연구 진실성이란 연구자와 연구자의 말이 진실한 입장과 진술을 대표하고 있다고 믿을 수 있음을 뜻한다. 연구를 할 때, 다른 직업에서 하듯이 선서를 하지는 않지만, 행동, 태도, 연구 방법 등을 통해 제시하려는 관점을 명확하게 밝히는 동시에 진실한 연구를 하려고 노력한다는 것을 사람들이 알 수 있게 해야 한다. 진실성 있는 진술은 극복할 수 없었던 불확실성을 지적하면서 주의 사항이나 판단의 유보에 대한 언급을 포함한다. 주의 사항이나 판단 유보에 관한 내용이 없다면, 사람들은 여러분이 진실한 내용을 발표했다고 생각할 것이다.

연구 진실성은 질적 연구에서 특별히 더 중요하다. 질적 연구의 설계와 절차가 다른 종류의 연구에 비해 융통성이 더 큰 경우가 많으므로, 사람들은 질적 연구자들이 자신의 연구를 정확하고 공정하게 수행하기 위해 철저하게 노력했음을 알고 싶어 할 것이다. 예를 들어, 연구 진실성을 판단할 수 있는 하나의 신호는 연구에 오류가 있다고 판명될 수도 있음에 대해 열린 마음을 갖는 것, 어떤 사안에 대해 연구자가 가졌던 초기 견해에 반하는 이의가 제기되었을 때 이를 기꺼이 받아들이는 것 등이다.

🏝 연구 진실성을 보여 줄 수 있는 방법 중 하나인 '개방성'

거의 모든 연구자들은 자신이 그러한 연구 진실성을 가지고 있다고 즉시 주장할 것이다. 그러나 연구 진실성을 갖추고 있음을 다른 사람에게 보여 주는 것은 또 다른 일이다.

유용한 방법 중 하나는 연구의 수행에 영향을 미쳤을 만한 조건을 밝히는 것이다. 예를 들어, '연구자들이 현장 환경이나 연구 참여자를 어떻게 선정했는가'와 같이 연구에 영향을 미쳤을 만한 연구 방법상의 조건과 그 결과가 연구에서 최대한 자세히 설명되어야 한다는 데는 누구나 뜻을 같이한다. 그러나 질적 연구는 연구와 그 결과에 영향을 미칠 만한 연구자의 개인적 역할과 자질에 대해서도 밝히기를 요구한다.

　이러한 개인적 조건 중 가장 보편적인 것으로는 연구자의 인구학적 프로파일 (성별, 연령, 인종과 민족, 사회적 계층 등)이 있다. 이러한 프로파일은 연구자가 사건을 해석하는 데 사용될 연구 렌즈(research lens)에 영향을 미칠 뿐 아니라, 연구 참여자가 연구 현장에서 대화를 할 때 선택하는 주제나 반응을 비롯하여 연구 참여자들이 연구자의 존재에 반응하는 방식에도 영향을 미칠 수 있다. 브룩클린의 지역사회 기관에 대한 Marwell(2007)의 연구는 연구 방법적 조건과 개인적 조건을 자세히 밝히는 방식에 대한 훌륭한 예를 제시한다. 이 연구는 또한 연구 참여자들에게 최종 결과 논문에서 익명으로 남을지, 실명을 쓸지에 대한 선택권을 준 방식에 대해서도 묘사하고 있다(예시 2.6 '질적 연구에서 방법적 선택과 개인적 여건을 자세히 서술하기' 참고).

예시 2.6　　**질적 연구에서 방법적 선택과 개인적 여건을 자세히 서술하기**

　뉴욕 브룩클린의 지역사회 기관에 대한 Marwell(2007)의 연구는 다양한 연구 방법적 선택과 개인적 여건을 충분하게 설명하는 방식에 대한 모범적인 예라고 할 수 있다.

　이 연구는 8개의 기관에 대한 것으로, 2개의 지역사회에서 각각 네 가지 유형의 기관을 다루고 있다. 따라서 저자는 자신의 연구 대상이 된 지역과 기관의 후보들을 어떻게 찾아냈으며, 그 후보들 중 어떻게 최종 선택을 했는지에 대해 자세하게 기술하고 있다(pp. 239-248).

　Marwell의 참여관찰 현장연구는 3년 이상 진행되었는데, 이 연구에서 저자는 자신이 현장에 갔을 때의 초기 모습, 이 기관들에서 자신이 했던 자원봉사 활동의 가치, 거기서 만난 사람들을 익명 또는 실명으로 언급할지에 대한 자신의 접근 방식(연구 참여자들은 자신이 등장하는 본문의 문장을 보고 나서 익명 또는 실명 표기 여부를 스스로 선택할 수 있었음)에 대해 자세히 묘사하고 있다(2007, p. 253).

　마지막으로 저자는 자신의 개인적 특성(인종, 계층, 언어, 성별, 연령 등) 각각에 대해 그것이 현장 경험에 미칠 수 있는 영향을 논의하면서, 연구자의 개인적 특성이 갖는 잠재적 영향력에 많은 주의를 기울이고 있다(2007, pp. 255-259).

이러한 개인적 조건에는 연구자가 연구 참여자와 어떤 관계를 가지고 있는가도 포함된다. 예를 들어, 연구자는 자신이 속한 기관, 지역사회 또는 사회집단을 연구할 수 있는데, 이 모두는 **내부자 연구**(insider research)의 한 형태로 간주될 수 있다. 연구자들이 연구 참여자와 같은 지역에 살면서, 같은 곳에 산다는 점을 이용하여 (연구 참여자의) 문화적 · 맥락적 조건을 잘 알게 될 뿐 아니라 친밀한 관계를 형성하는 것은 매우 흔한 일이다. 그러나 이런 상황은 연구자들이 자신이 회원으로 소속되어 있는 기관을 연구할 때만큼 심각한 갈등을 야기하는 것 같지는 않다. 후자의 경우, 복잡한 권력과 관리감독상의 문제(예: Brannick & Coghlan, 2007; Karra & Phillips, 2008)가 발생할 수 있으며, 이 모든 문제는 소속이나 관계를 자세히 밝힐 때 그 내용에 포함되어야 한다.

다양한 유형의 질적 연구를 실행할 때의 개인적 조건 중 마지막 항목은, 연구 주제에 관한 한 연구자는 옹호자의 입장에 서야 한다는 것이다. 연구자가 옹호자로서의 역할을 공식적으로 인정했든, 단순히 특정 관점을 선호하는 것이든, 자신의 입장을 자세히 밝혀야 한다. 이 책 전체에서 논의되고 있는 더 넓은 개념으로 설명하자면, **반성성**(reflexivity)을 보고해야 한다는 뜻이다. 반성성을 보고한다는 것은, 연구 현장에서 점진적으로 발전된 사회적 역할을 포함하여 연구자와 연구 참여자 간의 상호작용 효과를 최대한 잘 설명하는 동시에 옹호 입장을 다루는 것을 말한다. 현대사회의 인간 노예에 관한 Bales(2004)의 연구는 그러한 정보를 밝히는 방식 중 하나를 보여 준다(예시 2.7 '질적 연구와 사회정치적 주장의 옹호' 참고).

예시 2.7   질적 연구와 사회정치적 주장의 옹호

질적 연구를 하는 학자들은 사회정치적 대의를 향한 지지를 이끌어 내는 데 연구를 사용할 수 있다. 다섯 나라(타이, 모리타니, 브라질, 파키스탄, 인도)의 노예 제도에 대한 Kevin Bales(2004)의 연구는 광범위한 현장연구에 기반을 두고 있다. 현장연구팀은 각 나라의 노예 활용 지역(주로 육체노동에 의존하는 산업체가 위치한 지역)을 방문하고 노예 소유주와 노예가 된 사람들을 면담하였다. 저자는 자신이 총괄 개념의 사고틀을 사용한 것과 심도 있는 연구를 한 것이 중요한 언론

기사를 제공했다는 단순한 기여를 넘어 어떻게 학문적으로 기여했는지를 보여 주었다.

　사회학과 교수인 저자는 노예제도와 싸우기 위해 '노예 해방'이라는 옹호 조직을 창립하고 이를 이끌었다. 연구 결과로 나온 책의 서문에서 저자는 그 조직의 설립이 1999년에 발간된 책의 초판 덕분이라고 자랑스럽게 말하고 있다. 그 책의 초판은 노예 상태에 있거나 인신매매를 당한 2,700만 명에게 세계적인 관심을 집중시켰다.

'예시 2.7'은 자신의 입장을 명확히 밝히는 것이 연구의 진실성을 전달하는 한 방법임을 보여 준다. 연구자가 밝힌 입장이나 조건에 동의할 수 없는 독자는 연구 보고서를 완전히 무시하기로 결정할 것이다. 이런 이유로 여러분은 연구 보고서의 내용을 읽기 전에 서문, 방법론 부분, 저자 소개, 심지어 책 표지에 있는 추천사를 먼저 읽어 보는 일반적 실제를 따르고 싶을 것이다. 연구자가 밝힌 조건 중에 이의가 있다면, 여러분은 아마 그 보고서 전체를 폐기하거나, 이 연구가 과도하게 (조건에) 타협한 것이라는 염려를 확인하기 위해 보고서를 비판적으로 읽을 것이다.

　전반적으로 윤리적 행위와 연구 진실성을 입증하는 방법에 관한 이슈는 다음 절에서 다룰 또 하나의 질적 연구 준비 활동의 일부다.

5. 연구 참여자 보호하기: 기관생명윤리위원회의 승인 받기

◢ 미리 보기

- 기관생명윤리위원회(Institutional Review Board: IRB)의 역할
- 인간 대상의 연구에서 연구 대상을 보호하기 위한 고려

질적 연구든 아니든 관계없이 인간을 참여자로 하는 모든 연구는 기관생명윤

리위원회의 승인을 받아야 한다. 이 승인은 질적 연구 수행의 평범한 한 부분이다. 하지만 이 승인은 예상보다 훨씬 많은 에너지와 주의를 요하는 등 심각한 차질을 빚을 수도 있다.

IRB 승인은 지금 막 논의한 인간 대상 연구의 윤리 문제와 필연적으로 관련되어 있다. 이 관련성은 "인간을 연구 참여자로 하는(이들이 공식적인 '연구 대상'으로 설계되었든 아니든) 모든 연구는 윤리적 관점에서 심사와 승인을 거쳐야 한다."라는 단순한 원리에서 시작된다. 이러한 심사의 필요성은 신약이나 치료법을 시험하는 실험에 참여하는 사람에게 심각한 해를 끼칠 위험이 있는 의학과 공중보건학 연구의 발전과 함께 시작되었다. 위험은 사회과학 및 행동과학 연구에서도 발생할 수 있다.

예를 들어, 연구 참여자는 사회적 실험의 일부로 속임을 당하거나 고의로 잘못을 하게 됨으로써 심리적 손상을 입을 수 있다. 그와 같은 연구들(때로는 동료 연구자를 가짜 연구 참여자로 투입하여 연기하게 했던 연구를 포함함)이 사회심리학 분야의 가장 유명한 학술지 중 하나에 게재되었던 논문 중 절반 가까이 차지한 적도 있었다(National Research Council, 2003, p. 110).

연구자들은 자신의 연구에 참여한 사람들을 어떻게 보호할지를 주의 깊게 선택하고 이를 실천해야 한다. 이를 추구하는 정신은 이 장의 앞부분에서 논의한 윤리규정에 반영되어야 한다. 특히, 사회적 연구와 행동 연구에서 연구 참여자 보호를 다루는 권위 있는 책 중 하나는 서문에서 다음과 같은 주요 기본원칙을 잘 서술하고 있다(National Research Council, 2003, p. 9).

> 인간과 사회에 대한 이해 증진과 인간의 조건 개선은 사람들이 얼마나 기꺼이 연구에 참여하는지에 달려 있다. 반대로, 사람이 연구 참여자일 때는 이들의 자율성을 존중하고, 이들이 손해를 입을 위험을 최소화하는 동시에 이들이 받는 유익을 최대화하며, 이들을 올바르게 대우하는 등의 윤리적 의무를 지켜야 한다.

검토와 승인 절차(그리고 이 절차가 사회과학과 행동과학 연구에는 어떻게 관련되는지)는 지난 수십 년간 상당한 대중적 논의를 불러일으켰다. 이 논의는 연구 참여자가 어떤 식의 치료나 중재를 받지 않고 일상적으로 하던 일을 계속하고 있어서 표면적으로 보기에는 연구 참여자에게 '최소한의 위험' 또는 전혀 '해를 끼칠 만한 심각한 위험'이 없는 연구의 심사에 초점을 두어 왔다. 어떤 연구가 연구 참여자의 성별, 종교 또는 문화적 지향점에 대한 민감한 질문을 포함한다면, 약간의 위험이 존재할 수도 있다. 이 절차는 수업 과제로 실행되는 학생들의 프로젝트까지도 승인을 받아야 하는지에 대해 상반된 태도를 보여 왔다. 심지어 문자를 사용하지 않는 집단에 속한 연구 참여자에게도 서면으로 연구 참여 동의서를 받아야 했던 사례도 있었다(American Association of University Professors, 2006). 이러한 상황과 이와 유사한 상황에 대한 절충안을 마련하느라 승인이 과도하게 늦어질 수도 있다.

이러한 심사와 승인 절차에 대처할 수 있도록 준비하려면, 이 절차가 자신의 연구에 어떻게 적용될지를 이해하기 위해 얼마간의 시간을 투자해야 할 것이다. 수많은 웹사이트나 소속 기관의 IRB 승인 경험으로부터 이 절차에 대해 더 많은 것을 배울 수 있다. 부담스럽기 그지없는 IRB 절차에 대한 글을 2008년 성탄 전야에 실었던 블로그도 있다.

심사와 승인을 위해 연구 프로토콜 제출하기

이 서류의 제출은 연구가 시작되기 전에 이루어진다. 공식적으로 구성된 심사위원단(주로 IRB라 불리는)은 연구 참여자의 보호와 관련된 연구의 주요 특징을 요약한 연구 프로토콜을 심사할 것이다.

모든 대학과 연구기관에는 IRB가 있다. 영리 중심의 IRB가 여러 기관을 담당하기도 한다. IRB는 필요한 심사를 돌아가며 수행하기로 자원한 5명 이상의 동료 연구자 패널로 구성된다. IRB는 의도적으로 서로 다른 학문 분야와 지역사회의 의견을 대표하는 연구자들로 구성한다. 어떤 IRB는 웹사이트도 있어서 구성원을 소개하고, 심사 일정, 제출 기한, 심사 절차를 설명한다.

여러분은 자신의 프로토콜에 대한 심사 결과가 가장 큰 관심사겠지만, IRB가 엄청난 업무량에 시달리고 있다는 사실에 민감해야 한다. 1995년에 이미 IRB가 일 년에 심사하는 프로토콜 수의 평균이 578개였다(National Research Council, 2003, p. 36). 이 숫자는 그 이후로 의심의 여지없이 계속 증가해 왔다.

각 IRB는 바람직한 **연구 프로토콜**의 내용에 대한 자체적인 지침을 제공한다. 연구 계획의 특성에 따라 IRB는 철저히 심사할 수도 있고, 신속하게 심사를 끝낼 수도 있으며, 심사를 면제해 줄 수도 있다. 승인 또는 부결 외의 일반적인 심사 결과는 연구 계획을 수정하여 다시 제출하라는 것이다. 어떤 상황에서는 연구자가 재제출을 여러 번 해야 할 수도 있는데, 이렇게 되면 연구 계획 시 세운 일정을 방해하는 예상치 못한 지체를 감수해야 한다(Lincoln, 2005, p. 167).

IRB는 미국 공중보건 서비스에서 공포한 지침을 기반으로 운영된다. 모든 IRB가 최대한의 주의를 기울이며 책임을 다하기 위해 최대한 노력하고 있지만, 이 지침은 확정된 규칙은 아니다. 서로 다른 기관의 IRB는 조금씩 다른 절차를 따를 수도 있고, 조금씩 다른 기준을 사용할 수도 있다. IRB에 자원한 구성원이 돌아가면서 심사를 하기 때문에, 심사자가 바뀔 때도 변화가 일어날 수 있다. 따라서 여러분이 속한 기관의 IRB에 대해 알아보고, 그 IRB가 일반적인 질적 연구에 대해(여러분과 유사한 연구 방법을 사용한 다른 연구의 심사 결과까지는 아니더라도) 최근에 어떻게 심사했는지 알아보아야 한다.

연구 참여자 보호를 위한 특별한 고려 사항

IRB를 위한 지침은 제출 서류에 반드시 포함해야 할 다음의 네 가지 주요 절차를 다룬다(National Research Council, 2003, pp. 23-28).

1. 주로 서면으로 된 진술에 서명을 받음으로써 연구 참여자로부터 자발적이고 **정보에 입각한 동의**를 구하기('정보에 입각'이라 함은 연구 참여자가 연구의 목적과 본질을 이해했음을 의미함)
2. 연구에서 비롯될 수 있는 손상, 해로움, 유익을 진단하고, 연구 참여자에 대한 손상(신체적·심리적·사회적·경제적·법적 손상 및 인간 존엄성 측면의 손상)을 최소화하기
3. 어떤 집단의 사람도 불공평하게 연구에 포함되거나 제외되지 않도록 연구 참여자를 정당하게 선택하기
4. 컴퓨터상의 기록과 녹음 및 녹화 자료에 대한 것을 포함하여 연구 참여자

의 신분에 대한 비밀보장을 확실히 하기

이 모든 절차를 특정 연구에 맞게 적용하려면 주의 깊은 고려가 필요하다. 첫 번째 절차에서 서명을 받은 것은 동의를 얻었다는 의미지만, IRB는 그 동의가 자발적으로 이루어졌는지, 그리고 충분히 정보를 제공한 후 받은 것인지를 질문할 수 있다. 연구자는 연구 참여자가 연구에 참여하기로 결정하기까지는 암시적인 압박이 전혀 없었으며, 그 결정은 온전히 자발적인 것임을 보여 주어야 한다. 마찬가지로, 연구 계획은 연구 참여자가 자신이 하기로 동의한 것이 무엇인지 이해할 수 있고, 연구에 대한 충분한 정보를 알 수 있도록 명확한 방식으로 제시되어야 한다.

IRB가 개별 연구의 잠재적 손상, 위험, 유익을 판단하는 두 번째 절차의 실행은 더욱 어렵다. 연구자는 자신의 연구 참여자 선정이 정당하게 이루어질 것임을 IRB에 증명해야 한다. 마지막으로, 연구자는 비밀보장의 문제(사람들의 이름뿐 아니라 기관과 지명에 대한 비밀보장)를 어떻게 다룰지에 대한 의사결정 절차를 인식하고 있음을 입증해야 한다(예: Guenther, 2009).

이러한 여러 어려움 때문에 IRB 심사는 번거롭고 끝이 없는 절차가 될 수 있다(예: Lincoln & Tierney, 2004). 미국대학교수협회와 같은 전국 단위의 단체는 이 심사가 "학문적 자유에 심각한 위협을 야기할"(AAUP, 2006) 수도 있다고 주장하였다. 많은 IRB 위원들이 연구 과정에서 점진적으로 도출되는 방식의 연구(Lincoln, 2005, p. 172)나 연구 절차가 엄격하게 정해지지 않은 연구 방법에 대해 부정적인 견해를 가지고 있다는 믿음 때문에 질적 연구에는 더 많은 어려움이 있다.

 ## IRB 심사 준비하기

어떤 제언들은 IRB 심사를 준비하는 데 도움이 된다. 가장 중요한 절차는 이미 언급했듯이 그 절차를 시작하기 전에 IRB가 자신이 속한 대학이나 연구 기관에서 어떻게 운영되고 있는지 정확히 알아보는 것이다. 여러분의 연구가 해당 분야나 연구 주제 면에서 IRB의 승인을 받으려는 첫 번째 연구는 아닐 것이므로, 자신의 연구와 유사한 연구에 대한 이전의 심사를 면밀히 살펴보라. 개별 IRB 위원들과 그들의 연구물 그리고 그들의 세부 전공을 알아 두는 것도 손해 될 것은 없다. 소속 기관이 여러분이 하려는 연구와 유사한 연구를 심사해 본 적이 없다면, 소속 기관에 필적할 만한 다른 기관에서 이와 유사한 연구에 대해 어떻게 심사가 이루어졌는지에 대한 정보를 구하라.

둘째, 다른 유사한 연구나 상반되는 연구의 폭넓은 맥락 속에 자신의 연구와 연구 방법을 삽입해야 한다(제3장 제2절에 제안된 '선택적' 문헌연구를 참고하라). 그러한 삽입은 여러분의 연구 방법이 이미 기존 연구에서 인정받았을 뿐 아니라 다루기 힘든 결과나 쉽게 예상 가능한 결과를 야기하지 않는다는, 즉 수용 가능하고 공인된 범위 내에 있는 것임을 보여 준다. 또한 연구 결과로 수립될 중요한 지식이나 유익의 총체를 통해 여러분의 연구가 다른 연구의 결과(특히 비질적 연구의 결과)를 어떻게 보완하는지 설명할 수 있다.

셋째, IRB 승인을 얻는 것과 관련된 충분한 경험을 쌓을 때까지 연구 범위를 알맞게 설계하라(그렇게 해도 여전히 혁신적이고 창의적인 연구가 될 수 있다). 현장 연구와 자료 수집의 범위를 주의 깊게 계획하라. 총명한 동료에게 IRB에 제출 할 서류의 초안을 검토하게 하라.

 정보에 입각한 동의를 구하기 위한 현장에서의 대화: 연구 참여자가 연구자에게 질문할 수 있는 기회

일단 IRB 승인을 받고 나면 추가로 진행되는 역동적인 과정에 놀라지 마라. 정보에 입각한 동의를 구하기 위해 연구에 대해 소개하는 시간은 연구 참여자가 질문을 할 수 있는 좋은 기회이기도 하다. 이 상황은 연구 참여자가 연구의 진행에 대해 질문하는 기회가 될 수도 있다(반드시 연구의 내용에 대한 것은 아닐 수도 있다). 다른 질문으로는 연구의 목적, 연구 참여자와의 면담이나 대화를 통해 얻고자 하는 바, 최종 연구 결과를 제시할 방식, 연구 참여자를 혼란스럽게 하거나 연구 참여자의 품위를 손상시키는 일을 피하기 위해 연구자가 취할 조치, 연구에 대해 그 밖의 궁금한 사항 등이 있다.

IRB에 처음 서류를 제출할 때 이러한 질문들을 최대한 많이 예상하고 있어야

한다. 이런 질문이 현장연구 중에 나온다면, 공식적이거나 법률적 또는 방어적인 어조가 아닌, 스스럼없고 친근한 방식으로 다루어야 한다. 그러한 질문을 처음 받았을 때 지나치게 방어적으로 보이지 않기 위해 몇 가지 준비를 하라. 동료에게 예상 질문을 하게 한 후, 이에 답하는 연습을 하는 것이 좋다.

　예나 지금이나 현장에서는 이러한 질문에 대해 최대한 구체적으로 답하는 것이 좋다[예: "저는 ＿＿＿(현장 환경의 이름)에 대한 책을 쓰고 있어요."]. 그렇게 답하고 나면 여러분은 책을 쓰는 사람으로 알려질 것이다. 이전에 출판한 책을 언급하는 것도 그러한 정체성이 형성되는 데 나쁠 것은 없다. 예전에도 그랬지만, 놀랍게도 사람들은 그들이 사는 세계가 책의 일부가 된다는 것을 매우 반긴다.

⬤ 주요 용어와 개념 --

1. 경청하기, 상황을 한눈에 알아채기, 숨은 의미 알아내기
2. 자료 다루기
3. 사건에 한 발 앞서 가기
4. 연구팀
5. 예비 연구
6. 모순된 결과 때문에 자료를 배제하고 싶은 유혹
7. 연구 진실성
8. 자세히 설명하기
9. 내부자 연구
10. 인간 연구 대상(human subjects)
11. 자발적이고 정보에 입각한 동의
12. 비밀보장

학습활동 현실 세계에서 일어나는 사건에 도전하기

다른 사람에 관련된 현실 경험 중 매우 어렵다고 느낀 경험을 설명해 보라(예: 사회적 모임에서 다른 사람과 상호작용하기, 구직이나 대학 입학을 위해 면접 보기, 직장 동료나 가족들과 특정 문제를 해결하기, 벅찬 상황에서 학기 말 과제를 하거나 그 외의 실적을 내기).

개인적으로 직면했던 어려움과 그것을 어떻게 다루었는지를 설명해 보라. 여러분이 가진 윤리관의 강점이나 약점, 개인적 능력, 사회성 기술, 가족의 지지, 뜻밖의 행운 또는 다른 개인적 상황이 자신의 반응 능력을 통해 어떻게 나타났는지 이야기해 보라.

이 현실 세계의 도전을 질적 연구를 하면서 개인적으로 가장 힘들었던 경험에 비교해 보라. 질적 연구 경험이 없다면, 힘들었던 현실 세계의 사건에 대한 자신의 반응과 질적 연구에서 가장 어렵거나 힘들 것이라고 생각되는 지점에 대한 자신의 반응을 비교하라. 실제로 수행한 질적 연구에서의 경험과 비교를 했든, 상상에 의한 질적 연구에서의 경험과 비교를 했든, 현실 세계의 사건에 대한 반응은 질적 연구와 관련된 사건에 대한 반응과 유사한가? 두 상황은 완전히 다른가, 아니면 어느 정도의 유사성을 가지고 있는가? 현실 세계의 경험에서 배운 교훈을 질적 연구를 수행하는 방식을 개선하는 데 적용할 수 있는가?

제3장

어떻게 연구를 시작할 것인가

대부분의 사람들은 실증적 연구를 시작하는 데 어려움을 겪는다. 이러한 어려움 중 하나는 관심 있는 주제를 정의하는 것이다. 연구는 이미 존재하는 2차 자료로부터 정보를 모으는 것이 아니라 새로운 자료 수집 절차에 따라 새로 수집된 자료를 이용해야 한다. 연구의 시작과 관련된 이러한 어려움을 완전히 극복하지는 못하더라도 어느 정도 경감시키기 위해 이 장에서는 선행연구 모음집(study bank)을 만들어 모든 실증적 연구에서 요구되는 세 가지 특징(즉, 주제, 자료 수집 방법, 가능한 자료원)을 규정하는 방법을 제시한다.

이 장은 또한 연구 시작 과정에서 다루어야 할 단계들도 다룬다. 이 단계에는 문헌을 검토하는 것과 연구 문제를 정하는 것이 포함된다. 또한 문헌을 검토하거나, 심지어 연구 문제를 정하기도 전에 현장연구 중 일부를 시작하는 대안적 절차도 고려하였다. 이 장의 마지막 부분은 연구자의 인식과 배경이 연구 시작 과정 전체에 영향을 미칠 가능성이 크다는 것을 상기시킨다. 연구자는 자신의 연구 렌즈를 늘 의식하고 있어야 하며, 그것을 지속적으로 기록해야 한다.

이 책의 제1장과 제2장은 질적 연구에 대한 광범위한 이해(제1장)와 질적 연구를 잘 수행할 수 있는 개인의 능력에 대한 논의(제2장)를 제시하였다.

이 책은 '실제로 해 보면서 배우기'를 지향하므로, 질적 연구에 대해 더 깊이 배울 수 있는 최선의 방법은 실제로 질적 연구를 수행하는 것이라고 본다. 따라서 제3장부터 마지막 장까지는 질적 연구를 수행하기 위한 제언과 지침을 다룬다.

가장 단순한 형태로 말하자면, 실증적 연구를 한다는 것은 다음을 의미한다.

- 고찰하려는 그 무엇을 정의하기
- 관련 자료를 수집하기
- 결과를 분석하고 해석하기
- 실증적 결과를 바탕으로 결론 내리기

'관련 자료를 수집하기'란 타인의 논문과 같은 2차 자료가 아니라 현장 관찰이나 면담과 같은 1차 자료를 직접적으로 다루는 것을 의미한다. 이 책의 중간 부분에 해당하는 제4장부터 제9장까지는 모두 자료 수집과 이에 관련된 주제를 다루고 있다.

연구가 어떤 활동들로 이루어지는지에 대해서는 거의 상식에 가까운 이해가 있음에도 불구하고 특정 연구를 시작하는 것은 쉽지 않은 일인 것 같다. 많은 사람들이 무엇을 연구할지, 또는 연구를 어떻게 바라보아야 할지를 잘 알지 못해서 헤매거나 좌절한다. 그 결과로 분석과 해석을 어떻게 진행해야 할지는 고사하고, 관련이 있는 자료가 어느 것인지조차 잘 알지 못한다. 이러한 시작 단계의 문제를 극복하는 방법을 제시하는 것이 이 장의 목적이다.

🏝 질적 연구를 시작할 때의 어려움

자료 수집을 시작하게 해 줄 연구 주제를 생각해 내는 것은 어려운 일이다. 놀랍게도 대학에서의 공식적인 교육은 학생들이 석사논문이나 박사논문 단계에 이르기 전에는 이들을 그러한 어려움에 노출시키지 않았을지도 모른다. 특별히 사회과학의 경우, 학생들은 교육과정을 통해 '어느 정도의 연구 수행'을 포함하는 학기 말 보고서와 이와 유사한 과제를 위한 연습을 해 왔을 것이다. 그러나 이와 같이 과제로 하게 된 연구는 문헌을 검토하거나 인터넷에서 정보를 검색하는 정도만 요구했을 가능성이 크다. 이러한 기초 수준의 과제들은 학생들에게 자신의 자료 수집 도구에 근거하여 자료를 수집하라거나, 실제 삶에서의 사건과 사람들을 만나 체계적인 방식으로 자료를 수집하여 기록하라거나, 저자의 의견이 아니라 자료에 의해 뒷받침되는 결론을 내리라고 요구하지는 않을 것이다.

대부분의 사람들(그리고 그들의 지도교수들)은 질적 연구를 시작하는 것과 관련된 이러한 어려움에 대해 알고 있다. 반면, 질적 연구든 양적 연구든 관계없이 모든 종류의 실증적 연구를 시작할 때는 이러한 어려움이 수반된다는 점과, 특히 연구를 처음 해 보는 사람에게는 연구의 시작이 더욱 어렵다는 점은 그리 잘 알려져 있지 않다.

예를 들어, 실험실에서 하는 연구에서도 자료를 수집하기 위한(즉, 실험의 준비와 실행을 위한) 연구 주제(즉, 무엇에 대해 실험을 할 것인가의 문제)를 선택하는 것은 어려운 일이다. 이것이 쉬운 선택이라고 생각하지 마라. 게다가 유능한 실험자는 논리적으로는 가능하나 유용한 정보를 제공해 주지 못하는 수많은 실험들을 피해야 한다.

타인의 처지는 스쳐 지나가는 관심사일 뿐이겠지만, 여러분의 지지망을 넓히는 데 이를 고려할 수 있다. 비질적 연구를 하는 동료에게 그들이 자료 수집을 위해 필요한 실험, 조사, 경제 모델링 또는 다른 양적 연구를 처음에 어떻게 시작했는지 물어보라. 아마 그들의 분투와 궁극적 성공에 대한 교훈이 여러분이 하려는 연구와도 깊이 관련되어 있다는 사실에 놀랄 것이다.

질적 연구의 고유성

질적 연구라는 탐구 작업은 고유한 연구를 정의하고 실행하기를 요구한다. '고유한 연구(original study)'란, 연구자 고유의 생각, 언어, 자료를 이용하여 연구자 스스로 만들어 온 연구라는 뜻이다. 여러분은 자신의 지식을 최대한 활용하여 이전에 수행된 적이 없는 연구를 해야 하며,[1] 선행연구와 차별되는 연구를 하기 위해 정직한 노력을 기울여야 한다.

고유한 연구를 해야 한다는 것 외에도 중요한 주의점이 있다. 이 장의 나머지 부분에서는 선행연구를 검토하고 활용하는 방법을 제안하고 있는데, 모든 연구는 타인의 글에 나오는 생각이나 언어를 어느 정도 반영하지 않을 수 없다. 이 경우, 저자는 타인의 생각이나 글이라는 것을 분명하게 밝혀서 빌려 온 아이디어나 인용된 말이 원저자의 것임을 명백히 해야 한다. '고유한' 연구의 일부나 전체가 출처를 표시하지 않은 자료에서 비롯되는 일은(예: 인용 부호를 붙이거나 별도의 문단으로 분리하지 않은 채 타인의 말을 그대로 사용하는 경우) 어떤 경우라도 피해야 한다. 타인의 말이나 글임을 적절하게 표시하지 않은 것은 표절에 해당된다(Booth, Colomb, & Williams, 1995, p. 167).

이 장에 대한 소개

이 책의 나머지 부분은 '질적 연구 시작하기'를 다룬다. 이 장은 숙련된 연구자보다는 초보 연구자의 요구에 부응하는 것이므로, 숙련된 연구자는 이 장을 건너뛰고 바로 제4장으로 가는 것도 고려해 볼 수 있다.

동시에 제3장과 제4장의 차이점에 주목해 볼 필요가 있다. 과거에는 이 장의 내용만으로도 질적 연구의 시작뿐 아니라 설계를 배우는 데 충분했다. '제1절. 세 가지 특징을 고려하면서 질적 연구 시작하기'에 제시된 내용이 연구를 설계하는 데 필요한 정보와 동의어로 간주되었다. 예전 교재들은 최근 질적 연구에서 등장하는 많은 설계 관련 이슈에 대해 그리 깊이 탐구하지 않았다. 다시 말해서, 질적 연구 방법은 계속 발전 중에 있다고 할 수 있으며, 제4장은 실제 설계 이슈를 자세하게 다루고 있다.

---

1 이에 대한 중요한 예외는 반복연구(replication study)다. 반복연구는 의도적으로 이전 연구와 동일하게 연구를 고안하여 같은 결과가 나오는지 알아보기 위해 실시된다. 그러나 이 책에서는 반복연구를 다루지 않는다.

1. 세 가지 특징을 고려하면서 질적 연구 시작하기

◾ 미리 보기

- 실증적 연구의 세 가지 주요 특징과 질적 연구를 시작하는 절차의 일부로 규정되어야 할 사항
- 선행연구 모음집을 만드는 방법
- 새로운 질적 연구를 규정하기 위해 선행연구 모음집을 활용하는 몇 가지 방법

모든 질적 연구의 시작 단계에서는 다음의 세 가지 핵심적 특징을 다루어야 한다.

- 연구 주제: 무엇을 연구할 것인가?
- 자료 수집 방법: 어떻게 자료를 모을 것인가?
- 자료원(source of data, 많은 경우 현장연구 환경): 수집하려는 자료를 어디서 얻을 것인가?

새 연구를 구상할 때, 이 세 가지 특징을 고려하는 데 할애할 수 있는 시간은 전체 연구에 사용 가능할 것으로 추정되는 시간과 자원의 제한을 받을 것이다. 질적 연구를 하겠다는 생각을 하기도 전에 이 특징들 중 한 가지 이상이 결정되는 뜻밖의 기회 또한 도움이 된다.

🔺 개시 절차를 동시에 진행하기

모든 책들이 그런 것처럼 이 책 역시 순차적으로 내용을 제시하고 있기 때문에 세 가지 특징을 차례대로 하나씩 논의하고 있다. 그러나 현실적으로는 최종 선택을 하기 전에 이 세 가지에 대한 고려를 한꺼번에 할 수 있어야 한다(즉, 동

시에 그리고 상호적으로 이 세 가지를 병행하여 처리할 수 있어야 한다). 관심 있는 주제를 골랐지만, 자료원을 구할 수 없는 경우를 예로 들어 보자. 이 경우 접근 가능한 자료원을 먼저 찾고, 다시 연구 주제로 돌아가서 자료원에 잘 맞게 연구 주제를 재정의할 필요를 느낄 것이다. 이와 유사하게, 특정 자료 수집 방법을 선택하는 것으로 연구를 시작했더라도, 이러한 연구 방법의 선택은 연구 주제나 자료원과 상호작용할 것이다.

어떤 사람들은 세 가지 특징을 동시에 생각하고 싶어 한다. 이들은 그 세 가지와 관련된 작업을 병행할 수 있다고 가정한다. 또 어떤 사람들은 이 세 가지를 한꺼번에 다루는 일이 너무 벅차다고 생각할 수도 있다. 이 세 가지에 대해 한 번에 하나씩 점진적으로 생각해 나가는 것도 나쁘지 않다. 어느 편을 선호하든 주요 목표는 정체되지 않고 앞으로 나아가는 것이다.

시작하는 방법

여러분은 이미 명백한 관심 분야가 있고 무엇을 연구하고 싶은지 알고 있는 상태일 수 있다. 예를 들어, 누군가의 연구팀에 소속되어 일을 하다가 연구할 만한 새로운 주제를 발견할 수도 있고, 그럴듯한 자료 수집 방법과 자료원도 알고 있을 수 있다. 또한 어떤 주제에 대해 이전부터 오랫동안 관심을 가져 왔는데, 이를 연구하기 위해 질적 연구 방법을 배우게 되었을 수도 있다. 그러나 이러한 지점에 이르지 못한 상태라면, 다음에 제공할 조언들이 세 가지 특징을 생각하기 시작할 때 도움이 될 것이다.

첫 번째 방법은 사회과학에서 이미 공부했던 내용을 검토해 보는 것이다. 이전에 수강한 과목과 읽기 자료, 동료들이 했던 연구나 교수들의 연구, 심지어 이 책이나 다른 질적 연구 관련 서적에 인용된 많은 논문들을 떠올려 보라. 이들 중 여러분의 관심이나 상상을 사로잡는 그 무엇이 있는지 살펴보라.

또 다른 방법은 완전히 새로 시작하는 것이다. 이전에 수강한 사회과학 과목이나 읽기 자료에서 그리 깊은 인상을 받은 적이 없을 수도 있고, 동료나 교수들의 연구를 접할 기회가 거의 없었을 수도 있으며, 책에서 참고한 문헌에 만족하지 않을 수도 있다. 이 경우, 완전히 새로 시작한다는 각오를 가지고 여러분만의 방식으로 일을 해 나가게 된다. 이를 위해 자신만의 선행연구 모음집을 개발하고 더 많은 창의적 생각을 활발하게 해야 한다. 이 과정은 다음과 같다.

 선행연구 모음집 개발하기

적절한 학술지 몇 가지를 선택하고 이 학술지들을 정독하면서 질적 연구를 찾아내라. 일련의 자료 제시와 해석을 포함하는 완성된 연구를 보고하고 있는 실행연구만을 주의해서 고르라. 같은 학술지 내에서 질적 연구 방법론에 대한 논문(완료된 질적 연구를 포함하지 않은), 하나 이상의 연구를 할 때 연구자가 경험한 것에 대한 기록(완료된 질적 연구를 포함하지 않은), 이전의 연구나 이론적 담론에 대한 종합분석(완료된 질적 연구를 포함하지 않은) 등은 제외하라. 원하는 논문을 다 찾은 후에는 그 논문들에 나타난 주제, 자료 수집 방법, 자료원을 자세히 살펴보라. 이때 한 가지 주의할 점은, 선행연구 모음집은 연구 절차의 일부로 하게 될 좀 더 공식적인 문헌연구(이 장의 제2절에서 논의)와는 다르다는 것이다.

선행연구 모음집을 개발할 때 하나의 주제나 방법에 한정될 필요는 없다. 그보다는 검토한 학술지 각 호에서 질적 연구같이 보이는 모든 것을 추출해 두어라. 여러분은 이 연구들이 주제와 방법 면에서 매우 다양한 측면을 다루고 있음을 발견하고 감사하게 될 것이다. 이러한 다양성이 여러분의 관심과 기회에 연결되면서 자신을 고무하는지 살펴보라.

 선행연구 모음집 개발의 예시

선행연구 모음집 개발의 용이함과 유용성을 보여 주기 위해 이 장을 준비하는 과정의 일부로 선행연구 모음집 하나를 만들어 보았다. 나의 검색은 〈표 3-1〉에 나열된 바와 같이, 질적 연구를 게재하는 학술지로 제한했다. 내 의도는 사회학이나 인류학 같은 특정 학문 분야의 학술지나 보건 및 도시 계획 또는 교육과 같은 특정 영역의 학술지를 완벽하게 검색하는 것이 아니라 몇몇 질적 연구를 빨리 찾으려는 것이었다. 또한 최근 5년 이내에 출판된 논문으로 검색을 제한

〈표 3-1〉 질적 연구를 찾기 위해 검색한 학술지들

• *Action Research*	• *Journal of Mixed Methods Research*
• *American Educational Research Journal*	• *Journal of Research in International*
• *Community College Review*	*Education*
• *Education and Urban Society*	• *Journal of Transformative Education*
• *Educational Policy*	• *Organizational Research Methods*
• *Ethnography*	• *Qualitative Health Research*
• *Field Methods*	• *Qualitative Inquiry*
• *Journal of Contemporary Ethnography*	• *Qualitative Research*
• *Journal of Hispanic Higher Education*	• *Qualitative Social Work*
	• *Urban Education*

했으며, 몇 가지 주요 영역(교육, 건강, 사회복지, 조직연구)만을 다루었다. 이런 표면적인 조건만으로도 실제 수행된 질적 연구를 보고한 50여 편의 논문을 찾았다.

이 장 마지막에는 내가 만든 이 선행연구 모음집과 여기에 포함된 연구의 서지 사항이 제시되어 있다. 〈표 3-2〉는 이 문헌들의 주제를 나열한 것이다. 이 50여 편의 논문들은, 손쉽게 구할 수 있는 학술지에서 질적 연구를 드물지 않게 찾아볼 수 있음을 보여 준다. 그다음 질문은 이 연구들이 자료원을 구해 주는 것까지는 아니더라도, 연구 주제와 연구 방법에 대한 생각을 자극할 구체적인 제언을 어떤 식으로 제공할 수 있는가 하는 것이다(여기서 제시된 특정 연구에 대해 더 자세히 알고 싶다면 선행연구 모음집에 있는 서지 사항을 이용하여 연구의 원본을 출력하여 자세히 살펴보기 바란다).

 연구 주제 고려하기

〈표 3-2〉에 나열된 목록들을 살펴보면, 단지 50편의 논문만으로도 매우 광범위한 주제를 다룰 수 있음을 깨닫게 된다. 또한 이 논문들의 참신성은 이 연구 주제들이 시의적절한 것임을 보여 주고 있다. 이 연구 주제들은 더 이상 존재하지 않는 사회적 상황(역사연구의 주제가 될 수는 있어도 질적 연구의 주제가 될 수는 없는)에 집중하는 대신, 새로운 연구의 고안을 촉진할 실제적인 목록으로 활용

〈표 3-2〉 제3장 마지막에 제시된 선행연구 모음집에 인용된 예시 논문의 연구 주제

1. 교육(K-12)	4. 건강과 사회복지
• 두 가톨릭 고등학교의 학생들	• 의료보호 접근과 관련하여 예상되는 장벽
• 국제학교 학생의 삶	• 아동복지에서 위탁 부모(foster parent)를 확보하고
• 도시 중심부 고등학교 학생들의 복장	유지하기
• 50년 전 고등학교 졸업생에 대한 추적연구	• 자폐아동의 부모
• 베트남 이민가정 청소년의 학교 적응	• 당뇨에 대한 의료보호 서비스
• 성공적인 라티노 학생들	• 유방암 환자를 위한 온라인 지지집단
• 우수한 중학교와 부진한 중학교의 비교	• 정신적 어려움을 겪는 노인을 돌보는 가족
• 가자지구(Gaza Strip) 학교의 재건	• 먼 곳에 사는 노부모에 대한 성인의 돌봄
	• 양로원 시설
2. 교육(중등 이후)	• 죽어 가는 부모를 돌보는 딸들
• 소수 인종 대학생의 대학 경험	• 가정폭력 관련 서비스
• 1세대 도시 대학생	• 부인과 암(gynecological cancer)에 걸린 여성
• 아프리카계 미국인 대학생	• 헤로인을 주사하고 코카인을 흡입하는 노숙인
• 대학생의 정치 광고(political advertising) 참여	• 에이즈 양성 판정을 받은 여성
• 학부 교육과 학생 학습	• 에이스에 감염된 사람들의 병력
• 해외 교육 연수	• 저소득층 여성의 출산 후 흡연
• 전문대학의 변화 주도권	• 여성의 건강 관련 결정
• 전문대학에서의 여성 리더십	• 지역사회 정신건강 기관
• 예비 교사에게 실행연구 소개하기	• 노령 여성의 운전 중단
• 주 기금에 의한 능력 기준(merit-aid) 대학 학비 보조	
• 인종 인지적(race-conscious) 적극적 우대 조치(인	5. 지역사회와 가족
종차별에 대한 민감성을 바탕으로, 현재 존재하는	• 저소득층 멕시코계 미국인 공동체
차별을 철폐하고, 과거에 존재했던 차별에 대한 회	• 도시 지역의 노숙인
복을 강구하며, 미래의 차별을 방지하는 시스템과	• 도시 장면에서의 노점상
절차를 마련하기 위해 적극적으로 이루어지는 일련	• 도시의 마약 거래단
의 평등 조치나 특혜-역주)	• 두 도시의 노숙인들
	• 복지 혜택 수혜자들의 취업 거부
3. 조직(일과 직업)	• 부모의 이혼과 별거 이후의 청소년
• 한 건축 도급인(contractor)의 네트워크	• 포괄적 지역사회 조직(community organization)의
• 제조 회사의 경영정보 체계(MIS system)	구성
• 소규모 제조 공장 두 곳의 조직문화	• 지역사회 개발을 위한 상부 조직
• 소매업	
• 중국의 서양요리 음식점	
• 음식점 손님에게 서빙 시 성(gender)의 역할	

될 수 있다.

이 단계에서는 선택한 연구 주제에 특정 연구 문제나 기타 세부 사항이 반영될 필요는 없다. 이후에 이런 것들을 고려할 충분한 시간이 있다. 이런 이유로, 〈표 3-2〉에서는 각 연구가 다룬 주제를 다섯 가지 범주로 나눈 후 각 주제를 일반적인 용어로만 제시하였음에 주목하라.

이 주제들만으로도 새로운 연구 주제를 생각하는 여러분에게 자극이 될 것이다. 첫째, 교육 범주에서는 이 시대 학생들의 다양한 인종적·문화적 배경이라는 쟁점이 여러 학생 집단에 대한 연구를 고려하게 해 줄 것이다. 둘째, 건강 범주의 연구 주제는 오늘날 건강의 의미가 예방적 행동(예: 영양을 고려한 섭식)에 관련되어 있기 때문에 공식적 건강관리 서비스 환경 내부에서든 외부에서든 새로운 연구가 진행될 수 있음을 상기시켜 준다. 셋째, 일과 직업 범주의 연구 주제는 사람들이 선택하는 다양한 정규직과 시간제 일자리에 대한 연구가 가능함을 시사한다. 넷째, 해외 교육 연수에 관한 논문 하나만 보더라도, 이 논문이 해외 연수의 교육적 기능을 초점으로 하는 동시에 여가 활동에 관련된 흥미로운 연구 주제를 떠올리게 해 준다는 것을 알 수 있다.

〈표 3-2〉의 각 범주에 포함된 연구 주제는 다음과 같은 다양한 연구의 핵심 단위를 보여 준다.

- 개인(예: 성공적인 라티노 학생)
- 집단(예: 정신적 어려움을 겪는 노인을 돌보는 가족)
- 사건(예: 여성의 건강 관련 결정)
- 조직(예: 지역사회 개발을 위한 상부 조직)

여러분의 연구 역시 이러한 형태의 핵심 단위가 필요할 것이므로, 이러한 예들은 연구 주제를 생각해 내는 것뿐 아니라 그 주제를 한 단계 더 구체화하는 데 도움이 될 것이다.

동시에 〈표 3-2〉에 나열된 연구 주제들만 보아서는 각 연구의 핵심 단위와 연구가 취하고 있는 입장을 명확하게 알 수 없다. 이를 파악하기 위해 관심 있는 연구의 원문을 직접 읽어야 한다.

예를 들어, 〈표 3-2〉의 중등 이후 교육 범주에 포함된 '전문대학의 변화 주도권' 연구는 한 전문대학이 평균에서 약간 나은 정도의 학교에서 타의 추종을 불허하는 우수한 학교로 발전하기 위해 학교 차원에서 기울인 노력에 대한 연구다 (Locke & Guglielmino, 2006).

이 연구에서는 대학 변화의 주도자들이 다양한 대학 구성원(예: 학생, 교수, 동창, 직원)과 관련된 여러 '하위문화(subcultures)'를 어떻게 다뤄야 했는지를 보여 주고 있다. 당시의 문헌들이 지적하듯이, 이 연구가 취한 입장은 조직의 하위문화에 대해 아직 제대로 발전되지 못한 이론적 제안에 속한 것이었지만, 저자들은 이 연구의 내용을 자신의 주장에 결부시켰다. 이 연구의 결과는 그 전문대학의 변화 주도권을 다루었을 뿐 아니라 조직의 하위문화에 관한 새로운 지식체계를 세우는 데 기여하였다.

앞의 예시 연구는 구체적인 핵심 단위(이 시대의 한 전문대학)를 가지고 있으며, 조직의 하위문화에 대한 연구를 지향하고 있다.

선행연구 모음집에 포함된 다른 연구를 이런 방식으로 검토하면 핵심 단위와 연구 방향에 대한 아이디어를 얻게 될 것이다. 새로운 형태의 가구(households)나 근로 조건, 새로운 이민 패턴, 세계 경제의 특징, 새로운 교육정책 등과 같은 추천할 만한 연구 핵심 단위는 아직 충분히 연구되지 않았다. 여러분이 시작하려는 새로운 질적 연구는 이러한 예시 핵심 단위 중 하나에 대해 특정 연구 방향을 적용하게 될 것이다.

물론 나의 선행연구 모음집이 가진 특징에만 의존하지는 말아야 한다. 여러분 자신의 선행연구 모음집을 직접 만들어야 하며, 이렇게 만들어진 선행연구 모음집은 더욱 유용할 것이다. 예를 들어, 여러분은 이전에 관심을 가졌던 한두 가지 일반적인 영역을 중심으로 그 분야의 학술지를 모두 검토할 수 있다. 반대로, 내가 한 것보다 더 광범위한 검색을 하여 더 많은 일반적 영역을 다룰 수도 있다. 여러분은 내가 단지 며칠 동안 찾아낸 50개의 논문에 연구를 한정시킬 필요는 없다. 더 많은 논문을 확보할수록, 여러분의 선행연구 모음집은 깊이를 갖게 되며, 그에 따라 연구 주제를 숙고하는 능력도 향상될 것이다.

자료 수집 방법 고려하기

이 단계에서 특정 자료 수집 방법을 결정할 필요는 없다. 오히려 초기 선택에 도움이 될 만한 개인적 선호도와 경험을 좀 더 광범위하게 고려해야 한다. 예를 들어, 특정 방법을 이전에 사용해 본 적이 있다면, 큰 주저함 없이 그 방법을 선택 사항 중 하나로 포함시킬 것이다.

이번 연구가 처음 해 보는 연구라면, 자료 수집 방법을 한 가지로 제한하는 것을 고려해 보는 것도 좋다(모든 종류의 자료 수집 방법에 대해서는 제6장 참고). 예를 들어, 실제 삶의 사건에 직접 참여하여 관찰하면서 자료 수집을 하고 싶은 지(즉, '현장연구 하기') 스스로에게 질문해 보아야 한다(제5장의 참여관찰 연구 참고). 또한 일련의 개방형 면담을 통한 자료 수집을 선호하는지에 대해서도 스스로 고려해 보아야 한다(제2장 제2절 '면담만으로 자료를 수집하는 연구' 참고). 별거, 이혼, 사별로 인해 혼자 자녀를 키우게 된 50명의 어머니에 대한 연구도 그

예시 3.1　　**정책 의제로 이어진 면담연구**

Sidel(2006)의 연구 대상은 뜻하지 않게 혼자 아이를 키우게 된 50명의 여성들이었다. 이들 중 일부는 별거, 이혼, 사별로 혼자가 되었고, 또 다른 일부는 임신 당시에 결혼 상태는 아니었지만 "아이 아빠가 정서적, 사회적 또는 재정적으로 어느 정도는 지원을 해 줄 것으로 기대"(p. 11)했는데 그런 기대가 전혀 이루어지지 않은 경우였다.

이 연구는 인종, 민족, 계층적 배경과 연령이 다양한 여성들을 대상으로 한두 시간의 면담을 실시함으로써 자료를 수집하였다. 참여자들의 배경이 서로 달랐음에도 불구하고 모든 여성들은 깊은 상실감을 비롯한 공통된 경험을 가지고 있었다. 또한 이들의 삶에 대한 이야기는 이런 여성들이 게으르고, 가치 없으며, 존중받을 자격이 없다는 만연한 신화를 없애 주었다(2006, p. 21).

이 연구는 결론에 해당하는 장 전체를 십 대 임신, 복지와 고용, 최저임금, 국민건강보험, 양육비 지원, 한부모가정 관련 법 조항을 포함한 미국 가족정책의 바람직한 변화 방향을 논의하는 데 할애하고 있다.

한 예라 할 수 있다(예시 3.1 '정책 의제로 이어진 면담연구' 참고).

　자료 수집 방법 중 개방형 면담에 좀 더 관심이 있다면, 단기간에 많은 사람을 면담하는 것과 장기간에 걸쳐 소수의 사람을 면담하는 것 중 자신의 관심과 기술에 더 잘 맞는 것이 무엇인지 생각해 볼 수 있다. 즉, 40~50명 정도의 사람들을 한 명당 2~3시간씩 한 번만 면담할 수도 있고, 5명 정도의 사람들을 장기간에 걸쳐 2~3시간씩 여러 번 면담할 수도 있다. 후자를 선택할 경우, 생애사 연구로 발전시킬 수도 있을 것이다[예: 방대한 생애사 연구의 예시로는 Lewis(1993)를, 보통 분량의 생애사 연구의 예시로는 Liebow(1993)의 책에 나오는 '부록 A'를 참고하라)].

　한편 여러분은 연구 경험이 매우 많거나 하나의 연구에서 여러 자료 수집 방법을 사용해 보려는 야심을 가지고 있을 수도 있다. 여러 방법을 사용하는 것은 부담이 크기는 하지만, 동시에 연구를 강력하게 만든다. 함께 사용할 수 있는 자료 수집 방법에는 지금 막 설명했던 현장연구, 면담, 생애사 등이 있다. 이런 방법의 일부 또는 전부를 하나의 조직이나 사회집단에 대한 단일사례연구에도 사용할 수 있다. 사회집단이란 교육팀, 건강팀, 사업팀 등과 같이 함께 일하는 사람들을 말한다.

　현장연구와 면담을 보충하기 위해서는 인구조사 자료, 기관의 기록, 기타 대규모 조사를 통해 도출된 자료의 수집과 같은 기타 방법도 추가할 수 있다. 여력이 있다면, 이러한 다양한 자료 수집 방법은 상당히 확장될 수 있다. 예를 들어, Levitt(2001)은 도미니카공화국과 미국 보스턴의 마을 간에 일어난 초국적 이주(transnational migration)에 대한 연구에서 여섯 가지 방법을 사용했다(〈표 3-3〉참고).

　앞서 언급했듯이, 여러분은 연구 주제를 찾는 데 도움이 될 선행연구 모음집을 만들기 위해 수집해 둔 학술 논문을 검토한다. 이 선행연구 모음집은 자료 수집 방법에 대한 생각을 확장하는 데도 매우 유익하다. 각 연구에 사용된 자료 수집 방법을 검토해 보면, 다른 연구자들이 여러 자료 수집 방법을 구체적으로 어떻게 사용했는지 잘 이해할 수 있게 된다. 또한 이전 연구자들이 맞닥뜨려야 했던 자료 수집 과정 중의 어려움에 대해 민감해질 것이다.

　예를 들어, 앞서 제시한 선행연구 모음집 중 많은 연구들이 포커스 그룹을 주

〈표 3-3〉 Levitt의 연구에 사용된 다양한 자료원(2001, pp. 231-235; 예시 4.10 참고)

자료 수집 방법	자료 내용
면담	• 142회의 면담: 지역, 주, 국가 단위에서 일하는 사람들, 가정 기반의 종교행위 참여자, 종교단체와 정당 직원 • 면담의 75%를 녹음하고 전사하였으며, 면담의 80% 이상이 스페인어로 실시됨
심층 면담	• 고국으로 돌아온 스무 가구와 고국을 떠난 스무 가구를 각 가정에서 면담함 • 일반적으로 서너 명이 한 면담에 함께했으며, 다른 가족 구성원들도 주기적으로 면담에 참여함
참여	• 정당 모임과 연말 행사, 미사를 포함하여 보스턴과 도미니카공화국에서 열린 65회의 모임, 집회, 특별 행사에 참여함 • 재현(예: 예술 작품, 타인의 그림이나 사진)
문서 검토	• 연구에 포함된 각 기관의 회계 기록을 포함한 문서를 검토함 • 관련 신문 기사와 학술지 논문을 검토함
질문지	• 184가구의 806명을 대상으로 설문을 실시함
대규모 조사 자료 활용	• 미국 통계국 자료, 인구 현황 조사에서 실시한 가구 조사 자료를 이용함(30만 명 이상에 대한 여러 해의 자료)

요 자료 수집 방식으로 사용하고 있다. 이전에 그 방법에 대해 별로 고려해 본 적이 없더라도(제6장 제3절 참고), 이 방법에 대해 새롭게 관심을 갖게 되었고 이 방법이 연구에 적절하다고 생각된다면, 구체적인 자료 수집 방법을 배우기 위해 포커스 그룹을 이용한 논문들을 좀 더 면밀하게 검토하기 바란다. 앞서 제시한 선행연구 모음집의 연구 중에는 혼합연구 방법을 사용한 것도 상당수를 차지하는데, 이 연구들은 다른 이들이 질적 자료와 양적 자료를 어떻게 통합했는지 알게 해 줄 것이다.

또한 자신의 선행연구 모음집에 논문뿐 아니라 단행본도 넣겠다는 야심 찬 계획을 세울 수도 있다. 연구 관심을 특정 유형의 자료 수집(예: 초등학생을 대상으로 한 면담)으로 좁힌 후라면, 책과 논문을 모두 찾아보려는 생각은 매우 적절하다. 초등학생을 대상으로 면담을 실시한 기존 연구를 찾아보면, 초등학생에게 실시한 면담 질문을 나열해 놓은 연구라든지, 아동의 보호자와 교사를 면담하여 아동의 응답을 확인하려는 연구자들의 노력을 논의한 연구를 만날 수도 있다(예시 3.2 '초등학생을 주요 자료원으로 한 질적 연구' 참고).

예시 3.2　　초등학생을 주요 자료원으로 한 질적 연구

　아동을 연구하는 것, 특히 아동을 대상으로 학교생활에 대한 면담을 하는 것은 어려운 일이다. Bullough(2001)는 바로 그런 연구를 수행했다. 그는 한 초등학교의 교실을 관찰하고, 1~6학년 아동 34명을 면담했으며, 7명의 교사와 17명의 보호자를 면담했다(p. 8).

　첫 번째 어려움은 면담에 대한 허락을 얻는 것이었는데, 아동의 동의를 구해야 할 뿐 아니라 보호자의 서면 허락도 받아야 했다. 더 큰 어려움은 아동의 답을 유도하지 않는 것, 즉 "아동이 연구자를 기쁘게 하기 위해 특정 내용을 말해야 한다는 생각을 갖지"(2001, p. 7) 않게 하는 것이었다. 마지막 어려움은 교사나 보호자를 면담하여 아동의 말을 확인하는 것이었다.

　이러한 어려움을 극복해 나가면서 Bullough는 34명의 아동 면담을 수행, 녹음, 전사하였다. 그는 또한 "많은 면담에서 질문을 수정하고 아동의 주도를 따라야 할 필요가 있음을 느꼈다."(p. 115)라고 하면서, 아동, 보호자, 교사를 대상으로 한 세 가지 면담 프로토콜을 제공하였다(2001, pp. 115-117).

 ## 자료원 고려하기

　연구 주제, 자료 수집 방법에 이어 이 세 번째 요소는 매우 알아내기가 어려우며, 초보 연구자에게는 더욱 그러하다. 첫째, 대부분의 학술지 논문들은 저자들이 자료원을 어떻게 찾았는지에 대한 자세한 설명을 제공하지 않으므로, 이러한 논문들에서 얻을 수 있는 아이디어는 매우 제한적이다(논문보다는 서문과 방법론 장에서 자료원을 찾으려는 저자의 경험을 자세히 밝힌 단행본 형태의 연구를 살펴보는 것이 나을 것이다). 둘째, 여러분의 현장연구를 위해 실제 삶의 상황에 접근하는 것이라든지, 면담을 위해 참여자를 모집하는 것, 또는 특정 유형의 서류 자료를 사용하기 위한 허락을 얻는 과정에서 어려움이 있을 수 있다.

　연구 주제와 자료 수집 방법을 찾을 때와 마찬가지로, 특정 자료원을 구하기 위한 세부 사항(예: 특정 연구 상황에 접근하기)은 아직 생각하지 않아도 된다. 몇 가지 아이디어를 얻기 위해 제5장에 제시된 현장연구 경험의 일부를 이용하여

여러분이 취할 접근에 대해 생각하기 시작할 수 있다. 그러나 이러한 시작 단계에서는 자료원이 될 만한 몇 가지 후보만 생각해 두면 된다.

그럼에도 불구하고 두 가지 유의 사항이 있다. 첫째, 경험이 적은 연구자들은 자신의 학교, 가족, 친구 등과 같이 개인적으로 접근 가능한 자료원을 최대한 활용하려 할 것이다. 자신에게 친숙한 자료원에 의존하다 보면 예기치 않은 혼란이 발생할 수 있다. 여러분의 연구와 소속된 곳에 모두 피해가 될 정도로 서로에게 부정적인 영향을 미치는 모험을 하게 되는 것이다(내부자 연구에 대해서는 제2장 제4절 참고). 그러나 또 한편으로 보면, 많은 질적 연구자들이 자신의 일터나 자신이 살고 있는 지역사회에 대한 연구를 성공적으로 잘 수행해 온 것도 사실이다(제5장 제2절 참고). 여기서 핵심은 처음으로 연구를 시작할 때는 친숙한 자료원에 의존하지 말고, 좀 더 경험이 많아져서 자신이 속한 친숙한 자료원을 주의 깊게 관리하고, 이러한 자료원이 연구에 미칠 결과를 예상할 수 있을 정도가 되면 이를 고려해 보라는 것이다.

둘째, 서비스 환경(예: 건강 클리닉, 병원, 사회서비스 기관, 학교)에 있는 사람들에 대한 연구를 고려할 때, 서비스 기관이 그곳에 있는 학생, 환자 또는 직원을 연구하려는 여러분에게 반드시 협조할 것이라고 가정해서는 안 된다.

예를 들어, Sarroub(2005, p. 17)은 같은 고등학교에 재학 중인 학생 6명의 교육경험을 연구하였다. 연구자는 이 학생들이 자원봉사를 하고 있는 한 지역사회 센터에서 이들을 만나 연구에 대한 초기 협의를 하였다. 연구자는 학생들이 연구에 참여할 의향이 있음을 확인한 후, 이들이 다니는 고등학교의 관리자에게도 학생들의 참여에 대한 동의를 구했다.

또한 특정 장소나 집단에 속한 사람들이 자신의 관계망에 여러분을 맞아들이는 정도는 시간의 흐름에 따라 변할 수 있다(제5장 제2절 참고). 예를 들어, 앞서 소개한 Sarroub(2005)의 연구에 등장하는 그 고등학교는, 학생들을 모집하는 초기 단계에서는 도움을 주지 않았지만, 갈수록 그녀의 연구를 잘 이해하게 되었다. 그 결과, 학교는 연구자가 2년차 현장연구를 시작할 때 교무실에 연구자를 위한 우편함을 만들어 주었다. Sarroub은 우편함의 설치가 자신의 현장연구를

'극적으로' 변화시켰다고 기록하고 있다. 즉, 이 덕분에 그녀는 '일종의' 내부자가 되는 데 성공했다고 느꼈고, 일일 소식지와 기타 자료를 일상적으로 받을 수 있게 되었다.

 ## 시간과 자원의 한계를 고려하기

연구를 하는 데는 시간과 자원이 요구되며, 이 두 가지가 무한정 투입될 수 있는 것은 아니라는 것을 누구나 알고 있다. 게다가 연구를 시작할 때 가장 보편적인 충고는 예상할 수 있는 시간과 자원의 한도 내에서 연구의 범위를 정하라는 것이다.

시간과 자원의 한계는 일반적으로 이미 알고 있는 경우가 많다. 예를 들어, 수업 과제로 간단한 연구를 하려는 것이라면, 연구의 범위와 자료 수집의 범위를 몇 달 이내에 투입 가능한 정도로 제한해야 한다. 석사논문이나 박사논문이라면 여러 해를 투자하거나 둘 이상의 여러 장소에서 자료를 얻을 수도 있을 것이다. 개인적 자원이 아니라 외부 연구비 지원을 받는 연구라면 지원의 정도에 따라 연구의 범위가 더욱 넓어질 것이다. 예를 들어, 시험적으로 해 보는 현장 연구의 연습이 아닌 공식적 연구에 소요되는 시간은 최소한 한 학년에 해당하는 기간인 듯하다. 박사논문에는 흔히 여러 해가 소요되기도 한다.

안타깝게도, 현존하는 연구 지침들은 주어진 시간과 자원의 한계에 맞는 연구 범위에 대한 정보를 거의 제공하지 않는다. 그러한 정보 없이 '적정한' 연구 계획을 세우는 것과 너무 복잡하지도 너무 단순하지도 않은 연구 주제를 선택하는 것에 대한 충고는 공허한 메아리에 불과하다.

반대로, 선행연구 모음집은 상당한 도움이 될 수 있는데, 특히 학술논문뿐 아니라 단행본까지 조사했다면 더욱 그러하다. 대부분의 단행본(그리고 일부 학술논문)에서는 연구에 소요된 시간과 연구를 수행한 기간이 명시되어 있다. 또한 자료 수집 시기(예: 대부분의 연구는 자료 수집을 시작한 해를 명시함)와 결과물의 출판 연도 간 시차를 계산해 보아야 한다. 논문의 투고부터 게재까지 약 18~24개월이 소요되는 점을 고려하면, 자료 수집 시기와 출판 연도 간 시차는 자료 수집과 분석, 논문 작성에 필요한 시간이 어느 정도일지에 대한 단서를 제공한다.

박사논문을 위해 질적 연구를 하려는 독자는 이 책 전체를 통해 제시된 예시 중 많은 연구가 원래 박사논문으로 수행된 것임에 주목하기 바란다. 소속 대학이나 학과에서 최근에 완료된 박사논문을 검토해 보면 시간과 자원이 얼마나 필요한지에 대한 좀 더 실제적인 예측을 할 수 있을 것이다. 이러한 박사논문들은 여러분의 학문 분야에서 나온 것이므로 더 좋은 예시를 제공할 것이다.

2. 문헌연구

■ 미리 보기

- 새로운 질적 연구의 시작 시기에 문헌연구를 할지 결정할 때 고려할 사항
- 선택적 문헌연구와 종합적 문헌연구의 차이점 및 문헌연구와 선행연구 모음집의 차이점
- 문헌연구를 할 때 문헌을 요약하는 바람직한 방법
- 문헌 형태의 보고서와 문서를 얻기 위해 인터넷을 이용할 때의 유의점

여러분이 하려는 연구의 주제, 방법, 자료원에 대한 기본적인 틀이 어느 정도 세워졌다면, 또 다른 시작 단계의 과제는 문헌연구를 하는 것이다. 이러한 문헌연구는 앞서 설명한 연구의 세 가지 특징과 관련하여 도움을 주었던 선행연구 모음집을 개발하는 것과는 다르다. 그러나 선행연구 모음집에 포함된 논문 중 일부와 초기에 선행연구 모음집에서 제외되었던 논문들은 새로 시작하는 문헌연구에 관련될 수 있다.

 문헌연구를 할 것인가, 하지 않을 것인가

문헌연구는 대부분의 실증적 연구에서 전통적으로 해 왔던 단계지만, 질적 연구에 대한 초기 견해는 현장 자료를 어느 정도 수집하기 전에 공식적인 문헌

연구를 하는 것에 반대하는 입장이었다.

이러한 반대는 질적 연구가 고유한 시간, 장소, 특정한 역사적 순간을 포함하는 여러 사건의 '의미'를 포착하려는 시도라는 신념에서 비롯된 것이다. 질적 연구에서는 사건이 갖는 가장 바람직한 의미가 연구자의 관점으로부터가 아니라, 고유한 시간과 장소의 일부로 존재하는 사람들로부터 나온다고 본다.

이러한 관점에서 생각해 보면, 선행연구에 대한 검토가 새로운 연구에 정보를 제공해 줄 수도 있지만, 불필요한 여과(filter)를 야기하거나 특정 관점을 도입하여 새로운 연구를 방해할 수도 있다. 예를 들어, '사회적 무법자'에 대한 연구를 하고자 할 때, 대부분의 선행연구가 주류 문화(mainstream cultures) 중심으로 이루어졌다면, '무법자'라는 용어 자체도 연구 참여자 스스로 주류 문화의 관점이자 지나치게 구시대적 관점으로 바라본 데서 비롯된 것임을 짐작해 볼 수 있다. 이러한 관점은 질적 연구의 가치를 심각하게 훼손한다.

숙련된 연구자들 역시 새로운 연구를 시작하기 전에 이미 가지고 있는 관점이 있다. 그러나 이러한 기존의 관점은 점차 없어지게 된다. 질적 연구는 지난 수십 년간 그 수가 엄청나게 증가했고(예: 이 장에 제시된 선행연구 모음집에 인용된 학술지의 출판 권수가 아직 낮은 번호라는 점에서 알 수 있듯이 이들 학술지 대부분이 신생 학술지임에 주목하라), 논문과 문헌들은 갈수록 다양해지고 있다. 신참 연구자들이 새 연구의 주제, 자료 수집 방법, 자료원에 직접적으로 관련된 구체적인 연구의 흐름(그리고 유사한 상황에서 발견된 '의미')을 판별하는 자신의 인식을 보여 줄 필요성은 갈수록 높아지고 있다. 새로운 연구가 매우 독창적인 것이라고 주장하려면, 우수한 문헌연구를 통해 연구자가 이전 문헌을 숙지했다는 것과 선행연구의 빈틈에 대한 주장을 제시해야 한다. 따라서 일정 정도의 문헌연구를 수행하는 것은 바람직한 일이다.

여전히 문헌연구를 거부하고 싶은 연구자도 있겠으나, 최근에는 연구 방법에 대한 문헌에서도 처음에는 문헌연구에 반대하는 입장을 취했다가 나중에 이러한 경험을 출판물의 형태로 보고한 연구자들의 예가 나온다. 그들의 연구 경험에 대한 회고록을 읽어 보면, 그들이 신참 연구자였을 때 가졌던 방법론에 대한 생각을 알 수 있을 뿐 아니라 연구 방법을 배우는 과정의 중요한 부분이라 할 수 있는 문헌연구를 수행하는 것과 관련하여 이 연구자들이 가진 전문성을 살펴볼 수 있다.

요약하자면, 새로운 질적 연구를 시작하는 이 시대의 연구자는 연구를 시작하기 전에 문헌연구를 하지 않는 것을 정당화하기가 거의 불가능하다. 특히, 기관생명윤리위원회(IRB)에 연구 프로토콜을 제출해야 하는 의무로 인해 문헌연구의 필요는 더욱 커지고 있다(제2장 제5절 참고). 위원회에는 질적 연구 이외의 연구 방법에 조예가 깊은 심사위원이 최소한 한 명 이상 포함되어 있을 가능성이 크며, 이 위원이 초기 제출 서류에서 일정 정도의 문헌연구가 포함되어 있으리라고 기대하는 것은 그리 이상한 일이 아닐 것이다.

 ## 연구 시작 시 문헌연구의 역할

이 단계에 필요한 문헌연구는 **종합적 문헌연구**가 아니라 **선택적 문헌연구**다(그리고 이 둘은 앞에서 논의했던 선행연구 모음집을 만드는 것과는 다르다). 선택적 문헌연구의 주목적은 연구의 주제, 방법, 자료원에 대한 사전 고려를 좀 더 명확하게 하는 것이다. 여러분의 목표는 연구 주제에 대한 광범위한 견해를 취하고, 연구 주제에 대해 알려진 바를 모두 기록하는 것(이런 것은 종합적 문헌연구의 내용이다)이라기보다는 예상 연구 주제, 방법, 자료원에 직접적으로 관련된 구체적인 일련의 선행연구에 대해 매우 자세하게 검토하고 기록하는 것이다.

선택적 문헌연구에서 목표로 삼고 검토해야 하는 연구는 일단 하려는 연구와 가장 비슷해 보이는 것들이다. 아마 여러분은 유사한 주제에 초점을 두거나 유사한 자료 수집 방법을 사용한 다른 연구도 찾게 될 것이다. 만약 학교나 지역사회를 주요 자료원으로 선택했다면, 유사하거나 동일한 자료원을 이용한 연구를 찾을 수도 있을 것이다. 비슷한 연구를 찾았다고 해서 원래 생각했던 연구 주제를 바로 바꿔야 하는 것은 아니다. 이 연구들을 주의 깊게 살펴보고 선행연구와는 중요한 차별성이 있는 방식으로 자신의 연구 주제를 빚어낼 수 있는지 결정해야 한다.

예를 들어, 선행연구에서 해결되지 못한 부분이 있어(연구의 결론에서 지적했을 수도 있다) 후속연구에서 우선적으로 다루어야 할 주제가 있을 수 있다. 그렇다면 여러분의 연구는 그 선행연구에 바탕을 두고 이루어질 수 있다. 또 다른 가능성은 선행연구의 방법론과 자료를 면밀히 검토해 보았더니, 연구의 주요 결론에 결정적이라고 할 수 있는 어떤 중요한 결과나 해석이 과장되어 있음을 발견했을 경우다. 여러분은 선행연구의 결함(또는 누락)을 보완하기 위한 연구를 계획하여 주요 결과나 해석을 재검사할 수 있다.

　특정 연구에 대해 이와 같은 대조 작업을 할 때의 목표는, 자신의 연구가 각각의 선행연구와 어떻게 다른지를 보여 주는 데 그치지 않고, 관련된 여러 선행연구의 흐름 속에 자신의 연구를 놓아 봄으로써 연구의 범위를 규정하는 것이다. 바람직한 연구 범위는 자료 수집 방법과 자료원 면에서 차별성을 가질 수도 있겠지만, 무엇보다도 내용 면에서(즉, 연구 주제 면에서) 규정되어야 한다(예시 3.3 '선행연구에 대한 새 연구의 기여' 참고).

　아무리 노력해도 여러분의 연구가 선행연구를 통해 이루어 온 기여를 뛰어넘는 새로운 지식을 창출할 수 있을 만큼 좋은 방법을 찾지 못할 가능성은 늘 존재한다. 이 경우, 처음 정한 연구 주제, 자료 수집 방법, 자료원으로 돌아가 다시 생각해 보아야 한다.

예시 3-3　　**선행연구에 대한 새 연구의 기여**

　한국계 미국인 고등학생에 관한 연구에서 Lew(2006)는 많은 문헌들이 아시아계 미국인 학생들(그리고 이들의 교육적 성취)을 동질적이고 전형적인 방식으로 특징짓는 경향이 있음을 주장하였다.

　Lew는 이러한 선행연구의 불완전함을 보완하기 위해, 의도적으로 서로 매우 다른 두 한국계 미국인 학생 집단을 연구하였다. 두 집단은 모두 이민 2세대였지만, 한 집단은 엘리트 학생만 다니는 고등학교에 재학 중이었고, 다른 한 집단은 고등학교를 중퇴하고 지역사회 기반의 고졸검정고시 프로그램에 다니고 있었다. Lew의 연구는 이 두 집단을 연구함으로써 학교뿐 아니라 가정환경까지 반영하는 다양한 교육 경험을 보여 줄 수 있었다. 이 연구는 두 집단의 차이가 계급, 인종, 학교 맥락에서 비롯된다고 보았으며, 아시아계 미국인들이 동질적이고 모범적 소수민족이라는 기존의 고정관념에 이의를 제기했다.

이제 **종합적 문헌연구**에 대해 살펴보자. 종합적 문헌연구는 특정 주제에 대해 알려진 것을 모두 종합하는 것을 목표로 하며, 논쟁의 여지가 있거나 서로 상반되는 관점이라든지, 그 주제에 대한 지식이 시간의 흐름에 따라 어떻게 발전되어 왔는지 등을 강조한다. 거의 모든 사회과학 분야와 주제 영역에서 종합적 문헌연구만을 다루는 주요 학술지가 존재한다는 사실은 이러한 형태의 문헌연구만이 갖는 정당한 역할이 있음을 알게 해 준다.

그러나 새 연구를 구상하기 위해 종합적 문헌연구를 이용하는 것은 그리 좋은 생각이 아니다. 종합적 문헌연구에서는 선행연구가 끝도 없이 많아 보이며, 한 연구 주제가 급한 소용돌이처럼 다른 연구 주제로 연결되어 연구할 만한 거의 모든 것이 이미 다 연구되었다는 인상을 준다. 따라서 종합적 문헌연구는 특정 연구를 규정할 때보다는 일생에 걸쳐 연구할 만한 광범위한 관심사를 결정할 때 더욱 도움이 될 것이다. 안타깝게도 많은 초보 연구자들이 종합적 문헌연구에 착수하여 새로운 연구에 대한 구상은 전혀 하지 못한 채 문헌연구를 하는 데 엄청난 시간을 보내곤 한다.

🏖 요약: 다양한 유형의 문헌연구

이 시점에서 문헌연구의 역할을 잠시 요약하자면, 지금까지 세 가지 방법이 논의되었다. 첫 번째는 새 연구의 주제, 방법, 자료원을 구상하는 데 도움이 되는 방법으로, 이전에 완료된 질적 연구의 선행연구 모음집을 만들기 위해 초기 문헌조사를 하는 것이다. 두 번째는 선택적 문헌연구로, 무엇을 연구할지 잠정적으로 결정한 후에 하게 되는 작업이다. 선택적 문헌연구는 유사한 분야를 다루는 것으로 보이는 다른 연구들을 목표로 하며, 여러분의 연구 범위를 규정해 줄 뿐 아니라 연구를 좀 더 섬세한 방식으로 규정하게 해 준다. 세 번째는 종합적 문헌연구로, 주어진 주제에 대해 알려진 바를 요약하고 정리하려는 의도에서 시작되지만, 특정 연구를 새로 시작할 때 직접적으로 도움이 되는 것은 아니다.

선행연구 요약 및 정리하기

문헌연구를 할 때 정확히 무엇을 검토해야 하는지에 대한 지침이 거의 없다. 아직 좋은 아이디어를 떠올리지 못했다면, 모든 연구를 두 번씩 읽게 될 위험이 있다. 예를 들어, 나의 동료 중 하나는 연구를 시작할 때 책상 위에 두 개의 논문 더미를 쌓아 놓는다. 그중 한 더미에는 새로운 자료가 쌓여 있는데 일부는 검토한 후 버리기도 한다. 또 다른 더미에는 이미 검토를 마치고 버리지 않기로 한 자료가 쌓여 있다. 내 동료는 첫 번째 더미를 먼저 살펴본 후 두 번째 더미를 읽기 시작하며, 두 번째 더미에 있는 자료를 요약한다. 이 절차는 상당히 효과적이다. 다만 시간이 많이 걸린다.

어떤 연구들은 요약하는 데 많은 시간이 걸린다. 연구가 진행됨에 따라 그 연구들을 반복하여 참고하게 될 것이다. 그러나 자료를 처음 읽을 때 무엇을 살펴봐야 하는지 명확히 알고 있으면, 많은 연구들이 한 번의 검토만으로 충분하다.

다음으로 실증적 연구(즉, 자료를 포함한 연구)에 대한 문헌연구를 할 때 도움이 되는 절차를 소개하고자 한다. 각 연구를 처음 읽은 후, 다음 사항에 대해 메모해 보라.

- 연구의 주요 주제: 연구에서 다룬 쟁점과 질문 등
- 자료 수집 방법: 자료 수집의 범위 등(예: 면담연구에서 면담 참여자의 수, 참여관찰 연구에서 현장 작업을 실시한 기간과 범위)
- 연구의 주요 결과: 결과를 제시하기 위해 사용된 특정 자료 등
- 연구의 주요 결론
- 연구의 강점과 약점에 대한 여러분의 생각 및 서지 사항

컴퓨터로 저장하든, 구식이기는 하지만 종이나 색인카드(index card)에 기록을 하든, 이러한 정보를 잘 포착하면 같은 연구로 다시 돌아가서 검토해야 할 필요가 적어진다. 컴퓨터로 정보를 입력할 경우, 다소 작은 글씨 크기(10포인트 정도)를 사용하면 거의 모든 연구가 한 페이지 안에 정리될 수 있고, 요약노트

를 정리하기가 매우 용이해진다.

웹사이트에서 자료 내려받기

검토할 자료 중 상당수는 대학 도서관이 아닌 웹사이트나 인터넷을 통해 수집되었을 것이다. 이런 방식으로 자료를 얻는 것이 매우 편리하기는 하나 출판물이나 포럼 자료를 무조건 다 모으는 것이 아니라 전문 학술지에 실린 연구를 우선적으로 찾으려는 노력이 반드시 수반되어야 한다.

안타깝게도 학술지가 아닌 관련 '보고서'가 여러분의 관심을 끌 연구 주제를 다루었거나 질적 연구 방법을 사용했을 경우가 있다. 이 상황에서 여러분은 그 보고서의 저자와 연구비 지원 기관을 주의 깊게 살펴보아야 한다. 연구의 질은 각기 다를 수 있지만, 독립된 연구 기관에서 발표한 연구 보고서는 인정할 수 있다. 옹호 단체나 옹호 단체가 운영하는 연구 분과 또는 마케팅 단체에서 발표한 연구 보고서는, 그 연구가 해당 단체의 견해를 주장하려는 목적으로 편향될 수 있기 때문에 받아들이기가 좀 더 어렵다. 여기서 핵심은 보고서를 검토하기 전에 연구비 지원 기관에 대해서 좀 더 알아보는 것이다. 저자의 이전 출판물을 검토하는 것도 특정 연구를 어떻게 사용할지에 대한 이해를 넓혀 줄 것이다.

학술지 이외의 보고서를 이용할 때는 검색하여 찾아낸 자료의 출처가 분명한지도 확인해야 한다. 검증을 위한 단순한 공식은 없다. 출처가 의심스러움을 인식하는 것 자체가 문제 해결의 시작이다. 다른 여러 출처를 통해 얻은 자료를 확인하는 작업과 연구에 사용된 자료원이 얼마나 믿을 만한 것인지 확인하는 작업은 실천해 볼 가치가 있는 절차다.

3. 질적 연구의 세부 사항

■ 미리 보기

- 연구 문제를 확정하기 전에 초기 현장 작업을 시작하는 것이 갖는 이점
- 현장 작업을 하기 전에 연구 문제를 정의하는 것이 갖는 이점
- 출판된 연구물에서 새로운 연구의 연구 문제를 찾는 방법(연구의 필요성 및 목적에 연구 문제가 삽입되어 있을 수도 있음)
- 연구 도구로서의 연구자 역할이 이 장 전체에 제시된 시작하기 활동에서 이미 충분히 드러났음을 아는 것의 중요성

성공적인 시작 단계의 활동을 통해 연구 주제, 연구 방법, 자료원을 예비적 방식으로나마 결정했을 것이다. 이미 제안한 바와 같이 이 시작 단계에서 한 걸음 더 나아갔다면, 다른 유사한 연구와 관련하여 하게 될 연구의 범위까지도 정했을 것이다. 이와 같이 다소 폭넓게 개요를 정하는 것은 그 이후에 세부 사항을 정하는 과정을 필요로 한다. 여러분은 이러한 광범위한 개요가 어떻게 연구 활동으로 전환되는지 살펴보아야 한다.

이 시점에서 질적 연구는 또 다른 흥미로운 기회를 제공한다. 연구의 세부 사항을 다 정하지는 않았더라도 적절한 준비만 되어 있다면 초기 현장 작업을 시작하고 싶어질지도 모른다(여기서 '현장 작업'이란 제6장에 설명된 방법 중 하나를 이용하여 하게 되는 자료 수집 활동을 뜻한다). 한편으로는 연구 문제를 정의하는 하나의 단계를 마칠 때까지 현장 작업을 보류하고 싶을 수도 있다. 질적 연구의 다른 단계에서와 마찬가지로 이러한 기회들은 반복적이고 순환적이다. 즉, 한 단계를 어느 정도 마쳐 놓고 다시 그 이전 단계로 돌아가 그 단계에서 했던 작업을 조정할 수 있다. 또한 이러한 절차를 한 번 이상 반복할 수도 있다.

현장 작업이나 연구 문제 중 어느 것으로 시작하든 적절한 결과를 얻을 수 있다. 가장 유의할 사항은 연구에 대한 IRB의 승인을 구할 때 발생할 수 있는 장애물의 처리에 대한 것인데, 이에 대해서는 제2장에서 이미 다루었다. 그러면

우선 이 두 가지 기회(현장 작업 우선과 연구 문제 우선)에 대해 좀 더 알아보도록 하자.

초기 현장 작업 시작하기

질적 연구는 실제 삶의 조건을 포착하고, 그 조건의 일부인 사람들이 가진 관점을 알아보려는 시도이기 때문에 현장 작업 우선이라는 말은 이치에 맞다. 이러한 사고방식에 따르면, 질적 연구자는 실제 삶의 조건과 타인의 관점이 연구 문제와 설계를 규정하는 데 도움이 되기를 바랄 것이다. 따라서 이 연구자들은 연구를 시작하는 절차에서 좀 더 일찍 현장 작업을 하는 것에 우선순위를 둘 것이다.

동시에, '현장 작업 우선'은 현장 작업을 통해 배우려는 것이 무엇인지 명확하게 알고 있을 때 가장 효과적으로 수행될 가능성이 높다. 현장 작업에서 기대할 수 있는 배움은 최소한 다음 세 가지의 형태를 띤다.

첫째, 내용에 대한 배움이다(예: 선택한 관심 주제를 좀 더 상세하게 설정해야 할지 또는 수정해야 할지). 둘째, 방법에 대한 배움이다(예: 현장에 있는 사람들이 예상한 만큼 접근 가능할 뿐 아니라 충분한 정보를 가지고 있는지). 셋째, 현장 작업은 연구와 관련된 관점을 알게 해 준다(예: 현장에 있는 사람들이 자신의 활동이나 실제 삶의 사건을 어떻게 생각하는지). 이 중 어느 형태든 현장 작업을 통해 배울 것으로 기대되는 바를 미리 글로 써 보는 것은 현장 작업의 초기 경험에 집중하는 데 도움이 될 것이다. 이런 점에서 '현장 작업 우선'의 경우에도 여전히 준비 작업이 필요하다고 할 수 있다.

매우 숙련된 연구자가 아닌 한, '현장 작업 우선'을 경솔하게 결정해서는 안 된다. 연구자의 현장 출현과 질문, 현장에 있는 사람들이 연구자와 연구 의도를 미리 접하는 것 등은 지울 수 없는 첫인상을 남긴다. 실제 삶의 상황에서(직접 사건을 관찰하든, 그 사건에 대해 누군가를 면담하든), 자기가 하는 일을 모르는 척하며 그 상황에 머물기는 어렵다. 어떤 사람들은 여러분을 쉽게 받아들여 주고, 여러분이 초기 연구 계획을 세부화하거나 수정하는 데 도움을 받기 위해 현장의 관점을 원한다는 사실을 좋게 볼 수도 있다. 그러나 여러분이 방향을 잡지 못한 상태여서 그들의 시간(물론 여러분의 시간도 포함)을 낭비하게 한다고 느낀다면 그들의 참을성은 줄어들 것이고 심지어 더 이상 협력하기를 거부할 것이다.

 ## 연구 문제의 설정부터 시작하기

질적 연구를 하지 않더라도 다른 형태의 연구(사회과학 이외의 연구 포함)를 하는 여러분의 동료들은 연구 문제부터 시작하는 것에 더 익숙할 것이다. 연구 문제는 연구하고자 하는 바를 반영해야 할 뿐 아니라 선행연구에 비해 매력적인 형태로 설정되어야 한다. 따라서 연구 문제 우선이라는 선택은 중요하다. 질적 연구 외의 연구 방법에서 통용되는 공통된 믿음은, 훌륭한 연구는 좋은 연구 문제에서 나온다는 것이다.

'현장 작업 우선'을 선택했다 하더라도 결국은 연구 문제를 설정해야 한다. 그러나 연구 문제는 연구가 진행됨에 따라 재검토하고 수정할 수 있는 것이므로, 처음 설정한 연구 문제가 최종 연구 문제라고 생각하지는 말아야 한다.[2]

좋은 연구 문제를 구성하는 것이 무엇인가 하는 문제에는 정해진 공식이 없다. 선행연구 모음집을 만들기 위한 초기 문헌 조사는 다른 연구의 연구 문제들에 대한 많은 예시를 제공할 것이다. 이러한 다른 연구의 질문, 동료에게 연구의 목적을 설명할 때 제기된 질문, 연구자 스스로 찾아낸 기타 출처에서 나온 질문 등을 가지고 연구 문제 초안을 개발할 수 있다.

연구 문제를 만들기 위한 자료원으로 선행연구 모음집을 검토해 보면, 연구자가 연구 문제를 주로 제시하는 별도의 부분이 없음을 알 수 있다. 대신 '이 연구의 목적은……'이라든지 '이 연구는…… 하기 위한 것이다'와 같은 문구를 찾기 위해 논문을 자세히 읽어야 한다. 연구 문제가 명확하게 열거되어 있지 않을 경우, 연구 문제는 주로 이러한 문구에 포함되어 있다.

일련의 연구 문제를 문자 그대로 찾는 대신, 연구의 필요성 및 목적과 같은

---

2 반복적이고 순환적인 패턴이 질적 연구의 뚜렷한 특징이며 질적 연구에만 한정된 것이라고 생각하지 않기 바란다. 실험실에서의 연구도 연구자가 약간의 예비 실험을 해 본 후 연구 문제를 수정하고 연구 도구나 절차를 재검토하기도 하는 등 이와 유사한 패턴을 따른다. 제12장은 질적 연구와 비질적 연구의 비교를 좀 더 자세히 다룬다.

부분을 찾아보도록 하라. 다음과 같은 예시를 발견할 수 있을 것이다(이 세 가지 예시는 모두 나의 선행연구 모음집에서 나온 것이다).

- 이 연구는 베트남 이민자인 고등학생이 미국의 학교생활로 전환하는 과정에서 문화적·성적 정체성 형성의 과정을 어떻게 헤쳐 왔는지에 대한 것이다. 이 연구는 성적·문화적 정체성의 범주가 최근에 이민 온 학생들의 학업적·사회적 경험에 연결되는 방식을 좀 더 잘 이해하기 위해 수행되었다(Stritikus & Nguyen, 2007).
- 이 연구는 학교들의 기술적 수준, 관리 수준, 제도적 수준의 차이를 검토함으로써 성취가 높은 학교와 낮은 학교 간의 차이를 설명하려는 시도다(Brown, Anfara, & Roney, 2004).
- 이 연구의 목적은 심각한 문제에 직면하고 있는 두 개의 큰 도심 교육구(school district)에서 학교를 졸업한 성공적인 아프리카계 미국인 대학생의 인식을 이해하는 것이다. 이 연구에서는 이 학생들이 이전의 고등학교 경험과 대학 진학에 대해 가지고 있는 깊이 있는 생각과 심층적 경험, 의미 부여를 알아보고자 하였다(Wasonga & Christman, 2003).

다음 예들처럼 실제 연구 문제의 형태로 해당 요소가 제시되는 경우도 있다.

- 1세대의 도시 대학생이 자신의 대학 진학을 위한 중등학교에서의 준비에 대해 가진 인식과 태도는 무엇인가? 중등학교가 제공했던 대학 진학 준비의 강점과 약점은 무엇인가? (Ried & Moore, 2008)
- 이 대학은 어떻게 인종차별적 입학사정 방침의 선구자이자 피고가 되었는가? 이 대학의 지도자들은 인종차별적 방침에 관한 대학의 입장을 방어하기 위해 법적 도전에 어떻게 반응했는가? (Green, 2004)

연구의 목적, 필요성, 연구 문제 등이 어떤 형태로 서술되었는지에 관계없이, 〈표 3-2〉에 나열된 초기 연구 주제보다 이 예시들이 얼마나 더 내용상으로 깊어졌는지에 주목하라. 주장이나 질문들은 이 연구를 통해 수집할 자료의 종류를 제안하고 있는데, 이는 초기 연구 주제에서는 없었던 일이다.

이 예시에는 나타나 있지 않지만, 이 장의 선행연구 모음집(또는 여러분의 선행연구 모음집)을 면밀히 검토해 보면 또 다른 관계를 발견하게 된다. 즉, 연구의 서론은 그 연구가 전체 문헌에 기여할 수 있는 측면을 강조하면서 연구의 목적이나 연구 문제를 선행연구의 흐름 안에 놓이게 하는 문헌연구를 포함하고 있다(그러나 그러한 논의는 저자가 현장 작업을 시작하기 전에 문헌연구를 했음을 의미하는 것은 아니다. 또한 연구 주제들이 특정 순서로 배열되었다 하더라도 그것이 연구 주제가 설정된 순서와 똑같은 것은 아니다). 이런 점에서 좋은 연구 문제를 설정하는 것은 연구를 수행하기 위해 앞으로 해야 할 활동(예: 현장과 자료 수집 도구 개발, 광범위한 선행연구에서 자신이 할 연구의 범위 결정)을 규정하는 데 도움이 된다.

연구 문제의 초안을 완성했다면, 이제 여러분은 제4장에서 논의한 바와 같이 연구 설계를 좀 더 심층적으로 할 수 있는 위치에 서게 된다.

 새로운 연구와 관련한 지식과 인식의 배경 검토하기

그러나 중요한 준비가 하나 더 있다. 연구 주제, 방법, 자료원과 연구 문제를 어느 정도 상세하게 정했다면, 자신의 배경과 관련하여 이 모든 것들을 평가해 보아야 한다.

질적 연구는 결국 여러분을 주요 연구 도구로 삼는다(제5장 제4절 참고). 현상을 파악하기 위해 연구 도구로서의 역할에 영향을 미칠 수 있는 자신의 지식과 관점에 대한 자기 검열이 필요하다. 연구 설계나 자료 수집 활동에 영향을 줄 수 있는 특정 사전지식이나 선입견을 찾아내야 한다.

연구자의 관심에 따라 연구 주제를 선택한 결과로, 일부 배경 변인이 존재하는 것은 어쩔 수 없다. 일반적으로 사람들은 자신의 관심 주제에 대해 공감이나 적대감 또는 지나치게 고지식한 견해를 가지는 경향이 있다. 이 모든 것이 연구의 조사 과정에 영향을 미칠 수 있으며, 따라서 연구 결과에도 영향을 줄 수 있다. 자신의 연구에 대해 완벽하게 중립적이거나 객관적인 자세를 취할 수 있다고 생각한다면 자신을 속이는 것이다.

따라서 연구의 시작 단계에서는 '연구 렌즈'라는 용어로 제11장에 소개될 바로 그것을 판별하고 기록하려는 초기 노력을 기울여야 한다. 이러한 인식과 지속적인 자기성찰을 문서화하는 것은(예를 들어, 연구일지를 작성하는 것) 연구를 수행하는 내내 계속되어야 한다. 제11장에서 설명하듯이 최종 보고서에는 연구 렌즈와 그것이 연구 전체와 연구 결과에 미쳤을 만한 영향을 설명하는 부분이 포함되어야 한다.

●주요 용어와 개념 --

1. 고유한 연구의 구성 요소
2. 새로운 연구 '설계하기'와 '규정하기'
3. 선행연구 모음집
4. 주로 핵심 단위와 연구 방향으로 이루어지는 연구 주제
5. 친숙한 현장 자료원에 대한 의존
6. 선택적 문헌연구
7. 종합적 문헌연구
8. '현장 작업 우선'과 '연구 문제 우선'
9. 주요 연구 도구로서 연구자 역할에 대한 자기 검열

학습활동   자기만의 선행연구 모음집 만들기

제3장에서 설명한 선행연구 모음집의 특징과 목적을 검토한 후, 자신만의 선행연구 모음집을 만들어 보라(학술지 자료를 구하기 위해 소속 대학이나 기관의 온라인 계정을 사용할 수 있는지 확인해 보라). 출판 연도의 범위를 정하고(여러 해 또는 그 이상), 질적 연구가 정기적으로 그리고 여러 편 실리는 10~15개의 학술지를 정하라. 30편 정도(원한다면 그 이상)의 연구에서 다룬 주제를 빨리 메모하라. 선행연구 모음집에는 실제 연구만 포함시키고 특정 연구나 프로젝트에서 모은 실제 자료의 제시나 분석이 없는 글(문헌연구, 방법론 논문, 이론에 대한 에세이, 기타 출판물)은 포함시키지 않는다는 것을 기억하라.

메모를 이용하여 각 연구의 주제를 표 형태로 만들어 보되, 〈표 3-2〉에 제시된 것처럼 하위 범주로도 묶어 보라. 각 칸에 맞는 설명을 짧게 써넣고, 논문에 들어가는 공식적 도표처럼 최대한 보기 좋게 표를 만들어 보라. 여러 범주 중 관심 주제를 담고 있는 좀 더 적은 수의 논문에 대해서는 요약 노트를 좀 더 자세히 만들어 각 연구에 사용된 연구 방법도 간단히 소개하는 표를 하나 더 만들어라.

◆ 제3장의 선행연구 모음집 예시

QS: 질적 연구, CS: 사례연구, IS: 면담연구(포커스 그룹 포함), MM: 혼합연구 방법

Bauer, M. J., Rottunda, S., & Adler, G. (2003). Older women and driving cessation. *Qualitative Social Work, 2,* 309-325. (CS)

Bempechat, J., Boulay, B. A., Piergross, S. C., & Wenk, K. A. (2008). Beyond the rhetoric: Understanding achievement and motivation in Catholic school students. *Education and Urban Society, 40,* 167-178. (IS)

Bourgois, P., & Schonberg, J. (2007). Intimate apartheid: Ethnic dimensions of habitus among homeless heroin injectors. *Ethnography, 8,* 7-31. (QS)

Britton, M. (2008). "My regular spot": Race and territory in urban public space. *Journal of Contemporary Ethnography, 37,* 442-468. (QS)

Brown, K. M., Anfara, V. A., Jr., & Roney, K. (2004). Student achievement in high performing suburban middle schools and low performing urban schools: Plausible explanations for the differences. *Education and Urban Society, 36,* 428-456. (CS)

Clawson, L. (2005). "Everybody knows him": Social networks in the life of a small contractor in Alabama. *Ethnography, 6,* 237-264. (QS)

Cleaveland, C. (2005). A desperate means to dignity: Work refusal amongst Philadelphia welfare recipients. *Ethnography, 6,* 35-60. (QS)

Cohen-Vogel, L., Ingle, W. K., Levine, A. A., & Spence, M. (2008). The "spread" of merit-based college aid: Politics, policy consortia, and interstate competition. *Education Policy, 22,* 339-362. (MM)

Collins, C. C., & Dressler, W. W. (2008). Cultural consensus and cultural diversity: A mixed methods investigation of human service providers' models of domestic violence. *Journal of Mixed Methods Research, 2,* 362-387. (MM)

Cristancho, S., Garces, D. M., Peters, K. E., & Mueller, B. C. (2008). Listening to rural Hispanic immigrants in the Midwest: A community-based participatory assessment of major barriers to health care access and use. *Qualitative Health Research, 18*, 633-646. (IS)

Dohan, D. (2002). Making cents in the barrios: The institutional roots of joblessness in Mexican America. *Ethnography, 3*, 177-200. (QS)

Fail, H., Thompson, J., & Walker, G. (2004). Belonging, identity, and third culture kids: Life histories of former international school students. *Journal of Research in International Education, 3*, 319-338. (IS)

Fetherston, B., & Kelly, R. (2007). Conflict resolution and transformative pedagogy: A grounded theory research project on learning in higher education. *Journal of Transformative Education, 5*, 262-285. (QS)

Garot, R., & Katz, J. (2003). Provocative looks: Gang appearance and dress codes in an inner-city alternative school. *Ethnography, 4*, 421-454. (QS)

Gowan, T. (2002). The nexus: Homelessness and incarceration in two American cities. *Ethnography, 3*, 500-534. (QS)

Green, D. O' N. (2004). Fighting the battle for racial diversity: A case study of Michigan's institutional responses to *Gratz* and *Grutter*. *Educational Policy, 18*, 733-751. (IS)

Gross, Z. (2008). Relocation in rural and urban settings: A case study of uprooted schools from the Gaza Strip. *Education and Urban Society, 40*, 269-285. (CS)

Hsu, C. L. (2005). A taste of "modernity": Working in a Western restaurant in market socialist China. *Ethnography, 6*, 543-565. (QS)

Huxham, C., & Vangen, S. (2003). Researching organizational practice through action research: Case studies and design choices. *Organizational Research Methods, 6*, 383-403. (CS)

Jones, L., Castellanos, J., & Cole, D. (2002). Examining the ethnic minority student experience at predominantly white institutions: A case study. *Journal of Hispanic Higher Education, 1*, 19-39. (CS)

Kadushin, C., Hecht, S., Sasson, T., & Saxe, L. (2008). Triangulation and mixed methods designs: Practicing what we preach in the evaluation of an Israel experience educational program. *Field Methods, 20*, 46-65. (MM)

Kitchen, J., & Stevens, D. (2008). Action research in teacher education: Two teacher-educators practice action research as they introduce action research to preservice teachers. *Action Research, 6*, 7-28. (QS)

Locke, M. G., & Guglielmino, L. (2006). The influence of subcultures on planned change in a community college. *Community College Review, 34*, 108-127. (CS)

MacGregor, T. E., Rodger, S., Cummings, A. L., & Leschied, A. W. (2006). *Qualitative Social Work, 5,* 351–368. (IS)

Markovic, M. (2006). Analyzing qualitative data: Health care experiences of women with gynecological cancer. *Field Methods, 18,* 413–429. (IS)

Mendenhall, T. J., & Doherty, W. J. (2007). Partners in diabetes: Action research in a primary care setting. *Action Research, 5,* 378–406. (QS)

Mendlinger, S., & Cwikel, J. (2008). Spiraling between qualitative and quantitative data on women's health behaviors: A double helix model for mixed methods. *Qualitative Health Research, 18,* 280–293. (MM)

Menning, C. L. (2008). "I've kept it that way on purpose": Adolescents' management of negative parental relationship traits after divorce and separation. *Journal of Contemporary Ethnography, 37,* 586–618. (IS)

Nandhakumar, J., & Jones, M. (2002). Development gain?: Participant observation in interpretive management information systems research. *Qualitative Research, 2,* 323–341. (QS)

Nichter, M., Adrian, S., Goldade, K., Tesler, L., & Muramoto, M. (2008). Smoking and harm-reduction efforts among postpartum women. *Qualitative Health Research, 18,* 1184–1194. (IS)

Ortner, S. B. (2002). "Burned like a tattoo": High school social categories and "American culture." *Ethnography, 3,* 115–148. (QS)

Parmelee, J. H., Perkins, S. C., & Sayre, J. J. (2007). "What about people our age?": Applying qualitative and quantitative methods to uncover how political ads alienate college students. *Journal of Mixed Methods Research, 1,* 183–199. (MM)

Pettinger, L. (2005). Representing shop work: A dual ethnography. *Qualitative Research, 5,* 347–364. (QS)

Read, T., & Wuest, J. (2007). Daughters caring for dying parents: A process of relinquishing. Qualitative *Health Research, 17,* 932–944. (IS)

Reid, M. J., & Moore, J. L., lll.(2008). College readiness and academic preparation for postsecondary education: Oral histories of first-generation urban college students. *Urban Education, 43,* 240–261. (IS)

Roff, L. L., et al. (2007). Long distance parental caregivers' experience with siblings. *Qualitative Social Work, 6,* 315–334. (IS)

Scott, G. (2004). "It's a sucker's outfit": How urban gangs enable and impede the reintegration of ex-convicts. *Ethnography, 5,* 107–140. (QS)

Scott, S. M. (2003). The social construction of transformation. *Journal of Transformative Education, 1,* 264–284. (IS)

Stoller, P. (2002). Crossroads: Tracing African paths on New York City streets. *Ethnography, 3*, 35–62. (QS)

Stritikus, T., & Nguyen, D. (2007). Strategic transformation: Cultural and gender identity negotiation in first-generation Vietnamese youth. *American Educational Research Journal, 44*, 853–895. (QS)

Tedrow, B., & Rhoads, R. A. (1999). A qualitative study of women's experiences in community college leadership positions. *Community college Review, 27*, 1–18. (QS)

Tibbals, C. A. (2007). Doing gender as resistance: Waitresses and servers in contemporary table service. *Journal of contemporary Ethnography, 36*, 731–751. (QS)

Tinney, J. (2008). Negotiating boundaries and roles: Challenges faced by the nursing home ethnographer. *Journal of Contemporary Ethnography, 37*, 202–225. (QS)

van Uden-Kraan, C., Drossaert, C. H. C., Taal, E., Shaw, B. R., Seydel, E. R., & van de Laar, M. (2008). Empowering Processes and outcomes of participation in online support groups for patients with breast cancer, arthritis, or fibromyalgia. *Qualitative Health Research, 18*, 405–417. (IS)

Voils, C. I., Sandelowski, M., Barroso, J., & Hasselblad, V. (2008). Making sense of qualitative and quantitative findings in mixed research synthesis studies. *Field Methods, 20*, 3–25. (MM)

Wasonga, T., & Christman, D. E. (2003). Perceptions and construction of meaning of urban high school experiences among African American university students. *Education and Urban society, 35*, 181–201. (IS)

Weitzman, P. F., & Levkoff, S. E. (2000). Combining qualitative and quantitative methods in health research with minority elders: Lessons from a study of dementia caregiving. *Field Methods, 12*, 195–208. (MM)

Westhue, A., Ochocka, J., Jacobson, N., Simich, L., Maiter, S., Janzen, R., et al. (2008). Developing theory from complexity: Reflections on a collaborative Mixed Method participatory action research study. *Qualitative Health Research, 18*, 701–717. (MM)

Woodgate, R. L., Ateah, C., & Secco, L. (2008). Living in a world of our own: The experience of parents who have a child with autism. *Qualitative Health Research, 18*, 1075–1083. (IS)

Yauch, C. A., & Steudel, H. J. (2003). Complementary use of qualitative and quantitative cultural assessment methods. *Organizational Research Methods, 6*, 465–481. (MM)

Zalaquett, C. P. (2005). Study of successful Latina/o students. *Journal of Hispanic Higher*

Education, 5, 35-47. (IS)

Zhou, Y. R. (2008). Endangered womanhood: Women's experiences With HIV/AIDS in China. *Qualitative Health Research, 18*, 1115-1126. (IS)

제2부

질적 연구 수행하기

제4장

질적 연구를 설계할 때의 다양한 선택

모든 연구는 명백히 드러나든 그렇지 않든 설계를 가지고 있다. 연구자들은 자신이 하고 있는 연구의 타당도를 높이고, 수집된 자료를 바탕으로 연구 주제를 잘 다루기 위해 효과적인 설계를 사용하려고 노력한다. 질적 연구도 설계를 가지고 있지만, 설계의 유형이나 범주가 고정되어 있는 것은 아니다. 따라서 이 장에서는 질적 연구를 설계할 때 고려할 수 있는 여덟 가지 절차들을 설명하였다.

질적 연구에서 특이할 만한 점은 설계에 대한 작업을 미리 많이 해 놓는 것에 대한 잠재적 저항이라고 할 수 있는데, 이러한 저항은 연구하려는 실제 세계의 현실에 외적인 준거나 범주 또는 고정된 규제를 가하지 않기 위함이다. 이러한 이유로 이 장에서는 여덟 가지 절차를 '선택'의 과정으로 논의하였는데, 연구자들은 자신의 특정 연구에 가장 잘 맞는 설계 절차를 자유롭게 선택하되, 어떤 것도 의무적으로 선택할 필요는 없다. 당연히, 첫 번째 선택은 연구 설계를 연구 시작 시기에 할 것인지 아닌지에 대한 것이다.

여러분은 자신이 하려는 연구 설계를 주의 깊게 고려함으로써 연구에 대한 견고한 기반을 조성할 수 있다. 물론, 설계를 신중히 했다고 해서 많은 엄격한 연구 절차가 저절로 결정되는 것은 아니다. 그러나 설계에 대해 깊이 생각해 보았다는 것은, 각 절차에 대해 자세히 고민해 보기로 결정했음을 뜻한다. 설계 이후에 어떤 구체적인 절차를 따르게 되는가에 관계없이, 설계에 대해 깊이 생각할수록 건실한 연구를 하게 될 가능성은 높아진다. 이러한 연구 결과는 연구 초기에 설정한 연구 문제나 연구 주제를 제대로 다룰 것이다.

1. 연구 설계에 대한 간단한 정의

연구 설계는 논리적 청사진이다. 설계는 '논리적인' 계획이지, 다른 이들이 종종 언급하는 '세부적인 진행' 계획이 아니다(세부적인 진행 계획도 반드시 필요한 것이지만, 이것은 연구 작업의 일정 조정과 코디네이션과 같은 연구 운영과 관리에 대한 것이다).

연구 설계라는 이 논리는 연구 문제, 수집될 자료, 자료 분석 방법을 연결시켜 연구 결과가 처음 의도했던 연구 문제를 다룰 수 있게 한다. 이 논리는 또한 연구의 정확성을 포함한 연구의 타당도를 강화하는 데도 도움이 된다.

> 예를 들어, 지역사회 연구 중 하나는 주거단지 범죄 예방의 특징에 대한 연구 문제로 시작되었다. 그러나 자료 수집은 전체적인 비공식적 네트워크를 간과한 채, 공식적으로 조성된 주거단지만을 다루었다. 이에 따라 연구 결과가 공식적 주거단지의 범죄 예방에 국한되는 상황이 야기되었고, 결국 연구 문제를 수정해야 하거나(연구 문제의 수정은 바람직하지 않거나 허용되지 않을 수 있는 대책이지만), 주거단지 범죄 예방의 전체 현상에 대한 잘못된 이해를 결과로 제시할 처지에 놓였다.

모든 연구는 계획했든 아니든 간에 당연히 내재적 청사진 또는 설계를 가지고 있다. 하지만 연구의 초기부터 설계를 완성해야 할 필요는 없다. 질적 연구에서 설계를 어느 정도까지 미리 완성해야 할지는 선택의 문제다. 또한 연구를 진행해 나가면서 설계의 여러 부분에 차별화된 관심을 기울이거나 심지어 일부분은 무시할 수도 있다. 연구를 진행하는 중에 설계가 바뀔 수도 있다. 설계를 미리 할 것인지에 대한 결정을 포함하여 주요 설계 조건을 다루는 것이 이 장의 주제다.

 ## 설계 유형

질적 연구는 실험실에서 행해지는 양적 연구와 달리 일련의 고정된 설계를 갖고 있지 않으므로, 이 장의 제목에 포함된 '선택' 접근은 정당해 보인다. 다시 말해서, 명확히 정해진 청사진의 틀이 없으므로 모든 질적 연구는 설계 면에서 서로 다를 수 있으며, 이렇게 다양한 선택이 가능하므로 자신의 연구에 가장 잘 맞게 설계를 재단할 수 있다.

이와 동시에, 이미 끝난 연구를 되돌아보며 그 연구가 특정 유형의 설계를 가지고 있을 것이라고 잘못 생각하지 마라. 설계의 일부 특징을 계획했을 수는 있으나 다른 특징들은 연구의 과정 중에 생겨났을 것이다. 여러분이 모든 측면에 관심을 기울이지는 못했음에도 불구하고 연구 설계가 탄탄할 수도 있다. 반대로, 연구 설계가 원한 대로 되지 않거나, 결점을 갖게 되기도 한다.

이제 각 선택에 대해 살펴보자.

2. 선택 1: 설계를 연구 초기에 시작할지 결정하기

▰ 미리 보기
- 질적 연구의 초기에 연구 설계를 시작하는 것에 대한 찬반론
- 반복적 절차로서의 연구 설계

모든 질적 연구가 시작 단계부터 연구 설계를 갖추지는 않는다. 연구 설계를 초기에 하지 않는 연구의 경우, 설계는 연구를 수행하기 위한 계획으로서의 역

할은 할 수 없고, 연구의 회고적 특성으로 존재할 뿐이다.

질적 연구자들은 자료 수집을 시작하기 전에 연구 설계를 완성하는 것의 가치에 대해 의견의 일치를 보이지 못하고 있다. 의견의 차이는 제3장 마지막 부분에서 강조되었던 두 가지 선택—즉, 연구의 방향을 미리 정하는 것(예: '연구 문제 우선' 선택)과 초기 현장 경험 및 초기 자료 수집이 연구의 방향을 결정하게 하는 것(예: '현장 작업 우선' 선택)—이 야기하는 긴장에 집중된다.

이 장은 이와 관련하여 특정 입장을 지지하지 않는다. 따라서 연구 설계를 미리 시작할지의 여부와 초기에는 설계의 일부 측면(이 장의 나머지 부분에 제시된 일곱 가지 설계 관련 선택 중 일부)에만 관심을 기울이고 나머지 측면은 보류해 둘지의 여부는 이 장에 제시된 여러 선택 중 첫 번째로 하게 되는 선택이다. 질적 연구 경험, 따르고자 하는 규준, 연구를 하는 곳에서 이미 통용되고 있는 규준, 이 모든 것이 연구 설계를 어디까지 미리 정해 둘지에 대한 결정을 좌우할 것이다.

초기부터 설계를 고려하든 아니든, 설계 과정은 반복적인 절차임을 기억하라. 이는 연구가 진행됨에 따라 설계의 일부가 정해지기도 하고, 설계의 특정 측면이 여러 번 재검토될 수도 있음을 의미한다.

> 질적 연구 설계에 대해 아마도 가장 많은 저술을 해 왔다고 할 수 있는 Joseph Maxwell은 이 과정을 '상호적' 접근이라고 특징지었다. 즉, 질적 연구의 목적, 연구 문제, 개념적 맥락, 방법, 타당도에 대한 고려와 같은 모든 것이 지속적으로 상호작용한다는 것이다(Maxwell, 1996, pp. 1-8).

연구를 실행하는 과정 내내 이와 같은 반복적이고 임의적인 선택이 존재한다는 사실은 연구자의 연구 충실성(제2장 제4절에서 논의했던)이라는 쟁점으로 우리의 관심을 집중시킨다. 질적 연구에서는 여러 번의 중간 단계 수정이 허용되고 어떤 면에서는 장려되기까지 하므로, 다른 종류의 연구와 달리 연구자들이 연구 결과에 영향을 미칠 여지가 많다. 이런 영향은 고의일 수도 있고, 아닐 수도 있다.

만약 고의였다면, 연구자는 수용 가능한 연구 윤리 기준을 충족시키지 못한 셈이다. 고의가 아니었다면(그리고 고의는 아니지만 그 영향이 연구에 계속 존재했을 가능성이 있다면), 연구자는 그 영향력이 발생한 방식과 그것이 연구 결과에 미칠 수 있는 영향에 대해 다루어야 할 의무가 있다. 이 의무는 너무나 중요해서 연구자 스스로 기록해 나가야 하는 노트(개인 일지 포함)와 관련하여 이 책 전체에 걸쳐 논의되었다. 연구자는 이 노트를 이용하여 반성성(reflexivity) 이슈, 연구 도구로서의 연구자, 연구자의 렌즈(이것들 역시 이 책 전체에 걸쳐 논의되고 있음)를 다루어야 한다['반성적 자아(reflective self)'에 대한 제11장 제4절 참고].

3. 선택 2: 연구의 타당도 강화를 위한 조치를 취할지 결정하기

■ **미리 보기**

- 타당한 연구를 위해 어떻게 노력해야 하는가?
- 연구의 타당도 강화를 위해 가장 보편적으로 사용되는 두 가지 실제

두 번째 선택은 사실 여러 가지 선택을 포함한다. 이 모든 선택은 질적 연구의 타당도를 강화하는 방식과 관련되어 있다. 언뜻 보기에 '타당도 강화'라는 개념은 타당도를 명백한 이분법적 개념으로 보는('타당도가 있다' '타당도가 없다' 중 양자택일이라고 보는) 우리의 이해에 반하는 것이다. 그러나 모든 연구는 하나의 연구 안에 여러 다른 주장을 담고 있으며, 그중 어떤 것은 타당하고 어떤 것은 타당하지 않다. 여러분의 목표는 이 주장의 타당도를 최대한 많이 확인하여 연구 전체의 타당도를 강화하는 것이다.

 연구에서의 타당도

질적 연구를 포함한 모든 종류의 연구에서 핵심이라 할 수 있는 질 관리 이슈

는 연구와 그 결과의 타당도에 대한 것이다. 타당한 연구란, 자료의 수집과 분석이 적절하여 연구의 결론이 연구의 대상이 된 실제 세계(또는 실험실)를 정확하게 반영하고 대표하는 것을 말한다. 반대로, 어떤 분야의 연구든 잘못된 결론에 도달했다면 그 연구는 가치가 없다. 그러한 극단적인 결과가 초래되는 일이 자주 발생하지는 않지만, 연구에서 결과와 결론의 타당도를 강화할 수 있는 설계를 사용하는 것은 매우 중요하다.

타당도 이슈는 연구 결과에만 국한되지 않는다. 이 이슈는 현장 사건이나 연구 참여자의 관점을 단순하게 설명할 때도 해당된다. 이런 수많은 사항들은 연구가 제시하는 진실로 받아들여지기 때문에 이 모든 것들은 타당도를 요구한다.

질적 연구에서는 타당도에 대한 바람과 상대주의-사실주의 간 연구자의 입장 취하기(제1장 제3절에서 설명되었음)를 혼동하지 않아야 한다. 다시 말해서, 상대주의 입장(즉, 단일한 실재는 없다는 입장)을 취한 연구라 해도 그 결과가 가지는 타당도에 대해 여전히 고민해야 한다. 같은 입장을 취하고 있는 다른 연구들이 여러분의 연구와 같은 증거를 수집하고 같은 결론에 이르렀는지를 바탕으로 타당도라는 문제를 생각하게 된다.

Maxwell은 "묘사, 결론, 설명, 해석 또는 그 외의 기록이 갖는 정확성 또는 신빙성"(1996, p. 87)을 언급하면서 타당도 이슈를 강조했다. Maxwell은 자신의 연구와 다른 많은 질적 연구를 바탕으로 타당도 문제를 다루는 일곱 가지 방법을 종합하여 정리하였다(예시 4.1 '질적 연구의 타당도를 위협하는 요소에 대처하는 일곱 가지 전략' 참고). 여기에 제안된 실제들은 이해와 실행이 어렵지 않으며, 이 각각은 역시 '선택'의 문제다. 즉, 여러분의 선택에 따라 이 전략은 여러분의 연구에 포함될 수 있다.

앞에 제시된 일곱 가지 중 네 번째인 '모순된 증거와 부정적 사례 찾기'(즉, 상반되거나 경쟁적인 설명을 시험해 보기)와 다섯 번째인 '삼각검증'에 대해서는 좀 더 자세한 설명이 필요하다. 이 두 가지 실제는 일반적으로 인식되는 것보다 훨씬 더 광범위한 작업이다. 이 둘 모두는 연구자가 연구를 수행하는 내내 체계적인 자세와 태도를 유지하게 한다. 이런 점에서 이 두 가지 모두 단일한 구체적 실제를 넘어서는 그 무엇이라 할 수 있다. 다음에서는 이 두 가지에 대해 자세히 논의하였다.

예시 4.1   **질적 연구의 타당도를 위협하는 요소에 대처하는 일곱 가지 전략**

Joseph Maxwell(2009, pp. 244-245)은 타당도 위협 요소를 예방하기 위한 일곱 가지 점검 사항을 제시하였다.

1. 장기간에 걸쳐 높은 강도로 현장에 참여하기: 여러 번의 관찰과 면담 기회를 포함하여 현장 상황에 대한 완전하고 깊이 있는 이해를 이끌어 내기
2. '풍부한' 자료: 세부적이고 다양한 자료를 수집함으로써 현장 관찰과 면담을 충분하게 실행하기
3. 참여자의 타당도 확인하기: 연구 참여자가 자기 보고한 행동과 관점에 대한 해석상의 오류를 줄이기 위해 연구 참여자로부터 피드백 받기
4. 모순된 증거와 부정적 사례 찾기: 상반되거나 경쟁적인 설명을 시험해 보기
5. 삼각검증: 여러 자료원으로부터 수렴적 증거를 모으기
6. 준통계(quasi-statistics): 어떤 일이 '전형적이다' '드문 일이다' 또는 '널리 유행하고 있다' 는 식으로 형용사를 사용하여 표현하는 대신 실제 수치를 사용하기
7. 비교: 여러 환경, 집단 또는 사건에 따른 연구 결과를 명백하게 비교하기

 ## 상반되는 설명

상반되는 설명(rival explanations)이란, 단순히 대안적인 해석을 말하는 것은 아니다. 진정한 상반적 설명은 서로 경쟁하며 공존할 수 있다. 여러분의 연구에서 연구 결과와 해석이 서로 다른 상반적 설명에 의해 반박될 수 있는 것이라고 생각해 보라. 만약 상반적 설명 중 하나가 원래 했던 해석보다 좀 더 그럴듯하다고 판명된다면, 이에 대해 각주를 다는 정도를 넘어 원래의 해석을 포기해야 할 것이다.

상반적 설명을 적절하게 인식하고 자신이 원래 했던 해석을 포기함으로써 오히려 연구의 타당도를 강화하게 되며, 특히 연구의 일부로 각각의 상반적 설명

을 수용하거나 거부한 근거를 철저하게 논의한다면 타당도는 더욱 강화될 것이다(Campbell, 1975; Yin, 2000).

연구자들은 연구 과정 내내 상반적 설명을 추구함으로써 의도적으로 연구를 강화하려는 노력을 기울인다. 상반적 설명은 연구 결과에 대한 최종 해석 단계뿐 아니라 연구의 모든 지점에 존재한다. 예를 들어, 여러분은 특정 현장 환경이나 현장 면담 대상자를 선택하면서 불가피하게 그 환경이나 사람들에 대한 어떤 가정을 하게 된다. 이러한 환경이나 사람들은 연구 주제에 대한 귀중한 정보를 제공해 줄 자료원이다. 자료를 수집하는 동안, 상반적 가설은 수집된 정보가 여러분을 잘못 인도할 수도 있으며, 다른 자료원(다른 환경이나 면담 대상)이 더 좋은 정보를 제공할 만한 가능성을 여러분에게 계속 지적해 줄 것이다. 자료 수집 중에 이러한 상반적 설명을 검증하기 위한 조치를 지속적으로 취해야 한다.

연구자들이 상반되는 견해에 대해 바람직한 태도를 갖는 것은 단순히 연구의 결론부에 한두 개의 상반적 설명을 나열하는 것보다 훨씬 더 중요하다. 상반되는 견해에 대한 바람직한 태도는 연구를 수행하는 내내 '회의적' 감각을 유지하는 데서 비롯된다. 여기서 '회의적'이라 함은 다음과 같은 질문을 자신에게 해 보는 것을 포함한다.

- 사건과 행동이 겉으로 보이는 모습 그대로인가?
- 연구 참여자들이 연구자와 이야기할 때 솔직한 반응을 보이는가?
- 연구의 주제와 본질에 대해 연구자가 원래 가졌던 가정(assumptions)이 정말 옳은가?

이러한 회의적 태도는 상반적 설명에 대해 생각하지 못했을 때보다 더 많은 자료를 수집하고 더 많은 분석을 하게 만들 것이다. 즉, 여러분은 더 많은 확인 작업을 할 것이고, 원래 하려던 것보다 더 많은 자료원을 알아볼 것이며, 심지어 다소 가능성이 적은 사안도 무시하지 않고 탐색해 볼 것이다. 다시 말해서, 여러분이 하려는 연구와 연구 방법의 모든 측면에서 상반적 설명이 발생할 수 있다. 이러한 상반적 설명을 배제할 수 있는 명백한 증거를 확보하는 것(혹은 자신이 원래 세웠던 가정을 포기하고 상반적 설명을 채택하는 것)은 연구의 타당도를 강화하는 데 필수적이다.

또한 상반적 설명을 반박하는 것이 아니라 마치 상반적 설명의 가능성을 확립하려고 노력하는 사람처럼, 최대한 열심히 '모순된 증거'를 찾으려는 노력을 기울여야 한다(Patton, 2002, p. 553; Rosenbaum, 2002, pp. 8-10). 그것을 찾으려는 성실한 노력에도 불구하고 증거를 찾을 수 없다면, 비로소 연구의 궁극적 설명, 귀인 또는 해석에 대해 자신감을 가질 수 있을 것이다.

한마디로, 연구를 수행하는 모든 단계에서 모든 종류의 상반적 설명이 가능하다. 회의적인 태도를 유지하며 수행된 연구일수록 설득력이 있다. 이러한 연구들은 그럴듯한 상반적 설명을 찾고 검증하려는 노력을 연구 절차의 필수적인 요소로 포함한다(Campbell, 2009; Yin, 2000). 이 경우, 상반적 사고는 주로 논문 초록처럼 짧은 연구 요약의 형태로 최종 연구 결과물의 일부가 된다(Kelly & Yin, 2007).

삼각검증

삼각검증의 원리는 서로 다른 3개의 기준점이 만나는 점을 물체의 정확한 위치를 계산하는 데 사용하는 항공학에서 비롯된 것이다(Yarley, 2009, p. 239). 연구에서 이 원리는 연구를 통해 보고되는 특정 사건, 묘사 또는 사실을 입증하거나 확인하기 위해 최소한 세 가지 방법을 추구하려 할 때 적용된다. 이러한 확인 과정은 연구의 타당도를 강화하는 또 다른 방법이다.

삼각검증은 자료 수집 단계와 주로 관련되는 경향이 있지만, 상반적 사고와 마찬가지로 연구의 전 과정에 적용될 수 있다. 자료를 수집할 때 이상적인 삼각검증은 세 가지 자료원을 통해 확인하는 것뿐 아니라 서로 다른 종류의 자료원 세 가지를 찾는 것을 말한다. 즉, 어떤 사건을 직접 보았고(직접 관찰), 그 장소에 있던 누군가가 그 사건을 보고하기도 했으며(구두 보고), 그 이후에 다른 사람이 작성한 보고서에서도 유사한 형태로 그 사건이 묘사되었다면(문서), 그 사건을 보고하는 것에 대해 상당한 확신을 갖게 될 것이다. 한편 연구가 다른 자료원과의 연계 없이 연구 참여자의 세계관에만 초점을 둔 것이더라도, 그 연구 참여자의 관점을 정확하게 제시하기 위해 그와 대화를 몇 번 더 함으로써 삼각검증을 하고 싶을 것이다.

다양한 유형의 자료원을 얻는 것이 용이하지 않을 때도 많다. 자료 확인을 위한 다른 자료원을 구하지 못한 채, 세 사람의 구두 보고(또는 서로 다른 세 문서에서 나온 정보)에 의존해야 할 수도 있다. 이 경우, 그 자료원이 정말 세 가지 독립된 보고를 대표하고 있으며, 서로 어떤 식으로든 연관될 가능성이 배제되었는지에 주의를 기울여야 한다. 예를 들어, 세 가지 문서 중 두 가지가 처음에는 분리된 자료원으로 보였더라도 이 두 가지 모두가 나머지 하나의 문서에서 핵심적인 정보를 추출한 것일 수도 있다.

독립된 연구 보고서를 찾는 노력은 인터넷 자료원을 중심으로 일할 때 특히 문제가 된다. 세 가지 웹사이트에서 나온 서로 다른 세 가지 보고서가 동일한 하나의 자료원에서 비롯된 것일 수 있다. 예를 들어, 많은 뉴스 기사는 미국연합통신(Associated Press: AP)이라는 유명하고 높이 평가되는 국제통신사의 작업에 기초를 둔다. 많은 웹사이트들은 AP의 뉴스거리를 입수하여 AP라는 출처를 밝히지 않은 채 그 내용을 보도한다. 이러한 웹사이트 세 곳이 기사를 독립적으로 보도하고 있다는 판단하에, 기사를 확인하고 삼각검증하는 데 이 사이트들이 유용하리라 생각했다면 이는 잘못된 생각이다.

실제 자료를 직접 포착하고 기록할 경우, 삼각검증의 필요성은 줄어든다. 예를 들어, 면담을 바로 녹음할 수 있거나 시각적으로 중요한 것을 사진으로 남길 수 있다면, 증거를 재확인해야 할 필요는 줄어든다. 안타깝게도, 이와 같이 직접 자료를 포착하는 것은 불가능할 때도 있고 바람직하지 않을 때도 있다(제7장 제4절 참고).

또한 많은 질적 연구들이 영어 이외의 언어로 된 대화를 포함한다. 영어로 집필하는 최종 논문에서 이러한 대화를 소개하는 좋은 방법은 대화에 사용된 언어와 영어를 본문에 병기하는 것이다. 그렇게 하면 그 언어에 익숙한 독자들이 번역의 적절성을 스스로 판단해 볼 수 있다. 그러나 이런 방법은 매우 드물게 실천되어 왔다[드문 예 중 하나로 Valdés(1996) 참고, 예시 10.3 참고].

4. 선택 3: 자료 수집 단위의 복잡함을 명확하게 정리할지 결정하기

■ **미리 보기**

• 실증적 연구의 핵심 요소와 그 요소가 가지는 다양한 수준
• 실증적 연구의 핵심 요소와 질적 연구의 주제 간 관계를 명확히 이해해야 할 필요성

연구 설계는 연구의 구조를 규정한다. 그 구조에서 모든 실증적 연구의 축이라 할 수 있는 주요 요소는 **자료 수집 단위**(unit of data collection)다.[1] 이것에 얼마나 주의를 기울일 것인가가 바로 세 번째 선택 사항이다.

모든 연구에는 자료 수집 단위가 있다. 예를 들어, 질적 연구의 면담 부분에서 자료 수집 단위는 면담 참여자다. 연구를 위해 15명을 면담했다면, 15개의 자료 수집 단위가 있다는 뜻이다. 한편 연구가 여러 번의 포커스 그룹 면담을 자료원으로 하고 있다면, 각 포커스 그룹이 자료 수집 단위라 할 수 있다.

🏖 안긴 구조

흥미롭게도 대부분의 질적 연구는 여러 수준의 자료 수집 단위를 가진다. 이러한 여러 수준은 하나의 안긴 구조—좀 더 넓은 수준(예: 현장 환경)에 안겨 있는 좀 더 좁은 수준(예: 그 환경에 있는 연구 참여자)—에 속할 가능성이 크다. 각 수준이 갖는 자료 수집 단위의 수도 각기 다르다. 일반적으로 대부분의 질적 연

---

[1] 여기서 '자료 수집 단위'라는 용어는 좀 더 기술적 용어인 '분석 단위(unit of analysis)' '배정 단위' 또는 '할당 단위'와의 혼동을 피하기 위한 비기술적 용어로 사용되었다. 이 세 용어는 분석(특히 통계 분석)을 할 때 적절한 단위가 무엇인지에 대한 이슈를 제기한다. 보통 자료 수집 단위가 분석 단위가 되지만, 그렇지 않은 복잡한 상황도 있다. 그러나 이런 상황과 이에 대한 분석 방법에 대한 논의는 질적 연구에서 잘 발생하지 않으며, 따라서 이는 이 책의 범위를 벗어난다.

구는 하나의 넓은 수준 단위(예: 하나의 환경)를 갖지만, 좁은 수준 단위(예: 그 환경에 속한 여러 명의 연구 참여자)는 여러 개를 가진다.

좀 더 넓은 수준의 단위와 좀 더 좁은 수준의 단위를 보여 주기 위해 〈표 4-1〉은 이 책의 예시로 제공된 많은 질적 연구를 나열하고 있다. 이 목록에는 각 연구의 주제뿐 아니라 자료 수집의 두 수준이 제시되어 있다. 〈표 4-1〉에 나오는 주요 주제들이 연구를 시작하는 절차의 일부로 제3장에서 논의되었던 주제와 유사함에 주목하라.

각 수준별 자료 수집 단위의 개수와 관련하여 〈표 4-1〉은 좀 더 넓은 수준의 단위가 몇 개인지도 제시하고 있다. 예를 들어, Edin과 Kefalas(2005)의 연구에서는 필라델피아의 8개 지역이, Ericksen과 Dyer(2004)의 연구에서는 5개 회사의 프로젝트팀이 넓은 수준의 단위였다(그러나 〈표 4-1〉은 좀 더 좁은 수준의 단위가 몇 개인지는 제시하지 않고 있다).

〈표 4-1〉을 좀 더 자세히 살펴보면, 좀 더 넓은 수준의 단위들이 주로 특정 종류의 지역, 조직 또는 사회적 실체(social entity)임을 깨닫게 될 것이다. 좀 더 좁은 수준의 단위들은 주로 연구 참여자들로 구성된다. 정책(policies), 실제(practices) 또는 행위(actions)도 좀 더 좁은 수준의 단위가 될 수 있다.

넓은 수준과 좁은 수준 간의 안긴 관계가 절대적이 아니라 상관적(relational)이라는 점은 매우 중요하다. 예를 들어, 가자지구(Gaza Strip)로부터 이스라엘의 재배치에 관한 Gross(2008)의 연구에서처럼(〈표 4-1〉 참고) 지역사회나 기관도 좁은 수준의 단위가 될 수 있다. 안긴 구조는 두 가지 수준에만 국한되지 않는다. 〈표 4-1〉에는 포함되지 않았지만, 어떤 연구들은 좀 더 좁은 수준(즉, 세 번째 수준) 또는 그보다 더 좁은 수준까지 포함하기도 한다.

자료 수집 단위의 수준과 연구 주제와의 관계

자료 수집 단위와 그 수준의 잠재적 복잡성을 명확하게 하는 것은 연구를 설계하고 수행하는 중요한 단계다. 무엇보다 자료 수집 단위는 연구의 주제를 적절하게 반영해야 한다.

〈표 4-1〉이 책에 제시된 질적 연구의 연구 주제와 두 가지 수준의 자료 수집 단위

저 자	주 제	자료 수집의 수준	
		넓은 수준	좁은 수준
Allison & Zelikow (1999; 초판 1971)	초강대국 간 대립	미국-소련 쿠바 미사일 위기	정책과 법적 조치
Anderson(1999)	도심 지역의 도덕적 삶	필라델피아의 소지역	가족과 개인
Bales(2004)	현대판 노예제	다섯 국가	노예와 노예 소유주
Ball, Thames, & Phelps(2008)	교과교육학 지식	3학년 교실 한 곳	매일의 학급 행동
Bogle(2008)	새로운 성규범	두 개의 대학 캠퍼스	개인
Brubaker et al.(2006)	인종적 민족주의	동유럽의 한 마을	제도와 개인
Bullough(2001)	교육에 대한 학생의 관점	초등학교 한 곳	학생과 교사
Carr(2003)	비공식적 사회 통제	시카고 변두리의 한 동네	지역사회 활동
Duneier(1999)	공공장소에서의 상호 작용	한 도시의 보도	노점상과 사람들
Dunn(2004)	기업의 민영화	폴란드의 한 공장	노동자
Edin & Kefalas(2005)	결혼과 모성애	필라델피아의 여덟 지역	가족과 개인
Ericksen & Dyer(2004)	직장 팀워크	다섯 개의 다른 산업	프로젝트팀
Gilligan(1982)	여성의 도덕성 및 정서 발달	(찾을 수 없음)	개인
Gross(2008)	추방	가자지구	지역사회와 학교
Hays(2003)	빈곤 문화	두 도시에 위치한 복지 업무 담당센터	개인
Hochschild(2003; 초판 1989)	여성과 일	대기업 한 곳, 연구 참여 여성의 지인들	커플, 개인, 아이 돌봐주는 사람들
Irvine(2003)	애완동물의 양도	애완동물 가게 한 곳	점원과 손님
Kuglemass(2004)	통합교육	초등학교 한 곳	교사와 직원
Lawrence-Lightfoot(1983)	학교 문화	미국의 공립고 세 곳과 사립고 세 곳	직원과 학생
Levitt(2001)	초국적 이주	도미니카공화국과 미국의 지역사회	가족과 개인
Lew(2006)	아시아계 미국 학생	두 개의 학생 집단: 노동자 계급과 중산층	개인

Lewis(1961)	빈곤 문화	멕시코 가족	개인
Lewis(1965)	빈곤 문화	푸에르토리코의 수도 산후안의 네 지역	가족
Liebow(1967)	도시 빈곤	워싱턴 D.C. 지역의 저소득층 마을	일자리를 구하지 못한 남성
Liebow(1993)	노숙	워싱턴 D.C. 지역의 노숙인 쉼터	개인
Lynd & Lynd(1929)	평균적인 미국 도시 생활	인디아나 먼시(Muncie)	지역사회의 관습
Marwell(2007)	사회적 통합과 사회질서	두 지역의 지역사회 단체 여덟 곳	정책, 실제, 사람들
McQueeny(2008)	인종, 젠더, 섹슈얼리티	동성애를 인정하는 교회 두 곳	교회 성도와 성직자
Mead(1928)	여자 청소년의 발달	사모아의 세 마을	가족과 개인
Mulroy & Lauber (2004)	가족센터의 평가	가족센터 한 곳	직원과 이용자
Napolitano(2002)	도시 근린 생활	멕시코의 한 마을	개인
Narotzky & Smith(2006)	경제적·정치적 발달	스페인 동부 지역	기관과 가족
Neustadt & Fineberg(1983)	전국적 보건 위기	전국 예방접종 캠페인	정책과 조치
Newman(1999)	도시 빈곤 노동자	뉴욕 인근	노동자와 고용주
Padraza(2007)	이민	네 번의 쿠바 이민자 유입	개인
Pérez(2004)	초국적 이주에서의 성차	이민을 보내는 푸에르토리코 공동체와 이민자를 받는 뉴욕의 공동체	개인
Rabinow(2007; 초판 1977)	현장연구 시 마주치는 것들	모로코의 아틀라스 산맥 중부에 있는 마을	개인
Royster(2003)	남성들의 취업 경험	볼티모어 지역의 실업 고등학교 한 곳	이 학교 졸업생
Sarroub(2005)	미국 학교에서의 인종적 동화	미시건 디어본의 한 고등학교	무슬림 학생

Schein(2003)	대기업의 붕괴	큰 컴퓨터 회사 한 곳	관습과 개인
Sharman(2006)	여러 인종이 모여 있는 동네	뉴욕 인근	개인
Sidel(2006)	홀로 된 어머니의 영향	뉴욕 대도시 지역	개인
Small(2004)	빈곤과 사회적 자본	보스턴의 주택단지	지역사회 사건
Smith(2006)	미국으로의 이주	이민을 보내는 멕시코 공동체와 이민자를 받는 뉴욕의 공동체	개인과 지역사회 기관 한 곳
Stack(1974)	빈곤 문화	시카고 근교의 흑인 공동체	가족과 개인
Stone(2007)	여성과 일	(찾을 수 없음)	개인
Valdés(1996)	미국 학교에서의 인종적 동화	멕시코에서 이민 온 열 가구	가족과 교직원
Valenzuela(1999)	이민가정 학생의 학교교육	도시에 있는 한 고등학교	학생과 직원
Williams(2006)	직장 내 평등	부유한 지역과 가난한 지역의 두 완구점	개인
Wilson & Taub(2006)	인종, 민족, 계층 간 갈등	시카고의 네 지역	개인
Yin(1982a)	범죄 예방	미국 주민 방범대	단체 리더와 인근 경찰
Yin(1982b)	도시 서비스	뉴욕 시의 일곱 지역	물리적 조건과 개인

- 예를 들어 〈표 4-1〉에서 여자 청소년의 발달을 연구한 Mead(1928)의 연구에서는 넓은 수준의 단위(3개의 마을)가 연구의 맥락으로 기능한 반면, 연구 주제에 대한 자료는 좁은 수준의 단위에서 수집되었다(여러 소녀들과 그 가족들로부터 자료를 수집함).
- 그러나 미국의 평균적인 한 도시에 관한 Lynd와 Lynd(1929)의 연구에서는, 좁은 수준의 단위(지역사회의 관습)가 아닌 넓은 수준의 단위(인디애나 주에 위치한 먼시)가 연구의 주제였다.

전반적으로 여러분은 어떤 연구에서(여러분의 연구를 포함하여) 자료 수집 단위의 수준이 하나 이상인지와 그 수준들 간의 관계를 명확하게 이해하고 싶을 것이다. 이러한 이해는 중요한 통찰력을 줄 것이며, 자료 수집 단위의 수준과 연구 주제 간의 관계를 공고하게 해 줄 것이다. 예를 들어, 자료를 어느 정도 수집한 후 원래 생각했던 주제와 도출되는 결과가 조화롭지 않음을 발견할 수 있다. 한 수준의 자료 수집 단위에서 연구 주제가 반영되고 있는 데 반해, 도출되는 결과는 다른 수준의 단위에서 도출되었을 때 이러한 부조화가 발생할 수 있다.

이런 문제가 발생했을 때는 두 가지 선택이 있다. 하나는 도출되는 결과가 연구 주제를 잘 반영할 수 있도록 그동안 크게 역점을 두지 않았던 수준의 자료 수집 단위에서 자료를 모으기 위해 더 많은 에너지를 쏟는 것이다. 두 번째 방법은 연구 주제를 다시 규정하는 것이다. 그러나 이렇게 연구 주제를 재규정하면 연구는 처음과는 다소 다른 주제를 다루게 되는 셈이므로, 초기 연구 계획도 다시 생각해야 함을 명심하라. 또한 이러한 전환을 하면 선택적 문헌연구를 위해 이전에 찾아 둔 것과는 다른 선행연구를 찾아야 할 수도 있다.

이러한 복잡성은 모두 연구 구조의 일부다. 이러한 복잡성에 주목함으로써 다음과 같은 사항, 즉 ① 자료 수집의 각 단위를 조심스럽게 규정해야 할 필요성, ② 자신의 연구가 여러 수준의 자료 수집 단위를 갖게 될 가능성, ③ 자료 수집의 수준들 간의 관계(안긴 구조 포함), ④ 자료 수집의 수준과 연구 주제와의 관계를 이해하게 된다. 이 모두는 질적 연구 설계의 일부라 할 수 있다.

5. 선택 4: 표집

■ 미리 보기

- 표집 시 두 가지 어려움
- 다양한 표집 방법
- 표집 크기를 결정하는 근거

설계에서의 네 번째 선택은 자료 수집 단위를 공식적으로 정의하고 알리는 것이다. 이 선택은 연구에 포함될 특정 단위와 그 수를 선택(또는 표집)하는 것을 뜻한다. 이 작업은 넓은 수준과 좁은 수준의 단위 모두에 해당되며, 〈표 4-1〉에 제시된 여러 연구들은 각 수준별로 풍부한 예를 제공하고 있다. 거의 모든 연구가 좀 더 넓은 수준에서의 표본(sample)과 좀 더 좁은 수준에서의 표본을 가지고 있다.

표집의 어려움은 연구에 포함될 단위의 수뿐 아니라 어떤 단위를 선택하고 왜 선택해야 하는지를 알아야 하는 데서 비롯된다. 자료 수집 단위가 하나뿐인 연구는 이것이 특히 어렵다.

자료 수집 단위가 하나뿐인 경우라 해도, 자료 수집 단위를 이렇게 선택한 것에 대한 정당화는 필요하며, 이런 정당화는 표집에 관련된 과제 중 하나다.

예를 들어, 한 멕시코 가족에 대한 Oscar Lewis(1961)의 유명한 자서전을 떠올려 보라. 이 연구는 다른 '단일사례' 사례연구('single-case' case studies)와 유사하게, 자료 수집 단위가 하나(한 가족)이고, 그 단위 내에서 단 하나의 사례(한 멕시코 가족)가 연구의 표본이다(Yin, 2009, pp. 46-53 참고).

 목적 표집과 그 외의 표집 방법

질적 연구에서 표본의 선택은 목적 표집(purposive sampling)이라고 알려진 의도적이고 계획적인 방법으로 이루어진다. 특정 연구 단위를 선택하는 목적은 연구 주제와 가장 관련이 있고 풍부한 자료를 제공할 자료 수집 단위를 확보하는 것이다.

예를 들어, 지역사회가 자연재해에 어떻게 대처하는지를 연구한다면, 최근에 자연재해 때문에 고통받았던 지역에 가서 자료를 수집하는 것이 오래전에 자연재해를 경험한 곳에 가서 자료를 수집하는 것보다 더 많은 것을 배울 수 있을 것이다.

전자의 경우 면담이나 문서로 된 자료 수집뿐 아니라 직접 관찰을 할 기회도 주어
질 수 있으나, 후자의 경우 회상에 의존한 정보를 얻는 데 그칠 수 있다(여러분이
역사연구를 하는 것이라면 회상에 의존한 정보만으로도 괜찮겠지만).
    이와 유사하게, 여러분 연구의 '넓은 자료 수집 수준'과 '연구 주제'가 조직
(organization)일 때 연구의 '좁은 자료 수집 수준'은 그 조직의 최고 리더를 포함
해야 할 것이다(그 조직에 고용된 사람들을 무작위 표집했을 때, 그 표본에 최고
리더가 포함되지 않았다 하더라도).

이러한 자료 수집 단위의 선택을 통해 "연구 대상에 대한 가장 광범위한 정
보와 관점의 획득"(Kuzel, 1992, p. 37)을 추구해야 한다는 점도 중요하다. 이
점에서 상반되는 증거나 관점을 제공하는 단위를 자료 수집 단위에 포함하는
것이 매우 중요한데, 특히 상반되는 설명을 검증해야 할 필요를 생각할 때 더
욱 그러하다(pp. 37-41). 예를 들어, 연구 참여자를 선택할 때 자신의 연구 주
제에 대해 서로 다른 생각을 할 것으로 여겨지는 여러 사람들을 의도적으로 면
담할 필요가 있다. 무엇보다 여러분은 미리 정한 가설을 확인해 줄 자료원만을
선택함으로써 자신의 연구가 편향되거나 편향되어 보이는 것을 원치 않을 것이
다.

목적 표집은 편의 표집, 눈덩이 표집, 무작위 표집 등의 기타 표집 방법과는
다르다. 편의 표집(convenience sampling)은 쉽게 구할 수 있다는 이유로 자료 수
집 단위를 선택하는 것이어서 일반적으로 그리 선호되지 않는다. 가장 구하기
쉬운 자료원이 가장 풍부한 정보를 줄 수 있는 자료원은 아니므로 이 표집 방법
은 불완전한 연구 결과를 초래할 수 있다. 또한 편의 표집은 바람직하지 않을
정도의 편견을 초래할 수도 있다.

눈덩이 표집(snowball sampling)은 이미 선택한 자료 수집 단위에서 파생된 새
자료 수집 단위를 선택하는 것으로, 이러한 누적(snowballing) 과정이 편의에 따
르지 않고 계획적으로만 이루어진다면 수용 가능한 방법이다. 예를 들어, 면담
을 하는 중에, 면담을 하면 좋을 것 같은 다른 사람에 대해 알게 될 수 있다. 그
리하여 그 사람을 면담하고, 이 면담을 통해 또 다른 면담 대상을 찾게 될 때
누적 과정이 일어났다고 할 수 있다. 그러나 이것은 미리 충분한 시간을 두고

한 면담을 통해 알게 된 사람을 그다음에 이어서 면담하려는 이유를 숙고했을 경우에만 따를 수 있는 표집 절차다. 이때 목적이 명확한 이유(예: 다음에 면담할 사람이 연구와 관련된 부가적 정보를 가지고 있을 것으로 생각됨)와 편의에 따른 이유(예: 다음에 면담할 사람이 가까이 있을 뿐 아니라 연구자와 이야기할 여유 시간이 있음)를 구분할 수 있어야 한다.

무작위 표집(random sampling)은 자료 수집 단위에 대해 알려진 모집단으로부터 통계적으로 규정된 자료 수집 단위의 표본을 선택하는 것으로, 연구가 그 결과를 모집단의 전 단위로 일반화하려는 목적을 가지고 있을 때 사용한다. 대부분의 경우, 모집단의 속성에 대한 가설뿐 아니라 그러한 숫자상의 논리가 질적 연구에 해당되지 않기 때문에 질적 연구에서 무작위 표집은 매우 드물게 사용한다(이와는 대조적인 일반화 방식, 즉 숫자를 중심으로 하지 않는 일반화 방식이 질적 연구에서는 더 많이 사용되며, 이에 대해서는 제7장에서 논의하였다).

 ## 한 연구에 포함되는 자료 수집 단위의 수

질적 연구에서 넓은 수준 또는 좁은 수준의 자료 수집 단위에 대한 바람직한 사례 수[2]를 설정하는 공식은 정해져 있지 않다. 일반적으로 사례 수가 많을수록 연구 결과에 대한 신뢰를 높일 수 있으므로 사례 수가 적은 것보다는 많은 것이 좋은데, 그 이유를 살펴보면 다음과 같다.

 ## 넓은 수준의 단위

대부분의 연구에서는 넓은 수준의 자료 수집 단위가 하나다. 그 단위는 앞서 〈표 4-1〉에서 보았듯이 현장 환경일 수도 있고, 기관이나 단체일 수도 있다. 이

---

2 여기서 사례 수란, 자료 수집 단위의 유형이 아니라 자료 수집 단위의 개수를 말한다. 예를 들어, 하나의 조직은 넓은 수준의 자료 수집 단위가 될 수 있고, 3개의 조직을 연구한다면 넓은 수준의 자료 수집 단위 사례 수가 3인 것이다. 질적 연구 이외의 연구에서는 '표본 크기(sample size)'라는 용어가 여기서 말하는 사례 수와 같은 개념이지만, 본문에서 설명한 이유로 '표본 크기'라는 용어에 포함된 '표본'의 개념은 질적 연구에는 해당되지 않는다.

렇게 하나의 단위만을 선택할 때는 그 단위가 연구 주제와 관련하여 매우 드물 거나, 극단적이거나, 또는 매우 전형적(typical)인 장소라는 점을 근거로 삼는다. 연구가 구체적인 가설을 살펴보려는 목적이라면, 그 가설(그리고 이에 상반되는 가설)을 효과적으로 검토할 수 있는 '결정적인(critical)' 장소도 선택해야 할 것이 다(단일사례연구의 선택과 관련하여 선정 기준을 논의하고 있는 Yin, 2009, pp. 47-49 참고).

동시에 넓은 수준의 자료 수집 단위가 둘 이상인 연구도 있다. 대조적인 사례 로 선정된 두 장소에서 자료를 수집한 연구는 한 장소에서 자료를 수집한 연구 보다 훨씬 더 신뢰감을 줄 것이다. 이는 한 장소에서 얻은 자료가 다른 장소에 서 얻은 자료와 예측 가능한 방식으로 대조될 수 있기 때문이다(예시 4.2 '소매 상의 불평등 연구' 참고).

예시 4.2   소매상의 불평등 연구

Christine Williams(2006)는 대조적인 두 장소(즉, 조그만 동네에 위치한 완구 점과 부유층 동네에 위치한 완구점)에서의 현장연구를 통해 "쇼핑의 사회적 구 조와 소비자의 선택이 사회적 불평등에 미치는 영향"(p. 13)을 연구할 수 있었다.

대조되는 두 장소는 "성(gender), 인종, 사회적 계층이 어떻게 소매업을 구체 화하는지"(2006, p. 17)를 강조하는 자료를 제공하였다. 특히, 이 연구는 소매업 자가 겪는 불평등에 초점을 두고 있다. 그러나 이 연구는 또한 각기 다른 사회적 계층에 속한 성인들이 자녀에게 소비자 교육을 하는 방식과, 이러한 교육을 통해 중요한 문화적 가치를 다음 세대에 전수하는 방식도 살펴보았다.

이 책은 다음 6개 장―① 완구점의 한 사회학자, ② 미국 내 완구 쇼핑의 역 사, ③ 완구점과 관련된 사회조직, ④ 쇼핑 장소에서의 불평등, ⑤ 완구점 안의 어린이들, ⑥ 완구와 시민 정신―을 통해 저자가 자신의 질적 연구를 어떻게 구 체화했는지를 보여 준다.

* 예시 5.4 참고

　사회적·경제적 여건이 다른 여러 장소에서 유사한 사건이 일어나는 것을 연구에 반영하기로 선택했다면, 한 장소만 연구하는 것에 비해 여러 장소를 연구하는 것이 훨씬 신뢰를 높일 것이다. 사회적·경제적 여건의 다양성에도 불구하고 모든 장소에서 일관성 있게 발견되는 사실이 있다면, 연구의 주요 논점에 대한 지지도를 높일 수 있다(예시 4.3 '한 연구하의 여섯 가지 문화기술지 기록' 참고).

　마지막으로, 넓은 수준의 여러 자료 수집 단위가 반드시 서로 다른 환경, 조직 또는 단체여야 하는 것은 아니다. 50여 년에 걸친 네 번의 이민자 유입 시기를 계획적이고 집중적으로 다룬 쿠바 이민 연구처럼, 같은 지리적 장소라 해도 다른 시기를 대표한다면 둘 이상의 자료 수집 단위를 갖는다고 할 수 있다(예시 4.4 '같은 현장에서 시간의 흐름에 따른 네 가지 사례 비교연구' 참고).

　동시에, 넓은 수준의 자료 수집 단위를 추가하는 것은 시간과 노력을 많이 요한다. 이러한 이유로 넓은 수준의 자료 수집 단위를 둘 이상 연구하는 것은 한 연구의 범위를 벗어나는 일일 수도 있다. 이런 문제를 다루는 한 가지 방법은,

---

예시 4.3　　한 연구하의 여섯 가지 문화기술지 기록

　질적 연구가 하나의 연구 장소에 국한될 필요는 없다. 오히려 질적 연구는 여러 문화적·제도적 환경을 다루고, 그 모든 것에서 얻은 경험을 토대로 연구의 최종 결론을 내리도록 설계될 수 있다.

　이러한 '다면적' 기록의 예는 6개의 고등학교를 고찰한 Lawrence-Lightfoot(1983)의 수상작 연구에서 찾아볼 수 있다. 각 고등학교는 학업적인 명성과 학업 성취의 수월성을 기준으로 선정되었다. 두 학교는 도시에, 두 학교는 교외 지역에 있었고, 두 학교는 사립학교였다. 각 학교의 문화와 성격은 각 장(chapter)별로 기록되었다. 각 학교에 대한 장을 마친 후, 저자는 모든 학교에서 관찰한 것을 종합하여 '우수한 고등학교'에 대한 복합적 묘사를 하였다.

　저자는 이 개별적이면서 복합적인 작업에 자신만의 독특한 묘사 방식을 도입하여, 연구 대상인 사람들과 기관들의 본질을 규정하기 위해 실증적 차원과 임상적 차원 둘 다를 다룬 자신의 자료 수집 과정을 묘사했다.

예시 4.4   **같은 현장에서 시간의 흐름에 따른 네 가지 사례 비교연구**

  쿠바인들의 미국 이민에는 네 번의 명확한 유입 시기가 있었는데, 이들 시기는 쿠바의 급변하는 정치적 여건을 반영한다. Silvia Pedraza(2007)는 각 시기를 분리된 하나의 '사례'로서 연구하였으나, 최종적으로는 모든 사례를 종합하여 혁명(revolution)과 집단 대이동(exodus) 간의 관계에 대한 특별한 해석을 제시하였다.

  이 네 번의 유입은 50여 년에 걸쳐 이루어졌다(1959~1962, 1965~1974, 1980, 1985~현재). 이 연구는 각 유입 시기의 맥락에서 사람들이 어떻게 투쟁했는지를 보여 주면서 개인의 행동을 문화적 규준, 제도, 특히 교회와 가족에 연결시켰다. 이 연구는 여러 생애사에 대한 긴 이야기를 제시하고 있을 뿐 아니라, 다방면의 설문조사와 선거 자료를 이용하여 각 유입 시기에 따른 인구의 특징을 소개하고 있다. Pedraza는 연구 전반에 걸쳐 방대한 현장 자료원—쿠바와 미국의 쿠바인 공동체에 대한 참여관찰, 120명에 대한 녹음된 면담 자료(많은 경우 면담 참여자들의 가정에서 진행되었으며, 구조화되고 개방형 질문을 포함함), 문서와 사진, 인구조사와 설문 자료, 선거 자료와 여론조사—을 풍부하게 활용하였다.

  그 이후 진행된 모든 분석은 같은 이론적 틀을 다루기 때문에, 저자는 이 네 가지 사례(유입 시기)를 이용하여 정치적 불만과 출국에 대해 한층 더 깊은 이해를 가능하게 해 주었으며, 이런 현상은 어느 사회에나 해당되는 것이라고 주장하였다.

* 예시 7.1, 11.8 참고

연구 주제에 해당되는 자료 수집 단위가 마치 하나뿐인 것처럼 간주하고 연구를 마치는 것이다. 그 연구의 결과로 볼 때, 더 연구해 볼 가치가 충분하다면, 별도의 후속 연구로 두 번째 자료 수집 단위를 선정하고 검토하면 된다.

좁은 수준의 단위

  대부분의 질적 연구에서는 넓은 수준의 자료 수집 단위가 주로 하나였던 것과는 대조적으로 좁은 수준의 자료 수집 단위는 둘 이상이다. 한 연구에 포함되

- 일하는 여성과 그 가족이 가사와 양육 책임을 어떻게 꾸려 나가는지에 대한 한 연구에서는 50쌍의 부부(100명)와 45명의 주변인(아이 돌봐 주는 사람, 어린이집 근무자, 부부에게 도움을 주는 다른 부부 등)을 면담하였다(Hochschild, 1989).
- 또 다른 연구는 32명의 남자와 여자를 대상으로 실시된 면담을 기반으로 하고 있는데, 이 연구 결과를 담은 책은 16개 언어로 번역되어 백만 권 가까이 팔린 베스트셀러가 되었다(Gilligan, 1982).
- 마지막으로 세 번째 연구는 물의를 일으킨 법정 공방에 대한 것으로(Green, 2004), 26명의 핵심 정보 제공자만을 연구 참여자로 하고 있다. 그러나 이 26명은 연구 주제와 관련하여 최고의 위치에 있는 사람 모두를 포함한 숫자다.

는 면담 참여자, 풍습, 정책 또는 행동의 수는 보통 25~50개다.

좀 더 좁은 수준에서는, 소수보다는 다수의 자료 수집 단위를 확보하는 것을 선호하는 일반적인 현상이 여전히 존재한다. 그러나 적절한 자료 수집 단위의 수[3]를 결정하기 위해 공식에 따른 지침을 추구하기보다는 연구 주제의 복잡성과 각 단위에서의 자료 수집 깊이에 대해 생각하는 것이 중요하다. 예를 들어, 전 생애사를 포착하는 것은 출생, 결혼 또는 장례와 같은 단일 인생 사건에 초점을 두는 것에 비해 훨씬 복잡할 것이다. 이러한 복잡한 주제를 다룰 때는 많은 사례를 다소 피상적으로 조사하거나, 소수의 사례를 집중적으로 검토해도 된다. 예를 들어, 한 가족을 집중적으로 조명한 Lewis의 연구에서는 그 가족으로부터 수집한 자료가 500쪽 분량의 책 대부분을 차지하고 있다.

더 많은 수를 확보하는 것이 연구 결과의 신뢰도를 높이는 유일한 방법은 아니

---

[3] 적정 표본 크기를 정하는 문제는 양적 연구에도 존재한다. 그러나 양적 연구자들은 특정 자료가 이미 존재한다는 가정하에 필요한 표본 크기를 결정하기 위해 공식적인 검증력 분석(power analysis)을 실시할 수 있다. 바람직한 표본 크기는 표본을 추출할 모집단 내의 차이와 다양성에 대한 추정치(예: 연구자가 미리 알고 있어야 하는 효과 크기), 연구자가 바라는 연구 결과의 신뢰도 수준 등에 따라 다양하다(Lipsey, 1990). 양적 연구자들은 통계적으로 유의한 차이가 발견된 연구라 해도, 그것이 반드시 실제로도 유의한 차이를 의미하는 것은 아님을 잘 알고 있다. 따라서 양적 연구에서도 바람직한 표본 크기를 정할 때 어느 정도의 연구자 재량은 필요하다.

예시 4.5   **여러 자료 수집 단위를 다양한 방법론으로 접근하기**

　멕시코계 미국인 학생에 대한 한 연구는 이 학생들이 1세대, 2세대 또는 3세대 이민자 중 어느 편에 속하는지에 관계없이 이들이 갖는 공통된 학교 경험에 초점을 두고 있다(Valenzuela, 1999). 이 연구를 위해 저자는 대도시의 한 고등학교에서 3년간 참여관찰을 실시하였다. 그러나 주요 연구 주제가 그 고등학교의 학생들이고 이 학교는 매우 큰 학교였기 때문에, 저자는 자신의 자료 수집이 학생 집단의 실제 모습을 제대로 다루기에는 부족할까 봐 염려하였다.

　이러한 염려를 종식시키기 위해 Valenzuela는 25회의 개방형 집단 면담을 주의 깊게 계획하고 실시하였다(1999, p. 278). 그녀는 또한 면담에 참여한 학생들의 대표성(representativeness)에 대해서도 염려하였다. 그래서 두 번의 여름방학 동안 이 연구의 다양한 관심 집단(1세대, 2세대, 3세대 이민자 코호트)에 속한 학생들을 면담하였다(p. 281). 이러한 노력 덕분에, 이 연구는 다수의 학생으로부터 수집된 자료에 근거를 둘 수 있게 되었을 뿐 아니라 이 연구의 결과에 대한 신뢰도도 높일 수 있었다.

* 예시 1.3 참고

다. 그 외에 필수적으로 고려할 것은 집단의 크기뿐 아니라 구성이다. 이 지점에서도 상반되는 설명이나 편견을 예방하기 위해 자료를 계획적으로 수집해야 한다. 예를 들어, 한 연구자가 대도시 고등학교(넓은 수준의 자료 수집 단위)에서 3년간 참여관찰을 했더라도 주요 연구 주제는 그 고등학교에 다니는 청소년들(더 좁은 수준의 자료 수집 단위)이다. 좁은 수준을 충분히 다루기 위해 연구자는 한두 개가 아니라 여러 개의 서로 다른 청소년 집단으로부터 자료를 수집했다(예시 4.5 '여러 자료 수집 단위를 다양한 방법론으로 접근하기' 참고).

6. 선택 5: 개념과 이론을 연구에 도입할지 결정하기

■ **미리 보기**

- 자료와 개념 사이를 오가는 두 가지 방식
- 이 두 가지 방식을 이용하여 질적 연구에서 개념과 이론을 통합하는 예

일반적으로 질적 연구는 실제 삶의 사건의 발생 여부뿐 아니라 그 사건이 갖는 의미에도 초점을 둔다. 제1장에서는 실제 삶의 사건에 대해 연구 참여자가 부여한 의미가 가장 중요함을 지적하였는데, 질적 연구의 강점 중 하나는 바로 연구자가 부여한 의미에 제한되기보다 연구 참여자가 부여한 의미를 포착할 수 있는 역량이다.

의미를 추구(search for meaning)한다는 것은 사실 '개념'을 추구(search for concepts)하는 것이다. 여기서 개념이란 실증적 연구에서의 실제 자료보다는 좀 더 추상적인 생각을 말한다. 아무리 적은 규모의 수집이라 해도, 개념은 연구하고자 하는 사건에 대한 '이론(theory)'을 대표할 수 있는 논리적 방식으로 수집되기 마련이다. 여러분이 하려는 연구의 일부로 개념과 이론을 어느 정도까지 발전시킬 것인가 하는 것(그리고 자료 수집 활동과 관련하여 개념과 이론을 어떤 순서로 부각시킬 것인가 하는 것)이 설계에서의 다섯 번째 선택이다.

 개념이 없는 세상?

많은 사람들은 질적 연구에 개념이 없을 것이라는 고정관념을 가지고 있다. 이러한 고정관념은 질적 연구에 대해, 이론은 고사하고 개념에 전혀 구애받지 않은 채 사건이나 사람들에 대한 세부 사항만 유창하게 묘사하는 '현실에 대한 일지 형식의 해석'이라고 치부해 버린다. 이 고정관념은 또한 질적 연구를 중세 작가의 연대기와 비슷한 것으로 간주하며, 심지어 검시관의 보고서에서나 볼

수 있는 무미건조하게 서술된 객관적 묘사로 간주하기도 한다.

이러한 질적 연구에 대한 고정관념은 훌륭한 질적 연구와는 거리가 있으며, 그것을 따라서도 안 된다. 좋은 질적 연구는 실증적 묘사를 동일하게 포착하되, 어떤 식으로든 추상적 개념(이론까지는 아니더라도)과의 연결을 시도한다. 예를 들어, 제1장 제1절에서 질적 연구를 하는 일반적인 동기 중 하나가 실제 세계의 맥락(연구하려는 사람, 조직 또는 집단에 관련된 문화를 포함)에서 사건을 연구할 수 있기 때문이었음을 상기해 보라. 여기서 '문화'는 '집단의 사회적 행동을 주관하는 불문율과 규준에 대한 이론'이라고까지는 할 수 없어도 추상적 개념인 것은 분명하다.

귀납적 또는 연역적 접근

자세한 실증적 자료와 일련의 개념과 이론을 연결하는 것과 관련해서는 이 책의 앞부분(제1장 제4절)에서 소개했던 귀납적 접근을 떠올려 보자. 귀납적 접근은 연역적 접근과 대조되는 것으로, 이 둘은 자료와 개념 사이를 오가는 방식에서 차이가 있다. 귀납적 접근은 자료에서부터 개념이 도출되게 하고, 연역적 접근은 개념[개념의 또 다른 형태인 초기 '범주(categories)'의 형태로]으로부터 수집되어야 할 관련 자료의 정의가 나오게 한다.

대부분의 질적 연구는 귀납적 접근을 따른다. 그러나 연역적 접근을 따르는 것이 잘못은 아니다. 다음에서 이 두 접근에 대한 예시를 살펴보자.

좀 더 귀납적인 접근을 따른 한 연구는 '지역사회 범죄 예방'이라는 주제로 시작되었는데, 이 지역에서는 주민들 스스로 방범대를 조직하였다(Yin, 1982a). 그 시기에 다른 지역사회에도 많은 방범대들이 존재했지만, 이에 대해 알려진 바는 거의 없어서 심지어 각 방범대들이 비슷한 유형인지조차 알 수 없었다. 이러한 이유로 대단한 개념화나 이론화 없이 새 연구를 위한 현장연구가 시작되었다. 현장연구를 마친 후에야 네 가지의 유용한 방범대 유형이 도출되었다(예시 4.6 '현장 조사를 통해 유용한 유형을 알아내기' 참고).

이런 유형의 귀납적 접근은 질적 연구에 매우 적합하다. 관련 개념이나 이론이 도출되는 데 시간이 좀 걸리더라도 낙심할 필요는 없다.

> ### 예시 4.6　현장 조사를 통해 유용한 유형을 알아내기
>
> 　주택가 범죄 발생률이 증가함에 따라 시민들은 자율적으로 방범대를 조직하곤 하였다. 방범대는 주민들에게 골목길을 조심해서 다니라고 주의를 주는 일에서부터 순찰을 다니는 것까지 다양한 형태로 활동하였다. 때로는 불필요한 자경주의(vigilantism)가 초래되기도 했다.
>
> 　이러한 방범대를 지원하거나 저지하기 위한 공공정책을 만들기 위해서는 다양한 방범대를 구분할 필요가 있었다. 이를 위해 저자는 각 방범대가 어떻게 조직되었는지에 대한 선입견을 배제한 채, 일단 226개 방범대로부터 자료를 수집하였다(Yin, 1982a). 그다음으로 그중 32개 방범대에 대한 현장연구를 통해 선행연구에서 제시한 적이 없었던 네 가지 유형—① 경계가 명확한 주택지구 또는 건물들을 순찰하는 형태, ② 다소 경계가 불분명한 동네의 여러 지역을 순찰하는 형태, ③ 범죄 예방과 기타 사회 서비스를 함께 제공하는 형태, ④ 지역 경찰의 학대나 폭언으로부터 주민을 보호하는 형태—을 발견하였다. 이 연구의 주요 결과는 건물에 대한 순찰대(즉, ①번 유형)가 수상한 사람을 발견하여 이들의 출입을 금하고 주민들을 안심시키는 일을 가장 잘했다는 것이다. 반대로, 동네의 여러 지역에 대한 순찰대(즉, ②번 유형)는 수상한 사람과 주민을 잘 구분하지 못했고, 따라서 주민들이 안전하다는 느낌보다는 불편하다는 느낌을 갖게 했다.

- 도출된 개념이 선행연구에 없는 새로운 것일 수도 있다. 이민 가정 학생에 관한 Valenzuela(1999)의 연구에서 나온 '빼앗는 학교교육'이라는 개념이 그 예라 할 수 있다(예시 4.5와 제1장 예시 1.3을 참고).
- 도출된 개념이 이미 잘 발전되어 있고 오래 이어져 온 선행연구와 밀접하게 맞아떨어지는 것일 수도 있다. 새로운 복지 개혁 정책에 따라 혜택을 받게 된 여성에 대해 조사하면서 '빈곤 문화'를 재조명한 Hays(2003)의 연구가 그 예라 할 수 있다.

　이에 비해 연역적 접근은 다른 장점이 있다. 이 접근에서는 관련 개념이 도출되기를 기다리는 대신 어느 정도의 관련 개념을 가지고 시작하기 때문에, 초기

현장 작업을 할 때 불확실한 것이 너무 많은 데서 오는 고민을 줄여 준다. 그러
나 이때의 위험은, 연구하려는 실제 세계의 사건에 대한 생생한 통찰력을 너무
빨리 상실할 수 있다는 점이다.

연역적 접근은 어떤 상황에서는 매우 유용할 수 있다. 예를 들어, 한 공립
학교 3학년 교실에서 일 년 동안 진행된 수학 수업을 녹화한 자료를 확보했다
고 가정해 보자. 개념이나 이론을 먼저 세우지 않는다면, 무엇에 유의해서 녹
화 자료를 봐야 할지 모른 채, 행동 패턴이 발견되어 개념이 도출되기를 간절
히 바라면서 기약 없는 긴 시간을 녹화 자료를 보며 보내야 할 것이다. 반대
로, 이전에 명확하게 판별해 둔 개념을 확인하기 위해 이 녹화 자료를 사용한
다고 가정해 보라. 그 개념에 대해 이미 널리 퍼져 있는 관심 덕분에 출중한
연구를 해낼 수 있을 것이다(예시 4.7 '이미 수립된 개념에 관한 연구: 교과교육학
지식' 참고).

연역적 접근은 연구의 중요성을 수립하는 데도 도움이 될 수 있다. 예를 들

예시 4.7   이미 수립된 개념에 관한 연구: 교과교육학 지식

'교과교육학 지식'이라는 개념은 어떤 과목의 내용을 단순히 아는 것과 그 내
용을 학생들에게 효과적으로 가르치는 방법을 아는 것 사이에는 차이가 있음을
지적한다.

이 개념은 125종의 다양한 학술지에서 광범위하게 인용될 정도로 교육학 분야
에서 잘 발전되어 왔으며 많은 관심을 받아 왔다(Ball, Thames, & Hoover, 2008,
p. 392). Ball과 동료들(2008)은 한 공립학교 3학년 교실에서 일 년 동안 진행된
수학 수업의 녹화 자료를 분석함으로써 이 개념을 재검토하였다.

녹화 자료를 검토하고 분석한 결과, 연구자들은 교과교육학 지식이라는 개념
이 단일한 형태가 아니라 두 가지의 중요한 하위 영역['교사들이 알아야 하는 전
문적인 내용 지식'과 '교사든 교사가 아니든 알아야 하는 일반적인 내용 지식'
(2008, pp. 399-402)]으로 이루어져 있음을 발견했다. 연구자들은 이러한 연구
결과가 향후 교사 양성 프로그램에 중요한 시사점을 갖는다고 제언하면서 연구
를 마무리하고 있다.

예시 4.8　　**구소비에트 연방 국가들에서의 사유화에 관한 연구**

　　Elizabeth Dunn(2004)은 자본주의 시스템으로 전환된 폴란드의 한 공장을 연구하였다. 미시간의 거버(Gerber) 사(社)는 동유럽의 첫 번째 국영기업 중 하나였다가 나중에 사유화된 한 회사를 인수하여 '알리마-거버 S.A.'라는 이름의 이유식 회사로 운영하였다(p. 27).

　　Dunn의 연구는 1995년부터 1997년 사이의 16개월간 그 회사에서 실시한 참여관찰에 기반을 둔 것이다. 그녀의 주된 관심사는 노동자 문화의 변화였다. 노동자들에게 자본주의로의 전환은 "인간 존재의 의미에 대한 가장 근본적인 것"(2004, p. 6)을 바꿔 놓았다. 그녀의 책 전체는 노동자들이 어떻게 "가톨릭, 혈연, 젠더 이데올로기뿐 아니라 사회주의와 노조 활동의 경험을 이용"(p. 8)했는지를 탐구한 결과다. 예를 들어, 주요 원칙 중 하나는 "생산 과정에서 가장 중요한 것은 이윤이 아니라 양심"(p. 170)이라는 것이었다.

　　이와 같은 Dunn의 탐색은 중요한 사회경제적·정치적 변화라는 광범위한 국면에 한 편의 현장연구가 어떻게 삽입될 수 있는지를 보여 주었다.

어, 한 제조회사에 관한 연구는 언뜻 보기에 별로 특별할 것이 없는 장소를 연구한 것 같지만, 그 회사가 동유럽의 첫 번째 국영기업이었다가 소비에트 러시아의 몰락 이후 사유화된 회사 중 하나였기 때문에 중요성이 높이 인정된다(예시 4.8 '구소비에트 연방 국가들에서의 사유화에 관한 연구' 참고).

　　앞의 예시들은 귀납적 관점과 연역적 관점에서 '질적 연구'와 '개념 및 이론'을 긴밀하게 연결시킬 때의 이점을 보여 준다. 그러나 개념이 추상적인 것이기는 하나 반드시 '거대 이론(grand theory)'이어야 하는 것은 아님을 명심하라. 따라서 질적 연구를 개념에 연결하는 작업이 거창한 것이어야 할 필요는 없다. 관련 개념과 이론은 여러분의 지식과 연구의 범위 안에 있는 것이어야 한다.

　　완전히 이론적인 개념을 위주로 구성되는 질적 연구는 매우 드물게 행해진다.

> 예를 들어, '사회자본(social capital)'은 최근의 지역사회 연구에서 잘 알려진 이론적 개념이다. Small(2004)은 자신의 연구 결과를 집필한 책에서, 연구의 실제 대상이었던 독신가구 단지 대신, 사회자본의 여러 측면을 중심으로 각 장(chapter)을 구성하였다.

이와 같이 개념에 따른 배열을 할 때의 장점과 특정 현장 환경과 그 특징에 초점을 둘 때의 장점에 대해서는 신중한 비교와 평가가 필요하다.

7. 선택 6: 연구 초기에 연구 참여자 피드백을 수렴할지 결정하기

◢ 미리 보기

- 설계 활동의 일부로 피드백 절차를 고려하는 이유
- 피드백을 구하기 위해 다른 사람에게 보여 주게 되는 연구의 여러 부분

연구의 후반부가 되면 여러분은 자료나 연구 결과를 한 명 이상의 연구 참여자(즉, 면담을 한 사람과 협조해 준 사람)에게 보여 주고 피드백을 구하게 될 것이다. 이 경우, 연구의 후반부에 이르러서야 어떤 사람에게 무엇을 보여 줄 것인가의 문제, 즉 많은 학자들이 참여자 확인(member check)이라고 부르는 문제에 대해 처음으로 고민하게 될 가능성이 크다.

이에 대한 대안이자 최근 질적 연구에서 자주 사용되는 방법으로, 연구 참여자 피드백이라는 이슈를 좀 더 일찍, 즉 연구 설계 단계에서 다룰 수 있다. 나중에 어떤 사람들과 어떤 자료(예: 현장 노트나 연구 결과 초안)를 공유할지 시험 삼아 미리 생각해 볼 수 있다. 그다음에는 미리 생각해 둔 계획을 연구 참여자 동의서와 연구 계획에 포함시킨다. 다른 모든 계획과 마찬가지로, 연구를 수행하는 중에 연구의 실제적인 방식이 새로 고안되기도 하고 변할 수도 있지만, 최

소한 계획을 가지고 시작하는 셈이 된다. 이 점에서 초기 단계에서 연구 참여자 피드백을 생각해 두는 것은 이 장의 다른 선택과 마찬가지로 설계상의 이슈 중 하나라고 할 수 있다.

다른 설계 이슈와 마찬가지로, 연구 참여자의 피드백을 구하는 절차는 무난하게 잘 진행될 수도 있고, 예기치 못한 장벽에 부딪힐 수도 있다. 다른 설계 이슈들도 마찬가지지만, 원래 세운 계획을 기꺼이 수정하고 지속적으로 주의를 기울이는 것 외에 모든 것이 거침없이 잘 진행되게 만들 방법은 없다.

피드백에 관련된 선택

Locke와 Velamuri(2009)는 여러분이 할 법한 선택들을 매우 유용하게 종합하였다. 예를 들어, 이들은 연구 결과를 연구 참여자와 공유하려는 동기는, 연구의 타당도를 높이기 위한 수정과 보완(예시 4.1 중 '3. 참여자의 타당도 확인하기' 참고) 또는 연구 참여자와 협력적이고 윤리적인 관계를 강화해야 할 필요성 등과 관련이 있다고 지적했다(Locke & Velamuri, 2009, pp. 488-489). 이들은 또한 연구 참여자와 공유할 연구 결과를 선택하는 방식을 분류하였는데, 이러한 방식은 최종 결과물의 요약본을 공유하는 방식에서부터 특정 면담에 대해 작성된 노트를 그 면담 대상자에게 보여 주는 방식에 이르기까지 다양하다(p. 494).

각 연구 참여자에게 정보에 입각한 동의(informed consent)를 받기 위해 어떤 자료를 어떤 사람들과 공유하는 것이 좋을까에 대한 여러분의 생각을 의논해 보는 것은 매우 좋은 아이디어다. 여러분은 연구 참여자가 다른 제안이나 선호도가 있는지 알아내야 하며, 그들과 협력하여 수용 가능한 절차를 고안해야 한다.

이 시점에 참여자 피드백 이슈를 다루는 것은 두 가지 면에서 유익하다. 첫째, 참여자 피드백은 나중에 정말 '이슈'가 되기 전에도 문제가 제기될 가능성이 높은 주제다. 둘째, 설계 단계에서 하게 되는 다른 선택과 함께 참여자 피드백을 미리 고려함으로써, 아직 연구 결과가 나오지 않은 상태에서 연구 계획을 세웠다고 할 수 있다. 즉, 연구 결과가 어떻게 나올지 모르는 상태에서 이 계획을 세운 것이므로, 이후에 참여자 피드백 과정에 여러분과 연구 참여자들의 선입견이 작용했다는 의심을 피할 수 있다.

참여자 피드백이 연구 결과 서술에 영향을 미칠 가능성

피드백 과정에 대한 예상이 연구 결과에 영향을 미치게 해서는 안 된다. 그러나 피드백 절차는 집필을 다소 섬세하게 만들 것이다. 여러분은 연구 결과를 정확하게 집필하기 위해 노력하는 것은 물론이고, 연구 참여자를 사적으로 불필요하게 자극할 만한 단어를 피해야 할 필요성에 민감해진 자신을 발견하게 될 것이다.

또한 자료 수집 시기와 집필을 마치는 시기 간에 일어난 환경 조건의 변화를 염두에 두어야 한다. 서문에 이를 언급함으로써 시기 문제를 명료하게 할 수도 있다. 그러나 자료 수집과 최종 보고서 완료 사이의 기간이 일 년 또는 그 이상임을 고려할 때, 그동안에 상황이 극적으로 변할 수도 있다. 이 경우, 상황이 변한 후의 자료를 다시 수집하여 그 결과를 제시하는 등의 추가 작업을 결과 보고서의 마무리 부분에 넣어야 할 수도 있다.

8. 선택 7: 연구 결과의 일반화를 고려할지 결정하기

■ 미리 보기

- 질적 연구 결과의 일반화(generalization)가 갖는 잠재적 가치
- 일반화 방식을 고려하는 두 가지 방식

질적 연구는 본질적으로 개별적(particularistic)이다. 질적 연구에서는 사회적 행동의 미묘한 의미와 패턴이 특정한 상황과 사람들을 연구하고 특정 환경 조건에 주의를 기울임으로써 발견된다. 이러한 개별적 특성 때문에 질적 연구의 결과가 그 연구에서 다룬 특정 조건을 넘어서는 더 넓은 여러 조건에 어떻게 일반화될 수 있는가를 고려하는 일은 매우 어렵다.

질적 연구에서 일반화의 적절성과 본질에 관해 많은 담론이 존재한다(예:

Gomm, Hammersley, & Foster, 2000). 어떤 이들은 질적 연구에서 일반화의 역할이 매우 제한적이라고 주장할 것이다. 예를 들어, 문화인류학의 초기 연구(예: Schofield, 1990, pp. 202-205)는 멀리 떨어진 곳의 이국적 문화에서 경험한 것을 일반화하는 데 초점을 두는 대신 그 문화의 독특함에 전적인 초점을 두고 있다 (인간에게 일어난 사건의 고유함에 관해 논의한 제1장 제3절 참고).

여러분은 이러한 일반화의 제한적 역할에 동의할 수도 있지만, 동시에 여러분의 연구 결과를 일반화해 보자는 선택을 하고 싶을 수도 있다. 이때 한 연구에서 얻은 결과를 다른 조건에 일반화해 보려는 바람의 근거는, 모든 연구는(질적 연구든 아니든) 제한된 수의 자료 수집 단위를 포함하는 제한된 양의 자료 수집만 가능하다는 사실이다.

대부분의 경우, 연구의 결과와 결론이 수집된 자료에 국한되지 않고 그 이상의 영역에 시사하는 바가 크다면, 즉 어떤 연구가 다른 연구와 다른 상황에 일반화될 수 있다면 그 연구가 가지는 가치는 커진다고 할 수 있다. 이는 심지어 단일사례연구처럼 자료 수집 단위가 하나뿐인 연구에서조차 그러하다. 따라서 질적 연구에서 어떻게 일반화할 것인가의 문제는 면밀하게 주의를 기울여야 할 또 다른 선택 사항 중 하나다.

통계적 일반화를 넘어서야 할 필요성

질적 연구에서 일반화를 생각할 때 주요 장벽 중 하나는 잘못된 선입견이다. 이는 일반화에는 한 가지 방법밖에 없다는 생각에서 시작된다. 일반화에 대한 이러한 생각은 연구 결과는 '표본(sample)'에 대한 것이고, 그 표본이 적절하게 표집되었다면 연구 결과는 그 표본이 추출된 더 큰 '모집단(population)'에 일반화될 수 있음을 가정한다. 응답자를 대표하는 표본을 추출한 후, 거기서 얻은 연구 결과로 응답자의 모집단을 추리하기 위해 실행되는 대부분의 조사 연구는 이러한 일반화 방식을 특징으로 한다.

표본과 모집단 간의 관계가 수치에 기반을 두고 있기 때문에 이러한 일반화 방식을 **통계적 일반화**(Yin, 2009, pp. 15, 38-39)라고 부른다. 통계적 일반화는 너무나 일반적인 것이어서 질적 연구만 하는 학자라도 한 장소에서 실시한 자신의 연구에서 얻은 결과가 다른 장소에서의 경험에 일반화될 수 있는지(마치 자신의 연구 장소가 모집단 연구 장소를 대표하는 표본 장소라는 듯이) 자문하면서 끊임없이 통계적 일반화의 연장선에서 사고하게 된다.

질적 연구에서 이러한 식의 사고는 별로 도움이 되지 않으며, '모집단을 규정하는 것이 가능한 경우라 해도, 자료 수집 단위가 소수인 연구는(자료 수집 단위가 하나인 경우는 말할 것도 없고) 절대 자료 수집 단위의 모집단을 대표할 수 없다.'는 필연적 딜레마에 봉착하게 된다. 예를 들어, 특정 나라들의 민주주의 제도 확립에 관한 연구는 그 나라들이 나라의 크기, 속한 대륙과 경제 여건, 국민의 피부색 등을 고려하여 다양하게 선택되었다 하더라도 다른 나라들에 쉽게 일반화할 수 없다. 각 나라는 매우 많은 영역에서 서로 달라서 아무리 표본 수가 많아도 모든 나라를 대표할 수는 없기 때문에 통계적 수치는 소용이 없다.

이에 대한 대안적 일반화 방식은 표본이나 모집단에 관해 가지고 있던 생각을 완전히 버리기를 요구한다. 앞서 소개한 넓은 범위의 단위든 좁은 범위의 단위든 연구 수집 단위는 '표본 단위'가 아니며, 그러한 식의 사고는 바람직하지 않다.

분석적 일반화

대안적 일반화 방식은 연구에 흔히 사용되면서도 잘 인식되지 못한다. 이 방식은 질적 연구뿐 아니라 모든 연구는 단일 연구 형태로 이루어진다는 관찰에서 시작된다. 한 조건에서 다른 조건으로 일반화하는 것과 관련된 어려움은 실험연구에서 자주 발생한다. 즉, 특정 장소에서, 특정 시간에, 특정 실험집단을 대상으로 실시되며, 특정 실험적 개입과 실험 절차의 지배를 받는 하나의 실험에서 얻은 결과를 어떻게 일반화할 것인가 하는 문제는 매우 어려워 보인다.

질적 연구와 실험실에서 하는 연구 모두 일반화의 목표[한 연구의 결과가 분석적 일반화 과정을 따르게 하는 것(Yin, 2009, p. 43)]는 동일하다. 분석적 일반화는 두 단계로 이루어진다. 첫 번째 단계는 자신의 연구 결과가 특정한 일련의 생각, 이론적 구성 또는 가설화된 사건의 전후 관계를 잘 알려 주고 있음을 연구자가 개념적으로 주장하는 것이다. 두 번째 단계는 유사한 개념이 적용 가능한 다른 유사한 상황에 같은 이론을 적용하고 그 시사점을 알아보는 것이다.

　이러한 일반화 방식은 자신의 학문 분야에서 베스트셀러가 된 연구를 포함하여 여러 연구에서 찾아볼 수 있으며(예시 4.9 '단일사례연구 결과의 일반화' 참고), 앞서 언급한 민주주의 제도의 확립을 추구하는 여러 나라들에 대한 사례연구에도 적용 가능하다. 즉, 이러한 연구는 연구 결과를 모집단(모든 나라)에 일반화하려 노력하기보다는, 연구 결과가 특정 개념(이 경우, 민주주의 제도 확립 과정)에 대한 이해 증진에 어떤 시사점이 있는지 밝혀내고 이에 관해 논의해야 한다.

예시 4.9　단일사례연구 결과의 일반화

　Allison과 Zelikow(1999)는 쿠바의 미사일 위기에 대한 유명한 사례연구에서 자신들의 연구가 단지 미사일 위기의 구체적인 사항만 연구한 것이 아니라, 초강대국 간 대립이라는 광범위한 이론적 영역을 고찰한 것이라는 입장을 표명했다. 이 사례연구 자체는 1962년에 쿠바에 있는 공격용 미사일을 놓고 서로를 위협하던 미국과 구소비에트 연방에 대한 것이다. 이 미사일은 미국 전역을 공격할 수 있는 것이었고, 이는 핵전쟁 발발에 이를 정도의 대치 상황이었다.

　이 연구는 초기에 초강대국 간 대립에 관해 선행연구에서 제시한 세 가지 다른 이론에 주목하였다. 미사일 위기라는 이 단일사례는 이 세 이론과 관련하여 제시되었는데, 이 연구의 주요 결과는 그 당시 지배적인 이론이었던 명제, 즉 초강대국 간 대립은 '위인(great man)' 리더십 패턴으로 설명되지 않는다는 것이었다.

　연구자들은 자신들의 연구 결과가 다른 시대에 있었던 초강대국 간 대립이나 미국-소비에트 연방이 아닌 다른 초강대국 간 대립을 포함한 여러 형태의 대립에도 적용 가능하다고 주장했다. 이 연구는 계획과 실행이 매우 우수했기 때문에, 그 결과물이 출판된 이래 수십 년 동안 정치학 수업의 읽기 과제 중 베스트셀러의 위치를 점했다(Allison, 1971).

이와 밀접하게 관련될 뿐 아니라 최근의 쟁점을 안고 있는 또 다른 예로, Neustadt 와 Fineberg(1983)의 사례연구인 '존재하지 않았던 전염병(the epidemic that never was)'은 1976년 연방정부가 시작한 신종플루 예방접종 사업에 대한 것으로, 지속적인 대중의 관심을 끌었다.

이 연구자들의 사례는 신종플루의 초기 확산, 대량 예방접종 그리고 그 이후에 일어난 예방접종 프로그램의 취소를 다루고 있다. 미국과 다른 여러 나라들에서 2008년부터 2010년 사이에 발생했던 심각한 신종플루(H1N1) 사태에서와 같이 플루 전염병으로 인한 새로운 위협이 이 연구 이후에 발생되기는 했지만, 이 연구는 '공공정책과 보건 위기'라는 딜레마에 대한 이해를 돕는 데 매우 중요한 역할을 해 왔다.

질적 연구든 실험연구든 분석적 일반화를 하려면 논지를 주의 깊게 구성해야 한다. 여기서 논지는 기하학에서 말하는 '증명(proof)'에 이를 정도는 아니더라도, 견고하게 제시되어야 하고 논리적 문제가 없어야 한다. 관련된 '이론'이 단지 일련의 가설, 심지어는 하나의 가설에 불과할 수도 있다. Cronbach(1975)는 여기서 한 걸음 더 나아가 일반화를 필요로 하는 것이 결론 부분이 아니라 오히려 '작업 중인 가설'임을 명확하게 설명했다(Lincoln & Guba, 1985, pp. 122-123 참고). 실험연구에서의 사례와 마찬가지로, 가설에 대한 확신은 새로운 연구들이 그 가설을 지지하는 연구 결과를 계속 산출해 냄에 따라 수립될 수 있다.

이때의 논지는 실제 연구의 특정 조건이 아니라 선행연구와 관련하여 구성되어야 한다. 다시 말해서, 이때의 목표는 구체적인 연구 결과의 개념 수준보다 더 높은 수준의 명제와 가설을 제안하는 것이다(일반적으로 선택한 주제에 대한 연구의 필요성을 정당화하기 위해 이러한 높은 수준의 명제와 가설이 이미 필요했을 수도 있다).

연구 결과를 집필할 때는, 실증적 결과가 이론을 지지하는지 또는 반박하는지 그리고 어떤 면에서 그러한지를 보여 주어야 한다. 만약 연구 결과가 이론을 지지한다면, 연구자는 이러한 이론적 진보가 이 연구에서 연구한 상황이 아닌 다른 상황에 어떻게 일반화되는지를 보여 주어야 한다(예시 4.10 '하나의 질적 연

예시 4.10   **하나의 질적 연구를 기반으로 한 분석적 일반화의 예**

도미니카공화국과 미국 간 이주에 관한 연구(Levitt, 2001)는 분석적 일반화의 좋은 예를 보여 준다. 저자는 이러한 새 이주 패턴이 역사상 유명한 20세기 초 유럽인들의 미국 이주와 어떻게 다른지에 대한 증거를 제시하였다(pp. 21-27). 과거 이주와 달리 새 이주 패턴은 '초국적(transnational)' 성격을 띠고 있었으며, 새 이주민들은 자신의 고국과 새로 정착한 미국 모두에서 공동체(초국적 마을)와의 네트워크를 유지하고 있었다.

이 연구는 이주민들의 고국에서 이들을 공식적인 이중 국적자로 인정하는 것(p. 16)과 이주민과 관련된 고국의 많은 사람들(2001, p. 19)이 어떤 식으로 새 이주 패턴을 특징짓는지 보여 주고 있다. 비슷한 시대에 일어난 다른 이주 패턴에서도 유사한 상황이 존재하는 것으로 나타났다(pp. 16-21). 이 연구 결과를 담은 책의 마지막 장은 이러한 다른 이주에서의 '초국적' 패턴을 서술하면서, 도미니카공화국-미국 간 경험에서 발견한 것들이 어떻게 다른 초국적 패턴에 정보를 줄 수 있는지(그리고 일반화될 수 있는지) 논의하고 있다.

* 예시 4.3 참고

구를 기반으로 한 분석적 일반화의 예' 참고).

마지막으로 강조할 점은 이 장의 초반부에 다루었던 '상반되는 설명'을 서술하고 검토하는 작업은 분석적 일반화를 통해 제기된 모든 주장을 매우 견고하게 만든다는 것이다. 처음 세운 가설에 대한 의미 있고 이치에 맞는 상반적 설명은 연구 시작 시기에 판별될 수도 있고, 연구 수행 중에 생겨날 수도 있다. 상반적 설명에 대한 철저한 검토를 위해서는 연구를 수행하면서 상반적 설명을 지지하는 자료를 모으기 위해 열심히 노력해야 한다. 엄격하게 찾아낸 자료가 상반적 설명을 지지하지 않는다면, 그 상반적 설명은 기각될 수 있다. 이와 같이 그럴듯한 상반 가설이 기각되는 동시에 주요 가설을 지지하는 연구 결과가 확보된다면, 분석적 일반화를 주장할 수 있는 강력한 근거가 마련되었다고 할 수 있다.

9. 선택 8: 연구 프로토콜을 준비할지 결정하기

■ 미리 보기

- 연구 프로토콜에서 다룰 수 있는 주제
- 프로토콜과 측정도구의 차이점
- 프로토콜을 통해 사고틀을 표현하는 방식

설계의 마지막 선택은 질적 연구의 또 다른 잠재적 딜레마를 반영한다. 연구 **프로토콜**을 준비하는 것은 연구자가 예상하거나 기대한 대로가 아니라 사람들이 생활하고 보는 방식으로 실제 삶을 포착할 수 있다는 질적 연구의 주요 장점을 약화시킬 수 있다. 모든 연구 프로토콜에는 연구자의 가치, 기대, 관점이 내포될 수밖에 없는 까닭이다.

많은 질적 연구자들이 미리 프로토콜을 만드는 것에 저항감을 갖는 것은 당연하다. 이들은 초기 현장 작업을 할 때 개방적 태도를 갖고자 노력한다. 같은 이유로, 초기 현장 면담은 면담 대상을 특정 방향으로 유도하려는 노력을 최소화하는 개방형 대화 방식으로 이루어진다.

이미 연구 주제를 정했고, 주요 연구 문제도 상세하게 기술하기 시작했으며, 필요한 자료를 제공해 줄 것으로 기대되는 자료 수집 단위도 선택했다면, 프로토콜은 연구 전반과 모든 자료 수집을 생산적인 방식으로 이끄는 데 도움을 줄 수 있다. 이 경우에도 여전히 현장의 관점을 적절하게 포착하고 새롭게 떠오르는 기대치 않았던 정보를 놓치지 않기 위해 계속 열린 마음을 가지고 있어야 한다. 프로토콜이 있으면, 연구 주제와 연구 문제를 지속적으로 상기시켜 준다는 점에서 도움이 된다.

질적 연구를 설계할 때의 여덟 번째 선택은 프로토콜을 미리 준비할지에 대한 것이다.[4] 여러분의 선택은 한쪽 극단(프로토콜을 준비하지 않는 것)에서 다른

---

4 대부분의 경우, 연구 프로토콜은 IRB 승인(제2장 제5절 참고)을 얻기 위한 프로토콜로서의 용도를

쪽 극단(자세한 프로토콜을 준비하는 것)에 이르기까지 다양할 것이다. 아마 이 두 극단 사이의 어느 한 지점을 선택할 것인데, 그 선택은 여러분에게 달려 있다.

'도구'가 아니라 '프로토콜'

'프로토콜(protocol)'이라는 용어는 '도구(instrument)'라는 고전적인 용어보다 좀 더 넓은 범위의 절차와 질문을 일컬을 때 사용된다. 조사연구에 포함되는 폐쇄형 또는 개방형 질문, 인간을 대상으로 하는 실험연구에 포함된 숫자상의 항목이나 절차 등에서 보듯이 가장 일반적인 형태의 '도구'는 고도의 구조화를 특징으로 한다. 대조적으로, 가장 구조화된 형태의 프로토콜이라 해도 몇 가지 주제에 대한 서술로만 구성된다. 다음에서 더 자세히 설명하겠지만, 프로토콜에 서술된 이 주제들은 연구 과정에서 다루어야 할 현실적인 문제에 대한 것이다. 그러나 이 주제들은 도구와 달리, 구두로 묻게 될 구체적인 일련의 질문에 대한 스크립트는 아니다.

그러므로 거의 모든 종류의 질적 연구에서 '도구'는 별 해당 사항이 없다. 도구를 사용했다면(그것이 개방형 설문 도구라 하더라도), 자신이 질적 연구보다는 조사연구를 하고 있음을 발견하게 된다. 사실 이 책의 예시로 사용된 질적 연구 중 면담을 중심으로 실시되었거나 면담만을 실시한 질적 연구의 대부분이 아무런 도구를 사용하지 않았다(또는 사용했더라도 이에 대해 논의하거나 이를 제시하지 않았다). 면담 자료는 조사연구처럼 느껴지게 하는 미리 정해진 질문-응답 형식(심지어 개방형 질문도 이런 형식이 될 수 있다) 대신 좀 더 대화식으로 수집되었다(제6장 제3절).

그러므로 질적 연구에서의 주요 선택은 도구가 아니라 프로토콜이라 볼 수 있다. 그렇다면 도구가 아닌 프로토콜이란 무엇인가?

갖는다. IRB 지침에 따라 다르기는 하지만, 연구 프로토콜에서는 실험연구 프로토콜에서와 같이 명문화된 연구 주제를 자세히 다루는 것보다는 상세한 연구 진행 절차를 다루는 것에 더 중점을 두기도 한다.

사고틀로서의 프로토콜

프로토콜은 여러분과 자료원(예: 현장의 연구 참여자) 간에 일어나야 하는 상호 작용을 빈틈없이 짜 놓은 것이라기보다는 여러분이 착수하려는 광범위한 일련의 행동을 의미한다. 처음에는 프로토콜을 종이 한 장에 적어 놓고 고민을 계속하 겠지만, 현장 작업을 하면서 적어 둔 프로토콜을 가지고 다니는 것은 아니다. 프 로토콜은 연구자의 머릿속에 있어야 하며, 이 점에서 프로토콜은 사고틀(mental framework)의 역할을 한다.

이와 유사한 것으로, 의사들이 임상에서 하는 질문을 들 수 있다. 환자들이 잘 설명하지 못하는 병에 대해 물어볼 때, 의사들은 환자들과 격식 없이 편안하 게 대화하겠지만, 동시에 병의 증상을 확인하기 위한 일련의 정해진 질문들을 할 것이다. 의사들은 질문을 하면서 이 환자에게 해당되는 병이 무엇일지 대략 짐작할 것이다. 이런 진찰 과정에서 의사들은 질문을 하는 동시에 메모를 할 수 도 있겠지만, 문서로 된 프로토콜을 쥐고 있거나 어떤 질문지에서 질문을 하나 씩 차례대로 하는 것은 아님에 주목하라.

탐정이 일하는 방식도 이와 유사한 예라 할 수 있다. 탐정은 사건을 해결할 때 두 가지 수준의 조사를 한다. 첫째는 증거를 모으는(즉, 자료를 수집하는) 것 이고, 둘째는 이와 동시에 그 사건이 어떻게, 왜 일어났는지에 대한 자신만의 아이디어를 마음에 품는 것이다. 사건에 대한 탐정의 예감과 추측은 처음에는 가설에 불과하지만 더 많은 증거가 수집될수록 견고해지는데, 이러한 예감과 추측을 가능하게 해 주는 질문들이 바로 탐정의 사고틀이라 할 수 있다.

질적 연구에서 프로토콜은 몇 가지 예상 가능한 특징을 가지고 있다. 첫째, 프로토콜은 연구 주제에 대한 많은 질문을 포함하고 있으며, 이러한 질문들은 무엇을 조사해야 할지(예: 어떤 증거를 어떤 자료원에서 찾아야 할지)를 알려 준다. 이러한 광범위한 조사 내용은 연구 전반에 걸쳐 고찰해야 할 쟁점을 보여 준다. 즉, 이 질문들은 수집될 자료(면담 포함)에 근거하여 바로 여러분이(연구자가) 답 해야 하는 것이다.

이 질문에 답할 사람이 바로 여러분이므로, 이 질문들은 여러분의 모든 자료 원에 해당되는 것이다(예를 들어, 문서를 검토하거나 현장 관찰을 할 때 그 질문들이 머릿속에 있어야 한다). 자료원의 일부인 어떤 사람을 면담할 때, 질문지 형태의 도구에서와는 달리 프로토콜에 포함된 질문들은 구어로 하게 될 질문들을 특정 순서에 따라 나열한 것이 아님에 주목하라. 여러분은 마주 앉은 연구 참여자와 나누는 자연스러운 대화의 일부로 구어적 질문을 만들어 내게 된다. 이러한 질문은 프로토콜의 질문을 반영한 것이기는 하겠지만, 구어적 질문의 실제 표현과 순서는 특정 면담 상황에 맞게 조정될 것이다.

둘째, 사람들을 면담하든, 자료를 면밀히 조사하든, 관찰을 하든, 또는 현장의 증거를 검토하든, 프로토콜을 사고의 틀이자 사적인 틀로 삼는 것은 역설적이게도 탐정과 질적 연구자가 다양한 자료를 수집할 때 중립적 태도를 취하는 데 유익하다. 이때 중요한 것은 자신의 사고틀이 자료 수집을 치우치게 만드는 것을 허용하지 않는 것이다. 적절하게 사용되기만 한다면 사고틀의 존재는 지지하는 증거와 반박하는 증거를 찾을 기회를 만들어 준다. 만약 프로토콜이나 사고틀이 없다면, 그런 기회는 간과될 것이다. 즉, 프로토콜의 적절한 사용은 더욱 공정한 연구를 가능하게 한다.

셋째, 프로토콜 질문은 이 장의 앞부분에서 논의한(선택 2) 증거의 수렴(converging)과 삼각검증(triangulating)을 위한 노력에 도움이 된다. 다시 말해서, 자료 수집 절차의 유동성은 수렴 또는 삼각검증의 기회를 만들어 주는데, 이러한 기회는 프로토콜이 없었다면 간과되었을 것이다.

마지막으로, 질적 연구의 주요 장점 중 하나는 자료 수집 중에 새로운 것을 발견할 가능성이다. 연구 프로토콜의 사용은 이러한 발견 과정을 방해하지 않아야 한다. 프로토콜 질문들이 초기의 연구 주제와 연구 문제에서 비롯된 것이기는 하나, 자료 수집 과정에서는 열린 마음을 유지해야 한다. 앞서 설명한 프로토콜의 세 가지 특징에도 불구하고, 예상하지 못한 증거와 마주쳤을 때 여러분은 '상자 밖(이 경우, 사고틀 전체의 바깥)'을 생각할 수 있어야 한다.

새로운 것을 발견했을 때는 자료 수집 절차를 멈추고 프로토콜에 대해 재고해 보아야 한다. 새로 발견한 사항을 통합하기 위해 이후의 자료 수집 활동 계획을 바꾸고 싶을 수도 있다. 이때 유의할 한 가지는 매우 중요한 것이 새로 발견된 경우, 프로토콜에 대한 재고가 연구 전체와 연구의 초기 목표를 다시 생각해 보게(또는 다시 설계하게) 만들 수도 있다는 것이다. 예를 들어, 주요 연구 문제를 다시 서술하고, 초기 문헌연구를 보완해야 할 수도 있다.

〈표 4-2〉와 〈표 4-3〉은 질적 연구 두 편의 프로토콜이다. 〈표 4-2〉는 40개의 지역사회 조직을 연구하는 데 사용되었다(National Commission on Neighborhoods, 1979). 각 조직은 사례연구의 대상이었다. 이 연구 프로토콜은 각 사례연구의

〈표 4-2〉 지역사회 조직 연구를 위한 현장 프로토콜의 예

	주제와 프로토콜 질문(예시 질문 몇 가지만 제시함)

A. 조직의 창설과 구성

1. 이 조직은 언제 시작되었는가?
2. 이 조직은 왜 만들어졌으며, 이 조직을 처음 만드는 데 누가 또는 무엇이 도움을 주었는가?
3. 조직 창설의 자금은 어디서 나왔는가?
4. 조직의 초기 지향점은 무엇이었는가?
5. 이 조직은 창설 이래 지금까지 어떻게 변화되었는가?
  (그 외 5개 질문은 생략함)

B. 지역사회 활성화를 위한 활동과 지원

1. 어떤 활동이 진행되었으며, 현재 진행되고 있는가?
2. 이 조직은 이러한 활동에 어떻게 참여하게 되었는가?
  (그 외 7개 질문은 생략함)

C. 자발적 연합 및 네트워크와의 관계

1. 이 조직은 좀 더 큰 상위 조직의 일부인가?
2. 이 조직과 같은 지역에 있는 다른 조직 간의 관계를 서술해 보라.
  (그 외 5개 질문은 생략함)

D. 도시 행정과의 관계

1. 이 조직은 도시 행정부의 특정 공무원이나 부서와 어떤 식으로든 관계가 있는가?
2. 그 관계는 공식적인가, 비공식적인가?
3. 이 관계는 생산적인가?
  (그 외 4개 질문은 생략함)

E. 성과

1. 이 조직이 존재하는 동안, 지역사회가 향상되었다는 구체적인 증거가 있는가?
2. 이 조직으로 인해 지역사회의 물리적 여건이 어떤 식으로든 변화하는 데 방해가 되었다는 증거가 있는가?
3. 이 조직의 활동을 통해 주민의 참여가 증진되었는가?
4. 이 조직의 창설 이후 지역사회의 화합 또는 분열이 증가했는가?
5. 이 조직은 인종 및 빈곤과 관련된 지역사회의 문제를 어떻게 다루어 왔는가?
  (그 외 4개 질문은 생략함)

출처: National Commission on Neighborhoods(1979).

프로토콜로 활용되었으며, 앞서 설명한 네 가지 특징을 갖추고 있다. 이 연구에서 프로토콜은 여러 사례연구의 자료 수집 절차를 동시에 진행하는 데 많은 도움을 주었다. 이 연구의 주제는 지역사회 조직이 지역사회의 활성화를 위해 담당한 역할이 무엇인가에 대한 것이었는데, 이 주제는 1970년대에 많은 관심을 모았으며, 그러한 관심은 오늘날까지 이어지고 있다(예: Chaskin, 2001; Marwell, 2007). 프로토콜 질문은 특정 연구 참여자나 면담 대상자가 아니라 현장 작업을 하는 사람에게 방향을 제시한다. 현장연구자는 각 질문에 대해, 공무원과 주민들과의 면담, 관련 문서와 기록상의 증거, 지역사회 여건에 대한 직접 관찰을 포함하는 여러 자료를 조합하여 인용하면서 답을 기록해야 할 것이다.

〈표 4-3〉의 프로토콜은 한 시골 마을의 실직, 성별 규준(gender norms), 가족 안정성에 대한 연구에서 사용된 것이다(Sherman, 2009). 이 마을의 주민들은 오랫동안 자신의 일자리를 특정 산업에 의존해 왔는데, 이 연구는 그 산업의 쇠퇴가 가족들에게 미친 여파에 초점을 두고 있다. 또한 그 결과로 직장과 가정에서 남녀 역할이 어떻게 변했는지에 대해서도 관심을 두고 있다. 이 프로토콜은 연구에 참여한 남성들을 대상으로 질적 면담을 실시할 때 사용되었다(프로토콜의 질문이 면담 참여자가 아니라 면담자를 향한 문법적 표현으로 서술되었음에 주목하라).

〈표 4-3〉 남성을 면담하기 위한 일반적 면담 프로토콜

지역사회의 역사

1. 응답자가 골든 벨리(Golden Valley) 마을에 얼마나 오래 살았는지, 다른 곳 출신이라면 왜 여기로 왔는지 질문하라. 응답자는 이 마을과 어떤 식의 유대가 있는가? 응답자는 이곳에 만족하는가? 응답자는 이 마을의 어떤 점을 좋아하는가?

2. 응답자가 이 마을에 사는 동안 마을이 많이 변했는가? 어떻게 변했는가? 과거보다 더 좋아졌는가?

가족사

1. 응답자가 어렸을 때, 부모님은 어떤 일을 했으며, 가족 내에서 집안일이 어떻게 분담되었는지, 어머니와 아버지가 가사와 양육을 어떻게 분담했는지 질문하라. 응답자는 부모 중 어느 쪽과 더 친밀했는가?

2. 응답자에게 아버지에 대해서, 그리고 아버지와 응답자 간의 관계에 대해 말해 달라고 하라. 아버지는 응답자의 역할모델 또는 닮고 싶은 사람이었는가?

3. 응답자에게 자신의 삶이 부모님의 삶과 같기를 바라는지 물어보라. 일과 가정과 관련하여 응답자가 성인으로서 자신에 대해 가지는 기대는 무엇인가?

4. 응답자의 기대가 그간 변했는가? 어릴 때 자신이 꿈꾼 삶에 비해 현재의 삶이 더 좋은가, 아니면 더 나쁜가?

직업 이력과 여가생활

1. 응답자에게 현재 하고 있는 일이나 구직 노력에 대해 물어보라. 응답자는 현재 자신의 취업 상황에 만족하고 있는가?
2. 응답자는 과거에 어떤 일을 했는가? 어떤 것이 가장 좋은 직업이었나? 제분소의 폐쇄는 응답자의 직장생활에 영향을 미쳤는가?
3. 응답자가 구직을 위해 애쓰는 중이라면 그 과정에 대해 이야기를 나누라. 일자리를 찾지 못했을 때 그는 자신에 대해 어떻게 느끼는가? 그는 이 감정을 어떻게 다루는가? 응답자에게 실직했을 때의 구체적인 상황과 그것이 어떻게 응답자에게 영향을 미쳤는지 질문하라.
4. 직장을 구하지 못하는 동안 그는 어떻게 생계를 유지하는가? 이 마을에 머물기 위해 희생을 무릅쓰고 있는가? 직장을 구하기 어려운데도 이 마을에 머무는 이유는 무엇인가?
5. 응답자는 여가 시간에 무엇을 하는가? 무엇을 가장 좋아하는가? 그의 사교생활, 음주 정도를 비롯하여 사냥, 낚시, 야외 활동 등에 대해 알아보라.

결혼과 가족

1. 응답자는 기혼이거나 과거에 결혼한 적이 있는가? 결혼한 지 몇 년이나 되었는가? 몇 번 결혼했었는가? 혼자 사는 것을 좋아하는가, 결혼한 상태를 더 좋아하는가? 현재는 누구와 가까이 지내는가?
2. 응답자는 자녀가 있는가? 몇 명 있는가? 함께 사는가? 이혼한 경우, 양육권을 어떻게 결정했는가?
3. 자녀와의 관계에 대해 이야기를 나누라. 응답자는 아버지로서 어떤 역할을 하는가? 응답자가 자녀와 함께하는 일 중 가장 즐기는 일은 무엇인가? 응답자는 자녀에게 좋은 아버지였는가? 좋은 아버지라는 것은 그에게 어떤 의미인가? 아버지로서 가장 행복했던 순간은 언제인가? 아버지로서 가장 힘든 순간이나 실망한 순간은 언제였는가?
4. 응답자는 자신의 아버지와 비슷한가? 어떤 점에서 비슷하거나 다른가? 응답자는 아버지를 닮고 싶어 하는가? 어떻게 하면 좋은 아버지가 될 수 있는가?
5. 응답자에게 자녀가 없을 경우, 응답자는 자녀를 원하는가? 왜 원하는가? 아이들과 어떤 식으로든 관계를 가져 본 적이 있는가? 만약 그렇다면 어떤 역할을 했는지 설명하게 하라.
6. 응답자가 미혼이라면, 결혼하기를 원하는지 물어보라. 동거 등 응답자가 이전에 맺어 본 관계는 어떤 형태였나? 응답자가 파트너를 구할 때 중시하는 자질은 무엇인가? 그는 독신으로 살기로 결정했나?
7. 파트너와의 관계에서 가장 큰 도전이나 문제는 무엇이었나? 가능하다면 그 이유를 자세히 알아보라. 그는 이 문제를 어떻게 다루었는가? 이것이 여러 번 일어난 일이라면, 결별의 이유는 무엇이었는가? 이전 파트너(들)에 대해 그는 어떤 감정을 가지고 있나?
8. 일 관련 스트레스(또는 일이 없는 상태에 대한 스트레스)가 그의 인간관계에 영향을 미치는가? 가능하다면 자세히 설명하라.

출처: Sherman(2009). 부록 A, p. 617.

🏝 조작적 정의

연구 프로토콜의 형태로 구성되든 아니든, 수집할 자료를 미리 생각해 두는 것의 이점 중 하나는 자료의 다양한 유형을 규정해 둘 수 있다는 것이다. 예를 들어, 여러분은 '직접 본 사건'과 '보지는 못하고 듣기만 한 사건'을 명확하게 구분하고 싶을 것이다. 연구의 주제에 따라 지역사회의 '결속력', 조직의 '변화', 건강의 '증진', 교육 '개혁' 또는 '부실한' 리더십 등과 같은(이 개념들은 극소수의 예시에 불과하다) 많은 관련 개념들이 나오게 되는데, 이것들은 모두 어느 정도의 조작적 정의를 필요로 할 것이다.

다른 유형의 연구에서는, 이러한 조작적 정의가 연구에 사용된 도구에 포함되어 있을 수도 있다. 질적 연구에서는 연구자가 가장 중요한 연구 도구이기 때문에 관심 현상을 일관되게 인식하기 위한 지침을 연구자 스스로 갖출 필요가 있다. 잘 만들어진 연구 프로토콜은 이러한 지침을 위한 단서를 제공해 줄 수 있다.

⬤주요 용어와 개념 --

1. 연구 설계
2. 연구 타당도
3. 상반되는 설명
4. 삼각검증
5. 자료 수집 단위
6. 목적 표집, 눈덩이 표집, 무작위 표집
7. 자료와 개념을 연결하는 두 가지 방법: 귀납적 방법과 연역적 방법
8. 참여자 확인
9. 통계적 일반화와 분석적 일반화
10. 연구 프로토콜
11. 사고틀

학습활동 **연구 설계**

연구 설계는 아마도 연구에서 가장 어려운 부분일 것이다. 여러분은 무(無)에서 시작해야 하고 지침이 될 만한 것도 별로 없다. 지나치게 좌절하지 않고 설계를 연습하는 방법 중 하나는 선행연구의 설계를 살펴보는 것이다. 이 장의 학습활동을 위해 먼저 선행연구 모음집(제3장 학습활동에서 만들어 두었던)에서 6편의 질적 연구를 고르라. 설계를 최대한 자세히 설명한 것으로 보이는 연구를 선택하라.

선택한 연구를 다음에 제시한 설계상의 특징에 따라 검토하고 요약해 보라(이 특징 중 첫 번째 것은 제3장에서 설명하였고, 나머지 특징들은 제4장에서 다룬 여러 선택에 등장했던 것들이다).

- 연구 문제
- 자료 수집 단위의 유형과 수
- 각 단위별로 표본을 선택한 방식
- 연구 프로토콜을 사용했는지의 여부와 (프로토콜을 사용했다면) 그 프로토콜의 성격
- 연구 결과를 연구의 대상이 아닌 다른 상황에 일반화하려고 시도했는지의 여부

여러분이 선택한 하나 또는 그 이상의 연구에서 이러한 특징을 찾을 수 없거나 그 특징에 대한 정보가 부족하더라도 놀랄 것은 없다. 이 경우, 연구 내용을 얼마나 자세히 읽으며 찾았는지 다시 한 번 생각해 보고, 있어야 할 설계 관련 정보가 정말 없다고 확신할 수 있는 이유를 적어 보라.

제5장

현장연구 수행하기

질적 연구를 위한 자료 수집은 일반적으로 현실 세계의 상황과 그 안에 있는 사람들과의 상호작용을 의미한다. 이 모든 것이 연구를 위한 현장 환경의 일부가 된다. 현장 환경의 다양성은 질적 연구 대상이 될 수 있는 수없이 많은 중요하고도 흥미로운 인간사를 증가시킨다. 동시에 현장 환경이 현실 세계의 상황이기 때문에 연구자들은 어떤 형식을 이용하여 그 세계에 들어가고 나올 필요가 있는데, 특히 연구를 수행하려면 필수적인 승인을 얻어야 한다. 그다음은 건전한 현장 관계를 유지하는 것이 계속적인 도전 과제가 된다.

이 장에서는 현장 환경에서 연구를 수행하는 것과 관련된 광범위한 쟁점을 논의하되, 주로 연구자의 주요 역할로서 참여관찰을 다루는 데 중점을 두고자 한다. 이 장에서는 또한 현장 방문에 대해서도 따로 논의하되 현실 세계 환경으로부터 자료를 수집하기 위한 옵션과 관련하여 논의하고자 한다.

대부분의 사람들에게 어떤 종류의 현장연구를 수행하는 것은 질적 연구를 수행하는 것과 긴밀하게 관련된다. 현장 중심 자료는 그것이 현장에서의 직접적인 관찰, 면담, 영상 자료에서 나온 것이든, 참여자 일기나 일지, 사진과 같이 동시대의 문서를 검토하는 데서 얻은 것이든, 질적 연구에 이용되는 많은 증거들이 될 것이다. 이와 같은 이유로, 질적 연구를 수행하는 데 투입되는 초기의 헌신을 이해하기 위해서는 현장연구 과정을 숙지할 필요가 있다. 이 장에서 논의될 내용은 현장 환경에서 연구를 수행하는 방법들이며, 이것은 제6장에서 다루어지는 특정한 자료 수집 절차와는 구분된다.

현장연구는 현실 세계 환경 안에서 실제 생활하고 역할을 하는 사람들을 대상으로 이루어진다. 이 장의 후반부에 좀 더 자세히 기술하겠지만, 사람들의 집, 회사 및 근무지, 거리, 기타 공공장소 혹은 학교나 건강센터와 같은 서비스들도 현장이 될 수 있다. 또한 현장연구는 어떤 특정 물리적 환경과 관계없이 집단의 사람들에게 초점을 둘 수도 있다.

현장에서의 연구를 위해서는 사람들과 진정한 관계를 형성하고 유지하며 그들과 편안하게 대화할 수 있어야 한다. 실질적인 관계를 발전시키는 것은 질적 연구를 수행하는 데 있어 개인적으로 가장 큰 도전이 될 것이다. 현장연구 과정을 관리하고, 그 과정에서 도출되는 불확실성에 대처하기 위해서는 여러 가지 필요한 기술들이 결합되어야 한다.

연구 현장은 일상을 살아가는 사람들이 함께하는 실제 환경이다. 때문에 그들의 공간과 시간, 사회적 관계 속에 들어가야 한다는 것은 고려해야 할 가장 중요한 유의점이다. 질적 연구의 현장 환경의 현실이 다른 유형의 연구들을 수행하기 위한 환경의 인위성과 얼마나 많이 대조적인지 주목해 보라. 다른 연구 환경과 비교할 때, 조사연구에서 일련의 설문지를 돌리기 위한 시간이나 실험실 실험에서 '움직이는(running) 대상들'을 위한 시간, 심지어 도서관이나 인터넷에서 기록된 문서의 정보를 조용히 검색하기 위한 시간을 편의에 따라 계획하는 것과 같이 연구 상황을 명확히 설정하는 호사를 질적 연구 환경에서는 누리지 못할 것이다.

연구 현장에서의 첫 번째 만남이 가장 흥분되면서도 동시에 안절부절못하게 하는 일들 중 하나라는 것은 그리 놀라운 일이 아니다. 대부분 처음에 현장연구를 수행하는 것은 '흐름에 맡기는 것'과 관련 있다. 현장에서 더 많은 시간을 보내는 것만이 현장연구자가 현장에서 언제, 어디에 있어야 할지 선택하기 위한 최선의 방법이다. 심지어 경험이 많은 질적 연구자도 그들이 새로운 연구를 시작할 때 현장에서 그들의 첫 만남을 예측할 수 없다(또한 많은 연구자들 중 누구도 이것을 원하지 않을 것이다). 모든 현장은 독특하다.

그럼에도 불구하고 현장연구를 위한 준비를 잘하고 싶을 것이다. 여러분이 고려하고 있는 현장 환경에 대해 이미 많은 정보들이 존재할 것이다. 그와 관련한 선행연구뿐 아니라 미디어 보도 방송, 온라인 정보도 있을 것이다. 이 정보들을 미리 찾아야 한다. 21세기 현장연구를 수행하기 위한 가장 중요한 고려점으로서 '흐름에 맡기는 것'은 실제로 연구를 시작할 때 적응력 있고 유연성 있는 것을 의미하되, 그러나 가장 우선적으로는 현장연구를 위해 주의 깊게 준비해야 할 필요성을 간과하지 않는 것을 의미한다.

더욱이 인간 연구 참여자에 대한 보호를 확실히 하기 위한 절차는 예상되는 현장연구의 많은 쟁점들에 대해 미리 설명하기를 요구한다. 기관생명윤리위원회(Institutional Review Board: IRB)는 연구 참여자 보호를 보장하는 연구자의 약속을 검토하고 승인해야 할 것이다(제2장 제5절 참고).

현장연구 수행과 관련된 과제들을 더 알기 위해서, 이 장에서는 다른 학자들이 어떻게 현장에 접근할 수 있고, 현장과의 관계를 유지하게 되었는지를 포함하여 현장에서의 그들의 경험에 대해 논의한다. 이 장의 처음 세 절은 연구 현장에서의 작업과 현장과의 관계 시작 및 형성에 초점을 둔다. 이들 쟁점은 현장연구 방법이 무엇이든 상관없이 관련될 가능성이 높다. 그다음 뒤이은 두 절은 공식적으로 인정되어 온 두 가지 현장연구 방법인 **참여관찰**(participant-observation)과 **현장 방문**(site visiting)에 대해 다룰 것이다.

1. 현장에서 연구하기

▰ 미리 보기

- 질적 연구를 위한 연구 현장을 정의하는 서로 다른 방법
- 공공장소나 사적인 장소의 특성 및 현장에서의 소요 시간과 관련하여 현장 환경에서의 연구 작업의 다양성

현장 환경의 다양성

현장연구에 대해 생각해야 할 한 가지는 현장연구의 다양한 환경을 고려해야 한다는 것이다. 인류학과 사회학에서 가장 초기의 고전적인 현장 환경은 외딴곳 (뉴기니나 트로브리안드 제도의 원주민에 대한 초기 인류학적 연구-Malinowski, 1922) 과 중심부에 가까운 곳[범죄 조직에 대한 사회학적 연구-Thrasher, 1927; 사회복지관- Addams & Messinger, 1919; 1920년대 초기 시카고 대학의 학자들(시카고 학파)에 의한 기타 인근 지역 집단에 대한 연구, 예: Burgess & Gogue, 1967; Park, Burgess, & McKenzie, 1925; Shaw, 1930; Thomas & Znaniecki, 1927; Zorbaugh, 1929] 둘 다 였다. 외딴곳이든지, 혹은 가까운 곳이든지, 현장 환경은 연구자들과 중산층 주류 그룹으로부터 사회적으로 멀리 떨어진 문화와 생활양식을 나타냈다. 이 초기 연구들은 다른 문화의 관점에서 일상의 삶을 드러냈기 때문에 가치 있게 여겨졌다.

동시에 다른 환경들은 인디애나 주 먼시에 대한 Lynds의 초기 연구와 후속 연구들과 같이 의도적으로 '평균적인' 곳이 선택되었다. 먼시는 그 당시 인구학적으로 평균적인 미국 도시를 대표했다(Lynd & Lynd, 1929, 1937). 비록 문화적으로 멀리 떨어진 곳은 아니었지만, 이러한 환경들이 아직 연구에 등장하는 주제가 아니었을 때, 이들 '평균적인' 환경에 대한 정보는 사회적·제도적 관계에 대해 보다 심도 있는 이해를 하는 데 기여했다.

현장 환경은 여러 가지 방법으로 정의될 수 있다(Anderson-Levitt, 2006). 첫째, 현장 환경에는 범죄 조직이나 직장 집단과 같이 유대를 공유하는 소그룹의 사람들이 포함된다.

둘째, 현장 환경에는 소규모의 같은 지역에 거주하는 사람들이 포함될 수 있다. 처음 두 유형 모두는, 특히 대도시 중심부 지역에 살았던 사람들에게 초점을 둔 20세기 중반에 만연했던 수많은 도시 연구들의 주제였다(예: Gans, 1962; Hannerz, 1969; Liebow, 1967; Molotch, 1969; Suttles, 1968; Vidich et al., 1964; Whyte, 1955, 1984, 1989, 1992). 이러한 유형의 집단에 대한 연구는 현재까지도 계속 관심을 받고 있다(예: Anderson, 1999; Liebow, 1993; Wilson & Taub, 2006).

셋째, 연구 현장 환경은 기관의 환경에 초점을 둘 수 있다. 임상 환경이나 학교 등과 같이 여러 기관에서의 일상적인 삶이 연구의 주제가 될 수 있다.

예를 들어, 노인들의 의사결정 과정에 초점을 두고 관찰과 면담을 위한 환경으로 세 곳의 지역사회 센터를 이용한 장기요양에 대한 연구(예: Tetley, Grant, & Davies, 2009)가 여기에 해당된다.

질적 연구에 가치 있는 현실 세계 경험을 제공하는 잠재적인 기관과 일상적인 환경은 매우 다양할 수 있다(예시 5.1 '일상적 환경의 예' 참고).

예시 5.1   **'일상적' 환경의 예**

질적 연구는 대부분의 사람들에게 충분히 평가받지 못한 사회적 환경에 대한 통찰력을 제공할 수 있다. 그 결과 이들 환경에서 어떻게 사회가 작용하는지에 대해 도출된 이론뿐만 아니라 우리 사회에 대한 좀 더 심도 있는 이해를 할 수 있다.

이 환경들 중 어떤 것은(그리고 이들 환경을 연구한 연구자들이 사용한 연구 제목에 나타난 도출된 이론에 대한 단서는) Glenn Jacobs(1970)의 도서 전집에 담겨 있다. 비록 그 환경들은 초기의 것이지만, 이들 환경은 여전히 현대 학생들과 학자들이 연구하는 내용(괄호 안의 단어는 연구 제목과 관련 있음-역주)—빈민가 자본주의(검은 기업), 도시의 중독자(주삿바늘 장면), 세입자고충위원회(미니 운동의 탄생), 정신병 관련 기관(상류층 정신병원), 도시 문화(시간과 멋진 사람들), 무술 도장(도시의 사무라이), 대학의 도박 집단(포커와 팝), 이웃의 칵테일바(가정 내에 있는 바), 여름 휴양지에서 웨이터로 일하기('shlockhaus' 웨이터), 포켓볼 당구장에서 부정을 저지르기(사기꾼), 사회복지사와 클라이언트(집단 거주지에서의 생활) 그리고 미취업 이웃 남자—을 제시한다.

넷째, 현장 환경은 관련 없는 집단의 사람들로 정의될 수도 있다. 그들은 유사한 건강 문제나 의료적 질병과 같은 어떤 공통된 상황을 공유하지만 집단 간 상호작용을 하지는 않으며, 지리적으로 가까운 지역에 거주하거나 비슷한 기관 환경의 구성원으로서 역할을 한다. 이 네 번째 정의는 근거이론연구에서 주로 사용되어 왔다(예: Charmaz, 1999, 2002; Glaser & Strauss, 1967; Strauss & Corbin, 1998). 제2 외국어로 영어를 배우는 학습자들처럼 관심이 비슷한 참여자들 또한 공통된 특성을 공유할 수 있다. 이러한 상황에서 심리학의 질적 연구는 사회의 실재(reality)를 구축하는 방법으로서 참여자의 언어 사용을 강조하는 주의 깊은 담화분석(discourse analysis)과 관련 있다.

이 장의 나머지 부분에서 사용된 현장 환경이라는 용어는 앞서 제시한 모든 유형의 상황들과 관련 있다. 모든 현장 환경은 어떻게 사람들이 상호작용하고, 맞서고, 번성하는지에 대해 잠재적으로 중요한 통찰력을 얻을 수 있도록 질적 연구자에게 문화, 사회기관, 생활양식을 묘사할 수 있는 기회를 제공한다. 모든 현장 환경은 이전의 연구들에서 간과해 온 주제를 연구할 수 있는 훌륭한 기회를 제공한다. 이러한 연구에서 나온 통찰력과 발견은 다시 원래 연구들에서 대상으로 했던 특정 문화, 사회기관, 생활양식 또는 심리적 상황을 넘어 중요한 시사점을 제공하는 새로운 아이디어를 이끌어 낼 수 있다. 질적 연구의 기여는 그래서 두 가지 특성(이전에 잘 알지 못하던 것에 대한 새로운 정보 그리고 인간사에 대해 보다 광범위한 해석을 하기 위한 시사점을 가진 개념 및 통찰력과 결합된 새로운 정보)을 전제한다.

여러분은 자신의 질적 연구를 수행할 때도 이처럼 유사한 결합을 찾고자 할 것이다. 현장 환경은 이국적이거나 평범할 수 있다. 그러나 처음에는 하나의 평범한 환경처럼 보이던 것이 어떤 핵심 개념을 강조하고 그것을 이용하여 새로운 통찰력을 끌어냄으로써 보다 특별한 무언가가 될 수 있다는 점을 명심하라.

 ## 현장 환경으로서의 공공장소 및 사적인 장소에 대한 서로 다른 규칙과 기대

어떤 현장 환경은 연구를 위해 승인이 필요할 것이다. 예를 들어, '예시 5.1'

에 열거된 환경 중에서 현장이 사적인 장소(예: 무술 도장)인 경우와 비교하면, 현장이 공공장소(예: 거리)인 경우에는 그 현장에 들어가고, 그곳에서 사람들과 이야기하거나 심지어 사진을 찍기 위해 사적인 장소에서 요구하는 것과 같은 승인이 필요하지 않을 수도 있다는 것에 주목하라.

그러나 공공장소와 사적인 장소 사이의 경계가 항상 명확하지는 않을 것이다. 예를 들어, '공립' 학교는 여러분이 학교의 학생들과 이야기하거나 사진을 찍기를 원한다면 학교 관리자나 부모님에게 승인을 얻어야 할 뿐만 아니라, 연구를 하기 위해서는 학교 관리자에게 승인을 받아야 할 수 있다는 점에서 '사적'일 수 있다. 예배당, 소매점, 공공도서관과 기타 그와 같은 장소들은 동일한 이중성을 보여 준다. 즉, 이들이 공공장소인 만큼 모든 사람이 환영받기도 하지만 그곳에서 연구를 하고자 한다면 그곳은 사적인 공간으로 간주된다.

경험에 근거해 권장할 만한 규칙은 특정 환경이나 특정 집단의 사람에 대해 연구하려 할 때 반드시 승인을 얻어야만 할 것인지, 그리고 누구에게 승인을 얻을 것인지를 문의하는 것이다.

현장에서의 다양한 소요 시간

현장연구자는 그들의 자원뿐만 아니라 이론적 관심사가 어떠하느냐에 따라 현장에서 몇 년을 소비하거나 혹은 단지 며칠만을 보낼 수 있다. 고전적인 연구들은 장소나 사람들의 문화나 사회구조의 복잡성을 더 충분히 연구하려는 갈망 때문에 현장에서의 소요 시간을 연장하려는 경향이 있었다. 이러한 깊이 있는 연구에서는(예를 들어, '예시 1.6'의 전반부에 제시한 15년의 회상과 같이) 어떻게 인간사와 사람들 간의 상호작용이 오랜 시간에 걸쳐, 그리고 다양한 사람과 집단들에 걸쳐 반복되고 변화되어 왔는지 조사하는 것이 필요했다.

여러분은 현장에서 그렇게 많은 시간을 투자하기를 원치 않거나 그럴 필요가 없을지도 모른다. 그러나 적어도 질적 연구의 대상이 되는 여러 생활양식의 유형은 사계절에 따라 다양한 경향을 보인다는 것을 인식하라. 일 년간의 현장연구는 그래서 연구를 위한 논리적으로 타당한 기간으로 간주된다. 이러한 계절별 다양성이 관련 없어 보인다면, 더 짧은 현장연구 기간도 수용 가능할 것이다.

덜 고전적이지만 여전히 가치 있는 질적 연구는 구체적인 실제에 초점을 두는 경향이 있는데, 예를 들면 어떻게 4학년 학생에게 수학을 지도할 것인가? 어떻게 지역사회에서 재난에 대처하기 위한 계획을 세울 것인가? 어떻게 사기업이 그들의 사업을 다양화할 것인가? 혹은 어떻게 개인이 중요한 주변 사람들에 대한 심리적 상실감에 대처할 것인가? 등이 여기에 해당한다. 이러한 예들에서의 현장연구는 몇 개월에 걸쳐서 이루어질 수 있으며, 현장연구자들은 이 기간 동안 현장에 항상 상주하는 것이 아니라 필요에 따라 이따금씩 현장에 있게 될 것이다.

현장에서의 소요 시간이 가장 제한된 경우 이삼일 정도도 가능한데, 그럼에도 불구하고 만약 연구 주제도 똑같이 제한적인 것이라면 이렇게 제한된 소요 시간도 정당화될 수 있다. 이러한 연구는 특정 행위가 취해져 왔는지 혹은 일어나고 있는지를 결정하기 위한 목적으로 이루어진다. 앞의 단락에서 소개한 예들을 의도적으로 모방하되 보다 구체화한 예들에는, 교사들이 학급에서 특정 교수법을 사용하는 방법, 지역사회의 구체적인 재난 대처 계획의 특성(그리고 지역 관리자와 거주자들의 이러한 계획에 대한 인식), 사업이 다양화되어 왔는지(혹은 아닌지)에 대한 증거, 중요한 사람을 처음으로 잃었을 때 보이는 즉각적인 대처행동과 같은 것들이 있다. 더 짧은 기간의 연구는 여러 환경이 관련된 연구에도 적합할 수 있다(제5절의 '현장 방문'에 대한 논의 참고).

만약 현장연구를 수행하기 위한(또는 어떤 종류든 연구 자료를 수집하기 위한) 자원이나 동기가 제한된다면, 여기서 배울 수 있는 교훈은 조사할 수 있는 제한된 주제를 구분하는 것이다. 반대로 만약 지적 야망이 크고 그러한 야망을 지원할 수 있는 자원을 가지고 있다면, 현장에서 많은 시간을 보냄으로써 이득을 얻을 수 있을 것이다.

2. 현장 접근성 확보와 유지

미리 보기

- 현장 환경에 대한 접근성 확보 및 유지와 관련된 역동적인 상황
- 초기 현장 접촉의 특성과 질적 연구의 후속 과정 간의 관계

실제 생활환경은 그곳에 있는 사람에게 속한 것이지, 이들 환경 안에 비집고 들어가야 하는 연구자의 것이 아니다. 이러한 환경에서 연구를 수행할 때는 이를 위해 승인을 얻는 방법과 이후 그 환경에 접근하는 데 특별한 주의를 기울일 필요가 있다. 이들 과제를 완수하기 위해, 현장연구자는 종종 자신보다 환경에 대해 더 잘 알고 있는 다른 사람들로부터 도움을 받는다. 예를 들어, 초기 연구나 개인적 관계에서 연구 대상인 환경과의 친분을 쌓지 못했다면, 그 환경에 친숙한 협력자들은 매우 가치가 있을 것이다. 이상적인 협력자는 환경의 핵심 인물을 확인하고, 현장연구자가 그들과 접촉하도록 도울 수 있다.

현장 환경에 대한 접근성 확보하기: 일회적 사건이 아닌 과정

경험이 적은 연구자는 마치 대학이나 대학원의 입학 허가를 받기 위해 지원하는 것처럼 '접근성'을 일회적 사건으로 생각할지 모른다. 이런 상황에서 입학 허가를 받은 학생들은 그냥 잠잠히 있으면서 입학처와는 추가적인 접촉을 하지 않는다. 입학 허가는 지금은 지나가 버린 사건이다. 학생들은 나중에 제적되거나 정학을 받을 수도 있으나 이러한 제재를 이끄는 행위들은 미리 잘 정의되어 있고 입학 허가와는 별개의 사건이다. 더욱이 퇴학과 같은 극단적인 조치는 매우 드물게 발생한다.

입학 허가와 같은 장면은 현장연구 상황을 지나치게 단순화한 것이다. 접근성을 갖는 것은 일회적인 사건이라기보다는 과정에 더 가깝다(예: Maginn, 2007).

어떠한 현장연구든지 진행하는 내내 접근성을 상실할 위협(제적과 똑같은 것은 아니지만)이 항상 존재한다. 현장연구자들은 그래서 현장에서의 시간 내내 접근성을 관리해야만 한다. 그들은 '성가시게 너무 자주 방문하여 미움을 살 만한' 행동을 피해야 한다. 접근성은 그곳의 주인이 의도적으로 어떤 활동에서 현장연구자를 배제할 때 완벽하게 상실되거나 제한될 수 있다(예시 5.2 '확보된 접근성과 이후 제한된 접근성' 참고). 참여자들은 심지어 일정 기간 동안 진행 중인 연구에 반대할 수도 있다. 예를 들어, Kugelmass(2004)는 적절한 허락을 받고 학교에서 2년간의 현장연구를 종료한 후에 자신의 연구에 이러한 어려움이 있었음을 보고했다(예시 5.3 '현장연구 3년차에 제기된 지속성과 관련된 질문' 참고).

예시 5.2   **확보된 접근성과 이후 제한된 접근성**

Danny Jorgensen(1989)은 참여관찰 방법에 대한 그의 교재에 다양한 방법론적 기술과 레슨을 설명한 주술에 대한 연구를 인용했다(pp. 63, 71, 89, 92 참고).

이 연구의 초반에 Jorgensen은 몇몇 가까운 사람들과의 관계를 발전시켰고, 면담과 문서를 포함한 많은 자료를 수집할 수 있었다. 그러나 이 연구의 후반이 되어서야 그는 주술 공동체 안에 라이벌 그룹이 있다는 것을 인식하게 되었다. 그 뒤 그는 이들 그룹 중 하나의 지원을 받는 심령술사 축제에 참석하는 것을 등한시했다. 이 그룹의 리더는 이미 Jorgensen을 자신의 라이벌 그룹으로 구분하기 시작했고, 축제에 그가 불참한 것을 신비주의에 대한 연구자의 헌신에 문제를 제기하는 데 이용하였다. 결과적으로, Jorgensen은 자신의 기분을 상하게 한 그룹과 상호작용을 할 수 없었으며, 그들의 활동에 접근하는 것을 거부당했다. 저자는 "이 사건은 개인적으로 엄청난 충격을 주었고 정말로 문제가 많은 것이었다. 그럼에도 불구하고 이것은 이 주술사 공동체의 네트워크, 구조, 정치에 대해 드러난 상황을 확인하는 데 매우 유용했다."(1989, p. 79)라고 보고했다.

예시 5.3　**현장연구 3년차에 제기된 지속성과 관련된 질문**

Judy Kugelmass(2004)의 한 초등학교에 대한 연구는 결과적으로 5년이 걸린 현장연구였다. 이 연구는 가장 광범위한 범주에서 다양성을 장려하고, 장애학생 및 특수교육적 요구를 지닌 학생들을 제한하지 않는 통합학급을 만들기 위한 교사의 노력에 초점을 두었다.

비록 Kugelmass가 모든 관련자들로부터 연구를 수행해도 좋다는 승인을 받았지만 현장연구를 시작한 지 2년 후에 2명의 교사들이 "그녀의 연구가 외부 세계에 어떻게 인식될 것인지 두려움을 표현하기 시작했다. 한 명의 부모와 그 교사들은 그녀의 연구가 계속되는 것을 원하지 않았다"(2004, p. 20).

그 우려는 책무성 규칙에 대한 엄격한 적용과 연구 결과가 "학교 문화 상황 밖에서 잘못 해석될 수 있다."는 가능성에 대해 "학교와 더 큰 학교 체제들 사이에 고조되는 긴장감을 야기했다"(2004, p. 20). 장시간의 토론을 거쳐 학교와 개인 참여자에 대한 익명성을 유지한다는 동의하에 연구는 계속되었다.

 어떻게 과정이 연구의 핵심 내용에 영향을 줄 수 있는가

대부분의 현장 환경, 특히 이미 알려진 기관이나 사회적 네트워크를 가진 사람들에 대한 현장연구자의 주된 접근은 기관 관리자나 네트워크의 리더로부터 적절한 방법으로 이루어진다. 그런 사람은 일반적으로 '문지기(gatekeeper)'로 간주된다. 그러나 이렇게 접근을 획득하는 방법은 기관이나 네트워크의 다른 사람들이 연구가 문지기의 이득을 대표할 것이라고 믿게 만드는 결과를 가져온다. 이러한 관점은 현장 환경에 있는 다른 구성원들을 통해 현장연구자의 인식에 영향을 줄 것이다. 예를 들어, 문지기가 한 장소에서 특정 당파를 대표할 수 있다면, 다른 당파에게 연구자는 그 문지기 쪽 당파의 이득을 대표하는 것으로 간주될 수 있다. 마찬가지로 기관 관련 환경에서 만약 피고용인이 연구가 고용주에 의해 승인된 것으로 믿는다면 의도적인 반응을 할 수도 있다(예시 5.4 '점원으로서 근무하기' 참고).

예시 5.4   점원으로서 근무하기

　Christine Williams(2006)는 두 완구점(가난한 지역과 부유한 지역에 각각 위치한)의 점원이 되기 위해 면접을 하고 그곳에 채용되었는데, 그로 인해 참여관찰자로서 문제에 봉착하였다. 그녀는 각각의 가게에서 약 8시간씩 6주 동안 옮겨 가며 일을 했다.

　Williams는 "공식적인 연구를 수행하기 위해 관리자에게 공식적인 승인을 구하지 않았다. 왜냐하면 근로자들은 종종 행정적 승인을 받은 연구자를 의심하며 그들을 기업 스파이처럼 대하기 때문이다"(2006, p. 18). 그러나 이러한 상황에도 불구하고, 그녀는 "결코 위장을 하지 않았다. 내가 일하고 있을 때…… 나는 정말이지 한 사람의 점원이었다"(p. 18)라고 주장했다. 그녀는 또한 대부분의 근로자들이 서로에 대해 인적 사항을 조사하지 않기 때문에 아무도 그녀의 배경에 대해서 묻지 않았다는 것과 그녀가 학위를 가진 유일한 근로자는 아니었다는 사실에 주목한다.

＊예시 4.2 참고

　이러한 상황에서 그것에 의해 형성된 내재적인 연계를 항상 피할 수는 없다. 주된 목표는 어떻게 현장에 접근할지, 그리고 어떻게 초기 접촉이 연구와 그 결과에 영향을 줄 수 있는지에 대한 논의에 민감해야 한다는 것이다.

　현장 환경에 대한 접근이 보다 자연스러운 과정의 일환으로 일어날 때 약간은 다른 상황이 생기는데, 왜냐하면 현장연구자가 이미 현장에 있었거나 혹은 연구를 시작하기 전에 이미 사회적 그룹의 일원이었기 때문이다. 사실 현장이나 사회적 그룹의 일부가 되는 것은 우선적으로 연구를 고려하기 위한 주된 근거가 되어 왔다.

　문헌에는 조사자가 외국에 살게 되었거나, 특정 기관에서 일하게 되었거나, 특정 집단의 사람들과 친해졌는데 이들 상황이 이후 현장연구를 위한 환경이 되었다는 많은 연구들이 있다. 이들 연구 중 하나에서는 연구자와 그의 배우자가 인근 지역으로 이사를 해서 그곳에서 비영리 예술단체를 시작하려고 시도했다. 그 인근 지역과 그곳의 거주자들은 이후 문화기술지 연구의 대상이 되었다

예시 5.5　　**이주한 도시 인근 지역에서 거주하며 일하기**

　Russell Leigh Sharman(2006)은 뉴욕으로 이사하고 비영리 예술교육기관을 시작한 후에 인종적으로 혼합된 뉴욕시티 인근 지역에 대해 조사했다. 지리적으로 유리한 위치를 이용하여 그는 많은 인근 거주자들과 매우 친해졌고, 이들 중 어떤 사람들은 그의 책에서 주로 다룬 생애사 연구의 대상이 되었다. 그 생애사 연구들은 분리된 여러 장에 걸쳐 다루어졌는데, 각 장은 인근 지역의 극심한 인종 혼합(이탈리아인, 푸에르토리코인, 아프리카계 미국인, 멕시코인, 서부 아프리카인, 중국인)에 주의를 기울이게 한다.

　예술교육기관은 인근 지역이 소위 고급 주택화로 불리는 값비싼 개발 과정을 겪었기 때문에 몇 년이 지난 후에는 지속되지 못했다. Sharman은 의도적으로 어떤 이론적 관점이 생애사 연구에 개입되는 것을 피했는데, 그렇지 않았다면 생애사에서 말하고자 하는 쟁점을 흐리게 했을 것이다. '문화기술지의 독특한 양식'(2006, p. 13)에서 그는 생애사는 문화기술지 연구를 통해 "이론적 개념과 관련된 작업을 하는"(p. 13) 그만의 방법이라고 말한다.

(예시 5.5 '이주한 도시 인근 지역에서 거주하며 일하기' 참고). 이와 같은 방법으로 2명의 연구자는 각각 인근 지역 중 하나에 거주하고 그곳에서 자원봉사자로 일하면서 8개 인근 지역 162명의 여성들을 연구했다(Edin & Kefalas, 2005).

　이러한 상황에서 접근성을 확보하는 것은 약간 다른 의미를 가진다. 그 장면에 함께 있는 데는 승인을 얻지 않아도 되지만, 이 장면의 일부인 특정 사람들과 이야기하거나 면담을 하기 위해서는 승인을 얻을 필요가 있다. 이러한 상황 속에서 수행되는 연구는 사실 위장하지 않아야 하며 숨겨서는 더욱 안 된다. 사람들은 연구의 초반이든 아니든 언제 그들이 여러분과 대화를 나누게 될지 알아야 하며, 이러한 쟁점은 연구 참여자를 보호하기 위한 절차의 일부로서 명시적으로 논의되어야 한다.

　현장연구자가 현장 환경에 더 오래 있을수록 사회적 관계는 더 복잡해질 수 있다. 이 복잡성은 개별적인 사람들과 보다 깊은 관계를 맺음으로써 형성된다. 더 예측하기 어려운 것은 사람들이 서로 연구에 대해 이야기하고 정보를 교환하면서 잠재적으로는 조사에 대한 그들의 후속 반응에 영향을 준다는 것이다.

가장 복잡한 상황은 현장연구자가 연구 대상 환경이나 그룹에서 자격을 갖춘 정식 구성원이 되는 경우인데, 이때는 적절한 연구 관점의 상실을 초래할 수도 있다는 사실조차 거의 깨닫지 못하게 된다. 이러한 상황하에 있는 현장연구자는 그들의 연구 결과에 반영된 이러한 부정적 함축으로 인해 '현지인화되어 간다'는 비난을 받을 위험이 있다.

이들 복잡성에 대해 자주 권장되는 해결책은 현장연구를 수행하면서 종종 현장 환경이나 연구의 일원이 아닌 신뢰할 만한 동료들과 시간을 내서 자주 대화하라는 것이다. 동료에게 보고하고, 원하지 않는 복잡한 문제나 현장 환경의 일에 무의식적으로 개입하는 것을 동료들이 지켜보고 경고하도록 하는 것은 적절한 연구 관점을 유지하는 한 가지 방법이다.

3. 현장에서 관계 맺기

◢ 미리 보기

- 정체성, 현장의 참여자들과의 관계, 대처행동을 포함하여 현장연구를 수행하면서 하게 될 역할

접근성을 확보하고 유지하는 것은 현장연구에서 수행해야 할 과제 중 하나에 불과하다. 지속적인 인간관계 또한 유지해야 한다. 이 관계 중 어떤 것은 현장연구보다 앞서 형성될 수도 있지만 대부분은 현장연구 도중에 형성된다. 어떤 관계는 그것이 계획되었든지 아니든지 현장연구를 완료한 후에도 지속될 수 있다.

이것은 생각하는 것만큼 그렇게 어려운 과제는 아니다. 그러나 놀라움과 위기가 있을 것이다.

진정한 자아 보여 주기

이것은 현장에서의 관계를 형성하기 위해 정체성을 드러내는 가장 안전하고 적당한 방법이다. 정체성은 자신의 인성뿐만 아니라 일차적인 기능(연구를 수행하기 위한)을 포함한다. 우선 가장 신뢰할 만한 방법으로 현장에 있고자 하는 본래의 동기를 나타내고, 그들과 상호작용하려는 지속적인 자세와 행동을 유지할 수 있기 때문에 정체성은 선호된다.

연구를 수행할 때 자신을 드러내는 것은 매력적일 수 있는데, 왜냐하면 정체성이라는 것이 다른 사람들의 삶에 대한 가벼운 호기심보다는 진지하고 전문적인 헌신을 함축하고 있기 때문이다. 이와 동시에 여러 연구들이 너무 많은 주제를 다루었기 때문에 새로운 연구에 참여할 어떤 사람들은 이미 이러한 연구에 대해 그들 자신만의 관점을 가지고 있을 수 있다. 그들은 공유된 경험이 글로 옮겨졌을 때 연구가 너무 도드라지거나 신뢰를 위배할 수 있다고 믿을 수도 있다. 앞에서도 이야기했지만, 여러분은 ① 결과를 나타낼 글(보고서 혹은 책)의 유형을 정의하고, ② 이 글을 연구 대상이었던 사람들과 공유할 것인지, 혹은 어떻게 공유할 것인지, ③ 정보 제공 시 익명성은 어느 정도까지 할 것인지 정하기 위해 준비해야만 한다(제4장 '선택 6' 참고).

다른 어떤 기능을 가지고 자신을 드러내는 것은 선택한 대안에 대한 진정성과 이러한 진정성과 연구와의 관계에 달려 있다. 현장 접근성 확보 과정에 대해 앞서 언급했듯이, 여러분은 직업을 얻거나, 자원봉사로 활동하거나, 혹은 연구할 환경에 실제로 거주할 수도 있다. 이처럼 유리한 고지는 현장 활동에 참여하기 위한 건전한 근거를 제공할 수 있지만, 만약 연구 중이라는 것을 인지하고 있다면 사람들에게도 여러분이 연구하고 있다는 사실을 알릴 필요가 있다. 이러한 관점에서 Elliot Liebow는 내가 아는 한 가장 솔직한 사람 중 하나다. 노숙 여성들에 대한 그의 연구에서(1993) 그는 현장에서의 관계 형성을 위해 자기 자신을 드러내는 것에 대한 모든 쟁점들을 감동적으로 다루고 있다(예시 5.6 '행동하는 현장연구자' 참고).

예시 5.6   행동하는 현장연구자

Elliot Liebow(1993)는 노숙 여성들에 대한 그의 연구에서, 어떻게 그가 자신을 현장연구자로 규정하는지, 연구 도구로서 자신의 기능을 충분히 인지하면서 논의하고 있다. 그의 논의에서는 세 가지 쟁점이 거론된다.

첫째, Liebow는 "연구에서 여성들에 대해 보고된 모든 것은 자신에 의해 선택되었고, 자신을 통해 걸러졌기 때문에" 그의 배경과 "편견"에 대해 논평한다(1993, p. vii).

둘째, 관계들이 "가능한 대칭적"이라고 믿기 때문에 Liebow는 "대가가 따른다"는 원칙에 따라 그의 부인과 (성인) 딸들이 노숙자 쉼터를 방문할 것을 권했다. "그 여성들은 내가 그들에 대해 아는 것만큼 나에 대해서 알 필요가 있었다"(1993, p. xii). 노숙 여성들은 또한 그들의 가족과 육아 경험에 대해 논의할 때 그의 가족이 어떻게 지내는지에 대해서 그에게 보다 생생한 질문을 할 수 있었다.

셋째, Liebow는 그의 윤리적 기준에 대해 논의한다. "여성들의 도벽에 대해 들을 때 어떻게 할 것인가?" 여기서 그는 "내 삶의 일부에 적용할 수 있는 동일한 윤리적 기준을 현장연구에 적용하려고"(1937, p. 327) 시도했다.

* 예시 1.1과 11.7 참고

개인적 태도의 중요성

전형적인 태도는 존경심을 표하고 거들먹거리지 않으며, 우호적이되 환심을 사려 하지 않고, 다른 사람들에게 관심을 갖되 그들의 약점을 이용하려고 하지 않는 것을 포함한다. 현장연구자들은 어떤 일이 일어나고 있는지(모든 방법을 다해) '경청'하는 데 집중해야 하지만 전적으로 수동적이어서는 안 된다. 반대로 위압적인 태도로 자신의 관점과 의견을 지나치게 주장하는 현장연구자 또한 치명적인 방법론적 위기를 맞이한다. 관점과 의견은 현장의 사건을 형성할 뿐만 아니라 다른 사람의 반응에 큰 영향을 줄 수 있다. 이러한 방법으로 진행된 연구는 조사하고자 한 대상이 처한 실제 상황의 의미를 파악하는 데 실패할 것이다.

전반적으로, 여러분의 목표는 옷과 개인적인 소지품에 대한 선택을 통해 진실해 보이되, 다른 사람의 불필요한 주의를 끌지 않도록 하는 데 있다. 연구의 대상은 여러분이 아니라 다른 사람이라는 것을 명심하라. 또한 여러분이 나타내는 감지하기 힘든 미묘한 신호(몸짓)들이 여러분이 공공연하게 말했던 것만큼이나 중요한 것이 될 수 있음을 주목하라. 다시 말하지만, 여러분은 실제 생활 속에서 단지 다른 사람들만을 관찰하는 것이 아님을 명심하라. 그들은 동시에 여러분을 '읽고' 있고, 그들 중 어떤 사람들은 읽기에 굉장한 재주를 가지고 있을지도 모른다. 여러분의 몸짓언어, 대화 중간의 휴지기, 주저함 그리고 얼굴 표정 및 언어적 표현 모두는 정보를 전달한다. 스스로는 자신을 비지시적이라고 생각할 때, 다른 사람들은 이런 제스처를 보고 여러분이 지시적이라고 인식할 수 있다.

연구 참여자의 부탁 들어주기: 관계의 일환인가, 아닌가

비록 현장에 있는 것이 현실 세계 환경의 일부가 되는 것을 의미하더라도, 그곳에 있는 이유가 연구가 진행되고 있기 때문이라는 점에서 현장연구자의 역할은 여전이 인위적이다. 일반적인 딜레마는 그 역할이 부탁 들어주기를 포함할 것인지, 만약 그렇다면 그 한계가 어디까지인지에 있다.

작은 부탁의 범위는 소액의 돈(10달러 내지 20달러)을 빌려 주는 것에서부터 참여자가 쇼핑을 가거나, 심부름을 하거나, 다른 일로 정신이 없는 동안에 아이, 애완동물, 연세가 많은 친척을 돌보는 일 또는 부탁을 하는 사람을 대신하여 다른 사람에게 이야기하는 것과 같이 관계적인 부탁을 들어주는 것까지 해당될 수 있다. 큰 부탁일수록 부담도 커진다.

모든 현장연구자들은 어떤 것이 가장 편안하게 느껴지고 수용 가능할 것인지 스스로 결정해야 한다. 경험에 근거한 몇 가지 규칙은, ① 너무 큰 부탁은 피하고, ② 가끔 작은 부탁을 들어주되, 이번만임을 명확히 하고, ③ 아무도 여러분에게, 심지어 불법적인 것이나 다른 사람에게 물리적, 심리적으로 해를 끼치는 결과를 초래하는 부탁을 아예 하지 못하도록 원칙에 충실한 태도를 유지하라는 것이다.

🏖 예기치 못한 사건에 대처하기

가장 깜짝 놀랄 만한 사건은 간단한 것일 수 있다. 비록 여러분이 연구와 관련된 질문을 하는 데 초점을 두더라도, 다른 사람들이 여러분에 대해 질문할 수도 있다. 그들의 질문은 여러분의 연구에 대한 것, 개인적인 배경이나 관점에 대한 것 혹은 다른 주제에 대한 것일 수도 있다. 비록 이런 질문 모두를 예상할 수는 없겠지만, 자신의 개인적인 삶에 대해 얼마나 기꺼이 개방할 것인지와 같이 어디에 어떤 선을 긋고자 하는지 미리 생각하는 것은 바람직한 일이다.

다른 예기치 못한 사건의 범위는 어떤 활동에 참여하도록 초대되는 것(개인적인 관계 안으로 초대받는 것을 포함하여)에서부터 불법이나 불법은 아니더라도 바람직하지 못했을 활동을 인식하는 것까지 포함한다. 이들 상황에는 쉬운 해결책이 없다. 오래전에 이미 Florence Kluckhohn(1940)은 현장의 남성 참여자가 연구자인 자신과 데이트를 하자고 청했던 일을 묘사했다. 그녀는 나중에 적절한 상황이 되어 그가 자신에게 직접 사과하고 향후 이런 일이 없을 것이라고 약속한 후에야 비로소 현장 관계에서 편안함을 되찾았다.

예기치 못한 사건의 마지막 유형은 여러분 자신의 생계를 위협하거나 위험이 되는 것과 관련된다(예: Howell, 1990). 여러분이 연구하고 있는 사람들과 환경에 영향을 미칠 수 있으므로, 현장 환경에서의 현재 경제적·정치적·사회적 상황에 대해 인식하라. 여러분이 해야 할 준비는 연구의 초점이 다른 사람의 실생활, 즉 일상이라는 것을 명심하는 것이다. 이러한 일상을 위한 상황은 여러분의 세계가 아니라 여러분이 연구하고 있는 세계에 속해 있다. 만약 상황이 법률집행 작업에 대한 연구(예: Punch, 1989)나 일종의 적대적인 집단행동과 같이 물리적인 폭력과 관련 있다면, 현장연구를 수행하면서 동조하는 반응보다는 보수적이거나 부정적인 반응을 취하라.

🏖 현장에 들어가고 나가는 과정을 계획하기

현장에서 자신을 어떻게 소개하고, 현장으로 들어갈 것인지에 대해서는 많은 주의가 필요하다. 그러나 현장에서 나가는 과정이 들어오는 것 못지않게 중요함에도 불구하고 여기에는 주의가 덜 기울여진다. 예를 들어, 일단 글쓰기가 완료된 후에 현장 환경으로 되돌아갈 것을 계획하고 있는가?

대부분의 경우 아마도 되돌아가지 않을 것이다. 현장을 떠나는 것은 지금껏 연구했던 사람들과 상호 이해에 도달했음을 의미한다. 여러분은 자신이 나중에 쓴 글의 어떤 부분을 그들과 공유할 것인지, 어떻게 공유할 것인지를 말해야 할 것이다. 또한 설령 연구 환경 자체로 되돌아갈 계획을 세우지는 않았더라도 '계속 연락' 하기를 원할 수도 있다. 어떤 관계들은 확실하게 '안녕'으로 끝나기보다는 더 오래 지속되는 최상의 상태로 남는다. 심지어 추후 연구를 위해 언젠가 해당 현장 환경으로 되돌아갈 기회를 열어 두는 것까지 원할지도 모른다.

모든 상황을 만족시킬 단일한 퇴장 전략은 없다. 처음 연구 참여자를 보호하려 할 때나 그들과 초기에 상호작용할 때 보여 주었을지 모르는(그리고 유지해야만 했던) 모든 헌신과 함께 상황은 독특한 인간관계에 의해 주도된다. 여러분은 어떤 전략을 추구해야 할지 결정하기 위한 최선의 위치에 있다. 그러므로 나가는 과정이 실제로 시작되기 전에 신중하게 생각하라.

4. 참여관찰하기

◢ **미리 보기**

• 참여관찰을 수행하는 것이 어떻게 질적 연구에서 연구 도구로서 연구자의 역할을 강조하는가?
• 이전의 현장연구에서의 선입견과 비교하여 현장에서의 사건에 어떻게 영향력 있는 역할을 줄 것인가?

방법론적 관점에서부터 현장연구의 역할은 다양하다. 현장연구 수행과 관련된 가장 보편적인 방법은 **참여관찰**이다(Anderson-Levitt, 2006; Jacobs, 1970; Kidder & Judd, 1986; Kluckhohn, 1940; McCall & Simmons, 1969; Platt, 1992; Spradley, 1980).

- 인류학에서(Emerson, 2001, pp. 4-7), 초기 연구는 Franz Boas의 연구와 이후 그의 학생들이었던(예: Ruth Benedict, Margaret Mead, Robert Lowie, & Alfred Kroeber) 다른 주목할 만한 학자에 의한 연구 그리고 Bronislaw Malinowski의 연구와 이후 그의 학생들이었던 다른 사람들(예: Evans-Pritchard, Raymond Firth, & Hortense Power-maker)의 연구를 포함한다.
- 사회학에서, 초기 기여자들은 Robert E. Park와 유명한 학자들(예: Thomas, Angell, & Shaw)을 대거 포함한 사회학의 '시카고학파'(Platt, 1992, pp. 37-38)였다.

어떤 형태로든 참여관찰은 인류학에서 100여 년 동안, 사회학에서도 거의 같은 기간 동안 실시되어 왔다.

이들 참여관찰 연구에서, 연구 주제는 전체사회에서부터 그룹이나 개인에 이르기까지 다양했다.

Bruyn(1996)에 따르면, 참여관찰이라는 용어는 아마도 Eduard Lindeman에 의해 처음 만들어졌으며, 이 방법에 대해 처음으로 자세한 설명을 한 것은 Lohman(1937)과 Kluckhohn(1940)이었다. 1950년대까지 이 용어는 현장연구를 수행하는 것과 거의 동의어였다(Emerson, 2001, p. 13; Platt, 1992, pp. 39-43).

그후 이 방법은 의대생들 같은 여러 사회적 집단뿐만 아니라 이 장에서 앞서 묘사한 도시 인근 지역 연구를 위해서 이용되었다(예: Becker, Geer, Hughes, & Strauss, 1961). 나중에 연구자들과 특히 문화기술지 연구를 실시하는 연구자들을 위해 참여관찰은 다른 사람의 문화를 연구하려는 목적과 매우 깊이 관련되면서 가깝고, 친밀하고, 적극적인 참여를 강조한다(Emerson, 2001, pp. 17-18).

'참여하는 것'과 '관찰하는 것' 사이에서 관련된 강조점은 네 가지 변형, 즉 ① 단순히 참여자만 되는 것, ② 관찰을 하면서 참여자가 되는 것, ③ 참여하면서 관찰자가 되는 것, ④ 관찰자만 되는 것(Gold, 1958; Schwartz & Schwartz, 1955)을 산출할 수 있다(다섯 번째 논리적인 조합은 관찰하지 않으면서 참여자도 되지 않는 것이지만, 이러한 조합에서 이루어지는 현장연구는 없을 것이다). 참여관찰자가 되는 것의 핵심은 네 가지 변형 중 두 가지 형태를 따를 것을 요구한다. 즉, 어느 정도 참여하고 관찰하면서 어떤 쪽 하나를 전적으로 무시하지 않는 것이다.

'연구 도구'로서의 연구자

자료 수집을 위한 도구로서 연구 도구를 생각해 보자. 학교 현장에서 사용할 수 있는 일반적인 것으로는 자, 컴퍼스, 각도기, 온도계가 있을 것이다. 심리학이나 사회학에서 볼 수 있는 일반적인 예로는 청력계(사람들의 청력을 검사하기 위한)나 폐쇄형 설문지(언어적 반응을 수집하기 위한)가 있다. 이 모든 예들에서, 인간은 도구를 이용하고 원하지 않는 '측정 오류'를 만들 수도 있지만, 각 도구는 각각 측정 기준이 있어서 그것에 의해 측정한 것이 표현되고 기록된다.

참여관찰자로서 작업할 때는 그런 도구가 존재하지 않는다. 현장연구의 일부로 설문지를 이용할 수 있지만 단지 연구를 위해 면담하는 것이 아니라면 직접 현장에서 일어나는 행동, 사건, 대화를 관찰하고 기록하게 될 것이다. 여러분은 노트 필기를 하게 될 것이지만(제7장 제2절에서 논의), 그 노트 필기는 단지 자신이 측정했던 것을 기록할 뿐이다. 사건을 비디오 혹은 오디오 테이프에 녹음한다 하더라도, 이들 기록은 본래는 어떤 측정 기준도 제공하지 않는다. 예를 들어, 중요하지 않은 사건으로부터 중요한 사건을 구분해 내거나 혹은 면담 대상자의 통찰이 지닌 의미를 알아내기 위한 기준을 제공하지 않는다.

즉, 실제 생활 속의 만남이 현장을 주도한다. 이들 상황 속에서 오감은 현장의 정보를 측정하고 평가하기 위한 주된 방법이 될 것이다. 또한 행동을 회상하고 기억하는 자신의 능력에 의해 제약을 받을 것이고, 무엇을 기록할지 결정할 때 재량권을 발휘하게 될 것이다. 이 모든 기능은 여러분이 주된 연구 도구로 쓰이게 될 것이라는 점을 의미한다(예시 5.7 '두 예배당에서 현장연구 수행하기' 참고).

주된 연구 도구가 되기 위해 현장연구자는 도구로서 자신의 잠재적인 편견과 특이성을 인식할 필요가 있다. 이것은 개인적 배경, 현장연구를 하려는 동기, 현장의 사건과 행위에 대한 이해에 영향을 미칠 수 있는 자신의 개념적 범주 및 틀로 인해 발생하는 상황을 포함한다.

이러한 개인적 특성 중에서도 연구자의 인종 및 민족성과 참여자의 인종 및 민족성 사이의 매치가 연구에서 중요하다. 이러한 매치와 관련된 대조적인 상황에 대해 매우 잘 알려진 예들이 있는데, 여기에는 연구자와 연구 참여자가 비영

예시 5.7　　**두 예배당에서 현장연구 수행하기**

　　레즈비언과 게이를 위한 2개의 교회[한 곳은 "주로 흑인, 노동자, 레즈비언과 복음주의자가 우세하고, 다른 곳은 대부분 백인, 중산층, 이성애자와 자유주의자인 곳"(p. 151)]가 Krista McQueeney(2009)에 의해 잘 수행된 현장연구를 위한 장소로 사용되었다.

　　현장연구에는 예배, 성경 공부, 성회, 사회적 모임 그리고 지역 집회를 포함한 200시간의 참여관찰과 녹취 후 모두 전사된 25회의 반구조화된 면담(두 교회의 4명의 목사 모두를 포함한) 그리고 소식지, 지역 뉴스, 기타 관련 출판물이 포함되었다.

　　McQueeney는 기꺼이 "백인, 레즈비언 대학원생 현장연구자인 자신의 관점과 특권"을 인정하고 "정기적으로 어떻게 그녀의 기대, 편견 그리고 참여자들과의 상호작용이 분석 과정을 형성했는지에 대한 분석적 메모를 반성하고 기록했다"(2009, p. 154). 연구 과정의 철저함과 좋은 글은 또한 어떻게 이런 연구가 현대 학술지 논문의 제한된 지면 내에서 표현될 수 있는지를 보여 준다.

어 사용자라는 정체성으로 긴밀히 매치된 연구(예: Brubaker et al., 2006; Padraza, 2007; Rivera, 2008; Sarroub, 2005; Valenzuela, 1999)뿐만 아니라 흑인 가족 및 사회적 삶을 연구했던 백인 연구자들에 의한 연구가 포함된다(예: Hannerz, 1969; Liebow, 1967; Stack, 1974). 연구자들 중 한 팀은 다인종적 구성원과 서로 다른 인종 구성원을 가진 여러 인근 지역에 초점을 둠으로써 인종끼리 매치가 된 상황과 그렇지 않은 상황 사이의 분명한 차이점과 유사점을 실제로 연구할 수 있었다(예시 5.8 '인종 및 민족적 일치성' 참고). 또 다른 다양한 팀은 다양한 열두 가족의 삶을 연구했고, 그래서 이들 간의 차이점과 유사점을 비교할 수 있는 동일한 기회를 얻을 수 있었다(Lareau, 2003).

예시 5.8　　**인종 및 민족적 일치성**

　　2명의 교수와 9명의 대학원생은 인근 지역별로 대략 두 사람씩 4개의 인근 도시에 스며들어 30개월 이상 거주했다(Wilson & Taub, 2006). 팀은 인근 지역에 대한 지도를 그리고, 그들에 대한 여론조사 및 기타 역사적 자료를 수집했다. 대부분의 시간 동안 현장연구자들은 인근 지역 활동에 참여하고, 교회, 학교 및 기타 모임에 참석하며, 아는 것이 많은 정보 제공자들과 이야기하고, 인근 지역 기관의 일자리에서 자원봉사자로 일했다.

　　여러 현장에 여러 팀을 배치함으로써 저자들은 인근 지역 거주자들의 인종 및 민족적 배경과 서로 다르거나 동일한 배경을 가진 연구자들의 참여가 가지는 이점에 대해 논의할 수 있었다. 저자들은 인종 및 민족성이 일치된 관계에서는 문화적 신호에 더 민감하고 신뢰를 더 키울 수 있는 경향이 있다고 느꼈다. 인종 및 민족성이 다른 관계에서는 장면에 대해 신선한 시각을 가지는 경향이 있다. 사회적 거리는 또한 친구나 동일한 특성을 가진 사람들과는 공유하지 않았을 정보에 대한 접근성을 증진할 수도 있을 것이다(pp. 192-193).

*예시 8.4 참고

귀납적 태도 취하기

　　인류학자들은 일반적으로 현장연구를 어떤 집단이나 장소의 문화를 묘사하려는 수단으로 사용한다. 그러한 탐색은 의식, 상징, 역할, 사회적 실제들의 의미를 파악하고 종합하는 능력을 요구한다. 이것들은 모두 다양해서 현장연구를 수행하기 어렵게 한다. 그러나 현장연구를 잘 수행하기 위해서 현장연구자는 현장에 대한 선입견을 최소화해야 한다.

　　문화에 대해 연구를 하든 하지 않든지 간에, 여러분은 동일한 목적을 고수해야만 한다. 최소화해야 할 선입견은 개인적 신념뿐만 아니라 연구를 이끌어 왔던 초기 이론적 명제에서도 비롯된다. 이 두 가지 영역 모두에서 앞서 제1장에서 논의한(제3절) 카테고리(범주)라고 불리는 가설적 구조(예: Becker, 1998, pp. 76-85)는 중요하다. 모든 사람들은 일상의 경험을 의미 있는 양상으로 정렬하기 위해 범주화한다. 그러나 현장연구를 처음 시작할 때, 사건과 일어난 일을 너무 일찍 '범주화'하지 않으려고 노력해야 한다.

성공적인 귀납적(inductive) 태도는 현장에서의 사건들이 나중에 범주와 명제들을 개발하도록 이끌고, 결국에는 선입견이 아니라 현장의 행위를 기초로 '의미'를 유추하게 한다. 현장연구를 수행하기에 앞서 선입견을 가지고 연구를 시작하는 것은 연역적(deductive) 절차로 간주될 것이다.

이제 결정적인 모순이 남아 있다. 앞서 제4장에서 어떻게 질적 연구가 사전에 인지된 이론적 명제들을 기초로 한 설계들로 시작될 수 있을지 논의했다(제4장 '선택 5' 참고). 연구가 이러한 설계를 바탕으로 시작된다 하더라도 현장연구는 초기 명제들이 일시적으로 무시될 때 가장 유익하다. 즉, 현장이 자신만의 방식으로 자신의 이야기를 먼저 말하도록 최선을 다하라. 그런 다음 그 이야기와 여러분의 초기 명제들을 비교할 수 있는 시간을 언제든 가질 수 있을 것이다.

이러한 모순적인 상황은 의사가 "기분이 어떤가요?"라고 환자에게 질문함으로써 이야기를 시작하는 임상 및 의료 환경과 같다. 좋은 임상의는 환자가 자신의 가장 사적인 기분을 공유할 수 있을 정도로 먼저 환자를 충분히 편안하게 하도록 훈련받고, 그다음 주의 깊게 듣고, 마지막으로 환자의 반응을 토대로 추가적인 질문이나 탐색을 한다.

좋은 임상의는 상황을 '판단한다'. 그러나 그것은 임상의가 진료를 시작하기 위한 어떤 지식(즉, 전제)도 없다는 것을 의미하는 것은 아니다. 요즘은 임상의가 전문의이므로, 이들은 환자들이 자신에게 온 것은 그들의 질병이 자신의 전문성과 관련이 있다고 믿기 때문이라고 가정할 것이다(그렇지 않았다면 환자는 다른 전문가에게 갔을 것이다). 어떤(아마도 대부분의) 임상의들은 그럼에도 불구하고 그들의 선입견을 중단하고, 환자가 질병에 대해 잘못 추정하고 있을 때와 환자를 다른 전문가에게 보내야 할 때를 인식할 정도로 충분히 훌륭하다. 그 밖의 다른 임상의들은 자신의 전문적인 지식을 고수하여 의도치 않게 환자의 보고를 자신의 전문성 쪽으로 유도할 수도 있다.

전자의 임상의를 모델로 하여 자신을 그러한 현장연구자가 되도록 훈련하는 데는 시간과 인내가 필요하다. 참여관찰자의 신조는 다음과 같다.

- 진행되고 있는 것에 대해 주의 깊게 경청함으로써 현장연구를 시작하라.
- 진행되고 있는 것에 대해 마음속으로 잘 기록해 두라.
- 초기 현장 경험을 이전(현장 혹은 비현장) 경험과 비교하는 것을 피하라.
- 가능한 한 사전 가설을 세우지 마라.
- 인위적인 촉진 없이도 어떤 양상이 도출될 것에 대해 자신감을 가져라.
- 연구가 어떤 명제하에 시작되었다면 초기 명제가 버려지고, 강화되고 혹은 어떤 흥미로운 방법으로 재정의될 필요가 있음을 발견하는 것을 포함하여 현장 경험과 이들 명제가 결국은 생산적인 방법으로 상호작용할 것이라는 점에 자신감을 가져라.

5. 현장 방문하기

◢▪ 미리 보기

- 현장 방문이 아주 적절할 수 있는 상황
- 참여관찰과 비교하여 현장 방문의 주된 이점과 불이익

　현장 방문은 현장연구 수행의 공식적으로 인정된 또 다른 방법이다. 사실 대부분의 정책, 기관 및 평가 연구에서 **현장연구**(fieldwork)라는 용어는 현장 방문을 칭한다. 더욱이, 이러한 상황에서 현장 방문은 조사의 질적 연구 부분을 직접적으로 내포하고 있으며, 때로는 연구의 유일한 방법으로 사용되기도 하지만 다른 예들에서는 혼합연구 방법을 이용한 연구의 일부로 사용되었다.

　다른 과학 분야에서 현장 방문을 정기적으로 할 수 있다는 것을 인지하고 있는 전문가들은 거의 없다. 이러한 현장 방문은 방문 위원들이 대학의 학과나 프로그램의 업무를 감찰할 때 이루어진다. 이들 현장 방문에서 대학의 학과나 프로그램에 대한 자료를 수집하고 분석함으로써 이들 전문가는 실제로 질적 연구를 수행한다.

대부분의 교재들은 공식적인 절차로서 선행된 현장 방문이나 현장 방문의 다른 형태에 대해 논의하지 않고 있다. 그러나 현장 방문에서 얻은 자료는 참여관찰에서 얻은 자료만큼이나 가치 있을 수 있다. 물론 주된 차이점이 존재한다. 첫째, 전형적인 현장 방문은 단지 며칠 동안만 진행된다. 둘째, 현장 방문을 적용한 현장연구는 의도적으로 현장 방문을 할 때 두 명 이상의 현장연구자들이 참여하도록 계획한다. 추가로 투입된 사람들은 팀 구성원이 역할을 나누어 각각 다른 사건이나 면담을 맡을 수 있기 때문에 현장에서의 전반적인 시간 부족 문제를 상쇄하도록 도울 수 있다. 현장 방문 과정의 몇 가지 중요한 점은 다음과 같다.

대규모 현장 환경에 대한 연구하기

비록 현장을 방문하는 것이 참여관찰을 하는 것보다는 어떤 단일 현장 환경에 대해 더 얕은 경험을 제공한다고 할 수 있지만, 현장연구 절차로서 현장 방문을 활용하는 주요 이점은 같은 연구의 한 부분으로서 여러 현장 환경에서 자료를 수집할 수 있다는 것이다. 참여관찰이 한두 가지 현장 환경에 제한되는 경향이 있는 반면, 현장 방문은 쉽게 열두 곳 혹은 그 이상의 환경을 다룰 수 있다. 어떤 단일 환경에서의 자료는 한 명의 참여관찰자가 수집한 연구 자료보다 더 제한될 수 있지만, 다수의 환경에서 얻은 현장 방문 자료는 현장 간에 교차되는 의미 있는 발견과 양상을 지원할 수 있다. 그래서 현장 방문을 적용한 현장연구는 환경 간에 교차하는 양상이 연구의 주된 목표인 상황에 적합하다.

역으로, 선호되는 현장 환경은 참여관찰에서의 환경에 비해 더 작거나 보다 독립적인 경향이 있다. 자주 이용되는 현장 방문 환경은 교실, 병원, 사무실, 산업공장, 할인매장과 같은 근무지를 포함한다. 이러한 환경에 현장 방문을 하는 것은 현장 간에 교차하는 양상이 주된 연구 문제일 때 필요한 정보를 제공할 수 있다. 이러한 양상의 일부는 환경 간에 교차되는 관점을 획득할 뿐만 아니라 시간을 갖기 위해 같은 현장 환경을 두 번 이상 방문하는 것을 필요로 할 수 있다. 만약 연구 주제가 광범위한 문서의 증거들과 관련 있는 것이라면 이전의 어떤 문서에 대한 현장 검토가 시대적 관점을 보다 확장할 수 있다.

공식적인 일정표와 계획 고수하기

　현장 방문은 참여관찰보다 더 엄격한 편이다. 현장에서의 제한된 시간 때문에 현장 방문은 일반적으로 현장에 있는 동안에 다룰 안건뿐만 아니라 미리 계획한 일정을 따른다. 이 두 가지 모두 참여자들과 면담이나 대화를 나누거나 현장에서 보고자 하는 사건들을 관찰할 수 있는 가능성을 증가시킬 것이다. 일단 면담이나 관찰 일정이 계획되면, 현장 방문을 위한 자료 수집과 기록 절차는 참여관찰에서 따르던 절차들과 크게 다르지 않을 수도 있다. 그러나 참여관찰을 진행할 때보다 좀 더 인위적인 상황에서 발생하는 계획된 면담이나 관찰을 한다는 측면에서 현장 방문 상황은 완전히 다를 수 있다.

　이러한 맥락적인 상황의 잠재적 영향을 과소평가해서는 안 된다. 예를 들어, 현장 방문을 받는 현장 환경의 구성원들은 자신들의 편의를 위해 일정을 조율할 것이다. 더욱이 현장에서 그들은 일정을 미리 알고 다시 조정함으로써 현장 방문을 위한 준비를 할 수 있다. 이러한 상황에서 현장 방문 동안의 활동과 반응은 그 현장 환경에서 일반적으로 발생하는 것을 대표하지 않을 수도 있다. 그 활동은 뭔가 이상적인 특성을 가지고, 그 반응은 그들이 평소에 주장하는 것보다는 참여자가 보기에 연구자가 듣고 싶어 한다고 생각하는 것에 훨씬 더 유사할 것이다.

 ## 현장 방문 동안 '호스트'의 안내받기

　현장 활동을 관찰할 때든지 혹은 현장의 사람들과 면담을 할 때든지 현장 방문자가 호스트와 동행할 때 더 복잡한 문제가 일어난다. 호스트는 서로 다른 두 가지 동기를 가질 것이다. 하나는 현장 방문자를 감시하는 것이다. 또 다른 동기는 현장 방문자가 배우고 있는 것을 보고 듣는 것이다. 예를 들어, 기관이 현장연구를 위한 연구 환경이 될 때, 현장 방문자는 평소에 호스트에게는 접근할 수 있도록 기회를 주지 않았던 더 직위가 높은 관리자에게 접근할 수도 있다.

　모든 현장 활동 동안 호스트의 존재는 반성성(reflexivity)과 관련된 쟁점을 훨씬 더 복잡하게 만든다. 다른 참여자들은 현장 방문자에게 인위적으로 반응할 뿐만 아니라 호스트의 존재로 인해 자신의 태도 전체를 바꿀 수도 있다. 그래서 현장 방문자는 그들이 호스트와의 동행을 원치 않을 때는 언제인지 결정하고, 이 문제에 대해 호스트와 미리 의논할 필요가 있다. 그러한 준비는 현장 방문 중에 일어날 수 있는 당황스러운 상황을 피하게 할 것이다.

팀워크 다지기

현장 팀별로 다수의 사람들(혹은 서로 다른 현장을 다루는 다수의 팀들)을 포함하는 현장 방문 연구는 팀 구축(team-building)을 위한 추가적인 노력을 필요로 한다. 예를 들어, 일반적인 훈련과 준비는 현장연구의 일관성을 증가시키기 위해 필요하다. 팀 구성원은 또한 그들이 함께 참여자와 면담하고 연구 지침을 따를 때 어떻게 서로를 방해하지 않을 수 있는지 이해하는 것을 포함하여 공감대를 이루기 위해 서로 의사소통해야만 한다.

팀 구축에 대한 노력은 '홀로' 연구를 수행하기 위해 해야 할 것을 훨씬 넘어서 강도 높은 협력과 계획을 요구한다. 그러나 팀 연구는 연구의 타당도와 신뢰도를 강화하기 위한 기회를 제공하고, 제6장(제3절)에서 논의한 삼각검증 목표에 보다 주의를 기울이는 것과 같이 이러한 것을 보완할 수 있는 이점을 제공한다. 근본적으로, 다수의 현장 방문자를 가진다는 것은 참여관찰자만을 이용한 연구가 가진 제한점과 비교할 때, 현장에서 다수의 연구 도구를 이용할 수 있는 기회를 가진다는 것을 의미한다.

주요 용어와 개념

1. 현장 환경
2. 현장 접근성
3. 문지기(gatekeeper)
4. 현지인화되어 가다
5. 현장 환경에 들어가기와 현장 환경에서 나가기

6. 참여관찰
7. 참여관찰을 수행하는 동안 연구 도구의 정체성
8. 현장이 먼저 이야기하게 하기
9. 현장 방문
10. 현장 환경에서 '호스트'의 안내받기

학습활동 **현장 관찰하기(직무 참관 연습)**

대학 관리자(예: 학장실의 관리자, 음식 서비스나 캠퍼스 서비스 부서의 장, 대학 부속 연구 센터 중 한 곳에 있는 사람 혹은 '사무직'에서 일하되 방문객이 있거나 매일 정기적으로 다양한 캠퍼스 장소를 이동하는 사람)와 직무 참관을 계획하라. 2주 동안 이 사람과 동행하며 참관할 수 있는 3일(혹은 그 이상)을 선택하고, 다른 사람과의 대화나 상호작용을 포함하여 그 사람의 행동을 관찰하라. 만약 가능하다면 그들이 그냥 책상에 앉아 있는 날보다는 그들의 일정이 많아 바빠 보이는 3일을 선택하라. 다른 사람들에게 왜 여러분이 그곳에 있는지 이유를 설명할 수 있도록 준비하고(함께할 호스트에게 그 설명에 대해서 미리 동의를 얻고), 그들은 그 설명에 대해 이의가 없는지 확실히 하라.

현장연구에 앞서, 녹음기나 비디오 카메라의 도움 없이 현장 노트를 잘 기록하면서도 관찰을 잘하고자 할 때 부딪히게 될 어려움이 무엇인지 가설을 세우라. 이 연습을 위한 성과물은 다음 네 가지 질문에 대한 여러분의 반응이 될 것이다(여기서의 노트는 나중에 제10장, 제11장, 제12장과 관련된 연습을 위한 성과물을 만드는 데 이용될 것이다).

1. 대화는 항상 정확하게 전달될 정도로 쉬운가?
2. 의미, 몸짓언어 혹은 물리적 환경의 세부 사항에서의 미묘한 차이를 얼마나 쉽게 기술하였는가? 그리고 이것들은 관찰된 사건들의 중요한 일부인가?
3. 대화에 참여하여 어떤 방법이든 관찰되는 사건의 일부가 되었을 때 예상치 못했던 어떤 사건이 발생하였는가?
4. 노트를 기록한 다음 무엇을 했는가?

[직무 참관이 여의치 않을 경우, 다음과 같은 대안적인 현장 환경을 고려해 보라. 즉,

학급 토론에 대한 학생들의 참여와 관련하여 명성이 있는 교수자가 있는 서로 다른 몇 가지 수업이나 과목을 청강하라. 몇 군데 다른 모임에 참여하되 관찰자가 될 수 있을 정도로 장시간의 모임에 참여하라. 대중에게 개방된 시의원 모임이나 학교 위원회 모임과 같은 어떤 유형의 대중적인 모임은 좋은 기회가 될 것이다.]

제6장

자료 수집 방법

자료는 연구를 위한 토대의 역할을 한다. 질적 연구에서 관련 자료는 네 가지 현장 중심 활동인 면담하기, 관찰하기, 자료 수집 및 조사하기, 느끼기에서 수집된다. 이 장에서는 이들 활동에 대해 좀 더 자세히 기술한다. 면담을 진행하면서 구조화된 면담과 질적 연구 간의 차이점을 특별히 주의 깊게 살펴볼 것이다. 관찰과 관련해서는 '무엇을, 언제, 그리고 어디서' 관찰할 것인지 결정하기 위한 중요한 선택이 관련된다. 자료, 유물, 다른 유형의 여러 대상들이 현장연구를 수행하는 동안 유용하게 수집될 수 있다. 촉감에만 제한되지 않고 여러 감각에 의해 표현될 수 있는 느낌은 참여자들 사이의 사회적 관계에 대한 추측뿐만 아니라 소리, 시간의 흐름, 현장 환경의 따뜻함/냉랭함을 포함할 수 있다. 네 가지 현장 중심 활동 모두에 대해 이 장에서는 직접적, 간접적, 제삼자를 통한 증거를 구분하는 것을 포함하여 다섯 가지 바람직한 실제들에 대해 논의한다.

실험연구를 진행하기 위해서는 자료를 수집할 필요가 있다. 다른 유형의 사회과학 연구는 서로 다른 유형의 자료 수집 절차를 선호하며, 질적 연구를 위한 자료 수집도 이와 같이 독특한 특성 및 어려움을 가진다.

1. 자료란 무엇인가

질적 자료를 제대로 수집하기 위해서, 우선 자료가 무엇인지에 대해 알고 있는지 자문할 수 있다. 처음 볼 때 '자료(data)'라는 단어는 복수형과 단수형 명사 둘 다로 보인다. 비록 대부분의 연구자들이 복수형을 선호하지만 두 가지 사용 모두 수용 가능하다. 그렇다면 **자료란 무엇인가**? 그것은 어떤 존재이고, 어디에 있는가? 만약 자료와 마주하게 된다면 그것에 대해 알 수 있게 될 것인가? 만약 자료를 접할 수 없다면, 어떻게 그 자료를 수집할 것으로 기대할 수 있겠는가?

위키피디아(Wikipedia)는 관련 정보에 대해 합리적인 자료 출처를 가지고 있는 듯한데, 특히 위키피디아의 정의가 기존 사전에서의 정의들과 많이 차이가 나지 않기 때문에 더 그렇다. 위키피디아에 의하면, 다음과 같다.

> '자료'는 구조화된 정보를 수집하는 것이며, 일반적으로 경험, 관찰, 실험의 결과다…… 이것은 특히 일련의 변인에 대한 측정이나 관찰 결과로서 숫자, 단어 혹은 이미지로 구성된다.

추가적인 통찰력을 제공하기 위해, 위키피디아에서는 **자료**(data), **정보**(information), **지식**(knowledge)을 구분할 수 있는 다음과 같은 예시를 제공한다. 이 예시에서 에베레스트 산의 높이는 '자료'로 정의되고, 에베레스트 산의 지형적 특성에 대한 책은 '정보'로, 그리고 에베레스트 산 정산에 오르기 위한 최선의 방법과 관련된 실제적인 정보를 포함하는 보고서는 '지식'으로 정의된다. 이 예에서 보듯이 '자료'는 어떤 경험, 관찰, 실험 혹은 기타 유사한 상황에서 기인한 가장 작거나 낮은 수준의 실체 혹은 기록된 요소들이다.

이 모든 상황이 연구자에게는 객관적으로 보인다는 것을 주목하라. 그래서 질적 연구가 아닌 연구에서 자료 수집을 할 때, 연구자의 역할은 계량기와 같이 어떤 기기를 이용하여 그것을 읽는 것이라 할 수 있다. 그러나 이미 언급했듯이, 질적 연구에서는 연구자가 주된 연구 도구다(제5장 제4절 참고). 그래서 비록 측정될 원래의 사건이 객관적인 것이라 하더라도, 보고하는 것과 그것을 어떻게 보고할지는 자신의 생각과 수집한 자료에 부여하는 의미를 통해 여과된다. 이런 점에서 자료는 완전하게 객관적일 수 없다.

2. 자료 수집 활동의 네 가지 유형

◢ **미리 보기**
- 참여관찰과 자료 수집 활동의 다른 유형들과의 관계
- 각 자료 수집 활동에 의해 산출될 수 있는 자료 형태

가장 적극적인 관찰에서부터 가장 수동적인 관찰에 이르기까지(제3장 제4절에서 이미 언급한) 참여관찰의 어떤 유형은 질적 연구를 수행할 때 여러분 스스로를 현장에 머물게 할 것이다. 그러나 참여관찰 그 자체가 자료 수집 방법은 아니다. 참여관찰자로서 여러분은 여전히 자료 수집을 위한 어떤 구체적인 활동을 수행해야 한다.

이와 같은 점에서, 참여관찰자가 되는 것 외에 다른 방법으로 현장에 머무르면서 질적 연구를 위한 자료 수집을 하고자 한다면, 이를 위한 잠재적 자료 수집 활동은 다음과 같다.

- 면담하기
- 관찰하기
- 수집하기 및 조사하기
- 느끼기

언뜻 보기에, 이 네 가지 활동은 너무나 비형식적이라서 연구 활동이라고 간주하기도 어려워 보인다. 그러나 만약 원한다면, 형식적인 도구와 엄격히 정의

된 자료 수집 절차를 이용하여 각각의 활동을 실행할 수 있을 것이다.

예를 들어, '면담하기'는 명시화된 면담 프로토콜을 가진 고정된 질문지에 의존할 수 있다. '관찰하기'는 인근 지역 연구의 일환으로 빈집의 정면 모습처럼 야단스럽지 않은 표지판을 찍은 사진에 의존할 수 있다. '수집하기'는 공식적인 검색과 전자 문헌 검색을 도구로 이용한 검색 절차를 통해 가능하다. 기계적 도구 중 어떤 것들은 심지어 따뜻하거나 춥다고 느끼는 것(온도계와 같은 도구를 이용하여 확인 가능), 시간이 지난 것을 감지하는 것(시계를 통해 확인 가능) 또는 일정 장소의 소음을 해석하는 것(청력계를 이용하여 측정 가능)과 같은 어떤 '느낌'의 유형을 평가하기 위해 사용될 수 있다.

유사하게, 이들 자료 수집 활동을 수행하는 구체적인 경우를 선택하기 위한 형식적인 표집(sampling) 절차를 따라야 할 것이다. 이와 같은 방법으로 예를 들자면, 연구자들은 관찰을 위한 관련 표본 수집을 시작하게 하는 엄격한 시간 간격 내에서 체계적인 관찰(systematic observation)을 이용하여 연구를 수행해 왔다. 이 관찰 절차는 텔레비전을 보고 있는 아동의 행동에서부터(예: Palmer, 1973), 법을 집행하기 위해 순찰하는 동안에 경찰관의 행동(예: Reiss, 1971)에 이르기까지 여러 연구들에서 행해져 왔다.

그럼에도 불구하고, 질적 연구는 일반적으로 이러한 고정된 도구, 절차 또는 표본의 사용을 포함하지 않는다. 비록 자료 수집 과정을 돕기 위한 기계적인 도구를 적용한다 하더라도, 자신이 주요 연구 도구로서 남을 가능성이 높다.

네 가지 자료 수집 활동 각각은 또한 서로 다른 종류의 자료를 만들어 낸다(〈표 6-1〉 참고). 〈표 6-1〉에서 보여 주는 예는 질적 연구 수행과 잠재적으로 관련된 다양한 자료들에 민감해지도록 해 줄 것이다. 자료 수집의 각 유형은 저마다 제한점을 지닌다.

예를 들어, 자료 수집이 단지 면담하기와 대화 나누기로 이루어져 있고, 주된 관심이 주어진 상황에서 사람들이 실제로 어떻게 행동했는지를 알아보는 것이라면, 자료는 참여자와의 상호작용과 자기보고(self-reported) 행동, 신념, 인식에 제한될 것이다. 연구에 따라서 이들 자기보고와 이것이 쓰인 방식은 참여자가 자신의 행동에 대해 어떻게 생각하고, 그 행동에 대한 이해를 이끌어 내는지에 대한 아주 중요한 통찰력을 드러낼 것이다. 그러나 이들 자기보고가 실생활

〈표 6-1〉 자료 수집 방법과 질적 연구를 위한 자료 유형

자료 수집 방법	자료의 유형	자료의 구체적인 예
면담하기 및 대화 나누기	언어(구어 및 몸짓)	어떤 행동이나 행위에 대한 다른 사람의 설명, 기억
관찰하기	사람의 제스처, 사회적 상호작용, 행위, 장면 및 물리적 환경	두 사람 간의 조화 정도 및 특성, 공간적 배열
수집하기	다음에 해당되는 내용물(개인 문서, 기타 인쇄물, 그래프, 기록물, 자연 유물)	제목, 문자, 날짜, 연대기, 기타 문서화된 말, 기록물의 목록
느끼기	느낌, 기분, 감각	장소의 차가움 및 따뜻함, 인지된 시간, 다른 사람들의 편안함과 불편함에 대한 해석

에서의 행동에 대한 가장 정확한 해석을 대변하고, 그 행동이 실제로 어떻게 발생하는지를 나타내 준다고 간주한다면 어리석은 사람이 될 것이다.

　여러분은 많은 질적 심리학 연구에서처럼 사람들이 말하는 현실에 가치를 두기 때문에(예: Willing, 2009) 연구 참여자들과 면담하고 대화를 나눌 수 있다. 이러한 경우, 여러분은 사람들이 말한 단어들과 구문을 분석하겠지만 그것들을 반드시 어떤 특정 행동에 관련시키려고 시도하지는 않을 것이다. 대화 상황에서의 상호작용에 대한 분석을 완수하기 위해서는 대화에서 사용된 단어들을 분석하는 것을 넘어서서 목소리의 어조, 대화의 휴지기, 대화 중단 그리고 기타 버릇을 포함하여 사람들 간의 대화에 대한 비언어적인 부분을 조사할 수 있다.

　또 다른 예이자 반대 관점에서 볼 때, 만약 현장 환경에 들어가서 단지 관찰만 하고 연구 참여자들과 면담이나 대화를 하지 않는다면, 자료는 연구 현장의 인간 행위와 물리적 환경의 관찰로 이루어지게 될 것이다. 대신 관찰한 사람들에게서 어떠한 자기보고적인 통찰력을 얻어 내지 못할 것이다. 또한 연구 참여자가 사건에 부여하는 의미에 대해서도 알 수 없을 것이다.

　연구에서 네 가지 자료 수집 활동을 이용할 뿐만 아니라 이들 제한점에 대한 보다 자세한 통찰을 얻기 위하여, 이 장의 나머지 부분에서는 두 가지 방법으로 이들을 좀 더 깊이 논의할 것이다. 첫 번째는 자료 수집 활동의 특성과 연관된 절차를 알아내기 위하여 각 자료 수집 활동을 개별적으로 설명한다. 그다음 두

번째로 그룹으로서 모든 활동과 관련된 바람직한 자료 수집의 실제에 대해 거론할 것이다.

3. 면담하기

◢ 미리 보기

- 구조화된 면담과 질적 면담의 차이점
- 질적 면담의 일부로서 성공적으로 대화 나누기에 대한 조언
- 탐문(probe) 및 추후 질문의 유용성과 질적 면담에서의 기타 바람직한 상호 작용
- 그룹 면담을 하기 위한 절차

면담에는 여러 가지 유형이 있으나 논의를 위하여 이 모든 유형을 **구조화된 면담**(structured interviews)과 **질적 면담**(qualitative interviews)[1]으로 나눌 수 있다. 다음의 논의는 의도적으로 이 둘 간의 명백한 차이를 밝히기 위해 이 두 유형을 정형화한다(숙련된 연구자들은 이 두 유형을 혼합하여 사용하는 자신만의 방법을 고안해 왔을지도 모르지만, 이러한 결합은 일반적으로는 매우 개별적인 것으로 현재 논의하고자 하는 내용의 범위를 넘어선다).

🏔 구조화된 면담

모든 면담은 면담자와 참여자(면담 대상자) 사이의 상호작용과 관련 있다. 구조화된 면담은 조심스럽게 이 상호작용의 대본을 쓰는 것이다. 첫째, 연구자는

---

1 질적 면담(qualitative interviewing)이라는 용어는 비구조화된 면담(unstructured interviewing), 집중 면담(intensive interviewing) 그리고 심층 면담(in-depth interviewing)과 같은 대안적인 용어들보다 선호되었는데, 이는 질적 면담이 서로 다른 환경에서 어떤 조합이든 모든 다양성을 포함할 수 있을 만큼 충분히 다양해졌기 때문이다. Robert Weiss의 간략한 부록 A, '질적 면담의 다른 명칭'(1994)을 참고하라.

질문할 모든 질문을 목록화한 형식적인 질문지를 이용할 것이다. 둘째, 연구자는 면담 대상자의 반응을 끌어내기 위해 노력하면서 공식적으로 면담자의 역할을 할 것이다. 셋째, 면담자로서 연구자는 모든 참여자와 면담을 할 때 일관된 행동과 태도를 취하도록 노력할 것이다. 면담자의 행동과 태도는 그래서 대본으로 쓰이고, 일반적으로 초기 훈련 및 연구를 위한 구체적인 훈련의 결과는 가능하면 동일하게 자료를 수집하는 것을 목표로 삼았다.

사람들이 **면담**(interviewing)이라는 용어를 사용할 때, 그들은 일반적으로 구조화된 면담을 칭한다. 사람들은 면담을 일종의 설문이나 여론조사의 일부라고 생각한다. 이들 연구는 또한 연구 참여자 표본에 대한 정의에 주의를 기울이고, 그 정의에 가능한 한 정확하게 맞는 표본을 선발해서 대표성을 띠는 참여자 및 면담 대상자의 표집을 이끌어 내기를 요구한다. 그러고 나서 적절한 통계적 검사를 통해 연구 결과와 더 많은 대상을 가진 표본 간의 연관성을 평가한다.

이들 상황을 고려할 때 만약 연구가 구조화된 면담만을 이용한다면, 연구는 대부분 설문이나 여론조사가 될 가능성이 많다. 만약 구조화된 면담을 수행할 때 사용되는 방법을 온전히 모방하면서 또한 추가 자료를 수집하고 분석하기 위해 질적 연구 방법을 이용한다면, 연구자는 제12장에서 좀 더 깊이 논의하게 될 **혼합연구 방법**(mixed methods research)을 사용하게 될 것이다.

일련의 분명한 절차 외에 구조화된 면담은 특정 종류의 질문, 즉 면담 대상자를 연구자가 미리 정의한 일련의 반응에 제한되게 하는 질문, 그렇지 않으면 **폐쇄형 질문**(closed-ended questions)을 선호하는 경향이 있다. 설문조사가 전화 면담, 면 대 면 면담 혹은 쇼핑몰과 공공장소에서 누군가를 '가로막고' 불시에 하는 면담과 같이 어떤 형태를 취하든지, 그 절차는 모든 면담 대상자에게 질문 각각이 제한된 일련의 반응 범주를 가지고 있는 동일한 질문을 하도록 고안되어 있다(Fontana & Frey, 2005).

많은 설문조사 연구자들은 폐쇄형 질문이 좀 더 정확한 자료와 보다 확정적인 분석을 이끈다고 믿는다. 예를 들어, 두 명의 주목받는 설문조사 연구자들은 "질문이 열린 형태로 이루어질 때보다 질문 목록이 제공될 때 아마도 답변이 보다 신뢰할 만하고 타당하다."(Fowler & Cosenza, 2009, p. 398)는 것을 관찰했다. 전반적으로 설문조사 연구는 오랜 역사 동안 이러한 쟁점과 설문지 계획과 관련된 다른 쟁점들을 다루어 왔다(예: Sudman & Bradburn, 1982).

 ## 질적 면담

질적 면담은 질적 연구에서 가장 많이 쓰이는 면담 방법일 것이다. 이러한 면담 유형은 구조화된 면담의 주요 방법들과 차이가 있다.

첫째, 연구자와 연구 참여자 사이의 관계가 엄격하게 대본화되어 있지 않다. 여기에는 연구 참여자에게 제시되는 완벽한 질문 목록이 포함된 설문지가 없다. 연구자는 연구 질문에 대한 사고체계를 가지고 있지만, 연구 참여자에게 제시되는 구체적으로 언어화된 모든 질문은 면담의 맥락과 상황에 따라 다를 것이다.

둘째, 질적 연구자는 각 면담을 위해 통일된 행동이나 태도를 적용하려 시도하지 않는다. 그보다 질적 면담은 대화 양식을 따르며, 면담 자체가 각 참여자들에게 개별화된 관계의 질을 유지하면서 일련의 사회적 관계를 이끌 것이다(예시 6.1 '사회적 관계로서의 질적 면담' 참고).

이러한 대화 양식은 구조화된 면담과 비교할 때 연구 참여자가 연구자에게

예시 6.1   **사회적 관계로서의 질적 면담**

교재 전체가 질적 면담에 초점을 두고 있는 것들이 있다. 그들 중 하나는 Irving Seidman(2006)에 의해 쓰인 것으로, 이러한 면담을 수행할 때의 절차와 근간이 되는 철학을 잘 논의하고 있다.

책의 많은 특성 중에서도 "관계로서의 면담"(2006, pp. 95-111)에 관련된 장이 도움이 된다. 예를 들어, 이 장은 관계가 우호적이되 우정 관계는 안 된다고 제시한다. 이 장은 또한 "반응을 위해서는 충분히 말하되, 참여자의 말에 대한 자율성을 유지하기 위해서 지나치게 많이 말하지 않는 것"(p. 96)의 어려움을 언급한다.

Seidman 책의 또 다른 부분은 감독자로서 감독을 받는 사람들과 면담하는 것, 교사로서 그들의 학생들과 면담하는 것 그리고 현장연구원으로서 그들의 동료

및 친구와 면담하는 것과 같이 면담 관계에 의도치 않은 영향을 미칠 수 있는 일련의 면담 유형에 반대한다(2006, pp. 41-42). 이 모든 상황은 혼재되고 명확하지 않은 면담 관계를 양산한다.

전반적으로 이 책은 질적 면담의 기본적인 목표를 이해하는 데 도움을 주는데, 즉 "다른 사람의 살아 있는 경험을 이해하는 것에 대한 관심과 그들이 만들어 가는 이런 경험의 의미"(2006, p. 9)를 추구하는 데 도움을 준다.

질문할 수도 있는 쌍방향 상호작용을 위한 기회를 제공한다. 또한 질적 연구는 연구자와 한 개인 간의 관계보다 오히려 연구자와 그룹원들 사이에서 더 많이 일어날 수 있다.

이 대화 양식에서 참여자들은 표현의 솔직함에 있어 그 정도가 매우 다양하여 어떤 지점에서는 솔직하게 이야기하기도 하지만 다른 사람에게 수줍어서 말을 잘 못하기도 한다. 연구자는 어떻게 이 둘 사이를 구분할 수 있을지 알아볼 필요가 있다. 결과적으로 "질적 면담은 강도 높은 경청과 사람들이 연구자에게 말하는 것을 진심으로 듣고 이해하기 위한 체계적인 노력을 요구한다"(Rubin & Rubin, 1995, p. 17). 이러한 경청은 "말해지는 것에 대한 의미를 듣는 것이다"(p. 7).

셋째, 질적 면담에서 좀 더 중요한 질문은 폐쇄형 질문보다는 개방형 질문의 형태가 될 것이다. 연구 참여자들의 반응을 한 단어 답변으로 제한하는 것은 질적 연구자가 제일 마지막으로 바라는 일이 되어야 할 것이다. 반대로 연구자는 연구자에 의해 미리 정의된 말이 아니라 주제에 대해 논의하기 위해 연구 참여자가 자신의 말을 사용할 수 있도록 노력해야 한다.

이들 세 가지 표면적 구분은 구조화된 면담과 질적 면담 사이의 훨씬 더 뿌리 깊은 차이점을 반영한다. 구조화된 면담은 직접적으로 연구자의 어법, 구, 의미를 따르는 반면, 질적 면담은 "연구 참여자들 자신의 용어와 그들이 자신의 삶, 경험, 인지 과정에서 어떻게 의미를 만들어 가지는지에 대해 연구 참여자를 이해하는 데 목적이 있다"(Brenner, 2006, p. 357). 이러한 목적은 질적 연구의 근본적인 목적 중 하나인, 연구 참여자의 관점에서 복잡한 사회를 묘사하는 데 잘 부합한다.

구조화된 면담은 연구 참여자의 생애에 걸친 삶의 흐름이나 맥락적 상황을 평가하는 측면에도 제한이 있는 반면, 질적 면담은 이러한 경향과 상황을 깊이 숙고하게 할 것이다. 이것은 부분적으로는 질적 면담이 구조화된 면담보다 시간상 훨씬 길고, 같은 참여자와 여러 차례 면담을 갖기 때문에 가능한 것이다. 예를 들어, 같은 참여자를 몇 주 혹은 며칠에 걸쳐 각각 90분씩 세 차례 면담할 수 있다. 세 차례 면담 중 첫 번째 면담에서는 일반적으로 연구 참여자의 개인적 배경을 다루면서 그의 경험에 대한 맥락을 파악하게 될 것이다. 두 번째 면담을 통해 연구 참여자가 연구의 주제가 되는 자신의 경험을 세부적으로 재구조화하게 할 것이고, 세 번째 면담에서는 연구 참여자에게 경험의 의미에 대해 성찰하도록 요구할 것이다(Seidman, 2006, pp. 16-19).

구조화된 면담과 질적 면담은 면담을 진행하는 사람들에게 두 가지 대조적인 영향을 미친다. 구조화된 면담을 수행할 때, 연구자는 동일한 세트의 질문을 반복하고 각 면담 대상자에게 동일한 태도를 취하려고 시도한다. 같은 날 이러한 방법으로 여러 차례 면담을 한 연구자는 아마도 그날이 끝날 무렵에는 **육체적으로**는 지치겠지만 정신적 에너지는 충분할 수도 있다.

반대로, 질적 면담을 수행할 때 연구자는 연구 참여자의 세계를 이해하려고 시도하는데, 그것은 연구 참여자의 단어나 구의 의미를 완전히 숙지하기 위한 집중적인 노력을 포함할 것이다. 질문의 순서는 설문지에 의해 통제되는 것이 아니라 연구자가 지속적으로 정신적 에너지를 써 가며 조정할 필요가 있다. 같은 날 이러한 방법으로 여러 면담을 수행한 연구자는 그날이 끝날 무렵에는 정신적으로는 지치겠지만 반면 육체적 에너지는 여전히 충분할 수도 있다.

질적 면담 수행하기

질적 면담에서의 대화 양식은 사람들의 일상적인 구어 의사소통의 자연스러운 대화하기와 비슷하다. 바로 이와 같은 이유 때문에, 연구 절차로 질적 연구를 수행하는 것이 쉽지 않다. 모순적으로, 이러한 어려움은 연구자와 연구 참여자가 동일한 언어로 이야기할 때 훨씬 더 가중될 수 있다. 연구 참여자는 연구자에게 익숙하지 않은 의미로 특별한 단어 혹은 일상적인 단어를 사용할 수 있는데, 결과적으로 연구자는 자신이 그 말의 의미를 알고 있다고 무심코 가정할 수 있다. 이러한 어려움은 특별히 질적 연구가 문화적인 문제에 초점을 둘 때 발생하며, 사회문화뿐만 아니라 기관과 같이 어떤 장소가 가진 문화를 조사할 때도 마찬가지다(Spradley, 1979).

질적 면담의 일부로 대화를 성공적으로 하기 위해 요구되는 실제가 있다. 여러분은 사람들에 대해 공부하기보다는 "사람들로부터 배워야 한다"(Spradley, 1979, p. 3). 이와 관련된 몇 가지 지침은 다음과 같다.

⌨ 적당한 분량으로 말하기

한 가지 중요한 실제는 다른 사람보다 적게, 훨씬 덜 말하려고 노력하는 것이다. 상대방의 입장에서 확장된 대화를 이끌 수 있는 질문 방법을 찾을 필요가 있다. 그러나 본질적으로 '예/아니요'로만 답할 수 있는 질문을 길게 할 때 확장된 대화와는 반대로 바람직하지 못한 상황이 발생하는데, 상대방이 단지 한 단어, 즉 '예/아니요'만으로도 충분히 반응할 수 있기 때문이다.

또한 같은 문장 안에서 여러 질문을 한꺼번에 물어보거나 혹은 첫 번째 질문에 답할 수 있는 기회를 주지 않고 바로 연이어 여러 질문을 하는 것을 피해야 한다. 대화는 심문(추궁)이 아니라는 것을 기억하라. 그리고 비교적 적은 말이라도 ① 건강한 대화를 지속하고, ② 다른 사람들의 반응에 대한 진지한 관심을 나타내고, ③ 모든 측면에서 일상적인 대화와 유사할 만큼 충분해야 한다.

최소한의 말로 대화를 지속하기 위한 한 가지 열쇠는 탐문과 추후 질문의 사용 방법을 완전히 습득하는 것이다. 연구 참여자가 통찰력 있는 발언을 했는데도 그것이 원하는 것에 비해 더 짧다면, 탐문 및 추후 질문을 적절히 사용하여 연구 참여자가 원래 말했던 것을 확장하도록 자극할 수 있다. 대화 전략으로서 탐문은 폐쇄형 설문지를 수행할 때와 같은 형식으로 보일 필요가 없다. 대화에서의 탐문은 '음…… 좀 더 말씀해 주세요, 왜요? 어째서요? 그것을 다른 말로 한다면요.'와 같이 간단한 표현이나 혹은 매우 조용하되 의도적인 대화 휴지기 등을 이용할 수 있다. 그러나 이러한 탐문을 지나치게 많이 사용하지 않도록 주의하라. 연구 참여자에게 여러분은 여전히 적극적이고 지적인 대화자여야만 한다. 로봇과 같이 미리 프로그래밍된 사람이 말하는 것처럼 시작해서는 안 된다.

🔂 비지시적이 되기

두 번째 중요한 실제는 가능하면 비지시적이 되는 것이다. 여러분의 목표는 연구 참여자들이 자신이 인지하는 세계를 자신의 방법으로 묘사하기 위해 자신만의 우선순위를 말하도록 하는 것이다. 간단한 예를 하나 들자면, 여러 대안적인 관점 중에서 연구 참여자에 의해 논의되는 주제에 순서가 있을 수 있다. 이러한 순서는 여러분이 따르려고 계획했던 것과는 다를 수도 있다. 그러나 연구 참여자들에게 자신만의 순서(위계)를 따르도록 기회를 제공함으로써 추후 분석은 연구 참여자의 관점에서 중요한 부분을 드러내도록 할 수 있다.

주제의 위계를 나타내는 것을 포함하여 지시적이 되는 것을 피하기 위한 노력의 일환으로 어떻게 초기 질문이나 진술을 이용하여 질적 면담을 어떻게 시작할 것인지는 대단히 중요하다. 대화를 위한 경계선을 분명히 할 필요가 있지만, 그럼에도 연구 참여자가 필요하다면 그 경계선 밖으로 이동할 수 있는 기회를 제공할뿐만 아니라 그것에 자신의 색을 입힐 수 있도록 허락해야 한다. 이러한 상황에 대처하기 위해, 연구자는 대화를 시작하는 데 실행 가능한 방법의 하나로서 **그랜드투어**(grand tour) 질문을 구분해 왔다(Spradley, 1979, pp. 86-88). 그랜드투어 질문은 광범위한 주제나 장면을 구축하되, 관심 있는 특정 사항이나 주제의 특정 순서를 나타냄으로써 대화를 편향되게 하지 않는다(예시 6.2 '대화를 시작하기 위해 그랜드투어 질문 이용하기' 참고).

초기 대화 열기에서 더 나아가 질적 면담 내내 비지시적인 태도를 유지하는 것이 중요하다. 이것은 조사가 연구 참여자 자신의 말로 표현된 그들의 세계에서 부각되는 어떤 주제를 얻으려 시도하는 것이라면 특히 더 중요하다. 여러분은 아마 연구 참여자가 첫 번째로 언급한 말을 경청함으로써 주제에 대해 연구 참여자가 부여하는 중요성을 추론하고자 할 것이다. 대신에 여러분이 첫 번째 발언을 하게 되었다면, 이와 같은 경우 부각되는 특정 주제를 평가하는 것은 불가능할 것이다(예시 6.3 '연구의 핵심 주제에 대해 사람들과 비지시적으로 면담하기' 참고).

예시 6.2　대화를 시작하기 위해 '그랜드투어' 질문 이용하기

　개방형 면담이나 대화에서 시작하는 질문을 구분하는 것은 쉽지 않다. 이러한 구분에 몇 가지 동기들[면담에 충분히 풍부한 시작을 제공해서 면담 대상자가 솔직하게(혹은 편안하게) 답변할 수 있도록, 연구 주제와 관련 있는 주제로 면담을 시작하기 위해, 면담 대상자에게 지시적이 되는 것을 가능한 한 최소화하기 위해]이 동시에 작용한다.

　Mary Brenner(2006)와 같은 연구자들은 이러한 동기를 대부분 만족시키기 위한 수단으로서 일반적으로 '그랜드투어' 질문을 언급한다. 그녀는 Spradley (1979)가 최초로 이러한 형식을 기술했다고 인정한다. 교육에서, 잠재적인 그랜드투어 질문은 학교에서의 최근 사건들을 다루거나(예: "올해 학교의 주요 발전 사항은 어떤 것이었나요?") 혹은 면담 대상자의 역할에 대해 다룬다(예: "이 학교의 교장으로서 여러분의 책임은 무엇인가요?"). 일단 시작하고 나면 면담자는 '그랜드투어'의 보다 구체적인 측면에 대해 추후 질문을 할 수 있을 것이며, 그래서 결과적으로는 원하는 수준의 보다 상세한 정보를 얻을 수 있다.

예시 6.3　연구의 핵심 주제에 대해 사람들과 비지시적으로 면담하기

　『트란실바니아 도시의 민족주의 정치학과 일상의 민족성(Nationalist Politics and Everyday Ethnicity in a Transylvanian Town)』(Brubaker et al., 2006)은 매우 추상적인 주제로 "정치적 영역에서 나타나고 대조되는 민족성과 독립국가" (p. xiii)를 다루고 있다. 이 연구는 1995년부터 2001년까지의 현장연구로서 현장 환경인 로마 도시의 일상적인 삶에 초점을 둔다. 모든 저자는 로마어와 헝가리어를 말했다. 그들은 100회 이상의 면담을 잘 기록했고, 수많은 그룹과 토론을 하고(또한 전사했으며), 참여관찰자로서 지속적인 관찰을 했다. 결론적으로 이 책은 또한 역사적 문헌을 학문적으로 집대성함으로써 주목할 만한 역사적 관점과 오늘날 현장의 수많은 증거를 결합한다.

　이 현장연구는 클루지 도시의 민족성의 역할과 로마인과 헝가리인의 혼재를 부각한다. 편견을 줄이기 위해, Brubaker와 동료들은 면담에서 매우 조심스럽게 민족성에 대한 직접적인 언급을 피하는 것을 연습했는데, 그것은 "모두 너무 쉬

워서 누가 그것을 찾으려고 하는지 알 수 없기 때문이다"(2006, p. 381). 대신, 면담은 "민족성과의 분명한 연관성이 없는 주제"로 시작했고 매일의 일상적인 사건을 다루었으며, 그래서 토론의 과정에서 "민족성이 자발적으로 발현되도록 했다"(p. 383). 책의 서문, 도입부와 부록의 '자료에 대한 노트'는 저자들이 어떻게 자신의 다른 현장연구 전략과 함께 이 과제를 추구했는지에 대한 좀 더 자세한 설명을 제공한다.

* 예시 11.5 참고

⊟ 중립을 유지하기

세 번째 실제는 비지시적이 되는 노력의 일환이지만 대화 과정 동안에 자신에 대한 전반적인 표현, 즉 여러분의 말뿐 아니라 몸짓언어 등이 중립적인 방식으로 신중하게 표현되어야 한다는 것을 상기시키는 기능을 한다. 여러분은 연구 참여자의 말이나 질문에 대한 반응 내용과 방법이 다시 연구 참여자의 후속 반응에 영향을 미칠 수 있는 자신만의 편견이나 선호를 포함하지 않아야 한다는 것을 확실히 해야 할 필요가 있다. 가장 바람직하지 않은 대화는 연구 참여자가 솔직한 의견을 표현하기보다는 여러분을 기쁘게 하거나 아니면 여러분의 구미에 맞추려고 할 때 일어난다. 구미에 맞추려는 시도는 여러분의 어조, 반응 방법(습관) 혹은 기타 대인관계에서의 신호가 승인이나 불승인 표시를 포함할 때 더 많이 발생하는 경향이 있다.

철학적으로, 경험이 많은 질적 연구자들은 진정한 중립이 존재하지 않을 수도 있다는 것을 인식한다. 질적 면담은 자연 환경에서 일어나는 대인관계 활동이나 사회적 만남이다(예: Fontana & Frey, 2005). 이러한 상황에서 여러분은 불가피하게 합의점(negotiated text)(pp. 716-717)을 생산하는 모든 대화에 자신의 관점을 부여할 것이다. 바람직한 해결책은 노골적인 편견을 피할 뿐만 아니라 남아 있는 편견에 대해 민감해지는 것이다. 나중에 이러한 편견이 어떻게 결과에 영향을 미칠 것인지를 최선을 다해 드러내고 토론해야 한다(제11장 제4절 참고).

⯐ 라포 유지하기

　네 번째 실제는 대인관계에 대한 것이다. 여러분은 연구 참여자와 좋은 라포를 유지할 필요가 있다. 여러분은 특정 연구 상황을 만들어 왔기 때문에, 다른 사람들에게 해를 끼칠 수도 있는 대화를 피하려는 특별한 책임감을 갖게 된다. 예를 들어, 혐오스러운 생각을 이끄는 대화, 법적으로 문제가 되는 주제는 아니더라도 전적으로 사적인 사실에 대한 폭로 혹은 연구 참여자 측의 과도한 불행 등이 그것이다.

　요컨대, 이들 처음 네 가지 실제를 따르는 것은 쉽지 않은 일이다. 여러분의 면담은 각 면담마다 독특한 맥락과 상황을 가질 것이며, 그것은 여러분이 구체적으로 각각의 실제를 어떻게 따라야 할지 이끌어 줄 것이다. 한 저자가 기술했듯이 목표는 문제의 핵심을 파악하거나, 혹은 '가속화된 친밀감'이라고 불리는 것을 얻는 것이다(Wilkerson, 2007).

　　연구 대상자가 나와 이야기할 수 있을 정도로 충분히 편안하게 만들기 위해 나는 가능한 한 모든 것을 한다. 나는 여전히 그들에 대해 많은 질문을 한다. 나는 정말 훌륭한 청중이 되려고 시도한다. 나는 고개를 끄덕인다. 나는 그들의 눈을 똑바로 쳐다본다. 나는 그들의 농담이 재미있든, 재미없든 그 농담에 웃는다. 나는 그들이 심각해질 때 심각해진다.

⯐ 면담 프로토콜을 이용하기

　이 추가되는 실제는 면담을 하는 동안 여러분을 인도해 줄 수 있다. 면담 프로토콜은 기존의 좀 더 광범위한 연구 프로토콜을 실제로 반영해야 하지만(제5장 '선택7' 참고), 규모 면에서는 적정해야 할 것이다.

　면담 프로토콜은 일반적으로 면담과 관련하여 고려할 만한 주제에 대한 소주제를 포함한다. 면담 프로토콜은 약간의 간단한 탐문과 추후 조사에 의해 각 주제가 나타나지만 결코 설문지로 간주되지는 않는다. 다시 말하면, 프로토콜은 여러분의 사고체계(mental framework)를 나타내는 것이지 참여자에게 구어로 주어지는 실제적인 질문 목록은 아니다.

　적절하게 사용될 때, 면담 프로토콜은 대화의 지침으로 기능하며 '안내된 대화'를 이끈다(Rubin & Rubin, 1995, pp. 145, 161-164). 원한다면 그러한 지침을 서면으로 보관할 수 있고, 면담 동안 '소품(prop)'으로 그것을 가지고 있을 수 있다. 이러한 사용은 놀랄 만한 유익을 줄 수 있다. 예를 들어, 참여자들이 여러분이 그 지침을 가지고 있는 것을 보고 그 주제를 힐끗 볼 수 있을 때, 참여자들은 자신이 좀 더 형식적인 조사 과정의 일부에 있다고 느끼고 대화의 쟁점과 관련해 자신을 좀 더 드러내려 할 것이다(Rubin & Rubin, 1995, p. 164). 그러나 여러분이 '소품'으로서의 형식적인 지침을 보여 주지 않고 전적으로 일상적인 대화의 일부로서 그러한 쟁점을 이야기한다면, 참여자는 여러분을 심각하게 고려하지 않고 여러분의 질문을 무시하려 들 수도 있다.

♬ 면담할 때 분석하기

마지막으로 주목할 만한 것은 질적 연구에서 어떤 종류의 자료 수집이든 지속적으로 분석 과정과 함께해야 한다는 것이다. 여러분은 좀 더 자세한 정보를 얻기 위해 언제 질문할 것인지, 언제 주제를 바꿀 것인지, 그리고 드러난 새로운 사실에 맞추기 위해 언제 원래 계획한 프로토콜이나 일정을 수정할 것인지 결정해야 한다. 이들 모두는 분석적 선택이다. 이러한 선택에 민감해짐으로써 여러분과의 대화로 인해 다른 사람이 놀라거나 대화의 초점에서 벗어나지 않게 된다.

🌴 질적 면담에 '들어가기'와 '나가기'

그랜드투어 질문이나 다른 초기 질문은 첫 번째 실질적인 질문을 대표한다. 그러나 이것이 대화가 시작되는 곳은 아니다. 서면 동의를 위한 규정을 포함하여 미래 면담자에 대한 좀 더 형식적인 도입의 일부로 여러분은 약간의 사교적인 인사말을 주고받아야 했을 것이다(제2장 제5절 참고).

어떻게 대화를 시작하고 끝낼 것인지는 상당 부분 예절과 문화에 대한 문제와 관련 있다. 이와 같은 이유로 가능한 한 대부분의 교재는 대화에서 이들 두 단계에 주의를 기울이지 않으며 질적 면담에서도 마찬가지다. 그럼에도 불구하고 들어가고 나가기는 질적 연구를 수행하고 있는 중에 어떻게 대화를 진행할 수 있는지 제안하는 데 있어 본 저자가 가장 좋아하는 부분 중 하나다.

첫째, 들어가기와 나가기에 대해 두 가지를 알아야 한다. '들어가기'는 실질적인 대화를 진행하게 될 대인관계의 분위기를 확실히 마련할 수 있고, 그래서 '들어가기' 대화를 준비해야 하며, 단지 그 주변을 배회해서는 안 된다. 새로운 대화를 시작하기 전에 면담할 사람과 다루고 싶은 주제에 어떻게 접근하기를 원하는지 생각해 보라. 대화에 '들어가는' 것이 현장에 '들어가는' 현장연구를 수행하는 데 있어서의 광범위한 문제와 다를 수 있는 가능성을 생각해 보라.

'나가기'는 훨씬 더 중요할 수 있다. 지금의 시청자들에게는 상당히 오래된 두 명의 유명한 TV 속 탐정(한 사람은 'Columbo'라는 이름의 남자로 배우 Peter Falk가 연기했고, 다른 사람은 'Jessica Fletcher'라는 이름의 여자로 Angela Lansbury가 연기했다)은 실질적인 추가적 질문을 하기 위한 기회로 시간을 질질 끄는 '퇴장' 모드를 이용했다. 전형적으로 면담 대상자는 대화가 끝나는 단계에 있다고 생각해서 자신의 방어적인 태도를 어느 정도 내려놓았다. 탐정은 코트를 입고 걸어 나가면서 다시 돌아서서 말한다. "어, 그런데……." 그리고 퇴장하는 동안 정보의 중요한 부분을 얻는 것처럼 보인다.

나가기에 대한 또 다른 논평이 있다. 일상적인 생활에서 동료와 함께하는 전문적인 내용의 대화가 가끔은 계획되거나 사용 가능한 시간을 초과해서 예상치 못하게 길어진 것을 주지할 것이다. 때때로 이것은 여러분과 동료들이 (의식하지 못하게) '최종 발언'을 해야 했기 때문이다. 여러분 중 한 명이 무엇인가를 말할 때마다 다른 사람은 무엇인가 대답할 필요가 있다. 자료 수집을 위한 대화에서 이것이 발생하지 않도록 주의하라. 해결책은 여러분의 자아를 통제하고 상대방에게 결론을 맺는 말을 하도록 하는 것이다.

여러 사람을 면담하기

여러 사람과 면담할 기회를 가질 때, 그것이 계획된 경우도 있지만 계획되지 않은 경우도 있을 것이다. 그룹은 작은 규모(2~3명)일 수도 있고, 중간 정도의 규모(7~10명)일 수도 있다. 이들 기회는 여러분 편에서의 주의 깊은 준비와 반응을 요구한다.

여러분은 개인을 면담하기 위해 부가적으로 매우 작은 소그룹을 다루게 될 수도 있다. 그룹원 중 한 사람에게 주의를 기울이되, 그러면서도 적절한 수준에서 다른 사람을 존중하고, 그들이 단지 부수적인 역할을 하고 있다고 느끼지 않게 할 수 있다.

일단 그룹이 조금이라도 커지면, 한 개인이 아니라 전체 그룹에 주의를 기울일 필요가 있다. 이것은 어려운 과제이며, 이러한 그룹과 처음에 어느 정도 연습과 경험을 하고, 독립적으로 지속적인 질적 연구를 할 때까지는 중간 규모의 그룹과 면담하는 것을 피해야 한다. 만약 이러한 연습이 없었다면 학업적이거나 개인적인 그룹 내에서 일련의 기회를 마련해 보라.

🏖️ 질적 자료 수집 방법으로 포커스 그룹 면담하기

연구 문헌에서는 '포커스 그룹(focus group)'을 중간 규모의 그룹을 위한 주된 면담 유형으로 간주한다(예: Stewart, Shamdasani, & Rook, 2009). 그룹은 미리 어떤 공통의 경험이나 관점을 가진 개인을 모았기 때문에 '집중(focused)'된다(예시 6.4 '포커스 그룹 자료 수집을 위한 차별화된 설명서' 참고). 이러한 그룹들과 대화할 때, 여러분은 **촉매자**(moderator)로 정의되어 온 역할을 수행해야 할 것이다. 촉매자는 그룹원들이 의견을 표현할 수 있도록 모든 그룹원을 유도하되 필요하다면 최소한의 지시를 한다.

> 예를 들어, 한 연구에서 고령의 가족 구성원을 돌보는 보호자들이 일련의 포커스 그룹에 참여했다. 목표는 초기 질문 구성에 영향을 줄 수 있는 이들 주제에 대한 연구자의 경향이 개입되는 것을 피하고, 연구자가 이미 이러한 지식을 가지고 있다고 전제하기보다는 시설과 이들 고령 가족들의 진단에 대한 보호자의 관점을 얻는 것이었다(Morgan, 1992, p. 206).

포커스 그룹은 원래 표본 청중이 특정 라디오 프로그램이나 다른 형태의 대중매체를 어떻게 인지하고 있는지에 대한 자료를 수집하기 위한 방법으로 시작

예시 6.4   포커스 그룹 자료 수집을 위한 차별화된 '설명서'

Robert K. Merton, Marjorie Fiske와 Patricia L. Kendall의 『포커스 면담: 문제와 절차에 대한 설명서(The Focused Interview: A Manual of Problems and Procedures)』는 어떻게 포커스 그룹 자료를 수집할 것인지에 대한 수많은 책과 지침서들 중 하나다. 1956년 처음 출판되었고 1990년에 2판이 출판되었는데, 어떻게 포커스 그룹을 구성하고, 면담을 시작하는 질문을 개발하고, 성공적인 촉매자로서 역할을 할 수 있을지에 대한 상세하고 도움이 되는 지침을 포함한다. 이 책은 포커스 그룹의 역학 관계를 살펴보고 구체적인 제언(예: 원으로 그룹을 앉게 하거나 반원으로 배치하여 촉매자가 그룹의 일부가 될 수 있도록 하는 것)을 제공하고 있는데, 그것은 오늘날에도 여전히 관련 깊은 중요한 주의 사항을 나타낸다.

이후에 나온 많은 지침서와 달리, Merton과 동료들의 책은 대중매체에 대한 연구를 수행하면서 질적 연구와 양적 연구가 진정으로 상호 보완적인 노력을 같이 할 때 나온 것이다. Merton과 그의 동료들은 탁월한 사회학자들이었고, 표본 설문조사 수행과 통계분석 수행을 위한 미개척 분야를 활성화한 컬럼비아 대학교의 응용사회연구국(Bureau of Applied Social Research)의 명성 있는 학자 그룹의 일원이었다.

되었다(Merton, Fiske, & Kendall, 1990). 개인을 면담하는 것과 비교할 때 한 가지 명백한 상반 관계는 효율적이지만(동시에 여러 사람들과 이야기할 수 있다), 깊이 면에서 손실이 있다는 것이다(어떤 특정 참여자로부터 정보를 덜 얻게 된다). 그러나 그룹 면담을 수행하는 주요 근거는 이와 같은 상반 관계와 관련 있지 않다. 오히려 그룹 면담은 사람들(예: 청소년과 아동들)이 단독으로 면담할 때보다 그룹의 일부일 때 자신을 더 쉽게 표현할 수 있다고 생각할 때 바람직하다. 반대로, 참여자가 그룹 장면에서 조용한 것처럼 보인다면, 그룹 면담이 끝날 때 그와 단독으로 간단히 면담을 시도할 수 있다.

포커스 그룹은 관리할 필요가 있는 그룹만의 역학 관계를 가진다. 포커스 그룹을 성공적으로 관리하는 것은 경험을 통해서만 개발할 수 있는 기술이다. 예를 들어, 한두 사람이 그룹 토론을 주도할 수 있는 높은 위험이 있다. 여러분은 적절히 정중함을 표하고, 그룹 토론에 영향을 주며, 토론의 방향을 편향되게 하

지 않으면서 과다하게 말을 많이 하는 사람들을 통제하는 방식을 확실히 해야
한다. 마찬가지로, 전체 그룹이 조용한 순간이 올 수도 있다. 여러분은 다시 그
룹의 방향을 편향되게 이끌지 않으면서 대화를 다시 시작하기 위한 단어를 찾
을 필요가 있다. 마지막으로, 그룹의 구성원이 여러분이나 다른 사람에게 질문
을 할 수 있다. 그 자리에서 여러분은 즉각적으로 그들의 질문이 여러분의 계획
을 도울 것인지 방해할 것인지를 결정해야만 하고, 실시간으로 그 결정에 따라
행동해야 할 것이다.

보다 다양하게, 한 개의 포커스 그룹뿐만 아니라 다수의 포커스 그룹에서 자료
를 수집할 수 있다. 만약 성공적으로 절차를 마치고, 포커스 그룹이 충분한 양의
자료를 제공한다면 다수의 포커스 그룹은 여러분의 현장 자료 대부분을 제공할
수도 있다(예시 6.5 '현장으로부터의 유일한 자료로서 포커스 그룹 이용하기' 참고).

예시 6.5 **'현장'으로부터의 유일한 자료로서 포커스 그룹 이용하기**

때로는 중요한 주제가 전통적인 현장연구에 적합하지 않을 때가 있다. 공교육
체제에서의 중요한 쟁점도 이와 같은 때가 있는데, 여기에는 학생들이 자신이 다
니고 싶어 하는 학교(대부분의 공립학교 체제는 학생을 특정 학교에 배치한다)를
선택할 수 있는 보다 큰 권한을 가지기를 원하는 옹호자들의 입장이 관련된다.
그래서 나라 전역에 걸쳐 '학교 선택' 배정이 계속 조사되어 왔다.

어떻게 학교 선택이 학생과 그들의 가족 입장에서 제대로 기능하는지 이해하
기 위해, 연구팀은 일련의 포커스 그룹을 구성했다. 연구팀은 주의 깊게 참여자
들을 선발했고, 포커스 그룹 면담을 실시했으며, 토론을 녹음하고 전사했다. 자
료는 전체 질적 연구를 위한 주된 증거로 사용되었다.

'소비자' 중심의 자료는 매우 가치가 있었다. 그러나 만약 전통적인 현장연구
를 수행했다면 자료 수집은 더 어려웠을 것이고, 많은 것이 드러나지 않았을 것
이다. 한 사람이 특정 학생을 따라다니지 않는 한(그것은 매우 강압적이고 강력
한 '연구자' 효과를 양산할 가능성이 있다), 학교 배정 자체가 새로운 교육적 실
제와 관련되지 않기 때문에 선택한 학교 환경에서 연구자가 경험하거나 '보는
것'은 별로 없을 것이다.

4. 관찰하기

■ **미리 보기**

- 현장 관찰에서 편견과 대표성의 잠재적 결여를 다루는 방법
- 관찰 대상이 될 수 있는 다양한 항목

'관찰하기'는 자신의 눈으로 보고, 자신의 감각으로 감지한 것을 다른 사람이 보고한 것이나 어떤 문서에서 저자가 봤던 것에 의해 걸러 내지 않은 것이기 때문에 자료 수집에서 매우 유용한 방법이 될 수 있다. 이런 의미에서 관찰은 일차적 자료(primary data)의 형태로서 매우 가치 있는 것이 된다. 놀랄 것도 없이, 정확히 수행한 관찰연구는 사회심리학의 연구 방법으로 오랫동안 이용되어 왔다(예: Weick, 1968). 여기서 연구자는 전적으로 수동적이다.

 전체 질적 연구를 위한 기초로서 '체계적인 관찰' 수행하기

질적 연구에서 비록 어떤 참여적 활동에 가담할 가능성이 높다 하더라도 전적으로 수동적인 역할을 할 수도 있다. 수동성의 정도에 관계없이, 가장 형식적인 관찰 방법에는 일반적으로 형식적인 (관찰) 도구와 관찰을 하기 위한 특정 상황을 구분하는 것이 포함될 것이다(예시 6.6 '학교 교실에서의 체계적인 관찰' 참고).

예시 6.6　　**학교 교실에서의 체계적인 관찰**

학교 교실은 체계적인 관찰을 하기 위한 일반적인 기회를 제공한다. 전국에 걸쳐 4개 공립학교 체제에서 수학과 과학 교육에 대한 대규모 연구의 일부로서 Borman과 동료들(2005)은 이러한 관찰을 했다.

연구자들은 연구방법의 부록에 소개된 형식적인 관찰 도구를 이용하여 모든

학년에 걸쳐 거의 200여 개 교실을 관찰했다. 일반적으로 이러한 도구는 관찰자가 질적인 판단을 하도록 요구하고(예를 들어, 교수적 실제가 교사 중심, 과목 중심 혹은 학생 중심으로 보이는지와 같이), 학급에서의 시간 동안 이러한 실제의 정도를 채점한다. 채점은 관찰된 행동에 대한 양적 증거를 만들 수 있다. Borman과 동료들은 이러한 절차에 따라 관찰된 횟수의 총계를 낸 후 발견되는 양상을 토론했다(pp. 96-103). 저자들이 보고한 이런 양상 중 한 가지는 "우리가 관찰한 교사들 중 대략 1/4이 수업시간에 미리 제시된 자료를 복습하는 수업에 참여하고 있었다."는 것이었다.

이러한 체계적인 관찰연구는 질적 연구와 양적 연구 방법의 상호 보완성에 대한 훌륭한 예시가 될 수 있다. 한 가지 방법은 자료의 총계를 계산하는 것을 가능하게 할 충분히 규모가 큰 표본을 보유함으로써 설명된다. 또 다른 방법은 '처치(treatment)' 상황이나 '비처치(no treatment)' 상황(예: 흡연자 대 비흡연자)의 형태를 부여하되, 처치 조건 외에는 유사한 특징을 가지고 있는 사람들로 구성된 서로 다른 두 집단을 의도적으로 구분하는 준실험설계를 이용하는 것이다(패러다임은 '준'실험적이다. 왜냐하면 그것이 처치 상황과 비처치 상황을 조작하지 않고, 설령 그랬더라도 패러다임은 '실험적'이기 때문이다).

그래서 방법론적 문헌연구를 검색할 때 관찰연구(observational studies)라는 용어가 주로 사회심리학 분야에서 매우 통계적이고 준실험적 작업을 칭할 수 있다는 것을 발견하고 놀라지 마라(예시 6.7 '관찰연구 또한 통계적 원칙과 방법에 의해 정의된 연구를 칭한다' 참고).

예시 6.7 **'관찰연구' 또한 통계적 원칙과 방법에 의해 정의된 연구를 칭한다**

관찰이 질적 자료를 수집하는 일반적인 방법이지만, 관찰연구는 '통계적 연구'로도 지칭될 수 있다. 이들 연구는 실험연구와 비슷한데, 왜냐하면 '처치'가 연구의 대상이지만, 연구자들이 그 처치를 조작할 수는 없기 때문이다.

통계적 연구뿐만 아니라 이 연구는 질적 연구를 수행하는 사람들과 중요한 공통의 원칙을 공유한다. Paul Rosenbaum의 『관찰연구(Observational Studies)』

(2002)는 정교한 이론에서 시작하는 것과 관련된 유용성, 숨겨진 선입견을 피해야 할 필요성, 상반되는 설명에 응대하는 중요성을 포함하는 이러한 원칙을 어떻게 적용할 것인지 보여 준다. 사례연구를 위하여 두 가지 원칙(결과가 이미 알려진 사례를 선택하기와 동일한 사례 안에서 다양한 결과를 평가하기)이 포함된다. 여러분은 사회과학의 분열보다는 통일성을 보여 주기 위해 이들 원칙과 그 밖의 공통적인 원칙을 적용할 것인지 결정할 수 있다.

언제, 어디서 관찰할지 결정하기

대부분의 질적 연구는 하나의 특정 장소에서 이루어지는 관찰에만 의존하지 않는다. 참여관찰자로 활동할 때, 자신을 시간과 공간에 있어 유동적인 현장 환경에 두어야 할 것이다. 이러한 유동성은 관찰 절차에 대해 분명한 결정을 할 것을 요구한다.

예를 들어, 형식적인 도구를 사용할 것인지 아닌지에 대한 유동성은 여러분이 한순간에 모든 곳에 있을 수 없다는 것을 의미한다. 또한 한 장면이 매우 복잡하다면 진행되는 모든 것을 볼 수 없다. '언제', '어디서' 관찰할 것인지에 대한 선택의 결과들은 자료 수집 절차의 분명한 과정일 필요가 있다. 여러분은 이런 결정을 하는 데 있어 확실한 근거를 가지지 못할 수도 있지만, 그 결과에 대해 인식할 필요가 있다. 관찰하고 기록하는 것은 발생하는 가장 중요한 사건이나 현장 환경에서 일어나는 모든 것을 대표할 필요는 없다.

이것에 주의를 기울이는 첫 번째 방법은 단순히 관찰 시간과 장소를 녹음하는 것인데, 이것은 관찰을 수행할 때 현장 환경에 있는 참여자들을 기록하는 것을 포함한다. 또한 발생이 예상되는 사건(혹은 비사건)의 유형에 대해 요약 표기법을 만들 수 있다.

편견과 대표성의 결여를 줄이기 위한 또 다른 방법은 관찰을 여러 번 하는 것이다. 가능하다면 처음부터 연구 현장을 '평가하고' 그 후에 하루의 서로 다른 시간대(아니면 서로 다른 날 혹은 다른 시즌)에 걸쳐, 같은 현장 환경 내의 약간 다른 장소, 그리고 각기 다른 사람들이 있을 때 관찰의 기회를 계획할 수 있다(물론 이러한 일정은 관찰이 특정 상황이나 사건에 초점을 둔다면 상관없는 일이 될 것이다).

여러분의 선택이 어떠하든지, 관찰 자료 수집을 지지하는 마지막 방법은 개인적 일지의 일부로 여러분의 선택과 이들 선택에 따른 가능한 결과를 토론하는 것이다(제7장 제5절 참고). 여러분은 어떻게 자신의 결정이 연구 결과와 결론에 영향을 주었는지를 추측해야 한다. 이것으로부터 자신의 연구에 대한 경고 및 주의 사항(혹은 뚜렷한 강점)을 정리해야 한다.

 ## 무엇을 관찰할 것인지 결정하기

많은 항목이 관찰 대상이 될 수 있다. 이들 항목의 특징은 질적 연구의 주제에 달려 있다. 관련 범주들은 다음과 같은 것을 포함한다.

- 옷, 제스처, 비언어적 행동을 포함하는 사람들 각자의 특징
- 사람들 사이의 상호작용
- 인간 혹은 기계에 의해 일어나는 '행위, 행동'
- 시각적 · 청각적 단서를 포함하는 물리적 환경

앞의 마지막 범주의 일부는 일명 "소품(props)"(Murphy, 1980)이라는 것을 포함하는데, 이것은 벽에 거는 장식품, 포스터, 상패, 책장의 책과 특정 사람이나 그 사람의 기관과 연관된 대상들이 포함된다. 이 소품은 개인이나 기관에게 의미 있었던 초기 사건에 대한 단서를 제공할 수 있으며, 적어도 소품은 질적 연구의 출발점을 알려 주는 기능을 할 수 있다.

비개입적 수단 이용하기

이 책의 전반에 걸쳐 논의된 반성성(reflexivity)에 대한 쟁점은 어떤 인간이나 인간의 활동을 관찰할 때 쉽게 발생한다. 여러분의 존재는 다른 사람들에게 보이지 않는 영향을 미친다. 반대로, 그들의 활동은 직접적으로 여러분이 관찰하는 방법에 영향을 줄 수 있다. 이러한 반성성은 피할 수 없고, 최종 방법론적

보고서에 다시 약간의 언급을 할 필요가 있다.

　반성성을 완전히 없앨 수는 없지만, 그럼에도 이전 인간 활동을 잘 드러낼 수 있는 물리적인 세계에서 특징을 관찰할 때 반성성의 가능성은 최소화된다. 매일의 일상의 일부로서 다른 사람에 의해 만들어진 사진이나 기록뿐만 아니라 누군가가 읽은 책의 넘겨진 페이지의 모서리와 같이 인간 활동의 물리적 자취 모두는 소위 비개입적 수단(unobtrusive measures)이라고 불리는 자원으로 간주될 수 있다(Webb et al., 1966, 1981). 이들 방법의 주된 가치는 그것들이 '비반응적인' 상황과 관련 있어 연구자로서 여러분이 그러한 물리적인 자취를 만들어 낸 참여자의 행동에 영향을 줄 수 없다는 것이다(예시 6.8 '관찰 대상으로서의 비개입적 수단' 참고).

예시 6.8　　**관찰 대상으로서의 '비개입적 수단'**

　비개입적 수단은 이미 그 자리에 있는 그대로의 사회적·물리적 환경에 대한 측면을 기록하는 것으로, 연구자에 의해 조작되거나 그들의 존재에 의해 영향을 받지 않는다. 비반응적 수단(nonreactive measures)이라고도 불리는 이 방법의 유용한 특징은 질적 연구 학자들뿐만 아니라 유명한 비질적 연구 학자 집단에 의해서도 널리 보고되었다(Webb et al., 1981).

　빌딩과 빌딩 사이로 사람들이 실제로 걸어간 곳이나 캠퍼스 잔디를 가로지르는 오래된 길과 같은 물리적 자취는 이러한 비개입적 수단의 가장 좋은 예들이다. 또 다른 예로서, 보관 기록물에는 매일의 일상생활 동안 집에서 직접 제작한 사진과 비디오로 녹음된 자료, 그래서 연구자에 의해 기록되지 않은 자료들이 포함될 수 있다(Webb et al., 1981, p. 247). 비질적 연구에서는 어떤 방식으로든 비개입적 수단에 의한 자료의 수를 세는 반면, 질적 연구에서는 그것의 의미를 구분하려고 시도한다.

　비반응성 때문에, 비개입적 수단은 다른 관찰자들이 일차적인 연구 도구가 될 때 반응성의 영향으로부터 어려움을 겪을 수 있는 면담과 설문지를 이용한 다른 측정방법을 쉽게 보완한다(Webb et al., 1981, p. 241). 이런 면에서 비개입적 수단은 질적 연구의 필수적인 부분이라 할 수 있다.

비개입적 수단의 수집만으로는 질적 연구를 전적으로 지원할 수 있는 충분한 증거를 만들 수 없을 것이다. 그러나 동일한 질적 연구 내에서 면담이나 다른 자료 수집을 보완하기 위한 방안을 이용할 수 있다. 이들 다른 자료는 연구자의 영향에 민감하기 때문에 비반응적 자료에 기초를 둔 어떤 자료를 얻는 것은 연구를 확실히 강화할 수 있다. 그래서 비개입적 수단이 연구와 관련될 것인지에 대해 주의 깊은 관심을 기울일 필요가 있다.

 ## 관찰로부터 의미 유추하기와
관찰된 증거를 다른 자료원과 함께 삼각검증하기

비개입적 수단을 다룬다 하더라도 관찰을 어렵게 만드는 것은 여러분이 기계처럼 단순하게 관찰하기를 원치 않을 것이라는 점이다. 질적 연구는 일정, 의례 및 사람들과의 상호작용과 같이 사람들의 사회적 행동에 대한 보다 넓은 개념과 관련될 것이다. 관찰을 하는 동안은 아니더라도 적어도 이후 분석 절차에서 보다 의미 있는 개념을 정의하기 위한 기회를 가질 수 있도록 관찰하고 그것을 기록할 필요가 있다.

관찰을 통해 유추한 의미들은 일종의 추론이라 할 수 있는데, 예를 들면 두 사람 간의 특정한 상호작용이 한 편에 대한 다른 편의 불만을 표현하는지 혹은 한 임원의 사무실 장식들이 그가 기관에서 고위직 인물이라는 것을 반영하는지와 같은 것을 들 수 있다. 면담 자료와 같이 다른 자료를 수집함으로써 이들 추론을 강화하고, 추론을 확증하거나 문제를 제기할 수 있다. 이렇게 하는 것이 질적 연구 자료 수집의 필수 요소이고, 이 장의 후반부에 좀 더 상세히 논의될 '삼각검증하기(triangulating)'의 예가 된다.

5. 수집하기와 조사하기

■ 미리 보기

- 수집되고 조사될 수 있는 대상의 다양성
- 현장연구에서 들이는 시간과 노력에 대한 합리적인 제한 범위 내에서 대상에 대한 자료 수집을 지속하기 위한 두 가지 방법

　'수집하기'는 연구 주제와 관련된 대상(서류, 유물, 기록물 등)을 모으고 축적하는 것을 칭한다. 대부분의 자료 수집은 현장에 있는 동안 이루어지지만, 도서관, 역사적 기록, 전자 자료로부터 대상을 수집할 수 있다(예시 6.9 '역사적 증거와 현장 증거 결합하기' 참고). 때때로 여러분은 자료 수집 대상을 가지고 나갈 수 없을 것이다. 이러한 상황에서 여러분은 그것을 조사하는 데 시간을 보내고 싶을 수 있다. '수집하기'에 대한 세부 내용의 참고자료는 이러한 조사를 포함한다.

　수집된(혹은 조사된) 대상이 어떤 것이든 다양한 언어적 자료, 수적 자료, 그래픽 및 그림 자료를 만들 수 있다. 자료는 물리적·사회적 환경에 대한 것일 수 있지만(예: 현장 환경과 구성원에 대한 기존의 사진), 또한 직접적으로 관찰하지 못하는 것들(예: 문서에 기록된 기관의 정책이나 절차와 같은 추상적인 주제), 인간관계(예: 두 사람에 간에 주고받은 서신) 그리고 좀 더 역사적인 정보(예: 기록물을 통해 보고된 동향)에 대해 매우 귀중한 자료를 산출할 수 있다. 또한 수집된 사물은 참여자와의 면담으로부터 얻어 낸 정보를 보완할 수 있도록 이용 가능한 참여자의 일기나 사진과 같이 참여자들에 의해 직접적으로 만들어진 것을 포함한다(예: Murray, 2009, p. 118).

예시 6.9　역사적 증거와 현장 증거 결합하기

　　질적 연구는 현장연구와 역사적인 기록에 대한 강도 높은 조사를 결합할 수 있다. 이것은 Circe Sturm이 체로키 민족(북미 원주민 부족-역주)에 대한 그녀의 연구에서 수행한 것인데 그들은 민족들 중 가장 큰 부족이고 "대규모의 다양한 다인종적 인구를 가진 부족이다"(p. 2).

　　현장연구는 체로키 민족과 오클라호마 북동쪽에 있는 그들의 공동체에서 3년에 걸쳐 이루어졌고, 수많은 사람들과의 면담을 강조하였다. 관련 역사물은 체로키 민족의 역사협회와 체로키 자유민 법적 사례에 대한 변호사의 개인적 보고서에 대한 수집뿐만 아니라 대학과 특수한 고문서에 대한 접근을 포함했다.

　　저자는 이 자료로부터 정보를 모아 3세기에 걸쳐 체로키의 정체성정치학(개인의 주요한 관심과 협력 관계는 인종·민족·종교·성에 기초하여 만들어진다는 정치적 입장-역주)과 자기정체성을 추적할 수 있는 한 권의 책에 담았는데, 이들 정체성은 혈통(온전한 혈통에서부터 체로키 혈통의 1/2,048까지), 피부색, 인종에 기초한다. 이들 면담자의 목소리는 대규모의 역사적 해설에 간간히 섞여 있다. 결과는 문자 그대로 살아 있는 역사에 대한 창조였다.

* 예시 10.3 참고

 현장에서 대상 수집하기: 가치 있지만 시간이 걸리는 작업

　　이러한 대상은 일반적으로 일차적인 증거의 다른 형태를 나타내기 때문에, 그것은 질적 연구에서 매우 가치가 있을 것이다. 예를 들어, 학생이 작업한 컴퓨터 출력물은 교실에서 교수되는 내용을 이해하는 데 도움이 될 수 있다. 이와 유사하게 사적인 편지, 미술 작품이나 개인적 메모와 같은 유물 또한 흥미로운 사실을 잘 보여 줄 수 있다. 마지막으로 인구통계, 주거나 범죄에 대한 시의 서비스 기록, 학교 기록물, 뉴스나 잡지 등은 현장연구를 보완하기 위한 중요한 상황 정보를 제공할 수 있다.

　　모든 유형의 이런 자료 수집 대상은 연구 주제와 상관없이 매우 많은 편이다. 결과적으로 문서와 기록을 수집하는 것은 그것이 이미 전자화된 형태라 할지라도 시간이 많이 소비될 수 있다(다른 사람들의 이메일 기록을 수집하고 검토해야 할 기회가 있다면 어떨지 생각해 보라). 그래서 어떤 대상이 관심을 받을 만한지, 그리고 자료 수집에 투자할 시간이 어느 정도인지를 신중하게 결정할 필요가 있다.

두 가지 전략이 이러한 자료 수집을 생산적으로 하는 데 도움이 된다. 첫째, 가능한 문서의 수나 범위 혹은 통계적 자료에 대한 기록의 크기와 범위와 같이 수집할 대상의 유형이 어떠할지 전체 윤곽에 대해 초기에 생각하라. 또한 이들 대상에 접근하고 검색하는 데 겪게 될 어려움에 대해 생각하라. 그리고 전체 범주를 모두 수집할 필요가 있을지, 아니면 표본만 수집할 것인지를 결정하라. 만약 표본만 수집해도 충분하다면, 의도하지 않은 어떠한 편견이 개입되는 것을 최소화할 수 있도록 조심스럽게 그 표본을 정의하라.

둘째, 일종의 예비 자료를 수집한 후 결과를 도출할 수 있는 자료를 즉시 검토하라. 수집된 자료가 어떻게 연구에 잘 부합될 것인지를 고려하라. 그 자료들이 핵심적인 것이 될지, 연구를 위해 유용할 것인지를 수집했거나 수집해야 할 자료들과 비교하면서 예상해 보라. 그리고 나서 자료 수집 노력에 시간을 덜 들일지(혹은 훨씬 많은 시간을 들여야 할지) 결정하라. 이 두 번째 전략은 여러분이 시간을 얼마나 잘 보내고 있는지 재점검하기 위해 중간 지점에서 반복할 필요가 있다.

현장 면담과 대화를 보완하기 위해 문서 이용하기

많은 문서들은 포함하고 있는 세부적인 정보만으로도 유용할 수 있다. 이들은 이름, 제목, 기관의 철자, 사건과 관련된 특정 날짜, 메모, 슬로건, 미션 진술, 다른 의사소통에 이용되었던 특정 언어를 포함한다.

중요한 면담에 앞서 많은 문서를 검토하고 그 내용에 대해서 알 수 있는 좋은 기회를 가지게 될 수도 있는데, 이는 그렇지 않았더라면 이름이나 제목의 철자가 어떻게 되는지 참여자들에게 질문함으로써 건전한 대화의 흐름을 방해할 수 있었던 것을 막아 줄 것이다. 또한 미리 다양한 문서의 이용 가능성에 대해 알아야 할 것이다. 비록 중요한 면담 시간까지 그것들을 검토하지 못한다 하더라도 이들 문서가 이름의 철자와 같은 세부 내용을 명확히 해 줌으로써 이러한 정보를 확인하느라 면담을 방해받지 않을 것이다.

관련 정보를 위한 '서핑'과 '구글 검색' 하기

질적 연구에서 다루는 대부분의 주제를 위해, 요즘은 관련 웹 기반 정보를 확인하기 위해 시간을 할애해야만 할 것이다. 사용 가능한 다량의 정보에는 연구를 위한 유용한 단서가 많이는 없더라도 몇 가지 유용한 정보가 포함되어 있을 것이다.

가장 관련성 있는 검색 중 하나는 연구 주제에 대한 다른 연구나 문헌을 살펴보는 것이다. 선행연구 모음(study bank)을 축적할 때처럼 주제를 정의할 때 이런 자료를 이미 검색해 봤을 것이다(제3장 제1절 참고). 자료 검색이 연구의 일부로서 요구되는 문헌연구를 마치기 위해 필요한 정보를 제공할 수 있느냐는 다양한 학술지의 웹사이트와 도서 검색엔진에 접근할 수 있는가에 달려 있다. 이런 것들의 대부분은 회원 가입이나 일종의 회비를 요구한다. 다시 말하자면, 이런 자료 수집 형태가 잠재적으로 시간 소모적이라는 것을 염두에 두어야 하고, 그래서 앞에서 논의한 유의점 등을 적용할 필요가 있다.

웹 기반 정보를 이용하는 데 있어 가장 중요한 우선순위는 정보의 출처를 기록하고 이해하며 연구에 그대로 인용하는 것이다. 여러분의 이해는 출처와 관련하여 널리 인식되고 있는 편견에 대해 배우는 것을 포함한다.

예를 들어, 신문 기사는 매우 유용하지만 기사의 내용을 액면 그대로 수용하기 전에 신문의 명성이나 정치적 입장에 대한 것을 알아야 한다. 여러분은 도시의 주요 일간지와 지역 신문들이 지역사회의 사건을 다루는 범위에 있어, 특히 인종적인 경향을 가진 신문의 경우 상당히 다르다는 것을 알아야 한다(예: Jacobs, 1996). '공식적인' 정부 보고서는 원치 않는 정보를 배제할 수도 있다(제12장 제2절 참고). 블로그와 개인적 게시물은 이용 가능한 자료에 대한 선택과 그들의 의도된 관점 내에서 전적으로 편향될 수 있다는 점에서 더 나쁘다. 마지막으로, 언론의 공식 발표와 공공연한 매스컴의 관심을 나타내는 다른 매체들은 일반적으로 인용하기 전에 고려해야 하는 숨겨진 의도를 가진다.

자료 수집의 보완적인 부분으로 대상 수집하기 및 조사하기

수집된 대상들은 반성성의 문제 및 어려움을 줄일 수 있다. 이들 대상은 조사를 위해서라기보다는 어떤 다른 이유로 만들어졌기에 조사에 의해 영향을 받았을 것이라고 말할 수 없다.

대조적으로 질적 면담은 두 가지 방향, 즉 참여자에 대한 여러분의 영향력뿐만 아니라 여러분에 대한 참여자의 영향력에서 반성적이 될 수 있다. '관찰하기'는 한 방향으로 반성적인 영향력을 가질 수 있는데, 관찰하기 절차가 비교적 비개입적이라는 것에 관계없이 관찰하는 대상에 대한 여러분의 영향력이 그것이다. 수집된 문서, 유물, 기록물은 반성성의 어떤 형태로든 영향을 받지 않지만 여전히 신중하게 사용되어야 한다. 비록 그것들이 반성성과 관련 없이 어떤 이유로 인해 만들어졌다 하더라도, 여전히 그들의 동기와 그로 인한 잠재적인 편견에 주의를 기울여야 한다.

6. 느 낌

◼ 미리 보기

- '느낌'이 현장 환경에서 유용하고 중요한 다양한 특성을 다룰 수 있는 방법

'느낌(feelings)'을 자료의 한 형태로 언급하는 것은 단일한 현실과 다차원적인 현실 사이의 차이점에 대한 초기 논의를 재점화하려는 의도는 아니다(제1장 제3절 참고). 여기서 느낌이라는 용어는 촉각에 수반하는 결과를 나타내는 것으로만 사용되는 것이 아니다. 연구에서는 잠재적으로 중요하고 간과해서는 안 되는 여러분 안의 다양한 특성을 다루기 때문에 느낌에 대해 고려할 필요가 있다.

다양한 형태를 가지는 '느낌'

이러한 형태의 자료를 처음 수집할 때 어떤 느낌이 환경(예: 따뜻함/차가움, 시끄러움/조용함, 장소에 대한 시간적 흐름)에 대한 명시적인 자료를 나타낸다는 것을 인식하라. 만약 그럴 필요가 있다면, 환경의 이러한 측면을 측정하기 위한 기계적인 도구를 이용할 수도 있지만, 비록 정확하지 않더라도 '느낌'은 일반적으로 수용 가능한 대체물이다.

어떤 느낌은 다른 사람들에 대한 정보를 나타낸다(예: 직장에서 누군가가 의존적이거나 반항적이라는 느낌, 두 사람이 사이가 멀거나 혹은 가깝다는 느낌, 집단이 마음이 잘 맞는 상태에서 일한다거나 서로 방해가 된다는 느낌). 비록 자신의 상황에 대해서 어떻게 생각하는지 그들에게 항상 물어볼 수 있는 기회가 있더라도 이런 느낌은 측정하기 더욱 어렵고, 면담이나 대화에서 사람들의 자기보고와 항상 잘 부합하지는 않는다. 그럼에도 불구하고 자신의 느낌을 무시하지 말아야 하는데, 이것은 느낌이 다른 자료들과 연계되어 확증하거나 거절을 요하는 또 다른 상황을 나타내기 때문이다.

마지막으로, 다른 느낌들은 훨씬 더 복잡하고, 여러분의 직관이나 상황에 대한 '직감'을 대표할 수도 있다. 이러한 느낌은 어떤 한 감각에만 제한되지 않고 항상 설명될 수도 없다. 직관은 그럼에도 불구하고 주어진 상황에서 일어나는 사건을 해석하기 위한 중요한 정보를 제공할 수 있다. 다른 자료에 의해 확증될(문제가 제기될) 필요가 있으므로, 이러한 느낌을 다시 다루어야 한다.

느낌 보고하기와 기록하기

여기에서의 자료는 여러분의 느낌이다. 이러한 느낌을 가능한 한 주의 깊게 기록해야 하는데, 언제, 어디서 그것들이 발생했는지를 기록해야 한다. 진술된 느낌과 함께 느낌을 설명할 수 있는 사건, 행동, 상황을 최대한 기술해야 한다. 이 기록들은 나중에 같은 사건, 행동 혹은 상황에 대해 자료를 수집할 때, 중요한 통찰력을 제공할 것이다.

7. 자료 수집의 모든 형태와 관련된 바람직한 실제

■ 미리 보기
- 좋은 현장연구를 수행하기 위한 다섯 가지 중요한 실제

자료 수집의 모든 형태에 걸쳐, 연구를 강화할 수 있는 어떤 실제들을 고려해야 한다. 적어도 다섯 가지가 중요하다.

⊓ 좋은 '경청자'가 되라

앞에서 논의했듯이(제2장 제2절 참고), 경청(listening)이라는 용어는 문자 그대로의 의미가 아니라 비유적인 의미를 가지는 것으로, 환경에 집중하는 바람직한 방법을 지칭한다. 그래서 관찰할 때도, 경청을 잘하는 특성이 관찰을 잘할 수 있는 능력이 될 것이다.

우선 질적 연구와 관련하여 여러분에게 매력적일 수 있는 사회 세계는 복잡하고도 미묘한 환경을 제공한다. 좋은 경청자가 되는 것은 다른 사람에게 말을 더 하게 하는 것에서부터 대화를 하는 동안에 '숨은 뜻을 들을' 수 있는 것을 포함한다. 또한 문서나 기록된 메시지를 해석할 때 '속뜻을 읽어야' 할 수도 있다. 질적 자료를 수집할 때, 사람들이 소위 말하는 '귀담아듣지 않는(deaf ear)' 성향을 가졌거나 숨은 의미의 가능성을 전혀 알지 못한다면, 여러분은 연구의 바람직한 특성을 드러내지 못할 것이다.

⊓ 탐구적이 되라

좋은 '경청자'가 되면서 또한 동시에 탐구적이 된다는 것은 처음에는 서로 상충되어 보일 수 있다. 인지심리학을 깊이 공부하지 않고서도 둘 다를 할 수 있고, 해야만 한다. 분명한 갈등 상황은 연구자가 '탐구적'이 된다는 명목하에 대화를 주도하여 이끌어 나감으로써 '경청'의 기회를 축소시킬 때만 발생한다.

대신, 여러분의 마음 상태 그대로 '탐구적이 되는 것'을 생각하라. 듣거나 관찰할 때 그것의 의미에 대해서만 생각해야 하고, 이것은 추가적인 질문들로 여러분을 이끌 것이다. 그 순간에 이들 질문을 입으로 말할 필요는 없지만 즉각적인 면담이나 관찰 상황 밖에서라도 마음속으로 이후 조사를 위한 기록을 남겨라.

⊟ 다른 사람들의 시간과 자신의 시간을 관리하는 데 민감해져라

앞에서 자료 수집이 시간이 오래 걸릴 수 있다는 가능성에 대해 지속적으로 언급해 왔다. 여러분이 다른 사람을 면담할 때 자신은 물론 다른 사람의 시간을 소비하게 된다.

참여자들은 자신만의 우선순위와 요구를 가지고 있으며, 그들이 여러분의 연구를 위한 조사에 소비할 시간을 무한정 가지고 있는 것은 아니다. 다른 사람의 시간제한이나 선호에 대해 배우고 그들의 요구를 채워 주라. 이들의 시간제한이나 선호를 존중하는 것은 이후 여러분과 연구 참여자 사이에 건강한 관계를 맺어 줄 것이다.

마찬가지로 자신의 시간제한이나 선호에도 민감해져라. 이것들을 존중하는 것은 자신을 더 행복하게 할 것이고, 그리 중요하지 않은 성과를 만들지도 않을 것이다.

⊟ 직접적 · 간접적 · 제삼자를 통한 증거를 구분하기

이것은 일차적인 증거와 이차적인 증거를 구분하는 것의 확장된 버전이다. 묘사된 관련 특성은 여러분이 아닌 다른 누군가에 의해 기록되지 않고 대신 상황에 의해 생성된 자료로서 '일차적' 또는 '직접적' 증거를 이용하여 걸러지거나 구분된 것 중 하나다. 귀로 직접 들은 것이나 눈으로 직접 본 것이 직접적인 증거의 예들이다. 이 장 전체를 통해 언급된 반성성의 영향에 대해 여러분이 충분히 민감하고 다른 모든 것들이 동일하다는 가정하에 여러분은 일차적인 증거에 가장 큰 신빙성(credibility)을 제공할 것이다.

다른 사람에 의해 잠재적으로 걸러진 것은 이차적인 혹은 간접적인 증거다. 사건에 대한 역사가들의 기록은 이차적인 증거 자료일 수 있다. 유사하게, 참여자들이 발생한 어떤 것에 대해 여러분에게 이야기한 것도 그것에 대한 '간접적인' 증거다(비록 여러분이 참여자에게 직접적으로 들은 것은 여전히 참여자가 말한 것에 대한 직접적인 증거이지만).

'제삼자를 통한' 증거는 가장 드물고 두 번의 여과 과정, 즉 누군가가(첫 번째 여과장치) 여러분에게 다른 사람이(두 번째 여과장치) 어떤 사건(여러분이 알고 싶어 했던 실제 행동)에 대해 말한 것을 들었다고 이야기하는 것이 있을 때 일어난다. 만약 사건에 대해 다른 사람이 말하는 것을 인용한 신문 기사를 인용한다면, 제삼자를 통한 증거를 이용한 것이다(언론가의 기록은 첫 번째 여과장치이고, 인용된 사람은 두 번째 여과장치가 된다).

이들 세 유형의 증거를 구분하는 것은 간접적인 증거나 두 사람을 거친 제삼자를 통한 증거를 무시해야 한다는 것을 의미하지 않는다. 직접적인 증거만 가지고 질적 연구를 할 수는 없을 것이다.

예를 들어, '관찰하기'에 대한 초기의 논의는 중요한 사건들이 어떤 장소나 다른 시간대에 일어나고 있음에도 불구하고 어떻게 한 번에 한 장소에만 있을 수 있는지 지적했다. 여러분은 직접적으로 관찰할 수 없는 모든 범위의 사건들을 다루기 위해 간접적인 증거나 제삼자를 통한 증거를 이용하게 될 것이고, 간접적인 혹은 제삼자를 통한 증거가 연구 대상에 귀중한 통찰력을 포함하고 있다는 것을 고려해야 한다. 요점은 다른 출처로부터 확실한 정보를 얻으려고 시도하지 않고, 간접적인 혹은 제삼자를 통한 증거에만 의지해서는 안 된다는 것인데, 이것은 다음에 설명할 실제와도 연관된다.

⊟ 여러 출처로부터 얻은 증거를 삼각검증하기

이 실제는 질적 연구뿐만 아니라 모든 형태의 실험연구에서 제일 중요한 것이기 때문에 가장 마지막으로 논의한다. 연구의 타당성을 강화하기 위한 중요한 방법 중의 하나로 앞에서 이미 소개한 방법은(제4장 '선택 2' 참고) 두 가지 출처에서 나온 자료가 같은 결론을 내리거나 도출하는지를 결정하는 것이다. 자료를 모으는 한 가지 예는 여러분이 사건을 관찰하거나 대화 중에 누군가가 말하는 것을 들을 때, 현장에 함께 있는 동료가 또한 같은 것을 관찰하고 들을 때, 그리고 두 사람 모두 서로 점검한 후 같은 결론을 도출했을 때 발생한다(다른 사람들과의 사건이나 대화를 마친 후 여러분들 사이의 전형적인 대화는 두 사람 중

한 사람이 "내가 본 것을 너도 봤어?" 혹은 "내가 들은 것을 너도 들었어?"라고 말하는 것으로 시작한다).

여러분이 특히 중요한 발견에 대해 이러한 수렴 과정을 더 많이 보여 줄수록, 증거는 더 강력해진다. 삼각검증(triangulating)이라는 용어는 서로 다른 세 가지 출처로부터 얻은 증거가 모아질 때 이상적인 상황을 나타낸다. 예를 들어, 여러분은 어떤 것을 봤고, 다른 누군가는 그 장면에서 똑같은 것을 봤고, 그리고 신문 기사에서 나중에 같은 것을 보고했다.

마지막 예로, 교육연구는 종종 교실 안에서 일어나는 교수적 실제에 초점을 둔다. 교실 안에서 관찰(직접적 증거), 직접 목격한 실제는 아니지만 교사와의 면담(간접적 증거) 혹은 교실에 들어가 본 적은 없지만 교실 안에서 어떤 일들이 벌어질 것이라고 생각하는지에 대한 학교장과의 면담(제삼자를 통한 증거)으로부터 서로 다른 증거들이 도출될 수 있다. 만약 이 세 가지 출처가 같은 교실 사건을 다루었거나 일치했다면 증거에 대해 훨씬 더 확신이 들 것이다. 만약 교실에서 일어나는 교수적 실제에 대한 여러분의 해석을 정의하기 위해 단지 학교장이 말한 것에만 의존한다면 살얼음판에 서 있는 것과 같을 것이다.

삼각검증의 역할은 질적 연구의 수행에서 매우 중요한 의미를 가진다. 삼각검증하기는 심지어 방법론적 전략이라기보다는 사고의 틀로 여겨져야 하는데, 즉 무엇을 하든지 확실하거나 혹은 대립되는 의견이나 자료에 눈과 귀가 열려 있도록 도움을 준다.

주요 용어와 개념

1. 구조화된 면담
2. 질적 면담
3. 폐쇄형 질문과 개방형 질문
4. 연구자와 참여자 사이의 엄격한 대본 고수하기
5. 비지시적이 되기
6. 그랜드투어(grand tour) 질문

7. 포커스 그룹

8. 체계적인 관찰과 관찰연구

9. 비개입적 수단

10. 마음의 상태 그대로 탐구적이 되기

11. 직접적 · 간접적 · 제삼자를 통한 증거

학습활동 자료의 서로 다른 두 가지 출처 교차 점검하기(문헌 검토와 면담)

자신의 대학이나 직장의 운영과 관련된 주제를 선택하라. 주제는 대학이나 직장의 대다수 사람들에게 이미 익숙한 중요한 쟁점을 다루어야 한다(예: 최근 기관의 성취, 사건 혹은 지속적인 대화). 같은 주제에 대해 자세한 문서(팸플릿 같은 것이 아니라), 긴 신문 기사나 다른 중요한 문서에서 발견한 것 혹은 대학이나 직장의 웹사이트에서 발견한 것을 검토하라.

같은 주제에 대해 친구, 직원 혹은 교직원과 같이 여러분의 대학이나 직장의 누군가와 개방형 면담을 하기 위해 여러분을 이끌어 갈 수 있는 간단한 프로토콜을 준비하라(이것은 연습이기 때문에, 대학이나 직장 친구와의 면담도 가능할 것이다). 면담을 하는 동안 현장 노트를 작성하되 제7장의 연습을 할 때까지는 노트를 형식화하지 마라.

대신 문서에서 보이는 것과 상대방이 여러분에게 보고하는 것을 비교할 때 방향을 제시할 수 있는 질문들에 집중하라. 이 연습을 위해, 관심사에 맞는 자신만의 질문을 개발할 수도 있으며, 다음과 같이 제시된 형식을 이용할 수도 있다(그러나 질문은 면담을 하는 대상이 아니라 여러분이 주도해야 한다는 것을 주지하라).

1. 만약 주제에 대한 상대방의 인식과 문서에 제시된 것 사이에 중요한 차이가 있다면 무엇인가, 왜 이러한 차이가 존재하는가?

2. 만약 이러한 불일치가 소수이거나 전혀 없다면 어떻게 상대방은 주제에 대해 이렇게 훌륭한 이해를 하고 있었는가(예: 그 사람은 여러분이 검색한 문서나 다른 출처로부터 이해를 구했는가, 그렇다면 그 출처는 무엇인가)?

3. 문서에 보고된 것과 비교할 때 쟁점에 대한 상대방의 이해의 깊이는 어떠한가?

4. 그 사람의 인식 및 지식의 수준에 상관없이 어떤 방법이든 그 사람이 문서에 언급된 쟁점에 동의하거나 동의하지 않는가?

제7장

자료 기록하기

무엇을 기록할지 결정하는 것은 질적 자료 수집에 있어 필수적인 부분이다. 더욱이 자료의 완벽성과 정확성을 높이기 위해 실제 현장연구 기간 동안 작성된 초기 노트를 매일 밤 검토하고 정비할 필요가 있다. 이런 시간을 통해 연구자는 원래 노트에 여전히 수정이 필요한 공백과 해석할 수 없는 메모들이 있다는 것을 발견하게 될 것이다. 이 장에서는 우선 단어 그대로의 의미를 포착하려는 욕구를 포함하여 노트 필기 실제의 모든 것을 다루고 있다. 뿐만 아니라 이 장에서는 오디오 및 비디오 테이프와 같은 다른 기록 기기의 사용에 대해서도 논의한다. 이러한 기록은 질적 연구의 주된 자료 수집 기법이 될 수 있으므로, 주의 깊게 다루어져야 하는데, 여기에는 이런 기기들을 이용하고, 나아가 이런 기기의 기록물을 공유하기 위한 승인의 필요성도 포함된다. 질적 연구에서 요구되는 최종 기록은 연구자 자신의 일지를 쓰는 것이다.

이 책을 읽거나 공부하는 동안 여러분은 계속 노트 필기를 해 오고 있지 않았는가? 만약 실제로 질적 연구를 수행하고 있다면(단지 이 책을 읽는 것이 아니라), 연구를 위해 노트 필기를 시작했을 수도 있는데, 제6장에서 설명한 실제 자료 수집 절차에 대해서는 노트 필기를 많이 못했더라도 제3장과 제4장에서 다룬 연구 시작과 설계 절차 전반에 걸쳐서는 내내 노트 필기를 해 왔을지도 모른다. 또한 자신의 연구 경험에 대한 개인적인 논평을 포함한 일지를 따로 시작했을 수도 있다(제5절 참고).

어떤 사람들은 질적 연구를 잘하기 위해서 노트 필기를 하고 일지를 쓰는 것이 필수적이며, 따라서 그것이 한 개인의 성향의 필수적인 부분이 될 필요가 있다고 생각한다. 이들이 아주 틀린 것은 아닐 수 있다. 질적 연구를 기초로 베스트셀러 서적을 집필한 유명한 한 작가의 말을 생각해 보자.

> 나는 대개 책을 위해 10,000페이지 이상의 속기를 한다……. 나는 도서관에서의 조사와 일반적인 사무실에서의 면담으로 노트의 다른 한 쪽을 채운다. 일단 그렇게 한 후, 노트를 구조화해야 한다(Kidder, 2007, p. 52).

분리되어 있으나 서로 관련된 관찰은 '방대한'이라는 형용사와 관련된다. 모든 사람은 그 단어가 무엇을 의미하고, 어떻게 그것을 사용해야 하는지 알고 있지만, 왜 그런지 '방대한 노트'라는 구절을 제외한 다른 곳에서는 이 단어가 거의 사용되지 않는다.

이 장에서는 단지 노트 필기뿐만 아니라 기록하기의 다른 유형들에 대해서도 논의한다. 그럼에도 불구하고 노트 필기(그리고 이후 여러분의 현장 노트 수정하기)는 질적 연구를 수행할 때 기록하기에서 가장 많이 쓰이는 양식일 수 있다. 노트 필기 양식은 그래서 가장 많은 관심을 받는다. 그러나 무슨 일이 진행되고 있는지 관찰하고 경청하는 것뿐만 아니라 현장에서 참여관찰자로 있으면서 노트 필기(혹은 그렇지 않다면 현장 자료 기록하기)를 해야 하기 때문에 특별한 어려움이 따른다. 여러분은 실험실이나 교실과 같이 책상에서 조용하게 노트 필기를 할 수 있는 호사를 누리지 못할 것이다.

사실상 매번 현장연구 수행과 노트 필기를 동시에 한다는 것은 엄격한 선형적 순서에 따라 현장연구 수행에 바로 뒤이어 노트 필기와 다른 기록을 해야 한다는 것을 의미하는 것은 아니다. 현장연구는 기록하기 절차에 분명히 영향을 미친다. 기록하기 절차, 특히 노트 필기가 전형적인 질적 연구의 엄격한 선형적 관계보다는 반복적으로 순환되는 관계를 따르면서 지속적인 현장연구를 위해 도움이 되는 지침을 이끌 수 있다는 사실은 다소 과소평가되고 있다.

이들 주제(자료 수집과 기록하기)에 대한 이 책의 논의는 그럼에도 불구하고 순차적으로 제시되어야 한다. 예를 들어, 어떤 노트 필기는 자료 수집 활동에 앞서거나, 함께, 그리고 바로 뒤이어 이루어질 수 있음에도 불구하고 제7장이 제6장 뒤에 왔어야 했다. 그래서 이 두 장에서의 실제 활동은 아마도 겹칠 수 있다.

노트 필기와 기타 기록하기 양식에 초점을 두고 있는 제7장에 관해서는 여러분이 기록해야 할 정보(제1절)에 대해서 먼저 논의를 시작하고, 그다음 다양한 기록하기 실제에 대해 논의하고자 한다(제2절, 제3절, 제4절, 제5절).

1. 무엇을 기록할 것인가

▰ 미리 보기
- 행동과 생생한 이미지에 대해 노트 필기하기
- 단어 그대로의 의미를 포착하기
- 현장 환경에서 수집된 서면 자료에 대한 처리(handling)와 노트 필기하기

 '모든 것'을 기록하려는 시도 대 지나치게 선택적이 되는 것

모든 연구자는 딜레마에 봉착한다. '모든 것'을 기록하는 것은 불가능하다. 그러나 어떤 사람들은 그럼에도 불구하고 자신의 연구의 필요를 많이 넘어서서 지나치게 많은 노트 필기를 한다. 이러한 노력으로 인한 부담은 조금 더 천천히 말하거나 혹은 연구자가 노트 필기를 하는 동안 잠깐 이야기를 멈추도록 요청받아야 하는 참여자들에게 자주 전가된다. 여기서 가능한 조언 한마디는 참여자들의 리듬이나 페이스를 방해하지 않고 필요한 것을 어떻게 기록해야 할지

배워야 한다는 것이다. 옷을 입고 현장에서 자신을 나타내는 방법과 같이 노트 필기 과정은 또 하나의 조용한 파트너여야 하며, 그 자체가 관심의 대상이 되면 안 된다. 심지어 노트 필기에 사용되는 신체적 움직임도 가능하면 불필요한 관심을 끌지 않아야 한다.

다른 극단의 경우는 심지어 더 큰 문제를 야기한다. 너무 적게 기록하는 것은 부정확하거나 분석을 위한 정보를 충분히 갖지 못하게 하는 위험을 가져온다. 심지어 연구를 하지 못할 수도 있다.

이 양극단 사이에 중도(golden mean)가 있다. 여러 연구를 진행하고 마치면서 얻은 경험으로 모든 연구자는 기록에 대한 자기 나름의 편안한 수준을 발견한다. 목표는 향후 분석 및 결과 작성 관련 요구를 지원하기에 충분한 노트 필기를 하는 것이지만 너무 많아서 사용하지 않을 만큼의 많은 노트 필기는 하지 않는 것이다. 또한 너무 많은 노트 필기를 하는 것은 때때로 분석 단계에서 여러분을 마비시킬 수도 있는데, 왜냐하면 그 모두를 어디서부터 정렬하기 시작해야 하는지 알 수 없기 때문이다.

경험은 사람들이 가장 유용한 수준의 기록 양이 어느 정도인지 미리 예측할 수 있도록 돕는다. 그런 의미에서 중도는 어떤 연구자의 '스타일'과 동의어가 될 수 있다. 어떤 연구자들은 독자를 위해 '거기에 있는' 듯한 경험을 그대로 옮긴 풍부하게 잘 묘사된 구절을 탐내는 것으로 알려져 있는 반면, 다른 연구자들은 연구 질문에 확실히 초점을 맞추기 위한 강력한 증거를 제공하는 것으로 알려져 있다. 원래 연구 계획의 일부가 아니었던 새롭고 매력적인 무엇인가를 계속 발견하고 싶어 하는 연구자도 있다.

행동 강조하기와 단어 그대로의 의미 포착하기

대부분의 사람들은 심지어 그들이 전에 현장연구를 한 적이 있다 하더라도 현장에서의 첫날이 힘들다는 것을 알게 된다. 무엇을 기록할지는 경험 많은 연구자든 초보 연구자든 모두에게 어려운 과제지만, 특별히 초보 연구자의 경우 약간의 지침을 두 가지 전략[현장에서의 **행동 강조하기**와 **단어 그대로(verbatim)의 의미를 포착하기**]에서 얻을 수 있다.

'첫째 날'은 제대로 된 관찰 기회를 가질 수도 있고, 혹은 단순히 첫 번째 현장 면담을 할 수도 있다. 어느 상황이든지, 정말이지 많이 익숙하지 않은 영역에 부딪히게 될 것이다. 여러분은 누가 누구인지 구분하는 것을 포함하여 수많은 관찰이 주는 의미를 잘 모를 것이다. 면담 상황에서 면담 대상자의 발언과 관련된 맥락에 대해서도 생소할 뿐 아니라 그 발언에서 언급된 사람들을 구분해 내는 것도 익숙하지 않을 것이다.

이러한 상황에서의 노트 필기는 더 불확실하고 심지어 단편적인 것에 그칠 수 있다. 여러분의 목표는 방대한 양의 노트 필기를 하기보다는 새로운 환경과 참여자에 대한 자신만의 이해를 얻는 것이다. '경청하기'는 무언가를 '수행하기'보다 더 중요할 수 있고, 열린 마음으로 경청이 이루어져야만 한다. 이러한 과정에서, 초기 도전 과제는 관찰이나 면담 상황에서 가지고 있는 미성숙한 고정관념을 피하는 것이다.

이러한 관찰 상황에서 사람이나 장면을 묘사하는 것이 아니라 현장에서 발생하는 행동에 집중하는 것은 고정관념을 최소화하면서 동시에 현장에서 일어나고 있는 것을 기록하는 한 가지 방법이다. 이것의 목적은 '시각적 고정관념(visual stereotype)'이 아닌 '생생한 이미지(vivid image)'를 기록하는 것이다(Emerson, Fretz, & Shaw, 1995, pp. 70-71). 생생한 이미지에는 한 사람, 사람들이 모인 집단 혹은 한 참여관찰자의 경험에 대한 활동이 포함될 수 있다(예시 7.1 '생생한 이미지의 서로 다른 예' 참고).

예시 7.1   '생생한 이미지'의 서로 다른 예

서로 다른 세 가지 연구가 어떻게 질적 연구자들이 자신의 현장연구를 생생하게 그려 낼 수 있는지 보여 준다.

첫째, Anderson(1999)은 'Robert'의 거리의 생활을 나타내기 위해 결론부의 장을 이용한다. 대부분의 장들은 Robert가 감옥에서 석방된 후의 적응 과정을 묘사한다. Robert의 새로운 관계, 태도, 일하는 모습을 보여 주고, 독자들에게 Robert의 새로운 삶에 대한 구체적인 이미지를 제공하면서 수많은 거리의 사건과 장면을 강조한다.

둘째, Pedraza(2007)는 그녀 자신의 현장연구의 주요 대상이었던 쿠바 이민자들의 네 가지 변화에 대해 여러 장을 할애한다. 그녀는 독자들의 흥미를 좀 더 끌면서 그러한 변화—카스트로(쿠바 혁명가-역주)의 초기 봉기에 뒤이어 1959~1962 쿠바 '엘리트'의 이동, 1965~1974 국가 '소시민 계급'의 이전, 1980년 마리엘 항구에서부터 로스마리엘리토스(los Marielitos)라고 불리는 젊은 남성들의 '혼란스러운 소함대 탈출(chaotic flotilla exodus)', 1985~1993 balsas(뗏목, 타이어, 임시변통의 배)라는 용어에 기초한 쿠바 뗏목 난민(balseros)의 이동과 이 사람들이 어떻게 굶주림과 탈수, 익사 및 상어류의 위험을 경험했는지에 대한 설명—를 구분하고 명명한다.

셋째, Van Maanen(1988)은 '총을 지닌 사람, 개를 동반한 사람, 두려움에 몸서리치는 사람'이라는 제목으로 도시 경찰부서에서의 참여관찰 현장연구를 묘사하는데, 여기에는 경찰관과 함께 도시 거리를 지나면서 거친 추격전을 하는 동안 일어난 이야기가 7쪽에 걸쳐 포함되어 있다.

* 예시 9.3, 11.3, 11.5, 11.8 참고

면담 상황에서는 말 그대로(verbatim)에 초점을 맞추는 것이 이와 유사한 목적을 가진다. 만약 여러분의 첫 번째 면담(혹은 두 번째)에서의 노트가 그 밖의 다른 것은 아무것도 포함하지 않는다면, 그 노트는 면담 대상자의 말을 여러분이 다른 말로 바꾸어 표현한 것이나 고정관념이 아니라, 면담 대상자가 이용한 특정 용어, 명칭, 단어 그리고 구문을 포함하고 있어야만 한다.

제스처나 다른 표현들뿐만 아니라(예: Emerson, Fretz, & Shaw, 1995, pp. 30-32) 정확한 단어와 구문을 포착하고자 하는 욕구는 처음 몇 번의 면담에만 머무르지 않는다. 사람들이 머무는 장소나 집단의 문화를 더 연구하고자 한다면, 그들의 언어를 포착하는 것은 더욱 중요하다. Spradley(1995, pp. 7-8)에 따르면 다음과 같다.

사람들이 집단의 일원으로서 배운 문화와 지식은 직접적으로 관찰될 수 없다……. 만약 우리가 사람들이 알고 있는 것을 발견하고자 한다면, 우리는 그들의 머릿속으로 들어가야만 한다.

예시 7.2   축어의 원칙

대부분의 노련한 현장연구자들은 말한 그대로 노트를 기록하는 것의 중요성을 이해한다. 즉, 면담 대상자가 사용한 정확한 용어, 구어적 표현, 명칭을 포착하여 기록해야 한다. James Spradley(1979, p. 73)는 이것을 '축어(逐語)의 원칙(verbatim principle)'이라고 칭한다.

이 원칙을 적용할 때, 현장연구자들은 비록 모든 사람이 같은 언어를 말한다 하더라도 '현장'에서는 여러 언어가 사용될 수 있다는 것을 먼저 인식해야만 한다. 예를 들어, Spradley는 현장연구자의 언어를 '관찰자의 용어', 현장 구성원들의 언어를 '현지인의 용어'로 언급한다. 나아가 그는 서비스 제공자들과 서비스 클라이언트들과 같이 서로 다른 현장 구성원들의 역할이 그들 자신만의 언어를 갖게 한다고 지적한다.

Spradley는 언어가 연구하는 문화에 대한 직접적인 반영이라는 것을 알고 있는 수많은 질적 연구자들의 성찰에 동의한다. 그래서 현장연구자들은 언어의 차이점에 매우 민감할 필요가 있다. Spradley는 말한 그대로를 노트에 기록하는 것이 "또 다른 문화의 내적 의미에 대한 발견을 향해 나아가는 첫걸음들 중 하나라고 간주한다"(1979, p. 73).

Spradley는 아주 초기 단계부터 현장연구자들이 자신의 노트에 특정 언어를 이용하는 문제를 다루어야 한다는 것을 주시한다. 모든 현장 면담이 진행되는 내내 단어 그대로를 포착하는 데 계속적으로 집중하는 것이 자신이 유추한 의미보다 면담 대상자의 생각이 가진 의미에 대한 통찰력을 얻는 데 결과적으로 도움이 된다(예시 7.2 '축어의 원칙' 참고).

관찰과 면담 상황 모두에서 특히 초기 현장연구 동안에 여러분의 노트는 자신만의 표현으로 바꾸는 것뿐만 아니라 미묘하게라도 현실을 묘사하기 위한 자신만의 '범주(categories)'를 사용하는 것을 피해야만 한다. 그런 예로는 교사와 학생 사이에 상호 교류가 부족하다는 사실을 있는 그대로 기록하기보다는 훈시적 교수(didactic instruction)라는 용어를 사용하여 학급 장면을 묘사하거나, 실제 입은 옷을 묘사하기보다는 '단정치 못하게'라는 표현으로 옷 입은 사람에 대해 기록하는 것이 있다.

자료 수집의 실제에서 여러분은 이미 너무 이른 범주화와 고정관념을 피하는 문제에 대해 경각심을 가졌어야 했다. 여기서의 핵심은, 조심하지 않는다면 노트가 무심코 이 방향에서 퇴행하는 쪽을 취할 수도 있다는 것이다. 이러한 위험은 민족 중심적 관점이나 자기 중심적 관점에 빠져드는 것을 포함하는데, 그로 인해 ① 익숙지 않은 표현들이 매우 생경한 함축과 연계되고, ② 해석은 한 가지 관점만이 '진실'이라는 무언의 가정을 수반하거나, 또는 ③ '가정한다면'이라는 용어와 관련하여 묘사가 이루어진다(Emerson, Fretz, & Shaw, 1995, pp. 110-111).

자신의 연구 질문 명심하기

행동을 강조하거나 단어 그대로의 의미를 포착하는 것 외에 무엇을 기록할 것인지 알기 위한 또 다른 전략은 자신의 연구 질문을 명심하는 것이다.

공식적인 연구 프로토콜을 개발하든지 하지 않든지 간에 여러분의 연구는 몇 가지 질문이나 주요 관심사로 시작되었다. 여러분은 신중하게 고려한 이후에 현장 환경을 선택했을 뿐만 아니라 주요 관심사를 확인했다. 그래서 연구 질문과 관련 있어 보이는 행동과 단어 그대로의 의미에 보다 집중함으로써 또한 이들 동일한 관심사에 초기 노트 필기(그리고 질의할 질문)의 우선순위를 부여할 수 있다.

현장에서 찾은 서면 연구물, 보고서, 문서에 대해 노트 필기하기

관찰과 면담 외에 현장 노트에 대한 세 번째 공통적인 출처는 서면 자료다. 이미 자신의 질적 연구를 설계하기 위한 준비의 일환으로 문서를 검토할 때 이러한 노트 필기를 했을 수도 있다. 그러나 문자 사용 이전의 사회적 집단을 연구하는 것이 아니라면, 현장연구의 일환으로 추가적인 서면 자료를 접하게 될 것이다.

서면 자료에 있는 정확한 단어와 구문을 포착하는 것을 다시 한 번 강조하되, 이들 서면 자료에 대한 노트 필기는 면담 노트와는 달라야 한다. 정확한 단어(인용 부호는 괜찮다)를 사용하는 것과 말을 바꾸어 진술하는 것을 명확히 구분하라. 그래서 만약 이러한 자료를 다시 이용한다면 그것들을 적절하게 인용하게 될 것이고, 지적 재산권을 표절하는 것과 관련하여 어떤 방식으로든 기소되는 것을 피할 수 있을 것이다.

비록 서면 자료가 방대할 수 있지만, 기관에 대한 현장연구를 수행할 때와 같이 노트 필기는 가능한 한 완벽해야 한다. 이러한 노트 필기 방식은 어떤 새로운 결과를 확증하는 것이 아니라 단지 노트를 완벽히 하기 위해 얼마 뒤에 같은 자료를 재검토해야 하는 것을 피하기 위한 의도로 이루어져야 한다. 그래서 문서의 내용뿐만 아니라 인용할 필요가 있는 세부적인 내용(예: 구체적인 날짜, 공식적인 이름, 문서에 공식적으로 인용할 필요가 있는 기관명)에도 집중해야 한다는 것을 확실히 하라.

마치 문서(검토할 만한 가치가 있는)에 접근하고 읽을 수 있는 단 한 번의 기회를 가진 것처럼 서면 자료를 검토할 수 있는 기회를 십분 활용하라. 이렇게 함으로써, 그 문서로 다시 되돌아가야 할 때 느낄 절망을 줄일 수 있다. 또한 여러분을 위해 그 자료들을 다시 가져다주어야 하는 사람들의 불편을 최소화할 것이다. 그렇지 않다면, 현장에 있는 동안 자료를 복사하는 것에 대해 고려할 수도 있다. 그러나 이러한 절차는 다음에 기술할 중요한 찬반양론을 적어도 한 가지 이상 가지게 된다.

현장에 있는 동안 문서와 서면 자료 복사하기

어떤 현장연구자들은 현장에 있는 동안 일반적으로 상업적인 복사 서비스를 찾고 그것을 이용한다. 이처럼 그들은 자신이 접한 어떠한 서면 자료들을 충분히 복사할 수 있다. 그러나 그들은 나중에 닥쳐올 골칫거리를 미뤄 두고 있는 것이다.

현장연구를 완료한 후, 그들은 여전히 원자료 형태라 할 수 있는 복사본을 마주하게 된다. 전체 질적 연구에 대한 일부 자료의 관련성은 이제는 의문의 여지가 있거나, 최악의 경우 잊혀진다. 또한 이들 자료의 특정 부분의 중요성은 더 이상 명확하지 않다. 이 두 가지 경우가 만연하면, 자료들은 이제 어떤 유용한 분석에도 포함되지 않는 단지 현장연구 기록물의 일부가 될 것이다.

　동시에 그 자료들은 연구에서 매우 중요한 부분으로 남겨질 수도 있다. 따라서 기회가 된다면 그것을 복사하라. 그러나 현장에 있는 동안 무엇을 찾고자 하는지, 현장에서 돌아왔을 때 무엇을 인용하고 싶은지 알 수 있도록 그 자료들의 모서리에 노트 필기를 하거나 표시를 함으로써 이들 자료에 충분히 주의를 기울이라. 그 당시에 그 자료가 어떻게, 왜 여러분에게 관련 있는 것으로 보였는지 말해 주는 자신만의 노트를 만들라(많은 현장연구자들은 이러한 목적을 위하여 '포스트잇'을 사용한다).

　서면 자료들이 조사연구를 포함하는 특별한 경우에, 조사연구의 증거와 결론에 중점을 둔다면 그 자료들의 유용성이 강조될 것이다. 자료의 중요한 표, 그래프 혹은 기타 설명 부분을 복사함으로써 증거의 결정적인 부분에 대해 '옮겨적기' 오류를 범하는 기회를 없애야 한다. 증거와 결론에 초점을 둠으로써 자료로 다시 돌아가고, 그것에 더 많은 시간을 투자해야 하는 필요를 최소화할 수도 있다. 마지막으로 현장에서의 관찰이나 면담과 달리 서면 자료를 위한 노트 필기는 컴퓨터로 작업할 수 있는 조용한 장소에서 이루어질 수 있다.

2. 현장연구 수행 시 노트 필기의 실제

◢ 미리 보기
- 자신만의 노트 서식 만들기
- 자신만의 표기법(기호)과 전사언어 이용하기

기록할 준비하기

만약의 경우 사진을 찍을 기회가 생길 것을 대비하여 항상 카메라를 소지하는 전통적인 사진작가와 같이, 여러분은 연구를 수행할 때 항상 무엇인가를 적을 수 있게 준비되어 있어야 한다. 그래서 어떤 종류든 필기도구를 가지고 다녀야 한다. 마찬가지로 작은 메모장(지갑이나 옆 주머니에 들어갈 수 있는)이나 심지어 무언가를 적을 수 있는 깨끗한 종잇조각을 가지고 다니는 것도 즉석에서 노트 필기를 하기 위해 자신을 준비시키는 것이라 할 수 있다(Scanlan, 2000, p. 28). 시간이 흐르면서, 일단 특정 유형의 필기도구(예: 펜이나 연필)와 메모장(예: 교실에서 쓰는 스케치북처럼 크거나 혹은 주머니나 지갑에 맞는 작은 사이즈)에 편안해진다면, 미래 연구를 위해 이들 도구를 비축해 두는 것을 고려하라.

오늘날 공학의 소형화 추세를 고려하면, 준비 단계는 주머니 크기의 오디오 녹음기와 사진 기능이 있는 휴대전화기를 가지고 다니는 것을 포함한다. 이처럼 여러 양식으로 사건을 기록할 준비가 되어 있어야 한다(기계 기록 기기를 사용하는 것에 대한 제언 및 주의점은 제4절을 참고하라).

노트를 구조화하기

비형식적으로 보임에도 불구하고 여러분의 '쪽지(jottings)' (Emerson, Fretz, & Shaw, 1995, pp. 19-35)와 초기 노트는 여전히 어떤 형식을 따라야 한다. 이 형식은 수업(강의) 노트와 비슷할 수 있어서 각 개인은 이미 현장 노트를 작성할 때 적용할 수 있는 어떤 서식화된 형식을 가지고 있다. 현장연구를 수행할 때 노트를 서식화하기 위하여 다음의 세 가지 사항이 도움이 될 것이다.

첫째, 여러분은 표준화된 규격 노트, 제본된 노트, 속기나 저널리스트용 메모장 혹은 인덱스카드에 노트 필기하는 것 중 어느 것이 가장 편안한지를 결정해야 한다. 현장연구가 여러 곳으로 이동하는 것과 관련 있다면, 예를 들어 차 안에서 혹은 차 밖에서, 그것도 아니라면 필기를 위해 무언가 대고 쓸 수 있는 환경이 아니라면, 여러분은 뒷면이 판지로 된 종이나 메모지를 선호할 것이다. 이와 동일한 현장연구 상황에서는 컴퓨터를 설치할 안정적인 공간을 발견하지 못할 것이기 때문에 아마도 노트북이나 소형 컴퓨터를 이용하기는 어려울 것이다 (노트북을 올려놓을 수 있던 무릎의 편리함은 현장연구의 대부분이 걷기와 서 있기와 관련 있을 때는 무의미하게 된다). 또한 밖에서 작업할 때 컴퓨터 모니터를 보는 데 어려움을 겪게 될 것이다.

둘째, 일반적인 서식은 또한 노트의 날짜(아니면 시간) 기록하기, 노트에서 다루고 있는 개인이나 장면을 간략히 확인하기, 모든 페이지에 번호 붙이기 등을 습관화하는 것을 포함한다. 페이지의 앞면에만 필기하는 것(공책에 필기할 때를 제외하고) 또한 권장할 만한데, 우연히 쪽지 뒷면에 쓰인 어떤 문구나 부분을 찾으려고 절박하게 종이 전체를 샅샅이 살펴보더라도 나중에 특정 구절을 발견하는 것이 어렵기 때문이다.

셋째, 노트 서식의 특징은 각 페이지에 의도적으로 빈 공간을 남겨 두는 것이다([그림 7-1] 참고). [그림 7-1]의 노트는 여러 참여자들과의 그룹 대화에서 나온 것으로 왼쪽에 있는 밑줄 친 첫 글자와 이름은 화자를 의미하고, 그다음 그들의 견해가 나온다. 이러한 견해는 의도적으로 노트 종이의 왼쪽 면만을 차지하도록 쓰였는데, 오른쪽 면은 현장연구자의 논평을 써넣기 위한 공간이다(혹은 또 다른 관련 논평을 추가하기 위한 공간이다. 오른쪽 칼럼의 첫 글자 'JH' 참고). 왼쪽과 오른쪽 칼럼, 이 둘 사이의 공간은 현장연구자가 즉각적인 추후 질문을 이끌거나 혹은 차후에 조사될 수 있는 어떤 관계를 가정하기 원하는 지점에서 화살표와 괄호를 사용할 수 있도록 허용한다.

자신의 노트에서, 넓은 여백을 남겨 두고, 한 쪽 칼럼을 적고, 각 페이지의 두 번째 칼럼은 비워 두거나 마음에 드는 다른 양식을 사용할 수 있다. 다만 모든 페이지를 채우지 마라. 원래 노트에 속해 있거나 혹은 원래 노트에 추가될 수 있는(다른 색의 필기구를 이용하여) 사항을 이후에도 기억해야 한다면, 또는 나중에 자신의 노트를 검토하고 특정 구절 옆에 의견이나 견해를 삽입하고자 할 때(역시 서로 다른 색깔이나 표기법을 사용하여) 빈 공간이 유용할 수 있다는 것을 알게 될 것이다.

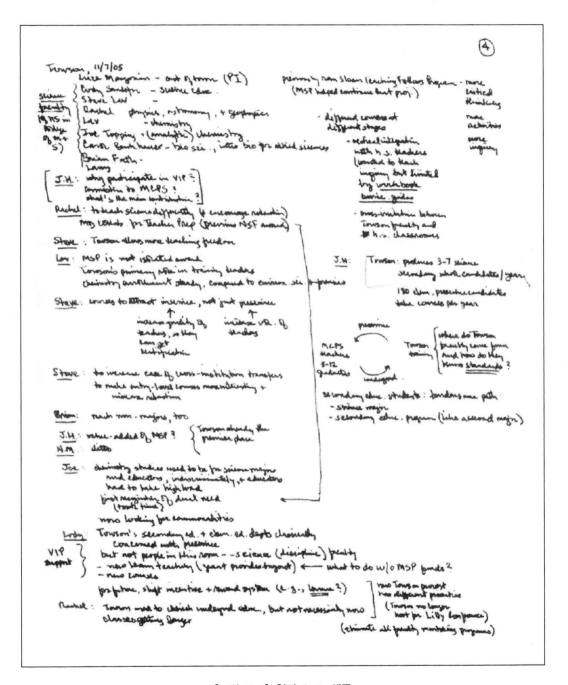

[그림 7-1] 현장 노트 샘플

🔺 자신만의 전사언어 개발하기

현장 노트를 적을 때는 동시에 실제 삶의 사건을 보고, 듣고, 완전히 이해하고 있어야 한다는 것을 기억하라. 이런 모든 사항 외에도, 현장에서 또는 비구조화된 면담 동안에 일어나는 일을 있는 그대로 기록하는 원칙과 이에 대한 충분한 묘사는 이 둘을 병행하는 과제를 수행하는 여러분의 능력에 좀 더 큰 부담을 줄 것이다. 마지막으로 자신의 기억을 최소한만 신뢰할 수 있도록 충분한 노트 필기를 해야 한다(지나치게 기억에 의존하는 것은 사실에 대한 왜곡이 생길 수 있을 뿐만 아니라 지나친 부담이 될 수 있다).

이 모든 상황을 고려할 때, 여러분은 자신의 노트 필기에 별개의 전사언어가 필요하고 포함되어야 한다는 것을 마땅히 생각해야 한다. 이 언어는 무엇보다 손쉬운 방법이어야 하되, 정확성과 정밀함을 유지해야 한다. 그러나 그 언어는 일반적인 필기와는 완전히 다를 것이다.

예를 들어, 공식적인 속기를 안다고 해서 해가 될 일은 없겠지만, 대부분의 사람들은 그 언어를 마스터하는 데 관심이 없다. 읽을 수 있고 자신이 쓴 것을 해석할 수 있는 한, 문자 메시지나 실시간 통신(메신저) 언어와 유사한 일종의 혼합형 필기를 하게 될 것이다. 생략과 약어(두문자어)를 사용하는 것은 필수적이지만, 똑같은 생략어나 약어를 두 개 혹은 그 이상의 서로 다른 개념을 위해 지나치게 사용하는 것은 재차 주의해야 한다. 같은 맥락에서 노트 필기를 할 때 뒤처진다면, 모든 문장을 완벽하게 쓰려고 시도하지 말고, 심지어 이전 문장을 끝내지 못했더라도 새로운 문장을 쓰기 시작할 것을 제안한다(Scanlan, 2000, p. 32). 만약 이전 문장을 완성하려고 시도한다면, 새로운 내용을 듣지 못하게 될 것이다.

노트에 불완전한 문장이 너무 많거나 내용이 너무 많이 분산되는 것을 극복하기 위해서는 현장에 있는 동안에 신속히 고칠 수 있는 시간을 조금이라도 내려고 시도해야 한다. 면담이나 관찰 사이에 혹은 현장연구에서 잠깐 쉬는 동안에 조용한 장소를 발견하고, 불완전한 문장이나 기타 정보의 파편을 찾아보라. 이런 중간 단계에서 고칠 수 있는 모든 것들은 하루가 끝날 때까지 기다리지 말고 수정하라.

가능한 한 작게 쓰는 것도 추천할 만하다. 한 손가락이 아닌 손목과 팔을 움직여 쓰는 초등학생들의 큰 글씨보다는 작게 쓸 때 한 페이지에 더 많은 단어를 쓸 수 있고 또한 더 빨리 쓸 수 있다. 유사하게, 대부분의 사람들은 필기체로 쓰는 것이 인쇄체로 쓰는 것보다 빠르다.

바람직한 전사언어의 중요한 특징은, 다른 사람들이나 외부 사건에 대한 노트를 자신만을 위한 노트와 구분할 수 있다는 것이다. 자신이 단지 듣거나 관찰한 것에 대해 간단한 노트를 하기를 원하겠지만, 자신만의 논평을 다른 사람의 노트와 분명히 분리할 필요가 있다. 각괄호나 백슬래시를 이용하거나(진정한 의미의 삽입 멘트를 위해 괄호를 아껴 두라), 자신만의 논평을 위해 여백을 남겨 두는 것은 모두 좋은 방법이다. 구두점 또한 중요한데, 특히 여러분이 직접적으로 누군가가 말한 것을 인용하기 위해 인용 표시를 사용할 때 그러하다. 결과적으로 생략과 약어를 사용할 때 쓸 어떤 구두점이나 그 밖의 표시들(예: 체크 표시나 X 표시)의 의미를 미리 결정해 두어라. 연구 각각을 위해 개인적인 용어집을 만드는 것도 나쁘지 않다.

다른 모든 것들과 마찬가지로, 자신의 전사언어를 연습할 필요가 있다. 연습 결과에 대한 주된 테스트는 자신이 원하는 모든 것을 적고, 나중에 찾을 때 노트를 완벽하게 읽을 수 있는지 확인하는 것이 될 것이다.

노트의 일환으로 그림과 스케치 구상하기

현장 노트는 또한 그림이나 스케치를 포함할 수 있다. 이러한 연출은 글에 대한 매우 바람직한 보충 자료인데, 왜냐하면 그림은 현장에 있는 동안 어떤 관계들을 파악하는 데 도움을 주고, 뿐만 아니라 현장연구를 모두 완료한 후에 이들 관계를 기억하는 데 도움을 주기 때문이다.

그림 중에서 가장 명확한 유형은 특정 장면에 대한 공간적인 레이아웃(배열)을 포착하는 것이다. 더욱이 이러한 그림을 그리는 것은 '언어적 능력이나 정보제공자와의 밀접한 유대 관계'를 요구하지 않으므로, 그림은 현장연구의 초기에 작성된다(Pelto & Pelto, 1978, pp. 193-194).

공간에 대한 장면은 단순히 환경의 물리적 특성이 아니라 참여자 간에, 혹은 참여자들 가운데 공간적 관계를 포함할 것이다. 비록 여러분이 약간의 예술적 재능을 가지고 있다 하더라도 그 재능에 너무 집착하지 마라. 아이디어란 무언가를 빨리 스케치하고 장면을 포함하는 것이지, 진행 중인 활동이나 토론을 무시하는 위험을 감수하고 실제 생활상을 완벽하게 그려 내는 것이 아니다. 예를 들어, 여러분은 나중에 하게 될 정보 해독 작업을 위해 그룹 미팅에서 참여자들의 위치를 빨리 노트하고 번호를 매길 수 있다([그림 7-2] 참고).

제3절에서 논의한 서면 노트와 같이 명확한 스케치를 위한 유일한 요구 사항은 나중에 그것을 잘 이해할 수 있는가에 있다(나중에라도 만약 여전히 자신의 예술적 재능에 매혹된다면, 원래의 스케치를 완벽한 그림으로 확장할 수 있다).

현장 장면은 그룹 토론이나 미팅을 포함할 수 있다. 그룹은 회의실 테이블(아래 그림과 같이)에 앉거나 비공식적으로 모임을 가질 것이다. 현장연구자는 개별 참여자에게 자기소개를 하지 않을 수 있으며, 혹시 소개한다 하더라도 그들의 이름을 모두 기억하지 못할 것이다. 그다음 현장연구자가 충분히 오리엔테이션을 할 기회를 가지기 전에 대화가 시작될 수 있다(그러면 노트 필기가 필요할 것이다).

이 기록을 빨리 얻는 방법은 앉은 좌석의 위치를 표시하고 각 위치에 번호를 부여하는 것이다. 이후에 토론이 진행됨에 따라, 혹은 별개의 질문에 대한 결과로서 현장연구자는 적절한 인물의 이름과 함께 좌석 위치를 알 수 있다. 이러한 스케치의 부가적인 이점은 이후에 중요한 것으로 판명될 수 있는 명백한 사회적 위계나 대인관계를 반영하는 좌석 위치의 관계를 포착하게 해 준다는 것이다.

[그림 7-2] 현장 노트의 스케치

특정 장면에 대한 물리적 · 사회물리적 특성을 만드는 것 외에, 그림은 또한 가계도와 기관의 조직도에 의해 나타나는 사회적 관계를 포착하는 데 도움이 될 수 있다. 관계가 복잡하거나 수없이 많을 때, 그림은 당신이 현장에 있는 동안 목표를 지향해 가는 데 유용한 도움을 줄 수 있다.

3. 현장 노트를 보다 완성도 있는 노트로 전환하기

■ 미리 보기

- 연구의 진행 정도를 평가하기 위한 기회로서 노트를 전환하기 위한 시간 이용하기
- 노트를 전환할 때 아이디어 확장하기
- 검증 요구에 대한 정보를 위해 노트 검토하기

앞서 언급한 노트 필기의 실제들은 현장연구 동안 혹은 실제로 면담을 진행할 때 작성된 노트와 관련 있다. 이러한 현장 노트는 짧은 시간과 집중력 부족으로 제한될 수 있는데, 왜냐하면 주된 관심사는 현장연구를 수행하고 면담하는 데 있기 때문이다. 그 결과, 이들 노트는 때때로 '쪽지'로만 간주되고, 부분적이고 불완전하며 아리송할 수 있다. 그래서 현장 노트는 결국은 질적 연구 조사의 데이터베이스의 일부가 될 수 있는, 보다 서식화된 노트 형태로 개선되고 전환될 필요가 있다.

현장 노트를 신속히 전환하기

주된 목표는 모든 현장 사건 이후에 가능한 한 빨리 현장 노트를 보다 완벽한 노트 버전으로 전환하는 것이다. 대부분의 경우, 하루가 끝날 무렵 이런 기회가 생긴다. 그래서 적어도 이 과제를 위해서는 약간의 시간을 미리 정해 두어야 한다. 하루의 중간에라도 가능한 기회를 모두 이용할 준비를 하라.

이러한 일상적인 일정이 처음에는 너무 많은 것을 요구하는 것처럼 보일 수 있지만, 대부분의 질적 연구자들은 그들이 이것을 열렬히 원한다는 것을 알게 되는데, 이 시간이 '사람들의 생각을 수집'하고 하루 동안 발생했던 것을 반성할 기회를 주기 때문이다. 흥미 있는 연구 문제를 추구할 때, 반성은 어떤 경우에는 정말 흥분할 만한 잠재적인 발견과 폭로를 포함한다.

적어도 매일 밤마다의 반성은 다음 날의 현장연구 계획에 대해 생각(또는 다시 생각)할 수 있는 기회를 준다. 제5장(제1절)에서 이미 논의했듯이, 질적 연구를 위한 현장연구 일정과 계획은 빽빽히 규정된 것(설문을 위한 현장연구를 수행하는 것과 같이)이 아니기 때문에 매일매일의 준비에 약간의 유연성이 있다. 그 결과, 밤에 하는 반성은 다음 날을 위해 우선순위를 수정하는 것에 대한 새로운 아이디어를 이끌 수 있다.

연구가 잘되어 가고 있는지에 대한 여러분의 판단이 이러한 우선순위의 선택을 특히 더 어렵게 한다. 어느 날 밤 여러분은 그날의 연구를 돌아보면서 그날 따라 유용한 정보를 제대로 얻지 못했다고 느낄 수 있다. 다음 날을 위해 우선순위를 조정해야 할지, 원래의 계획을 고수해야 할지를 결정하는 것은 항상 어려운 일이다. 한편으로는 방향을 일부 변경하지 않는 한 정말이지 시간을 낭비할 수도 있다. 다른 한편으로는 현장에서 관련 있는 사회적 또는 제도적 양상이 며칠 동안 계속 방문한 이후에야 드러날 수 있다. 인내는 미덕이며, 여러분은 성급하게 판단해서는 안 되고, 단지 이미 이루어진 일련의 비생산적인 현장조사를 반복한 이후에야 일정의 변경을 고려해야 할 것이다.

현장 노트 원본의 매일의 전환을 위한 최소한의 필수 사항

매일 밤 일상적으로 현장 노트 원본을 전환하는 것과 관련된 많은 방법이 있다. 한 가지 필수적인 단계는 어떤 다른 향상을 이루기 위한 시간을 가지지 못한다 하더라도 반드시 해야 하는 것이다. 여러분은 반드시 어떠한 부분적인 정보, 생략 혹은 나중에 이해할 수 있는 기타 아리송한 논평을 기록해야 한다. 이러한 필수 사항은 의미가 아주 명확하지 않은 문장을 확대하거나 수정하는 것을 포함한다. 또한 여러분은 의도적으로 원본 현장 노트의 어떤 부분에 물음표를 남겨 두었을지도 모른다. 왜냐하면 그날 밤 일정 시간 동안 노트의 의미를 해석하려 시도할 것이기 때문이다.

　　아무도 이러한 최소한의 필수 사항의 중요성을 과소평가해서는 안 된다. 여러분이 자신의 전체 삶에 걸쳐 수업 시간에 수많은 노트를 했었다면, 우리 모두가 그렇듯이 자신의 필기를 해독할 수 없거나 심지어는 이전에 적어 두었던 구절이나 문장을 이해할 수 없는 당황스러운 경험으로 인해 고생한 적이 있을 것이다. 더욱이 현장 경험은 일상생활과 비교할 때 친숙하지 않은 관습, 언어 그리고 행동으로 이루어져 있어서 나중에 자신의 노트를 이해할 수 없는 위험이 더 커질 것이다.

🏝 현장 노트 원본을 강화하기 위한 네 가지 추가적인 방법

　　최소한의 필수 사항을 넘어서, 여러분은 현장 노트 원본을 네 가지 다른 방법으로 강화할 수 있다. 첫째, 노트를 읽는 것은 관찰한 사건이나 그날 가졌던 면담에 대해 추가적인 세부 사항을 기억할 수 있도록 자극한다. 읽으면서 자유롭게 꾸미되, 서로 다른 필기구를 사용하여 기록하거나 별개의 상징코드를 사용해서 원래 노트와 추가한 정보를 나중에 차별화할 수 있도록 하라.

　　둘째, 현장 노트 원본의 특정 부분에 대해 자신의 추측, 해석 또는 논평을 할 수 있다. 논평의 어떤 부분은 아마도 단지 '미진한 부분'을 상기시킬 수 있는데, 예를 들면 나중에 현장에 나갈 기회가 있을 때 좀 더 자세히 조사되어야 할 일련의 주제에 대한 것이다. 이와 같이 상기할 내용은 문자 그대로 원본 노트에 쓸 필요는 없지만 원래 노트에 첨부할 수 있도록 별개의 목록에 계속 쓸 수 있다.

　　셋째, 앞선 연구 기간 동안 작성된 노트에 대한 검토는 도출된 일련의 주제, 범주 또는 연구 문제에 대한 잠정적인 해결책이나 답변을 제시할 수도 있다. 이러한 아이디어는 확실히 기록할 만한 가치가 있고, 아이디어를 활성화하는 노트의 특정 부분이나 사안들과 연계될 수 있다. 이렇게 함으로써 여러분은 연구 자료의 차후 분석에 이용될 '코드'의 어떤 부분에 대한 예측을 시작할 수 있다 (제8장 제2절 참고).

　　넷째, 여러분은 일련의 구조화된 양식으로 그날의 노트를 다른 현장 노트에 추가해야 한다. 구조화된 양식은 단지 어떤 시간 순서대로 노트를 보관하는 것을 넘어서 일련의 정렬된 범주를 만들기 위한 시도여야 한다. 목표는 읽은 서류뿐만 아니라 현장연구로부터 가능한 모든 것을 노트에 포함하는 것을 피하고, 노트가 단순히 점점 많아지거나 커져 가는 일종의 '더미'가 되게 하는 것을 피하는 것이다. 만약 노트를 점점 더 많이 쌓아 간다면, 현장연구가 끝날 때 정말이지 절망적인 경험을 하고 있는 자신을 발견할 것이다.

 현장연구에 대한 자신의 이해를 심화하기

매일 밤 현장 노트 원본을 확장하기 위한 시간은 여러분에게 중요한 기회와 가치를 제공한다. 여러분은 현장에서 무슨 일이 일어나고 있는지에 대한 자신만의 이해를 명확히 해야 한다. 이러한 명확한 이해는 특정 세부 사항에서부터 처음 연구 문제들에 대한 새로운 추측에 이르기까지 광범위한 사안에 관련될

〈표 7-1〉 매일 밤 현장 노트 검토 작업 동안 드러난 향후 현장 명확성이 필요한 예시 사항

예시 사항	학교 개혁 연구로부터의 예제
핵심 정보 제공자에 대한 사실적 세부 정보	노트는 면담 대상자가 지역 교육청의 교육감이 되기 전에 교사로서 근무하지 않았던 것을 제시한다. 이 사람의 약력을 확인할 필요가 있는데, 그것이 교육감의 새로운 개혁정책에서 약간 무감각한 부분을 설명할 수 있기 때문이다.
초등학교와 중학교의 협력적 위치	초등학교의 현장 방문이 이루어졌지만, 학교 건물에는 나이가 많아 보이는 학생들이 있는 것처럼 보였다. 이것은 건물에 중학교가 포함되었는지, 이것이 개혁활동을 복잡하게 할 수도 있는지 점검할 필요성을 나타낸다.
개혁 비전의 중요한 특성	노트를 다시 읽은 결과, 대부분의 학교 면담 대상자들이 개혁활동에 참여했지만 그 활동을 아우르는 좀 더 큰 비전에 대해서는 잘 알지 못한다는 것을 제시한다. 이것은 면담 대상자들이 자신이 더 큰 개혁의 노력을 기울이는 데 일부라고 생각하는지를 확인할 필요성이 있음을 나타낸다.
교사 워크숍에의 참여	학교에는 라틴계 학생들이 주로 있었으며, 스페인어를 말하는 교사들이 다수였지만, 주요 개혁활동에 관련된 교사들의 워크숍은 영어로만 제공되는 것으로 보인다. 이것은 모든 교사들이 워크숍에 참여하는지, 또는 워크숍에서 스페인어를 말하는 교사들이 다른 학생들을 지도하는 것을 도울 만큼의 충분한 스페인어를 제공하지 않기 때문에 교사들이 참석하지 않는 것인지 물어볼 필요가 있음을 나타낸다.

수 있다. 이러한 이점은 단지 '그것을 기억하고 적기' 위한 전사 업무로서의 과제만을 생각할 때 상실될 것이다(Emerson, Fretz, & Shaw, 1995, p. 63).

어떤 것이든 생각을 명확히 하는 것은 실용적인 가치를 지닌다. 즉, 미진한 부분을 확인하는 것은 추가적인 현장연구를 필요로 한다. 〈표 7-1〉은 학교 '개혁'(학생들이 보다 효과적으로 공부할 수 있도록 교육과정, 매일의 시간표, 교사 모집과 훈련, 가족 및 부모 참여를 동시에 재구조화하는 것처럼 근본적인 방법을 통한 학교 개선을 위한 노력)에 대한 연구에서부터 이처럼 미진한 부분의 예시를 포함한다. 표의 각 예들은 노트의 어떤 부분이 진행 중인 현장연구에서 추가적인 증거를 수집할 필요를 어떻게 드러내는지 보여 준다.

현장 노트 검증하기

현장 노트를 매일 저녁 검토하는 것은 또한 질적 연구를 수행하는 동안 종종 간과했던 방법론적으로 중요한 단계를 다룰 수 있는 기회를 제공한다. 그것은 수집된 자료를 검증하는 것이다. 현장연구가 진행 중인 동안에도 이러한 관점에서 노트와 기록을 조사하는 것은 자료 수집을 강화하는 기회를 제공한다(예시 7.3 '사실 확인하기' 참고). 또한 다른 관점에서 검증 활동은 자료 분석에 대한 시작으로 간주될 수도 있다.

예시 7.3   사실 확인하기

실험연구를 수행하는 것은 증거와 함께 작업하는 것을 의미하고, 집요하다고 할 정도로 증거의 정확성에 대해 확실히 해야 하는 것을 의미한다. Duneier(1999)는 이러한 실제를 뉴욕 시 인도에 자리 잡은 노점상에 대한 연구에서 '사실 확인하기'라고 불렀다. 그는 방대한 연구방법론적 부록의 일부로 몇 가지 유형의 확인 사항을 지적하는데, 이것 자체가 좋은 연구 절차의 또 다른 사인이다.

첫째, Duneier는 똑같은 사건들에 대해 "서로 다른 개인의 삶의 상황에서 계속 반복해서"(1999, p. 345) 들었을 때 보다 확신이 넘쳤다. 둘째, 그는 의도적으로 사람들의 이야기를 확증하기 위한 물리적 증거를 얻고자 시도했다. 예를 들어, 만약 그들이 생활보조비를 받고 있다고 주장했다면 그들의 복지카드나 서면 고지서를 확인했다(p. 346). 어떤 경우는 그 사람의 이야기를 확인하기 위해 의도적으로 가족 구성원과 같은 주변 사람들을 찾았다.

이 모든 확인하기 과정은 시간이 걸렸고, 관련 사건들은 단지 "주로 계속 거기에 있었던 결과로 여러 해 동안 반복해서 발생했다". Duneier의 접근은 연장된 기간 동안 현장연구를 수행하는 유용성을 강화하는 접근일 뿐만 아니라, 어떻게 현장연구 일과의 일환으로 '사실 확인하기'가 필요한지를 보여 준다.

* 예시 10.6 참고

검증의 여러 유형은 관련성이 있을 것이다. 예를 들어, 여러분이 생각하는 노트의 핵심 요점은 가능한 한 반복적으로 재점검될 만한 가치가 있는 중요한 결과를 이끌 수 있다(Pelto & Pelto, 1978, p. 194). 또 다른 예로, 모든 면담 대상자의 신빙성은 가정되어야 할 뿐만 아니라 일련의 검증 노력을 거쳐야 한다(Becker, 1958). 최소한 여러분은 면담 대상자가 어떤 사건에 대한 다른 사람의 소문을 여러분에게 전한 것이 아니라 실제로 자신이 직접 관찰한 것과 관련하여 그 당시 현장에 있었는지를 알고 싶을 것이다.

가능한 검증들 가운데서 가장 중요한 것은 동일한 실제 생활 사건에 대해서 대립되거나 보완적인 해석을 축적해 가는지 확인하기 위해 현장연구를 하는 동안 이용 가능한 서로 다른 출처의 자료로부터 얻은 정보를 비교하는 것이다. 〈표 7-2〉는 이러한 검증과 관련된 서로 다른 예시를 포함한다. 각 예는 서로 다른 출처의 결합으로부터 이런 검증을 보여 준다. 비록 그 예들이 지역사회 파트너십 연구에서 나온 것이지만, 그것은 다른 주제의 질적 연구에 대해서도 유사한 예를 쉽게 떠올리게 해 준다.

〈표 7-2〉의 예들은 완료된 검증을 대표하고, 어떻게 서로 다른 출처의 자료가 같은 결론에 이르게 할 수 있는지 보여 주기 위해 의도적으로 선택되었다. 그러나 이런 초기 단계에 노트와 기록물로 이렇게 미리 확인 작업을 하는 것의 추가적인 이점은 여러분이 다시 현장연구와 자료 수집 활동으로 돌아갈 것이라는 데 있다. 그래서 필요하다면 어느 정도의 추가적인 교차 확인을 할 수 있는

〈표 7-2〉 현장 증거의 서로 다른 출처 간 검증의 예시 유형

출처 결합의 예	지역사회 파트너십 연구의 예
다른 사람들과의 면담 간에	협력 기관들 중 한 곳에서의 면담 대상자는 또 다른 협력 기관과의 어려운 관계에 대해 지적한다. 별도의 면담에서 다른 기관의 면담 대상자도 동일한 어려움을 언급한다.
면담과 문서 증거 간에	모든 면담 대상자들이 파트너십이 1995년에 시작되었다고 말하고, 핵심 문제도 그때 파트너십이 형성되었고, 초기에는 어떠한 파트너십의 자취도 없다는 것을 보여 준다.
면담과 관찰 자료 간에	파트너십이 없는 외부 기관에 의해서도 파트너십이 지지받고 있는 것처럼 보인다. 파트너십을 맺고 있는 사무실에서의 현장 관찰은 이 외부 기관의 존재를 확증하는 사인과 안내책자를 보여 준다. 그리고 면담을 통해 파트너십을 맺고 있는 사무실과 이 외부 기관 간에 담당자가 중복된다는 것을 확증한다.
서로 다른 출처의 문서 간에	보도기자의 필명이 있는 지역 신문기사는 파트너십의 주요 규정의 하나와 그것의 명백한 이점을 평가하기 위해 독립적인 자료를 이용한다. 결론은 지역대학 교수에 의해 전적으로 독립된 별개의 연구 결과와 일치하는 것으로 보인다.
두 명의 현장연구자들 간에 (연구팀에 의해 이루어지는 연구라면)	현장연구자들은 같은 면담 대상자가 직장을 바꾸고 싶다고 시인한 것을 들었는지 서로에게 질문한다. 각 현장연구자는 같은 말을 들었다는 것을 기억한다.

기회를 가진다. 나중에는 이러한 기회를 다시 갖지 못할 수 있다.

4. 필기하기 외에 다른 방식을 통한 자료 기록하기

◤ 미리 보기

- 노트 필기 외에 현장 사건 기록을 위해 다른 방식을 이용하는 것에 대한 이점과 불이익
- 다른 기록 방식을 사용할 때 기록을 위한 허가와 기록을 보여 주기 위한 허가
- 주된 자료 수집 방법으로 기록하기의 다른 방식을 이용하는 질적 연구의 유형

관련된 스케치를 포함하여 서면 노트가 지금껏 논의를 주도해 왔다. 그러나 현장 사건은 단지 필기하는 것이 아닌 다른 여러 방식으로 기록될 수 있다. 가장 널리 쓰이는 방식은 주로 기록 기기를 이용하는 것인데, 오디오테이프에 녹음하기, 비디오테이프에 녹화하기, 사진 찍기가 포함된다.

이들 기기는 소중한 산물을 산출할 수 있는데 언제, 어디서, 무엇을 기록할 것인지 결정하는 선택의 명백한 어려움을 고려할 때, 이들 기기가 현장 사건에 대한 문자 그대로의 복제품을 보여 주기 때문이다(Fetterman, 2009, pp. 564-572). 동시에 이들 기기를 이용하는 것은 기록물의 가치를 높일 수 있는 복잡성의 문제를 수반하기도 한다.

모든 연구자는 복잡성과 더해진 가치 간의 적절한 균형에 대해 자신만의 결정을 내릴 필요가 있다. 많은 연구자가 따르고 있는 한 가지 가능한 실제는 가급적 서면 노트에 의존하고 특수한 환경에서만 기록 기기를 이용하라는 것이다. 그래서 연구자는 단지 길이가 길거나 중요하게 여겨지는 특정 면담만을 오디오에 녹음하는 것을 고려할 것이다. 그러나 이 장의 마지막에서 논의할 학급행동을 비디오로 녹화하는 것과 같은 다른 상황에서 기록 기기를 이용하는 것은 전체 자료 수집 과정의 고유의 특성이다.

그럼에도 불구하고, 잠재적인 복잡성은 주의 깊은 진행이 필요할 정도로 충분히 강력하다. 이들 복잡성은 다음에서 논의된다.

기록을 위한 승인 얻기

우선 어떤 종류든지 기록 기기를 이용하기 위해서는 기록 대상이 되는 사람의 승인을 얻어야만 한다. 가장 간단한 요구는 오디오테이프에 녹취할 때 가능하다. 면담을 시작하기 직전에 많은 연구자들은 자신들이 "제가 이 대화를 녹음해도 괜찮겠습니까?"와 같은 말을 해야 한다는 것에 주목한다. 만약 참여자가 거부하지 않고 연구자가 능숙하게 기록 기기를 이용한다면 녹음기를 적절한 위치에 두고 전원을 켠다. 이제 면담이 진행되고, 기기에 대한 개입은 최소화할 수 있다.

비디오테이프에 녹화하거나 사진을 찍거나 시각적 기록을 남기는 것은 약간은 다른 상황을 보여 준다. 비록 기록이 직장에 있는 사람들이나 학교에서 놀고 있는 아이들과 같이 특정 참여자나 대화에 초점을 두지 않더라도, 어떤 종류든 여전히 승인이 필요하다. 권위 있는 사람이 승인을 해 줄 필요가 있고, 어떤 상황에서는 서면으로만 승인을 받아야 할 수도 있다. 황금률은 상황에 상관없이 모든 연구자가 관련자들에게 특정 기록을 위해 승인을 받아야 한다는 것을 확실히 하는 것이다. 이러한 승인이 없다면 나중에 반드시 문제가 발생한다. 이 주제는 앞의 제2장에서 논의한 인간 대상 연구의 승인 절차의 한 부분으로도 다루어졌다.

기록 기기를 이용하기 전에 이용 방법을 숙달하기

녹음 기기를 이용하는 동안 그것이 제대로 작동되지 않아 방해를 받는 것보다 더 주의를 산만하게 하는 것은 없다. 예를 들어, 이런 오디오 녹음기의 기능 문제는 참여자와 유지해 온 소중한 관계를 상쇄할 수 있다. 참여자는 여러분이 지금 무엇을 하고 있는지 (조용히) 질문을 할 수도 있는데, 이러한 의심은 중요한 질문들에까지 확대될 가능성이 있다(이것의 논리적 근거는 다음과 같다. 만약 자신의 녹음 기기가 잘 작동하는지 혹은 작동하지 않는지 미리 알 수 있도록 충분히 준비를 못했다면, 여러분이 할 질문에 대해서는 얼마나 많은 준비를 했겠는가).

많은 사람은 여행자들이 역사적 현장에 있을 때나 소중한 순간에 대한 경험을 보고할 때 흔히 겪었던 곤란한 상황을 알고 있다. 녹음 기기는 종종 배터리가 부족할 때 작동하지 않는다. 이러한 기기 작동의 어려움을 넘어서, 녹음 기기를 엉성하게 다루는 것은 기기 이용에 대해 바람직하지 못한 관심을 끌게 되어 중요한 토론이나 관찰로부터 관심을 전환시킨다.

기기와의 근본적인 친밀함은 기기가 적절하게 작동하는지, 그리고 그것이 예상한 결과물을 산출할 것인지 알고 있는 것을 의미하기도 한다. 많은 경우 연구자들은 나중에 테이프의 질이 너무 떨어져 테이프를 사용할 수 없게 되었다는 것을 발견하기까지 오디오 및 비디오 테이프에 성공적으로 저장했다고 생각한다. 전형적으로 오디오테이프에 녹음된 소리가 너무 작아서 대화 내용이 어떤 배경 소음에 묻히게 된 것을 발견한다. 유사하게 비디오테이프와 사진은 초점이 안 맞거나 조명이 불충분했다는 것이 추후에 드러날 수 있는데, 이는 사진을 찍는 동안 무시했던 뒷배경 조명 때문에 어려움이 생긴 것이다.

기록 기기 이용에 대한 마지막 사항은 연구와는 관련이 없는 다른 기기와 관련된다. 휴대전화나 무선호출기와 같은 기기가 현장연구를 수행하는 동안에 꺼져 있는지 확인하라. 한 현장연구자는 현장 면담 중 결정적인 순간에 자신의 무선호출기가 울려서 그로 인해 어떻게 전체 면담 분위기가 바뀌었는지를 보고했다(Rowe, 1999, p. 9).

기록물 공유와 보안 유지하기

일단 기록 기기를 성공적으로 사용했다면 결과물인 테이프나 사진은 새로운 문제들을 야기한다. 이들 자료 중 어떤 것이든 대중에게 게시하려면 테이프와 사진에 있는 지적재산권의 대상이나 소유자에게 서면 승인을 받아야 한다. 참여자들은 자신의 녹음 및 녹화 분량에 대해 복사본을 요구할 수도 있으며, 여러분은 그들의 요구를 들어주거나 거절할 상황을 결정해야만 한다. 기록되고 녹음된 정보를 공유하기 위해 인터넷 미디어를 이용할 만큼 준비되어 있는 대중을 고려할 때, 쟁점이 매우 까다로워지고 긴급해지고 있다.

이런 자료를 어떻게 저장하고 보안을 유지할 것인가의 문제는 어떻게 자료를 공유할 것인가의 결정을 넘어서는 문제다. 연구에 참여한 대상자에 대한 바람직한 보호를 고려할 때, 주된 위협은 현장연구에서의 사람이나 장소의 정체성에 대한 부당한 비밀 폭로에 기인한다. 결과적으로 자신의 기록을 저장하기 전에 이러한 정보를 삭제하기 위한 계획을 세워야 한다. 이 과제는 오늘날 디지털 사진과 기록의 일부로 자동 저장되는 정보에 의해 더욱 어려워지고 있다.

기록물을 검토하고 수정하는 데 필요한 시간 계획하기

잘 수집한 기록물은 현장연구의 정확성을 향상시키는 데 도움이 될 것이다. 기록물은 심지어 녹취만 했던 면담 대상자의 얼굴 표정이나 몸짓언어와 같이 기록의 대상이 아니었던 현장의 다른 일들에 대한 회상을 촉진할 수도 있다.

이들 기록물의 이점을 최대한 활용하는 것은 기록물에 대한 치밀하고 체계적인 검토를 요구한다. 이런 검토에는 많은 시간이 걸리는데, 왜냐하면 기록물이 수많은 정보를 산출하기 때문이다. 더욱이 오디오 및 비디오 테이프의 다양한 부분에 무작위로 접근하는 데 익숙하지 않다면 검토 작업을 처음부터 끝까지 연속적으로 수행해야 할 필요가 있을 것이다. 이것은 잠정적으로 검토 과정을 지치게 할 것이다. 이러한 검토 과정에 필요한 시간을 투자하는 것은 가치 있는 대가를 지불하는 것일 수 있다. 그러나 어떤 기록 기기를 사용할 것인지를 최종 결정하기 전에 우선적으로 필요한 시간을 현명하게 예측해야 한다는 것을 확실히 하라.

전자기록물이 주된 자료 수집 전략일 때

앞서 언급한 모든 복잡한 문제에도 불구하고 어떤 질적 연구는 기록 기기 이용에 지나치게 많은 부분을 의지하게 된다. 비디오테이프가 주된 자료 수집 양식인 학급행동이나 작업 상황에 대한 연구들이 대표적인 예다. 테이프는 학급과 직무 환경의 행동과 소리를 모두 포착하고, 연구자들에게 학급에서의 교수적 실제나 직장에서 근로자 간의 행동이나 상호작용을 연구하게 해 준다. 또 다른 예는, 의사와 환자 사이의 상호작용을 다루는 질적 연구다(예: Stewart, 1992).

기록 기기가 실제로 주된 자료 수집 도구가 되는 이런 환경 혹은 이들과 유사한 상황에서, 현장연구는 적어도 두 가지 방식으로 형식화되는 경향이 있다. 첫째, 우선 기록물의 질이나 이후 사용을 보장할 수 있도록 녹음하기 위해 특별히 경험 있는 사람이 필요하다.

둘째, 산출물의 분석에는 차후 테이프를 검토할 때 사용할 수 있는 형식적인 프로토콜이 필요하다(Erickson, 2006). 예를 들어, 대화 분석(conversation analysis) 중심의 연구는 구두언어 자체를 넘어서는 데 관심이 있다. 이러한 연구들은 대화의 휴지기, 속도, 억양 및 대화 중 끼어들기와 같은 대화자의 습관을 코딩하기 위한 일련의 구체적인 상징을 개발할 필요가 있다(Drew, 2009). 프로토콜은 또한 신뢰도 확인을 위한 절차(예를 들어, 테이프에 대한 코딩이나 채점을 두 사람 이상의 관찰자가 하게 함)를 포함해야 한다(예: Hall, 2000). 비디오테이프는 구체적인 장면에서 멈출 수 있는데, 그래서 연구는 가장 자세한 부분까지 정교하게 다룰 수 있다. 동시에 비디오카메라는 사람의 눈에 비해 많은 제한점을 가지며, 카메라는 사람이 실제로 직접 본 것을 그대로 포착하지 못할 것이다(Roschelle, 2000).

흥미롭게도, 이 연구를 선도하고 있는 연구자들은 발생하는 행동을 녹화하는 반면 여전히 자신만의 서면 노트를 가지고 있다. 오늘날 기록 기기가 실제적인 자료를 저장하고 있기 때문에 서면 노트는 보다 가벼운 역할을 맡는다.

최종 결과물 만들기

여러분 자신을 포함하여 많은 사람들이 전문적인 발표의 일환으로 기록 기기로 얻은 결과물(예: 사진이나 비디오테이프 및 오디오테이프의 일부분)의 이용에 대해 생각할 것이다. 사진은 또한 제10장의 제2절에서 논의하듯이 최종 원고나 출판물에 실릴 수도 있다(예: Brubaker, Feischmidt, Fox, & Grancea, 2006; Pedraza, 2007).

이러한 발표를 고려하고 있다면, 경고의 말에 주의를 기울여야 한다. 거의 모든 사람이 질 높은 시각적 미디어에 노출되어 왔기 때문에, 청중은 단지 '손으로 만든' 듯한 수준의 시각적 결과물을 높이 평가하지 않을 것이다. 빈약한 시각적 산물은 그렇지 않았다면 훌륭한 연구가 될 수 있었던 연구의 가치를 심지어 손상시킬 수도 있다. 이러한 문제에 대한 확실한 반응은 점점 이용하기 쉬워지는 디지털 편집 소프트웨어의 사용을 참고하고 격려하는 것이다(Fetterman, 2009, p. 571). 이러한 소프트웨어는 결과물을 상당 수준 향상시킬 수 있다. 고도로 정교화된 시각적 이미지는 특별히 연구자들이 교사와 학생 간 혹은 학생들 간 또는 교사들 간의 상호작용에 대한 시각적 이미지를 보여 주는 교육연구에서 발견된다.

주의점은 다음과 같다. 시각적 또는 청각적 이미지를 지나치게 편집하는 것은 잠재적으로 질적 자료로서의 대표성을 띠는 이미지를 왜곡한다. 결과적으로 특히 편집이 진정 질 높은 산물을 산출했을 때, '그 장면'이 완전히 자연적이거나 진정성 있는 장면을 충분히 대표하지 않는 것으로 해석될 수 있는 위험이 있다. 과도한 편집은 다른 의심을 가져올 수도 있다. 예를 들어, 청중은 편집이 단지 개입된 것이라는 사실을 받아들이지 않을 수 있다. 그들은 마지막 결과물을 좀 더 설득력 있게 만들기 위해 편집된 장면에 묘사된 교사나 학생들이 카메라를 응시하도록(또는 보지 않도록) 지도받았는지 궁금해할 수 있다.

이러한 가능성을 고려하면, 이미지(특히 디지털 이미지)를 제시할 때 여러분은 어떠한 편집도 하고 싶지 않고, 이러한 편집이 전혀 없었다는 것을 확실히 말하고 싶을 것이다. 이미지를 가능한 한 매력적으로 만들기 위해 그다음 도전은 능숙한 기술을 가지고 원본 기록을 사용하는 것인데, 그렇게 되면 최종 결과물은 어떠한 편집도 없이 제시될 수 있다. 사진작가의 관점에서 볼 때, 목표는 연구 대상에 대해 고화질의, 그러면서도 현실의 자연스러운 모습을 그대로 담은 영상을 제작하는 것일 것이다.

5. 개인적 일지 쓰기

필기와 다른 기록물에 쏟는 모든 에너지와 관심은 이후 글쓰기를 위해 남겨둔 여력을 소진시킬 수 있다. 그러나 조사연구에서 자료 수집(그리고 기타) 과정과 병행하는 또 다른 글쓰기 활동이 있다. 그 활동은 연구활동에 대한 자신의 느낌과 반성을 포착하는 개인적 일지나 일기를 쓰는 것과 관련 있다.

이런 일지의 시작은 길이가 길거나 심지어 완벽한 문장을 구사할 필요는 없다. 현장 노트와 같이, 시작은 자신의 개인적인 생략이나 축어를 이용할 수도 있다. 나중에 그것들이 의미하는 것이 무엇인지 알 수만 있다면 말이다.

질적 연구에서 이러한 일지는 사적인 역할 그 이상을 할 수도 있다. 왜냐하면, 연구자인 여러분이 주된 연구 도구이고, 지속적인 현장연구(또는 전체 연구)에 대한 자기성찰과 통찰은 이후에 의도하지 않은 편견을 드러낼 수 있기 때문이다. 일지를 쓰는 것은 자신의 방법론적 또는 개인적 성향을 계속해서 표면화할 수 있다. 여러분은 이러한 성향을 인식해 오지 못했겠지만, 그것을 인지하는 것은 이후 분석에 어떻게 접근할지에 대해 유용한 생각을 불러일으킬 것이다.

제11장(제4절)은 연구에 대한 최종 보고가 **반성적 자아**(reflexive self)에 대한

보고를 포함해야 한다고 제안할 것이다. 어떠한 일지나 일기는 자연스럽게 최종 보고의 이런 측면을 위한 정보의 좋은 출처가 될 것이다.

주요 용어와 개념 ---

1. 시각적 고정관념이 아닌 생생한 이미지
2. 축어의 원칙
3. 쪽지
4. 증거에 대한 서로 다른 출처 간 검증
5. 기기를 이용할 때 기록물을 기록하고 보여 주기 위한 승인
6. 대화 분석
7. 시각적 기록물에 대한 과도한 편집

학습활동   면담 '기록하기'

제6장 연습활동에서의 면담 노트로 되돌아가서 면담에 대한 공식적인 해석 노트를 작성하라. 최소한 해석 노트는 문장구조와 원래 노트의 명확성을 강화하면서 면담의 서로 다른 부분에 대한 자신의 반응을 포함해야 한다. 면담 원본에 자유롭게 각주, 인용, 참고 문헌을 추가하라.

질적 자료 분석하기 (I)
_ 모으기, 나누기, 재배열하기

    질적 자료 분석은 일반적으로 5단계에 걸쳐 진행되는데, 이 장에서는 그중 처음 3단계를 다루고 있다. 첫 번째 분석 단계는 자료를 형식적인 데이터베이스에 모으는 것으로 원자료를 주의 깊고 체계적으로 구조화하는 것을 요구한다. 두 번째 단계는 데이터베이스의 자료를 다시 나누는 것으로 형식적인 코딩 절차와 관련될 수도 있지만 반드시 그래야 할 필요는 없다. 세 번째 단계는 재배열하는 단계로 도출된 양상을 파악할 때 단순한 기술적 측면보다는 연구자의 성찰을 통해 이루어진다. 자료의 배열을 구성하는 다양한 방법은 세 번째 단계에서 이러한 양상을 드러내는 데 도움을 줄 수 있다.

    지속적으로 발전하고 있는 컴퓨터 소프트웨어는 전체 분석 과정을 지원할 수 있다. 그러나 연구자가 그런 소프트웨어를 이용하든 아니든 분석에 대한 모든 결정은 스스로 해야만 한다. 소프트웨어를 이용할 경우 유의할 점은 소프트웨어의 절차와 용어를 따르기 위해 추가적인 주의를 기울여야 한다는 것이다. 이러한 주의는 집중적인 분석 과정을 수행하기 위해 필요한 분석적 사고, 에너지 및 결정력을 떨어뜨릴 수도 있다.

자! 이제 마술과 같은 순간이 남아 있다. 여러분은 어떤 방식이든 효과적인 방법으로 모든 질적 자료를 모으고 정렬하려 할 것이다. 이러한 절차를 엄격하게 해 주는 일종의 지침서도 따르려고 할 것이다. 이러한 분석적 과정은 연구를 위해 필요한 결론을 도출하고, 그것을 작성하기 위한 여러분의 능력과 직결될 것이다.

앞서 언급한 이러한 시나리오는 두 가지 대립되는 반응을 야기할 수 있다. 첫째, 어떤 사람들은 이 시나리오가 사실이기를 희망한다. 그들은 심지어 질적 자료를 분석하기 위해 특별히 고안된 컴퓨터 소프트웨어를 이용함으로써 그들에게 필요한 피난처를 찾을 것이라고 믿을 수도 있다. 둘째, 어떤 사람들은 이 시나리오가 사실이 아니라는 것을 알고 있다. 그들은 어떤 고정된 방법론에 매여 방해를 받기보다는 질적 연구가 제공하는 기회와 자유를 즐긴다.

이들 중에서 어떠한 관점을 수용하든지 여러분은 자료 분석을 마쳐야 하며, 이 시나리오에서 가장 중요한 부분은 '엄격성(rigor)'에 대한 것이다. 엄격성은 다음의 세 가지 유의점을 실행함으로써 얻어진다.

- 자료의 정확성을 확인하고, 또 확인하라.
- 대충 하지 말고 가능한 한 철저하고 완벽하게 분석하라.
- 자료를 분석할 때 자신의 가치관에 투영된 의도하지 않은 편견을 지속적으로 인식하라.

앞서 제시한 항목과 그 밖에 관련된 다른 항목들은 자신만의 지속적인 참고를 위해 일종의 방법론적인 노트(종종 메모라고 불림. 제3절의 '메모 기록하기' 참고)를 만들고 계속 기록한다면 훨씬 더 잘 점검할 수 있을 것이다.

이 장의 후반부에서 논의할 지속적으로 비교하기, 특별히 반대 사례에 민감하기, 상반되는 설명 개발하기, 분석적으로 작업을 진행하면서 지속적으로 자료와 자신에게 질문하기와 같은 구체적인 전략들 또한 도움이 될 것이고, 이들을 충분히 활용해야 한다. 분석 절차에 대한 방법론적 노트나 메모를 자주 쓰고, 구조화하고, 검토하는 것 또한 강력히 추천할 만한 실제다. 이러한 모든 절차는 질적 연구 분석이 보편적으로 수용되는 일반적인 순서와 방법을 가지고 있지 않기 때문에 중요하다.

1. 분석 단계 개요

◾ **미리 보기**

• 질적 자료를 분석하기 위한 전체 단계의 순서
• 분석 기능을 지원하기 위한 컴퓨터 소프트웨어의 잠재적 역할

비록 질적 연구를 분석하는 것이 요리책과 같이 약속된 어떤 지침을 따르는 것은 아니지만 그렇다고 질적 연구가 완전히 제멋대로인 것은 아니다. 사실, 수많은 교재에서 설명하는 분석 양식뿐만 아니라 질적 연구를 수행할 때의 실제 경험은 대부분의 질적 분석이(특정 질적 연구 사조를 채택하든지에 관계없이) 일반적으로 5단계의 순환 과정을 따른다고 제안한다. 이 장의 나머지 부분에서는 이러한 순환 과정과 관련된 내용을 구조화하여 다음과 같이 설명할 것이다.

• 5단계 순환 과정: ① 모으기, ② 나누기, ③ 재배열하기(배열하기), ④ 해석하기, ⑤ 결론 내리기

[그림 8-1]은 온전한 순환 과정과 순환의 5단계를 보여 주는데, 화살표는 5단계 간의 위계를 보여 준다. 쌍방향의 화살표는 두 단계 사이를 앞뒤로 이동할 수 있다는 것을 의미한다. 그 결과, 전체 예시는 분석이 어떻게 비선형적 양상으로 이루어질 것인지 보여 준다. 순환 과정에 대한 설명에 뒤이어 각 단계를 간략히 정의하고, 제8장의 남은 부분과 제9장 전체에서 어떻게 각 단계가 진행되는지 논의하고자 한다.

분석은 현장연구와 그 밖의 자료 수집으로부터 축적한 현장 노트를 모으고 정렬함으로써 '시작한다'.[1] 여러분은 제7장(제3절)에서 다루었듯이 이러한 노트

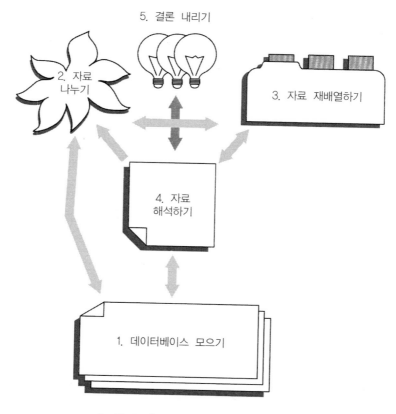

[그림 8-1] 분석의 5단계와 상호작용

를 매일 밤 정비해 왔을 것이고, 보관된 기록물의 출처로부터 노트를 별도로 모았을 것이다. 그 노트에 작성되었던 순서가 아닌 어떤 식으로든 순서를 매기는 것은 필수적이다. 첫 번째 단계인, 모으기(compiling)는 그래서 어떤 식이든 순서대로 모으는 것을 의미한다. 수합된 최종본은 데이터베이스로 간주될 것이다.

두 번째 단계는 모은 자료를 더 작은 조각이나 부분으로 쪼개는 것을 요구하는데, 이것은 나누기(disassembling) 절차로 간주된다. 이 절차에서는 (반드시 해야 할 필요는 없지만) 여러분이 새로 정한 명칭이나 '코드'를 작은 부분이나 조각에 배정하는 작업을 수반한다. 나누기 절차는 처음 두 단계 사이에 있는 쌍방향 화살표가 설명해 주듯이 코드를 확인하는 시행착오 과정의 일부로 여러 번 반

---

1 '시작한다'는 말은 편의를 위해 사용된 것이다. 이 책 전체를 통해 말하고 싶은 질적 연구의 독특한 특성은 연구의 초기 단계 동안, 특히 자료 수집 동안에도 분석을 할 필요가 있다는 것이다.

복된다.

두 번째 단계에 뒤이어 오는 것은 나눈 부분이나 조각들을 다른 그룹과 위계들로 재구조화하기 위해 중요한 주제(혹은 코드나 코드의 묶음)를 이용하는 것인데, 이 그룹과 위계들은 원래 노트에 있었던 것일 수도 있다. 이 세 번째 단계는 재배열하기(reassembling) 절차로 간주될 수 있다. 자료의 재배열과 재결합은 자료를 시각적 도식으로 묘사하거나 목록과 기타 표의 형식을 통해 정렬함으로써 촉진된다. 다시 말하지만, [그림 8-1]의 쌍방향 화살표는 어떻게 모으기와 나누기 단계들이 대안적인 양상으로서 여러 차례 혹은 그 이상 반복되는지 보여준다.

네 번째 단계는 재배열한 자료들과 관련된 표와 도식을 함께 이용하여 원고 초안의 핵심 분석 영역이 될 수 있는 새로운 내러티브(narrative)를 만드는 것과 관련된다. 네 번째 단계는 재배열한 자료의 해석하기(interpreting)다. 초기 해석은 일련의 새로운 방법으로 데이터베이스를 다시 모으거나 자료를 다르게 나누거나 재배열하기 위한 욕구를 유도하는데, 이 모든 단계들은 각각 일방향과 쌍방향 화살표에 의해 설명된다.

마지막 단계는 결론 내리기(concluding)다. 이것은 전체 연구로부터 결론을 도출하는 것을 요구한다. 이러한 결론은 네 번째 단계의 해석과 관련되어야 하며, 이것을 통해 순환 과정의 다른 모든 단계와도 관련되어야 한다.

이제 여러분은 5단계에 대한 기초적인 내용을 이해했을 것이다. 지금부터 어떻게 이 단계들이 선형적인 위계에 해당하지 않고, 대신 순환적이고(recursive) 순회적인(iterative) 관계를 가지는지도 살펴봐야 한다. 전체 분석 과정은 여러 달이 아니더라도 몇 주와 같이 장기간에 걸쳐 이루어진다. 이 과정 동안, 연구와 관련 없는 다른 경험에 노출되는 것은 5단계 중 하나 혹은 그 이상의 단계에 대한 생각에 뜻하지 않은 영향을 미칠 수 있다.

모든 질적 연구자가 이 5단계를 같은 수준으로 수행하는 것은 아니다. 보다 경험이 많은 연구자들은 처음 세 단계는 빨리 지나갈 수 있어 해석 단계에 더 빨리 도달할 수 있다. 경험이 적은 연구자들은 나누기 단계에 정말 많은 주의를 기울이게 될 것이고, 그다음 재배열하기 단계에서 어려움을 겪고 원래 계획한 마감일이나 자신의 인내심을 넘어서서 해석하기와 결론 내리기 단계를 미룰 수도 있다.

5단계를 설명하기에는 어느 정도 지면이 필요하기 때문에 이 책에서는 임의로 그 단계를 나누어 이 장에서는 처음 세 단계를 설명하고, 제9장에서는 네 번째와 다섯 번째 단계를 다루고자 한다. 자료에 구체적인 설명을 더하기 위해 예시와 예제뿐만 아니라 하나의 샘플 연구 1을 제8장과 제9장에서 나누어 다룰 것이다(샘플 연구의 처음 세 단계는 이 장 후반부에 논의되고, 마지막 두 단계는 제9장 후반부에 제시된다).

질적 자료 분석을 지원하기 위한 컴퓨터 소프트웨어 이용하기

이 장에서는 질적 자료 분석을 지원하기 위해 특별히 고안된 컴퓨터 소프트웨어를 이용하는 것에 대해 간헐적으로 언급할 것이다. 여러 가지 소프트웨어 프로그램들이 많이 있다. 각각의 소프트웨어는 판매사가 서로 다른데 어떤 프로그램은 가격이 천 달러를 초과할 수 있다. 각 판매사는 또한 정기적으로 업데이트 버전을 내놓는다. 가장 널리 알려진 프로그램은 ATLAS-ti5, NVivo7과 MAXqda2 다(Lewins & Silver, 2007). 그 밖의 프로그램으로는 HyperRESEARCH6, QDA Miner 2.0, Qualrus와 Transana2가 있다.

다양한 소프트웨어 프로그램들이 일반적으로 '컴퓨터 보조 질적 자료 분석(Computer Assisted Qualitative Data AnalysiS)'(또는 'cactus'로 발음되는 CAQDAS) 소프트웨어로 지칭되는 프로그램에 해당된다(예: Fielding & Lee, 1998). 이 책은 이들 프로그램 중 어떤 것 하나를 선호하지 않기 때문에 논의는 단지 일반적인 소프트웨어로서의 CAQDAS와 이러한 소프트웨어를 이용하기 위한 일반적인 분석 절차에만 관련될 것이다.

CAQDAS에 대한 참고 사항으로 워드(Word), 엑셀(Excel), 그리고 액세스(Access)와 같이 전문성은 덜하지만 그럼에도 매우 유용하고 보다 일반적인 프로그램에 대한 사용에 대해서도 다루고자 한다. 대부분의 사람들이 어떻게 이들 일반적인 프로그램을 사용하는지 잘 모르는데 사실 이 프로그램들은 질적 자료를 분석하는 거의 전 과정에서 도움을 줄 수 있다.

예를 들어, Christopher Hahn(2008)은 워드, 엑세스, 엑셀의 기능을 다루는 데 별도의 장을 마련하여 이 세 가지 소프트웨어 프로그램의 이용을 위한 순차적인 지침을 제공한다. 설명적 기능으로서, 워드의 표와 인덱스 도구상자는 문자 자료를 구조화하고 배열하기에 충분하며, 심지어 이와 같은 자료에 초기 코드를 지정하는 것도 충분하다(Hahn의 교재 제6장). 마찬가지로 두 가지 스프레드시트/데이터베이스(spreadsheet/database)도 상위 수준의 코딩(예: 범주 구성)과 매우 효율적인 방법으로 자료를 검색하고, 처리하고, 기록하는 능력을 지원할 수 있다(제7장, 제8장).

처음부터 어떤 종류든 CAQDAS나 일반적인 소프트웨어의 사용을 고려해 볼 것인지는 또 다른 문제다. 중견 연구자 집단은 질적 자료를 분석하는 자신만의 수작업에 이미 익숙해졌다. 이런 연구자는 컴퓨터 보조 기술을 적용하는 것이 문제를 일으키거나 엄격하게 사용되지 않는다면, 소프트웨어 자체의 피할 수 없는 한계로 인한 제한이 따른다는 것을 고려한다. 신진 연구자 그룹은 타자기를 본 적이 없거나 훨씬 덜 사용했을 것이다. 그들은 일상의 다양한 기능을 위해 컴퓨터 소프트웨어를 사용하는 데 이미 익숙하다. 이들 신진 연구자는 질적 연구의 필수적인 부분이 아니더라도 완성도 있는 질적 연구를 위해 CAQDAS에 의존해야 할 수도 있다.

시간이 지남에 따라, CAQDAS 소프트웨어도 상당 수준 향상되어 왔다. 비록 각 기능이 보다 복잡한 컴퓨터 지원 절차와 검색 규칙을 수반하고 있지만, CAQDAS의 기능성은 분석을 하는 데 가장 필수적인 단계를 모방하고 있다. 그럼에도 불구하고, 이러한 소프트웨어를 이용할 때 다음의 주요한 유의점을 여전히 고려해야 한다. 즉, 분석적 사고와 관련된 모든 것을 직접 수행해야 한다. 여러분은 컴퓨터 소프트웨어에 분석적 사고의 각 단계를 매번 알려 주어야 한다. 이것을 위해 추가적인 부담이 필요한데, 왜냐하면 (실질적인) 분석적 경로를 계속 진행하면서 또한 소프트웨어의 언어를 이용해야만 할 것이기 때문이다.

CAQDAS 소프트웨어의 역량에 대한 부적절하고 높은 기대는 대부분의 사람들이 컴퓨터 보조 양적 분석에 대해 알고 있는 것에서부터 비롯된다. 이러한 상황에서, 컴퓨터는 일반적으로 복잡한 기계적 작동을 수행하는데, 이것은 두세 수준의 위계적 선형 모델을 검정하기 위한 구조 방정식을 산출하는 데서부터 잠재 성장 모델을 검정하고 수립하는 데까지 이른다. 이들 양적 연구 상황에서 분석자는 일련의 투입 자료를 제공하고 컴퓨터가 결과에 도달하도록 한다. 그러나 분석자는 근본적인 기계적 작동 방식에 대해 알 필요가 없으며, 하물며 어떻게 그것이 유도되었는지는 더욱이 알 필요가 없다(대부분의 양적 분석자는 어떻게 chi-square 공식이 유도되는지 알 필요가 없으며, 보다 복잡한 모델에서 사용되고 있는 것은 하물며 더 알 필요가 없다는 쪽에 내기를 하는 것이 좋을 것이다).

질적 분석에 의해 나타나는 문제는 분석 과정에 어떤 특정 공식이 없다는 것이다. 분석자로서 여러분은 여전히 일련의 투입 자료를 제공할 필요가 있는데, 이런 자료는 숫자가 아닌 문서의 형식을 취한다. 보다 중요한 것은 여러분은 양적 연구와 같이 미리 정해진 공식을 요청할 수 없고 대신 스스로 문서의 일부를 정렬하고 코딩하며 결합하고 재결합하는 연구 전반에 걸친 중요한 절차를 개발해야만 한다는 것이다. 여러분은 또한 절차를 수행하기 위해 컴퓨터에 단계별 지침을 제공해야 한다.

나중에 여러분은 전체 진행 과정의 논리와 타당성을 변호해야 한다. 여러분은 양적 연구에서처럼 진술문 뒤에 자신을 숨길 수 없는데, 양적 연구에서는 조사자가 단순하게 특정 소프트웨어 프로그램으로부터 특정 통계 모델의 특정 버전을 이용했다고 인용할 수 있다. 이런 점에서 양적 분석과 질적 분석에 대한 컴퓨터 역량은 매우 다르다.

이 같은 사실을 이해함에도 불구하고 CAQDAS 소프트웨어를 이용하는 것을 고려할 수 있는데, 특히 소프트웨어를 잘 알고 컴퓨터를 잘 사용할 수 있다면, 그리고 특히 광범위한 자료를 가지고 있다면 고려해 볼 수 있다. 여러분이 CAQDAS 소프트웨어를 이용한다면, 어떤 특정 CAQDAS 소프트웨어에 대한 설명에만 전적으로 의존해서는 안 되며, 여러분의 입장에서도 주제에 대해 한 권 이상의 특별한 책을 찾고 싶을 것이다(예시 8.1 'CAQDAS 소프트웨어를 이용하기 위한 유용한 지침' 참고). 더욱이 소프트웨어 프로그램을 선택하기 전에 이런 문서를 조사하는 것은 소프트웨어의 선택 과정과 관련된 다른 요소를 고려하는 데 도움이 될 것이다. 예를 들어, 소프트웨어는 강점뿐만 아니라 사용자 편의성 측면에서도 각기 다르다. 문서를 검색하고, 문서 중심 관리, 코딩 및 검색, 코드 중심 이론의 수립이나 네트워크 수립에 대한 요구가 있다면, 다른 패키지를 선호할 수 있다(예: Weitzman, 1999, pp. 1246-1248).

예시 8.1   **CAQDAS 소프트웨어를 이용하기 위한 유용한 지침**

컴퓨터 보조 질적 자료 분석(CAQDAS) 도구는 질적 자료 분석을 도울 수 있다. 그러나 이 도구는 연구자의 시간과 에너지를 많이 소비시키고, 그런 후에도 여전히 실망스러운 결과를 야기할 수 있다.

한 가지 접근은 어떤 소프트웨어든 그것을 이용할 때 조심스럽게 점진적으로 진행하는 것인데, Lewins와 Silver(2007)의 책은 바로 이런 지침을 제공한다. 이 책은 구체적인 컴퓨터 기반 절차에 대한 정보로 가득한데, 일반적인 논의를 먼저 하고 나서 세 가지 주요 CAQDAS 패키지(ATLAS.ti5, MAXqda2, NVivo7)로 어떻게 작업할 수 있는지 개별적으로 그 절차를 보여 준다.

저자들은 CAQDAS의 대단한 옹호자는 아니다. 그래서 그들의 책은 컴퓨터의 산출물을 다운받고, 직접적으로 하드카피 자료를 다루고 표시하는 것의 중요성에 대해 반복적으로 상기해 줄 뿐만 아니라, 어떻게 소프트웨어가 실제 분석 작업을 수행하리라 기대할 수 없는지에 대한 반복적인 경고를 포함한다. 그들의 책에서든 이와 비슷한 다른 서적들로부터든, CAQDAS 소프트웨어를 이용하기 위한 이런 외부적인 조언을 듣는 것은 매우 신중해 보일 것이다.

---

2. 순서대로 자료 모으기

◾ **미리 보기**

- 형식적인 데이터베이스로 구조화할 필요가 있을 때 자료를 어떻게 할 것인가?
- 단지 자료를 모으는 것이 아니라 자료에 다시 익숙해지기 위한 과정을 어떻게 이용할 것인가?
- 구조화 과정 전반에 걸친 일관성의 중요성

분석적 순환 과정의 첫 번째 단계는 어떠한 질적 자료의 분석이든 필수적으로 선행되어야 한다. 이 단계는 질적 연구 교재에서는 관례적으로 등장하지 않는 용어인 '데이터베이스'를 구축하는 방법 중 하나에 비유될 수 있다.[2] 대부분의 교재는 그럼에도 연구자가 자신의 현장 노트와 그 밖의 다른 노트 및 근거 자료를 일련의 순서대로 모을 것이라고 가정한다.

이러한 가정의 중요성은 원하는 결말, 좀 더 형식적으로 말하면 결과를 인식할 필요성을 이끌어 낸다. 이와 같은 이유로 일련의 순서대로 기록이나 데이터베이스를 모으기 위한 제안은 적절해 보인다. 목표는 형식적인 분석을 시작하기 전에 질적 자료를 체계적인 방식으로 구조화하는 것인데, 이것은 숙제를 시작하기 전에 책상을 깨끗이 하고 파일을 구조화하는 것과 크게 다르지 않다. 순서대로 좀 더 정돈된 자료는 분석을 더 강화할 수 있고, 궁극적으로는 보다 엄격한 질적 연구를 이끈다.

최소한 이러한 구조화는 연구자가 자신의 현장 노트와 자료를 찾고 접근하는 데 도움을 준다. 보다 큰 이점은 이러한 구조화가 자료 분석을 돕는다는 것이다. 비록 모든 사람이 데이터베이스와 같은 형식적인 명칭을 이용하는 것은 아니지만 성공적으로 질적 연구를 완수한 사람은 어떻게든 구조화에 노력을 쏟았을 것이며, 이용 가능한 데이터베이스를 구축했을 것이다.

일단 자료가 구조화되고 모아지면, 그 자료는 여러분의 데이터베이스로 간주될 수 있다. 자료를 구조화하는 유용한 방법은 다음에서 논의된다.

양적 연구와의 병행?

양적 연구에서 데이터베이스는 일반적으로 분리된 기록을 포함한 전자파일로 구성된다. 각 기록은 통일된 일련의 필드(fields, 특정 데이터 저장 지정 영역-역주)를 가지고 있는데, 자료는 각 필드에 들어간다. 그다음 자료 사전(data dictionary)은 각 필드의 정의를 포함하고 있으며, 정확하게 필드에 입력 가능한 항목을 정

---

2 사례조사연구를 위해, 이 저자는 『사례조사연구: 설계와 방법(Case Study Research: Design and Methods)』(2009)에 대한 다양한 버전의 교재에서 1984년 이후 '사례조사 데이터베이스'를 모으는 것을 지지해 왔다.

의한다. 데이터베이스를 이용하기 전에, 자료는 각 기록의 입력 항목이나 자료의 논리성, 일관성, 정확성을 점검함으로써 '정제되고' '검증될' 필요가 있다.

질적 연구는 질적 데이터베이스가 전자파일이든지 아니든지 간에 유사한 기능에 의존하고 거의 병행적인 절차에 의존할 수 있다. 양적 분석과 비교할 때 주된 차이점은 (숫자보다는) 문서 자료가 어떤 체계적인 방식으로 순서화될 경향이 있다는 것이다. 질적 분석에서 용어사전(glossary)은 일관성 있는 사용을 전제로 질적 문서에서 발견되는 중요한 용어를 정의하는 데 도움을 줄 수 있다. 용어사전의 역할은 양적 분석에서의 '자료 사전'을 사용하는 것과 유사할 수 있다.

여러분이 모은 일련의 자료를 정확하게 얼마나 형식적으로 만들 것인지는 자신의 선호도와 작업 스타일에 달려 있다. 자료를 전자파일 형태로 바꿀 수 있으며, 또한 의미 있는 일련의 파일에 따라 기록을 그룹화할 수도 있다. 또한 비전자파일의 형태로도 자료를 저장할 수 있는데, 다소 구식인 인덱스카드로 자료를 재구조화하는 것이다. 자료의 형식성과 형태보다 중요한 것은 자료를 모으는 것에 대한 관심과 주의다.

다시 읽기와 다시 듣기: 현장 노트 '알아 가기'

모으기 단계의 첫 번째 기능은 자신의 현장 노트에 익숙해지는 것이다. 현장 노트와 제7장에서 논의한 다른 기록들을 지속적으로 검토해야 한다. 다시 읽기는 어떤 문서나 증거와 관련된 기타 출처의 사용에 대해 초기에 읽었던 것뿐만 아니라 현장 관찰 및 면담에 대해서도 생각나게 한다.

여러분은 어느 정도 면담 내용을 녹음할 수 있었지만 그것을 아직 전사하지는 못했을 수도 있는데, 이 경우 다시 읽기보다는 다시 듣기가 더 관련 있는 활동이다. 여러분은 기록물을 반복적으로 확인하기를 원할 것이며, 자신이 수집한 자료에 다시 익숙해지고 싶을 것이다. 만약 이미 그 기록을 있는 그대로 전사했다면, 전사본을 다시 읽고 싶을 것이다(만약 아직 기록을 전사하지 않았다면, 지금 그것의 일부를 전사하고 싶을 수도 있다).

현장 노트와 다른 자료들을 검토하는 동안 여러분은 현장연구를 더 이상 수행하고 있지는 않을 것이다. 그래서 정보를 보다 철저하게 더 예측 가능한 페이스로 완전히 이해할 수 있다. 검토하기는 매우 분석적이며 오랜 시간이 걸릴 수 있다(현장연구의 정도 및 연구의 범위에 따라서 몇 주나 몇 달은 그렇게 짧은 기간이 아닐 수도 있다). 여러분은 자신에게 다음과 같은 질문을 해야 한다.

- 연구에서 눈에 띄는 특징은 무엇인가?
- 어떻게 원래 연구 문제와 관련 있는 자료를 수집했는가?
- 잠재적으로 새로운 통찰이 도출되었는가?

지속적으로 자신에게 이러한 질문이나 이와 유사한 질문을 하는 것이 전체 분석 과정에서 드러나야 한다.

모든 것을 일관된 형식으로 모으기

순서대로 모은 자료나 데이터베이스는 초기 노트와는 다를 것이다. 왜냐하면, 여러분이 초기 노트를 일관된 형식으로 구조화하는 것을 시작할 것이기 때문이다. 이 형식에서의 핵심은 여러 단어나 용어를 비일관적으로 사용할 수 있는 가능성에 대한 주의 깊은 관심에 있다. 예를 들어, 초기 노트를 검토하고, 어떻게 그것을 보다 정돈된 양식으로 재배열할 것인지 생각할 때 모순되지는 않더라도 완전히 다른 두 가지 방식으로 자신의 노트에서 같은 용어를 사용했다는 것을 발견하게 될 수도 있다. 왜냐하면, 같은 단어들이 두 개의 서로 다른 현장 면담이나 관찰에서 다루어졌기 때문이다. 이러한 별개의, 심지어 비일관적인 사용은 이후 분석의 문제를 야기할 수 있으며, 그래서 이 지점에서 명백하게 정리될 필요가 있다.

동시에 이 과정은 반드시 신중하고 조심스럽게 이루어져야 한다. 어떤 면담 대상자들은 중요한 의미를 담고 있는 특정 단어를 사용할 수 있으며, 이러한 단어는 단지 자료 전반에 걸쳐 일관성 있는 어휘를 수립하려 한다는 이유로 제거되어서는 안 된다. 다시 명칭을 부여할 것은 어떤 것인지, 남겨 두어야만 할 것은 무엇인지 결정하는 것은 또 다른 판단을 요구한다. 생각을 추적하기 위해 용어사전을 구축하는 것은 어떤 용어를 변경하거나 혹은 원래 사용한 용어를 유지하려는 결정을 하는 데 매우 도움이 될 것이다.

이와 동일하게 중요한 것은, 자료를 일관된 형식으로 모으는 것이 또한 그 자료를 일련의 기록으로 정리한다는 것을 의미한다는 것이다. 기록(record)을 구성하는 것은 연구에 따라 매우 다르다. 면담이나 문서 등의 자료가 적절한 단위가 될 것이다. 그래서 만약 한 연구가 57번의 면담을 하고 13건의 문서로부터 정보를 얻었다면, 심지어 똑같은 사람과 여러 번 면담을 했더라도 그 연구에는 70건의 기록이 있는 것이다. 아니면 각 기록은 현장에서 서로 다른 날짜에 수집되었다는 것을 나타낼 수도 있다. 마지막으로, 기록은 연구의 알려진 중점 사항들 중 하나를 반영할 수 있다. 예를 들어, 만약 한 연구가 대인관계에 초점을 맞추고 있다면, 각 기록은 연구 대상의 일부인 두 사람 혹은 그 이상의 사람들 사이의 상호작용을 대표할 수 있다.

경험이 많은 연구자에게는, 기록이 이미 정보에 대한 개념적 범주가 될 수도 있는데, 각 범주는 초기 노트로부터 정보를 모은 것이다. 이와 같은 경우, 연구자는 형평성을 고려하지 못하고 심지어 모든 현장 노트를 충분히 대표하지 못하는 기록을 할 위험성이 있다. 그러나 개념적 범주들은 연구자가 다음 분석의 세 번째 단계(재배열하기와 배열하기)로 빨리 이동하게 해 준다.

자료의 내용은 또한 문서나 내러티브 정보에 제한되지 않아야 한다. 여러분의 초기 노트는 표, 그래프, 기타 시각 자료를 포함하고 있을 것이며, 이것은 또한 재구조화되거나 데이터베이스의 일부가 될 필요가 있다. 만약 여러분의 연구가 비디오테이프의 녹화와 관련된다면, 일련의 일관된 형식을 따르는 편집된 테이프를 만드는 데 동일한 주의를 기울일 필요가 있다(Erickson, 2006).

기록을 모으기 위해 컴퓨터 소프트웨어 이용하기

어떤 종류든 CAQDAS를 이용하거나 앞서 언급한 일반적인 소프트웨어를 이용하는 것이 이 단계에서 도움이 될 수 있다. 대부분의 서로 다른 종류의 소프트웨어는 별개의 다양한 기록에 맞추어 구조화된다. 각 기록은 분리된 파일이나 '사례'가 된다. 어떤 CAQDAS 소프트웨어는 여러분의 기록이 데이터베이스의 통합된 일부가 될 것이라는 점에서, 또한 비디오테이프를 포함하여 비내러티브 자료 형식을 기꺼이 수용할 수 있다.

소프트웨어는 자료를 좀 더 형식적으로 모을 수 있도록 도울 것이다. 예를 들어, 만약 각각의 기록을 위해 서로 다른 파일을 만든다면, 소프트웨어는 각 파일에 대해 파일명, 날짜, 기타 가능한 식별자(identifiers)를 요구할 것이다. 소프트웨어는 또한 용어의 일관적인 사용을 확실히 하기 위해 용어사전을 이용하도록 격려하고, 면담에서 서로 다른 사람들에게 지정된 식별자를 자료에 남길 것을 상기시키고, 각 기록에 대해 자신의 메모의 일부가 될 수 있는 새로운 전자파일 노트나 표시를 추가하도록 허용할 것이다.

형식적인 데이터베이스를 구축하는 데 어떠한 CAQDAS 소프트웨어를 이용할 것인지는, 다시 말하지만 자신의 선호도에 달려 있다. 만약 다음의 나누기 단계를 지원하기 위해 이런 소프트웨어를 이용하고자 한다면, 여러분은 자신의 자료를 그러한 기록으로 구조화해야 할 것이다.

또한 자료 모으기 단계만을 지원하는 제한된 방법으로 소프트웨어의 이용을 고려할 수도 있다. 소프트웨어를 어떻게 사용할지 배우기 위해 필요한 시간을 생각한다면, 더 일반적으로 사용되고 있는 다른 소프트웨어의 이용 과정과 비교하면서 이 같은 보다 제한된 소프트웨어의 적용 방법을 채택하기 전에 미리 신중하게 생각해야만 할 것이다.

전자파일 혹은 비전자파일의 형태를 이용하든지 간에 자신의 노트를 자료로 정리하는 것이 부담이 되고 시간 소모적인 절차가 될 것인지 예측해 보라. 이와 같은 과정에서 자신의 원자료에 대해 익숙해질 수 있음을 기억하라. 이것은 인정받을 수 있는 질적 연구를 수행하는 데 필수적이다. 일반적으로 새로 모은 자료는 가능하다면 초기 노트로부터 원래의 상세한 기록을 가능한 한 많이 보유해야만 한다. 그래서 필요한 데이터베이스의 구축은 이 작업을 위해 기울여야 하는 노고는 말할 것도 없고 많은 노력과 인내를 요구할 것이라는 것을 예상하라.

일반적으로 데이터베이스의 구축은 연구에서 가장 중요한 부분 중 하나가 될 것이다. 결과적으로, 여러분은 철저함과 완벽을 추구하기 위해 높은 기준을 세워야 하고, 어떤 것이든 대충 하는 것을 거부해야만 한다. 여러분의 개인 일지의 일부로서 이런 절차를 추적하는 것도 바람직할 것이다.

한 가지 예로, 40개 지역사회 기관에 대한 연구에서 수합한 데이터베이스는 40개의 별개의 보고서로 구성되었다. 각 보고서는 현장 프로토콜('예시 4.2'에서 미리 보여 준 프로토콜)의 49개 질문에 대한 반응을 모은 자료를 다루었다. 보고서는 그다음 똑같은 49개의 질문에 대한 현장 팀의 반응에 따라 구조화되었는데, 이것은 공통적인 개요를 구상하는 데 필수적인 것이었지만, 정보는 보고서마다 서로 다른 각각의 질문을 다루었다[보고서 중 하나에 대한 질문과 반응을 포함하는 완벽한 예를 위해 Yin(2003, pp. 31-52) 참고].

3. 자료 나누기

◤ 미리 보기

- 형식적으로 코딩하면서 어떻게 자료를 나누는가?
- 형식적으로 코딩하는 작업 없이 어떻게 자료를 나누는가?
- 컴퓨터 소프트웨어가 자료 코딩에 이용될 때 누가 코딩을 하는가?

이미 자료를 적절하게 구조화하는 방법을 알고 있다고 전제할 때 여러분은 5단계 순환 과정 중 두 번째 단계를 시작할 준비가 되었다고 볼 수 있다. 이 단계는 자료를 어떠한 방식으로 나누는 것[3]을 요구한다. 이 단계들은 순환적일 수 있는데, 이것은 여러분이 한 단계에 머무는 동안 초기 단계에서 행해진 것을 바꾸기 위해 되돌아감으로써 뒤로 가거나 앞으로 맞이할 단계를 위해 아이디어를 미리 살펴보고 표면화하면서 앞으로 나아가는 등 동시에 전후로 이동할 수 있

---

3 나누기라는 용어를 사용하는 것이 문헌에서 두 가지 다른 용어들 보다 종종 더 선호되었다. 어떤 교재와 방법론은 자료를 쪼갠다고(fracturing) 지칭한다. 이 단어의 사용은 거부되었는데 왜냐하면 쪼갠다의 일상적 의미가 결과가 자료에 대해 해로운 영향을 미치거나 자료가 바람직하지 못한 방식으로 쪼개지는 것을 함축하기 때문이었다. 학자들은 또한 나누기 과정을 자료 감소(data reduction)(왜냐하면, 예를 들어, 원본 기록에 있는 많은 단어들이 더 짧은 버전으로 코딩되기 때문에)의 하나라고 언급했다. 이 두 번째 용어도 거부되었는데 왜냐하면 자료를 나누는 것이 항상 자료를 감소시키거나 또는 자료감소가 나누기 과정에서 추구하는 궁극적인 목적은 아니기 때문이다.

다는 것을 기억하라.

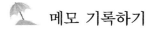

메모 기록하기

　유사하게 나누기 단계 자체도 순환적인 단계를 포함한다는 것을 예상하라. 여러분은 자료와 실제 자료를 어떻게 나눌 것인지에 대한 자신의 초기 아이디어 사이에서 전후로 지속적으로 이동하게 될 것인데, 이것은 잠재적으로 자신의 초기 아이디어에 대한 수정을 유도할 수 있다. 이러한 사고의 유형은 분석 과정 전체에 걸쳐 계속되는 일련의 메모(memos)의 일부로서 기록되어야 한다. 좋은 메모는 처음에 '섣부른(half-baked)' 것처럼 보이는 아이디어를 보관하는데, 이것은 나중에 매우 귀중한 자료가 될 뿐만 아니라 이미 생각한 것에 대해 불확실성으로 절망하는 것을 줄일 수도 있으며, 어떤 아이디어는 거부될 수도 있다. 질적 연구를 경험한 대부분의 연구자는 메모 쓰기가 필수적이라고 말한다. 그 연구자들 중 한 명은, "자료의 코딩이나 분석과 관련 있거나 중요한 것이 어떤 것이든 떠오른다면, 하고 있는 것이 무엇이든지 간에 멈추고 그것에 대해 즉시 메모하라."(Saldana, 2009, p. 33, 원문 강조)라고 조언한다.

코딩을 할 것인가, 안 할 것인가

　자료는 여러 가지 방법으로 나눌 수 있다. 어떤 방법들은 여기에서 다루겠지만 자신만의 특별한 나누기 과정을 개발할 수 있는데, 왜냐하면 여기에는 어떤 고정된 순서나 방법이 없기 때문이다.[4]
　자신만의 익숙한 방법을 포함하여, 다양한 방법이 하나의 결정적인 선택(자료의 일부를 코딩할 것인가, 즉 데이터베이스에서 선정된 단어, 구절, 기타 자료 모음에

---

4 여러분이 수집한 문서 자료의 양에 따라, 예비 단계로 연구의 특정 주제와 관련되어 보이는 문서의 일부만을 분석함으로써 나누기 절차를 보다 쉽게 관리하게 만들 수 있다(예: Auerbach & Silverstein, 2003, p. 37). 비록 여러분이 당시에 전혀 관련 없어 보이는 자료를 생략하고 싶더라도 관리 가능한 부분을 위해 그것을 줄이는 것은 잠재적으로 어떤 중요한 성찰을 제공할 수 있는 정보를 간과할 수 있는 위험을 항상 내포하고 있다.

대해 새로운 명칭이나 코드를 부여할 것인지 말 것인지에 대한 선택)으로 귀결된다. 질적 연구에 대해 근거이론(ground theory) 접근의 지지자들은 어떻게 이러한 코딩이 역할을 하는지를 묘사하는 데 선도적이었다(예시 8.2 '질적 자료 코딩을 위한 지침' 참고). 그러나 코딩을 할 것인지 안 할 것인지에 대한 결정은 '이것 또는 저것'의 문제가 아니다. 연구에서 어떤 주제를 위해서는 자료를 코딩할 수 있고, 다른 주제에 대해서는 하지 않을 수 있다. 그래서 두 가지 접근을 같이 사용할 수도 있다. 여기서는 코딩에 대한 각 선택 옵션(코딩 옵션과 비코딩 옵션)에 대해 순서대로 논의한다.

예시 8.2　　**질적 자료 코딩을 위한 지침**

　지난 40년 동안 근거이론의 창시자들과 지지자들은 질적 자료 코딩을 위한 다른 접근 방법에 대한 여러 가지 지침을 제공해 왔다. 이 지침은 단지 근거이론을 실행하고 있는 사람에게뿐만 아니라 자료를 코딩하고자 하는 모든 학자에게 관련된다.

　근거이론자들은 코딩의 세 가지 유형을 정의해 왔다. 시작할 때 사용하는 개방 코딩(open coding)에서 "분석자는 범주와 범주의 특징을 만드는 데 관심이 있다". 축코딩(axial coding)에서는 "범주들이 체계적으로 개발되고 하위 범주들과 연결된다". 그리고 선택적 코딩(selective coding)에서는 분석자들이 "범주를 통합하고 정교화하는 과정에 관심이 있다"(Strauss & Corbin, 1998, p. 143). 이들 세 가지 코딩 유형은 과정 코딩(process coding)을 동반하는데, 이것은 "시간과 장소에 걸쳐 일어나는 행위/상호작용의 위계를 개발하는 일련의 과정"을 묘사하는 데 도움을 준다.

　저자들은 이들 코딩의 실제에 세심한 주의를 기울인다. 이러한 실제는 종합적으로 논의되는데, 그것은 대략 이 책의 5단계 분석 과정[나누기(개방코딩)와 재배열하기(축코딩, 선택적 코딩, 과정 코딩)]과도 일치한다.

자료 코딩하기

대부분의 질적 연구에서 일련의 현장 노트와 구조화한 데이터베이스의 원본 문서들은 현장에서의 행위, 사건, 대상, 특정 의견, 설명, 현장 면담 대상자들에 의해 표현되는 기타 의견과 같은 특정 항목들로 구성될 것이다. 이들 항목 간의 연계는 그 항목과 관련되는 일시, 장소, 사람과 같은 세부적인 내용을 고도로 맥락화할 것이다. 각 항목은 그래서 독특하게 될 것이다.

이들 항목을 코딩하려는 목적은 방법론적으로 약간 상위 개념적 수준으로의 이동을 시작하는 데 있다. 현장 행위 원래의 독특성은 간과되면 안 되지만, 정말 유사해 보이는 항목들은 동일 코드를 지정받을 것이다. 이 상위 개념적 수준은 나중에 서로 다른 방법으로(예를 들면, 유사한 집단끼리 혹은 유사하지 않은 집단끼리 정렬하기), 서로 다른 기록으로부터 얻은 항목을 정렬하게 할 것이다. 일단 정렬이 되면 이들 집단과 관련된 특징을 조사하거나, 그것에 대한 성찰을 얻을 수도 있다.

1수준(level 1) 혹은 개방코딩이라고 불릴 수 있는(예: Hahn, 2008, pp. 6-8) 초기 코딩의 성격은 다양할 수 있다. 이들 코드는 원래의 항목에 매우 긴밀하게 고착될 수 있는데, 심지어 때로는 실제(in vivo) 코드라고 불리는 원래 항목의 정확한 단어를 재이용할 수 있다(예: Saldaña, 2009, p. 3). 코딩의 이 첫 번째 수준을 수행하는 과정을 진행함에 따라, 여러분은 1수준 코드 중 어떤 것들이 서로 어떻게 관련되는지 방법을 생각할 수도 있다. 그리고 여러분의 다음 목표는 1수준 코드 내에 해당되는 범주를 인식함으로써 점진적으로 훨씬 상위의 개념적 수준으로 이동하는 것이다. 여러분의 코딩은 그래서 2수준 혹은 범주 코드로 지칭될 수 있는 두 번째 혹은 그 이상의 상위 수준 코드로 진행된다.

협력적인 과제 수행의 문제 1

〈표 8-1〉은 매우 간단한 방식으로 처음의 두 수준을 설명한다. 문서의 샘플은 현장연구자의 가상의 노트에서부터 나온 것이다. 연구는 과제를 수행하는 데 부모에게 협조를 얻기 어려운 학생에 대한 가정에서의 관찰과 가족 면담을 포함한

다(이런 협력은 학생의 학교에서 추구하는 교육과정의 일부였다).

　　〈표 8-1〉의 1열은 원본의 문서 자료이고, 2열은 문서의 각 부분에 지정된 1수준 코드를 보여 주고 있으며, 3열은 그다음 지정된 2수준 코드를 보여 준다.

　　문서의 이 샘플들이 이같이 매우 간단한 예에서만 가능한 유일한 자료라는 것을 전제하여 나누기 과정은 네 가지(장애물, 긍정적인 기대, 부모의 관련 전문성 그리고 추가적인 외부 지원)의 2수준 범주를 도출했다.

　　(이들 범주를 하나로 모으는 것은 자료를 재배열하는 다음 단계의 과제가 될 것이다. 그러니 우선 다른 나누기 옵션으로 돌아가자.)

(계속)

〈표 8-1〉 1수준과 2수준 코딩의 예

현장 노트 원본의 실제 표현	초기 코드(1수준)	범주 코드(2수준)
1. "Samantha는 과제를 집에 가져왔지만 항상 맞는 과제를 가져오는 것은 아니었어요."	학생의 실수	과제 수행의 장애
2. "Samantha가 어머니에게 과제하는 것을 도와 달라고 요청할 때마다 어머니는 대체로 바빴다."	부모에 대한 접근 가능성의 문제	과제 수행의 장애
3. "그녀의 어머니는 시간이 있을 때도 종종 다른 일로 방해를 받아 Samantha와 과제를 할 수 없었다."	외부의 방해	과제 수행의 장애
4. "Samantha의 교사는 Samantha가 매우 우수하다고 보고했지만, 왜 과제 수행에 이런 문제가 있는지 이해할 정도로 충분히 준비되지 않았다."	긍정적인 교사의 관점	(과제 수행에 대한) 긍정적인 기대
5. "Samantha는 과제를 하는 즐거움을 표현하며 과제를 기다렸어요."	긍정적인 학생의 관점	(과제 수행에 대한) 긍정적인 기대
6. "Samantha의 어머니는 또한 Samantha가 학교에서 잘할 수 있을 만큼 충분한 기술이 있다고 생각했다."	긍정적인 어머니의 관점	(과제 수행에 대한) 긍정적인 기대
7. "Samantha의 어머니는 과제가 다루고 있는 개념을 잘 알고 있는 것으로 보였다."	긍정적인 어머니의 배경	부모의 관련 전문성
8. "Samantha의 어머니는 교사와 적어도 1회의 결실 있는 회의를 했고, 명백히 나타나는 다른 어떤 부정적인 상호작용은 없었다."	긍정적인 학교와 가정 간의 협력	추가적인 외부 지원

코딩하지 않고 자료 나누기

특히 앞서 말한 과제 수행의 예와 같이 간단한 특성에 대해서는 코딩을 하지 않고서도 자료를 나눌 수도 있었다. 이 과정은 좀 더 임의적이고 덜 기계적이지만, 노련한 연구자들에게 그것은 보다 심사숙고하고 성찰적이 될 수 있는 잠재적인 이점이 있다. 이것은 코딩 과정 자체가 연구자 자신을 산만하게 할 수 있기 때문인데, 예를 들어 자료에 대한 생각으로 고민하기보다는 코딩 과정의 기계적 체제에 더 집중하게 되기 때문이다. 자료를 코딩하지 않을 때의 과정은 비체계적이고 비일관적인 판단을 유도할 수도 있지만, 그래서 자료를 코딩하지 않기로 결심한 연구자는 이 장의 초반에 언급한 세 가지 유의점을 포함하여 엄격한 분석 절차를 유지하는 것과 관련된 유의 사항을 고려할 필요가 있다.

코딩하지 않을 때, 여러분의 나누기 과정은 원본 데이터베이스에서 문서를 구분하고 새로운 자신만의 실질적인 정리 노트(substantive note)(방법론적인 노트가 아님)를 만드는 것을 포함하게 될 것이다. 이들 새로운 정리 노트에서, 자신의 원본 자료에 대한 노트를 필수적으로 하게 되겠지만, 새 노트는 약간 다른 순서 혹은 다른 개념 및 아이디어하에서 자료를 다룰 수 있다. 앞으로 수행할 재배열하기 단계의 일부로 서로 다른 배열을 검증하는 능력을 촉진하기 위해 이들 새로운 노트를 인덱스카드나 분리된 종이에 기록할 수도 있다.

유용하고 도움이 되는 정리 노트를 만드는 것이 반드시 효율적인 과정은 아니다. 처음에는 노트를 썼지만 그 결과는 오히려 그 노트들이 자료를 어떻게 해야 할지에 대한 충분한 단서는 제공하지 않는다는 것을 확인하게 만들 뿐일 수도 있다. 예를 들어, 새로운 주제로 노트를 시작하고, 원본 노트에서부터 이와 관련된 항목들을 도출할 수도 있다. 그리고 그다음 도출한 항목들이 새 주제와 잘 맞지 않는다는 것을 발견하게 될지도 모른다. 그러면 그 주제를 수정할 수도 있다. 그 수정된 주제를 염두에 둔 채 데이터베이스로 돌아가면, 그 수정된 주제가 향후 추가로 어떤 항목을 도출할지 선택하도록 이끈다는 것을 발견하게된다. 나중에는 심지어 수정된 주제가 결국은 유용하지 않았다는 것을 발견하고 모든 과정을 다시 시작할 수도 있다. 전반적으로 얼마나 인내해야 하는지 배워야 하는, 매우 불확실한 날들을 맞이하게 될 것이다.

이 불확실성에도 불구하고, 많은 연구자들은 형식적인 코딩이 없이 그들의 자료를 나누기 원하는데, 왜냐하면 창의적인 아이디어가 더 빠르고 원활하게 진행되는 것처럼 보이기 때문이다. 발생 가능한 비일관성과 부정확성의 함정을 극복하기 위해, 연구자는 자신의 원자료로 여러 차례 돌아가서 자신이 나눈 주제가 가능한 한 원자료에 충실한지를 확인해야 할 것이다.

자료 나누기 지원을 위해 컴퓨터 소프트웨어 이용하기

CAQDAS나 다른 소프트웨어는 나누기 과정에 확실히 도움이 될 수 있는데, 특히 데이터베이스 규모가 크고 형식적 코딩을 원한다면 도움이 될 수 있다. 일단 문서에 코드를 부여했다면, 소프트웨어는 코드화된 자료를 확인하고 재확인하는 데, 그 자료를 검색하고 조작하는 데, 나중에 그 자료에 다음 수준의 범주 코드를 부여하는 데 많은 이점을 제공한다.

코딩 과정을 지원하기 위하여 소프트웨어를 이용할 때, 다시 말하지만 주의가 필요한 소프트웨어의 작동을 위해 철저히 준비하라. 부수적인 소프트웨어 용어를 배워야 할 것이고, 소프트웨어가 잘 작동되고 있는지 신경을 써야 할 것이다. 그러나 이러한 주의는 연구자가 자료의 실질적인 양상과 주제에 대해 생각할 수 있는 시간을 충분히 갖지 못하게 하는 잠재적인 대가를 지불하게 한다. 후반부의 심사숙고는 분석적 순환 과정의 세 번째, 네 번째 단계에서 시작되지만, 여러분의 주의를 소프트웨어의 작동에 기울이게 함으로써 매우 중요한 것으로 판명될 수 있는 초기의 중요한 어떤 성찰의 관점을 상실할 수 있는 위험이 있다.

또한 소프트웨어가 실제로 코딩을 하는 것이 아님을 명심하라. 코딩은 여러분 자신이 하는 것이다. 소프트웨어는 여러분의 코드와 코드화된 항목을 편리하게 기록해 주고 수작업으로 했던 것보다 이후 검색을 더 쉽게 해 준다. 심지어 반복적으로 쉽게 항목을 기록하고 코드를 변화시킬 수 있다. 코드화된 항목에 대한 이후의 검색과 향후 분석적 조작뿐만 아니라, 이들 수정이 주는 효율성은 특히 큰 규모의 데이터베이스를 가지고 있을 때 소프트웨어가 줄 수 있는 큰 강점이다.

4. 자료 재배열하기

◾ 미리 보기

- 재배열 과정에서 도출되는 양상의 중요성
- 향후 분석에 대한 선행 작업으로서 자료 배열의 여러 가지 방법
- 재배열 과정에서 편견을 최소화하거나 드러내기 위한 세 가지 절차
- 자료 재배열을 지원하기 위해 컴퓨터 소프트웨어를 사용할 때 숫자가 아닌 질적 자료가 가진 문제점

🏝 양상 찾기

나누기 단계 동안(예: 코딩 및 정렬할 때 혹은 만약 공식적인 코딩을 하지 않았다면 자신의 새로운 정리 노트를 검토할 때), 여러분은 잠재적으로 자료의 광범위한 양상에 대해 인지할 수도 있다. 나누기 과정의 꼼꼼함은, 예를 들어 어떻게 자료가 원래의 연구 질문에 대한 정보를 줄 것인지, 혹은 어떤 중요한 새로운 통찰을 원래 연구 주제에 드러내는지 등과 같이 자료의 광범위한 의미에 대해 생각하는 것을 방해하지 않아야 한다. 어떤 것이든 이런 양상에 주목하는 것이 자료의 재배열하기라 할 수 있는 분석적 순환 과정의 세 번째 단계의 시작이다.

만약 여러분이 형식적인 코딩 과정을 계속 사용한다면, 재배열하기는 1수준과 2수준 코드를 보다 상위의 개념화된 차원으로 가져오는 형식을 취하게 될 것이며, 이로 인해 주제나 심지어 이론적 개념이 도출되기 시작하고, 3수준과 4수준 코드도 고려될 수 있다(예: Hahn, 2008, pp. 6-8).

코딩 옵션 혹은 비코딩 옵션을 따르든지 관계없이, 재배열하기 과정 동안에 지속적으로 자신(그리고 자료)에게 질문을 던져야 한다. 질문하는 과정에서 직관적으로 분석이 이루어진다. 질문에 대한 특정 답변보다 중요한 것은 적극적으로 자신의 아이디어를 전환하고 분류하며 양상을 찾는 것이다. 이를 위한 전형적인 질문은 다음과 같다. 도출된 양상이 의미가 있는가? 그 양상이 여러분을

실질적으로 중요한 차원에 도달하게 하는가? 이 양상을 연구를 시작할 때 가졌던 개념이나 가설에 어떻게 관련시킬 것인가? 자신의 데이터베이스로부터 추가적인 항목을 검토할 때, 이 양상이 (바람직하게) 좀 더 복잡하거나 또는 확장된 형태가 되는가(예: Nespor, 2006, pp. 298-302)?

 ## 자료 재배열을 돕기 위한 배열 방식 이용하기

재배열하기 과정은 '자료를 만지작거리는' 것과 관련될 수 있는데, 그것은 자료를 서로 다른 배열과 주제하에서 생각하고, 그다음 무엇인가 만족할 만한 것이 도출될 때까지 배열과 주제를 변경하고 재변경하는 것을 의미한다. 예를 들어, CAQDAS 소프트웨어로 코드들의 서로 다른 결합을 조사하기 위해 불린 논리(Boolean logic, 컴퓨터와 전자공학에서 참과 거짓을 나타내는 숫자 1과 0만을 이용하는 방식-역주)를 이용할 수 있다. 대안적으로 여러분의 새로운 노트가 인덱스카드나 다른 수작업 형태로 되어 있다면, 카드를 서로 다르게 조합하여야 할 것이다. 이러한 조합은 아마도 다음의 하나 혹은 그 이상의 양상(같은 사람이 다른 시간과 장소에서 어떻게 묘사되는지 추적하기 혹은 사람, 물건, 관련 아이디어에 대해 구조화된 행위를 조사하기 또는 어떤 양상을 다른 사람이 발견한 것과 비교하기)을 따르게 될 것이다(Nespor, 2006, pp. 298-302).

자신의 직관(또는 어떤 직관의 부재)을 이용하는 것 외에 '자료를 만지작거리는' 구체적인 방법 중 하나는 자료를 구조화된 양식으로 배열하는 것인데, 그것은 다음 절에서 다룰 다음 세 가지 예와 같다.

- 위계적 배열 만들기
- 배열 방식으로서 매트릭스 설계하기
- 다른 유형의 배열 방식을 이용하여 작업하기

 ## 위계적 배열 만들기

위계를 구축하기 위한 한 가지 일반적인 방법은 위계 서열의 한 끝에 있는 가장 구체적인 데이터베이스 항목을 이용하여 더 상위 수준에서 그 구체적인 항목을 대표하는 보다 추상적인 개념을 만드는 것이다. 대부분의 경우, 위계의 각 수준은 유사한 항목들이 모인 더 큰 그룹을 그다음 수준으로 합치는 것이다. 자료를 재배열함으로써 유사한 자료는 유사한 개념에 포함되고, 유사하지 않은 자료는 분리된 개념에 속하게 되어 위계가 서로 다른 그룹(예: 사물의 잠재적인 '계층'이나 '영역')을 가리킬 수 있다. 위계는 또한 그룹 사이의 연관성(예: '계층'이나 '영역'들 사이의 관계)을 제시할 수도 있다. 코딩 옵션의 경우, 위계는 단순히 1수준부터 4수준까지 코드와 개념을 배열하는 것으로 드러날 수 있다. 비코딩 옵션의 경우, 나누기 단계 동안에 작성한 새로운 정리 노트로부터 유사한 위계가 개발될 수 있는데, 이것은 아마도 선형적인 방식보다는 개념적인 방법이 될 것이다.

이와 같은 방법으로 한 가지 이상의 위계를 만들 수 있다. 한 가지 이상의 위계는 그룹과 그룹 간의 관계에 초점을 둔 뒤이은 분석을 통해 전체 연구를 구조화하기 위해 자료를 조직화하는 데 기초가 될 수 있다. 여러분의 사건 보고서가 원자료에서 바라던 대로 충분한 묘사를 포함하고 있는지 확실히 하기 위해 추가적인 상세 내용이 위계의 각 수준에 더해질 수 있다.

협력적인 과제 수행의 문제 2 (계속)

이제 학생의 과제 수행에 대해 설명한 예로 다시 돌아가면, 도출된 3수준 주제들(코딩 옵션 또는 비코딩 옵션 중 어떤 것에서 얻었든지 간에)은 동일할 수도 있다. 바람직한 학생과 부모의 협력 관계의 향상을 위해서 가정에서는 원래의 장애물을 다룰 필요가 있었는데, 왜냐하면 자녀에 대한 기대, 부모의 전문성, 가정과 학교 상황 모두가 지원적으로 보였기 때문이다. 이렇게 도출된 주제는 부모가 종종 너무나 바빠서 자녀가 과제를 수행하는 데 협력할 수 없다고 제시한 교육 연구 문헌과도 잘 부합한다. 왜냐하면, 부모는 종일 일하거나 가정에서 다른 자녀나 가족들을 돌볼 필요가 있기 때문이다.

하나의 가설적인 단계를 좀 더 넘어서기 위해, 코딩 옵션이나 비코딩 옵션 중 어떤 것이든지 이 예시 속의 현장연구자는 이 재배열 과정에 전적인 확신을 갖지 못했다. 다른 미진한 부분도 드러났는데, 과제의 개념에 익숙함에도 불구하고(〈표

8-1〉의 7번 참고), 특히 어머니에게서 나타나는 적극성이 어머니 자신을 방해하는 것으로 보였다(〈표 8-1〉의 3번 참고).

　　이러한 회의(skepticism)로 인해 현장연구자는 수집되기는 했으나 원래의 코딩이나 비코딩 옵션 중 어떤 것이든 일부가 되지 못했던 배경 자료를 다시 살펴보았다. 그 자료는 이 연구가 십여 년 동안에 걸쳐 경제가 쇠퇴하고 인구가 감소하고 있는 지역사회에서 이루어졌다는 것을 보여 주었다.

　　비록 이러한 배경 정보가 원래는 관련 있는 것으로 나타나지 않았지만 현장연구자는 이 지역사회의 성인들이 자신의 자녀가 지역 밖에서 새로운 삶을 시작하기 위해 그 지역을 떠나는 것을 걱정했었다는 것을 기억해 냈다. 이것은 현장연구자가 부모가 너무나 바쁘거나 산만해서 과제 수행에 협력하지 못하는 것이 아니라, 사실은 학교에서의 자녀의 탁월함이 결과적으로 부모가 지역사회를 떠나야 할 가능성을 증가시키는 것을 두려워해서 그럴 수도 있다는 추측을 하게 했다(이 주제는 교육 연구문헌에서 자주 제기되는 것은 아니다). 이 광범위한 주제의 가능성은 이제 현장연구자의 추후 조사의 주제가 되었다.

　　이번 장에서도 동일하게 협력적인 과제 수행 문제에서 현장연구자의 회의는 나누기와 재배열하기 단계가 공식적인 코딩을 포함하든 포함하지 않든지 관계없이 이 과정에서 중요한 속성이 되었다는 것을 주지하라. 그러므로 앞서도 언급했듯이 분석 작업 전반을 수행하는 것을 감당하는 것은 컴퓨터의 작동기제가 아니라 바로 연구자 자신이다.

배열 방식으로서 매트릭스 설계하기

　　자료를 배열하는 두 번째 일반적인 방법은 일종의 매트릭스 형식을 취하는 것이다(예시 8.3 '질적 자료 재배열을 위한 매트릭스 만들기' 참고). 가장 간단한 매트릭스에는 기본적으로 행과 열로 이루어진 표가 있다. 행이 하나의 차원을 나타내고, 열은 또 다른 차원을 대표한다.

　　만약 즉각적인 관심을 이끄는 적어도 두 가지 차원이 없다면, 여러분은 거의 모든 질적 연구와 관련될 수 있는 가장 일반적인 일련의 차원을 이용하여 시작할 수 있다. 예를 들어, 질적 자료는 일반적으로 시간에 걸쳐 일어나는 행위와

예시 8.3　질적 자료 재배열을 위한 매트릭스 만들기

　　열과 행이라는 이차원 정렬의 가장 간단한 형태인 매트릭스를 만드는 것은 질적 자료를 재배열하기 위한 가장 일반적인 방법 중 하나다.

　　Miles와 Huberman(1994)은 매트릭스의 수많은 형태를 제시한다. 예를 들어, 그들은 시간 순서(예: 연대순), 역할 순서(예: 사람들의 역할에 따라) 그리고 개념적 순서(예: 다른 것과 대비하여 정렬된 일련의 범주) 매트릭스를 논의한다(pp. 110-142). 그들은 또한 매트릭스의 내용과 관련하여, 즉 매트릭스의 각 셀에 입력할 자료에 대해 유용한 조언을 제공한다. 비록 그들의 매트릭스에서는 2차원이 우세하지만, 저자는 매트릭스가 2차원 이상일 수 있다는 것을 명백히 주지한다(p. 241). 그들의 문서는 매트릭스의 예들과 어떻게 매트릭스를 이용하는지에 대한 지침을 설명하는 좋은 자료다.

사건을 포착한다. 그래서 한 차원은 연대순이라 할 수 있는데, 각 가로 행은 서로 다른 연대를 나타낸다. 여러분은 그다음 여러 명의 개인이나 그들의 경험 혹은 시간에 따른 지위를 연구하고, 그래서 각 개인에 대한 경험과 지위를 따로 분리된 세로 열에 나타낸다. 결론을 이끄는 매트릭스는 원자료로부터 얻은 관련 항목을 각 셀에 두도록 요구하는데, 이 셀은 각 연대에서 각 개인의 특정 경험 및 지위를 나타낸다.

　　대안적으로 여러분은 시간이 지나면서 여러 개의 그룹, 기관, 인근 지역을 연구하게 될 것이다. 이들 상황에 따라 자신의 모든 자료를 재배열할 수 있고, 결과적으로 각각에 대해 충분한 내러티브를 개발할 수 있다(예시 8.4 '인근 지역 변화 연구하기' 참고). 이와 같은 과정을 시작하기 위하여 연대순에 따른 매트릭스는 변화의 양상을 찾도록 돕는다. 예를 들어, 학교 30개교에 대한 연구에서 15개교는 연방정부의 지원을 받으며, 새로운 교육과정 유형이나 교수적 실제를 채택했다. 반면 다른 15개교는 어떤 지원도 받지 않았다. 이 두 그룹을 비교하기 위한 연대순적 양상이 30개교 모두를 위한 다차원적 매트릭스 안에 제시되었다(샘플 페이지를 위해 학교 30개교 중 5개교의 예를 보여 주는 〈표 8-2〉 참고).

　　가로 행과 세로 열을 가지는 것 외에, 모든 매트릭스는 다른 구성 요소도 갖

예시 8.4   인근 지역 변화 연구하기

'인근 지역 변화'는 같은 도시에 있는 4개 인근 지역에 대한 연구 주제였다 (Wilson & Taub, 2006). 이 연구는 인근 지역의 민족적·인종적 분리와 그 이전에 초점을 두었고, Albert O. Hirschman의 잘 알려진 『퇴장, 항의, 충성(Exit, Voice, and Loyalty)』(1970) 이론을 조사하였는데, 이것은 새로운 주거자들이 인근 지역에 들어옴에 따라 인근 지역에 있던 거주자들이 떠나거나 남거나 하는 정도를 나타냈다.

이 연구는 20년간의 변화를 추적하면서 각 장마다 각각의 인근 지역에 대해 논의하고 있다. 4개 인근 지역 중 한 곳은 지속적으로 백인 주도적인 특성을 유지하였고, 두 번째 지역에서는 백인에서부터 라틴아메리카계 주거자로의 대규모 전환을 보여 주었으며, 세 번째 지역은 이용할 수 있는 자원을 갖게 되자마자 신분이 상승된 주거자들이 떠나면서 일시적으로 라틴아메리카계를 위한 인근 지역이 되었다. 그리고 네 번째 지역은 안정적이고 대규모의 중산층 이하 혹은 흑인 인구가 있었다.

이 연구는 이들 네 가지 인근 지역에서 왜 인구 변화가 일어났는지 또는 일어나지 않았는지를 설명하기 위해 현장연구를 이용했으며, 전반적으로 Hirschman의 이론을 지지하고 있다. 이 책은 또한 도시 인근 지역은 인종적·문화적으로 나뉘는 경향이 있다고 결론을 맺었다.

게 되는데, 그것이 바로 가로 행과 세로 열이 이루는 셀(cell)이다. 자료를 재배열하기 위해, 일련의 자료를 각 셀에 위치하게 하는 것이 목표다(여기에는 각 셀에 대한 자료가 없는 경우도 공지하는 것을 포함한다). 그다음 완성된 매트릭스는 행과 열 간의 실제 자료를 훑어볼 수 있도록 해 준다.

각 셀에 두는 자료의 양과 특성은 훑어보는 과정을 돕거나 혹은 방해할 수 있다. 첫째, 직접적으로 자료를 나타내든지 혹은 나누기 과정에서 부여된 코드에 의해 나타내든지 간에 자료 입력은 실제 자료를 바탕으로 이루어져야 한다.

둘째, 특히 코드를 이용하지 않을 때, 데이터베이스에서부터 자료를 셀로 전환하는 것은 셀을 너무 크게 만들거나 번잡하게 만들 수도 있다. 그래서 매트릭스가 너무 크거나 투박해지고 단편적이어서 바람직한 훑어보기 작업을 유연하게 하기보다는 더디게 만든다. 이러한 상황에서 일련의 신중한 약어가 필요할 수도 있는데, 이렇게 하면 자료의 핵심 부분만 각 셀에 나타나게 된다. 그러나 축약된 버전은 데이터베이스에서 원자료로 되돌아가서 참조할 수 있도록 각주를 달아야 하는데, 이것은 자료의 축약된 버전과 원래 버전 사이의 관계를 다시 살펴볼 수 있게 한다. 여러분은 축약된 버전이 충실하게 원자료를 대표하는지 확실히 할 수 있도록 충분히 자주 이 관계를 다시 살펴봐야 한다.

셋째, 셀의 내용은 자신의 개인적 의견이나 결론을 포함해서는 안 된다. 바람직한 매트릭스는 자료(data) 매트릭스가 되어야 하는데, 이것은 자료를 조사하고 그런 후에야 결론을 내리는 것을 시작하게 해 준다(〈표 8-2〉 셀 내용 참고). 즉, 분석 단계에서의 주된 목적은 자료를 재배열하는 것이고, 바람직한 매트릭스는 이후 독자와의 의사소통을 위한 도구가 아니라 단지 문서 형태로만 간주되어야 한다. 문서의 다른 양식들과 같이 바람직한 매트릭스는 가능한 보고서의 부록에서 볼 수 있다[이러한 문서로부터 연구의 본문을 위해, 좀 더 간단하고 매력적인 표, 그래프, 연구 자료를 나타낼 수 있는 다른 방법을 차후 만들어야 할 것이다(제10장 제2절 참고)].

요컨대, 위계와 같이 매트릭스는 질적 연구 분석의 핵심적인 양식이다.[5] 나눈 자료는 이제 일련의 순서가 있고, 개념적 의미가 있는 양상으로 재배열되었다. 여러분은 지금 하나 혹은 그 이상의 매트릭스가 연구와 관련된 더 광범위한 개념적 주제를 이끌어 가고 있음을 발견할지도 모른다. 그다음에 이 광범위한 주제들은 전체 연구를 위한 해석과 내러티브를 구성하기 위한 기초를 마련하는 시발점이 될 수 있다. 대안적으로 매트릭스 중 하나는 그 자체로 내러티브를 위한 전반적인 경험적 기초로 쓰일 수 있다.

---

5 매트릭스는 또한 양적 분석의 핵심적인 서식일 수 있다. 이 가능성에 대한 좀 더 구체적인 내용은 제 12장의 논의를 참고하라.

〈표 8-2〉 연대별 매트릭스의 예시

	학교 A (6~8학년)	학교 U (유치원 0~5학년)	학교 Q (유치원 0~5학년)	학교 G (유치원 0~8학년)	학교 K (10~12학년)
1995~ 1996			주에서 '적절한 연간 진보(adequate-yearly-progress: AYP)' 과정을 시작함		
1996~ 1997				Title I 학교로 지정됨. 학교 차원 향상위원회를 시작하고 문해력 4단계 모델(Four Blocks of Literacy)을 모든 학년에서 시작함	
1997~ 1998	6~8학년을 돕기 위한 재구조화		향후 2년 동안 무상 점심 및 점심 식비 감면에 적격성을 갖춘 학생이 60~95% 늘어나는 학생 인구의 변화가 있을 것임	1~2학년을 위한 지역교육청 주도의 문해력 그룹 정책을 시작함	
1998~ 1999					
1999~ 2000			연간 학교 향상 계획(School Improvement Plan: SIP)을 요구받음	읽기 회복(Reading Recovery) 훈련 사이트로 선정됨. 또한 주에 의해 문해력 4단계 모델을 위한 선도 학교로 선정됨	

연도					
2000~2001	주 협의회에서 스테프가 전환점(Turning Point: TP)과 종합적인 학교개혁(Comprehensive School Reform: CSR)을 소개함. 83%의 교사가 CSR 적용 전에 TP를 채택하는 데 투표함(4월)		AYP 달성에 실패함(가을)	유아인과 종일제 유지원을 추가함	요구 진단을 수행하여 학업 성취와 중퇴 문제를 지적하고, 해심 구성원으로 교장 선생님을 포함하여 학교 개혁을 연구하기 위한 리더십 팀을 구축함
2001~2002	CSR 자금을 받음(1월). TP 훈련을 시작함(봄)	AYP 달성에 실패한 것으로 지명됨(가을). 방법 개발자들과 함께 주의 CSR 박람회에 참여함. 교사들은 Co-nect를 채택하는 것에 100% 투표함. CSR 신청서를 제출함(SIP에 기초하여)	둘째 해 동안 향상된 상태가 학교 안에서 확인되는가? 교사들은 방법에 대한 학습중심학교(Learning Focused Schools: LFS) 채택을 위해 투표하고 CSR을 신청함		교사는 도시 근교 학습공동체(Urban Learning Communities: ULC)를 위한 준비 활동을 시작하는 것으로 투표함(1월). ULC를 실행하기 위해 오리엔테이션을 받고 4개 위원회를 구성함. 첫 번째 학업적 활동으로 기술학교를 시작함
2002~2003	매달 첫째 날에 외부 코치 방문을 받으며 TP를 시작함	CSR 지원을 받음(8월). LFS를 시작함	CSR 지원을 받음(8월). 그러나 방법이 2002~2003년에 학교교육청에 의해 중지됨. 그래서 주의 교육과정과 일치하도록 Open Court가 모든 학교에 의해서 이용될 수 있음	Title I 학교 차원 계획에 접하게 부합되도록 CSR 지원을 시작함	CSR 자금을 받기 위해 ULC와 계약을 맺음.(건강 관련 진로에서) 두 번째 학업 활동을 계획함
2003~2004		처음에는 AYP 달성에 실패 했으나 주의 평가 방법 변화에 기초하여 성공적으로 이의를 제기함	학교교육청에 의해 중단이 해제됨. 학교는 Co-nect(그리고 CSR 첫해)를 시작하고 Open Court(그리고 다른 방법)를 계속함		

출처: COSMOS 법인.

다른 유형의 배열 방식을 이용하여 작업하기

위계와 매트릭스는 단지 자료 배열과 관련된 두 가지 방법에 불과하다. 연구 방법론적 문헌에서는 흐름도(flowcharts)와 논리 모델(예: Yin, 2009, pp. 149-156), 구조도, 개념적 지도(예: Kane & Trochim, 2007) 그리고 보다 일반적인 다이어그램과 같이 더 시각적인 배열을 사용하는 것을 포함하여 다양한 예시적인 배열 방식들이 있다.

보다 복잡한 배열은 반드시 2차원일 필요는 없다. 비록 시각적으로 3차원을 묘사하는 것이 더 어렵기는 하지만, 여러분은 어떻게 세 번째 차원이 2차원 매트릭스에 추가될 수 있는지 손쉽게 개념화할 수 있다. 추가적인 차원을 구상하는 것이 더 어렵기는 하지만, 이에 대한 유일한 제한점은 여러분의 창의력과 연구 목적에 대한 이러한 다차원적 요소의 관련성일 것이다.

 ## 배열 과정 요약하기

배열 과정을 진행하는 방식은 다시 말하지만 연구자 자신의 스타일과 선호도에 따라 다양하다. 일련의 배열 방식에 대해 한 가지 올바른 방식이나 추천할 만한 방식이 따로 있는 것은 아니다. 어떤 연구자들은 심지어 자료를 배열할 필요를 건너뛰기도 하고, 나중에 제9장(제1절)에서 다룰 분석 과정의 네 번째 단계인 해석하기 단계를 더 빨리 진행할 수도 있다. 다른 연구자들은 아직 새로운 일련의 정리 노트를 만들거나 그들의 초기 노트를 확장하되, 형식적으로 어떤 정렬을 구조화하는 시간을 따로 갖지 않으면서도 관련 배열을 구조화할 수 있다.

어떤 연구자들은 여전히 형식적으로 구조화된 배열 내에서 다양한 가능성을 구상할 때 최선의 배열 방식을 찾는다. 만약 그들이 큰 종이를 벽에 붙이거나 마루에 펼쳐 놓고 그 위에 자신이 생각한 배열을 수작업으로 해 본다면, 벽이나 마룻바닥의 대부분을 차지하게 될 것이다.

🏝️ 재배열하기 과정의 중요한 절차

재배열하기 과정은 필연적으로 증가하는 임의적인 선택 유형의 수와 관련된다. 각각의 선택, 예를 들어 어떻게 위계적 관계를 수립하고, 매트릭스를 설계할지에 대한 것뿐만 아니라 데이터베이스로부터 무엇을 검색할 것인지에 대한 선택은 여러분의 판단과 관련된다. 그러기에 여러분이 도출한 분석에는 알려지지 않은 편견이 있을 수 있다. 이러한 편견을 최소화하거나 적어도 드러내기 위해 여러 유의점을 염두에 둘 필요가 있는데, 지속적인 비교하기, 반대 사례를 주의 깊게 보기, 상반적 사고에 관여하기와 같은 것이 도움이 될 수 있다.

우선 상반적 사고에 관여하는 것을 포함하여 이들 세 가지 절차에 참여하도록 제안하는 것은, 다시 말하지만 여러분이 실증주의적 관점을 취하고 있다고 가정하기 때문은 아니다(예: Eisenhart, 2006; Rex et al., 2006). 여러분은 연구 전반에 걸쳐 실증주의적 관점(혹은 어떤 다른 관점)이 아닌 해석주의적 관점을 실행해 왔을 수 있다. 만약 그렇다면, 이 세 가지 절차를 이용하는 것은 같은 관점을 포용하는 것인데, 즉 비교하기, 반대 사례 및 상반적 사고가 어떻게 기존의 특정 연구 관점 내에서 추측될 수 있느냐와 관련된다.

첫 번째 절차는 지속적인 비교(constant comparisons)를 하는 것으로, 예를 들어 자료 내의 항목들 사이에서 유사점과 차이점을 살펴보는 것이며, 자료를 재배열할 때 유사하거나 혹은 서로 다른 항목들에 대해 왜 그런지 이유를 질문한다.

> 예를 들어, 여러분의 현장연구는 기관의 리더십에 중점을 두고 있고, 재배열하기 단계 동안 참여 기회가 없는 상황과 조금 더 참여 기회가 있는 상황을 함께 다룰 수 있는 '리더십'을 고려하고 있었다는 것을 깨닫게 되었다. 이와 같은 경우와 그 외의 경우에 대한 지속적인 비교를 함으로써 도출한 주제가 정말 이러한 두 상황을 모두 포함하고 있는지, 혹은 이 주제에 대한 사고를 확장해야 하는지에 대해 자문해 볼 수 있다.

두 번째 절차는 반대 사례(negative instances)를 살펴보는 것으로, 예를 들면 표면적으로는 유사해서 드러나지 않은 항목들이 더 면밀히 조사한 결과 적당하지 않은 것으로 나타날 수 있다. 그래서 이 반대의 예는 코드나 명명하기의 엄격성에 대한 도전이 될 수도 있다.

> 예를 들어, 현장연구는 여러 개의 서로 다른 지역사회 그룹과 함께 작업하는 것과 관련이 있고, 여러분은 그룹 '결속력'에 대한 주제를 개발하려고 시도하고 있다. 한 그룹을 제외한 모든 그룹은 전원이 모두 함께 일하는 것으로 나타났다. 그 나머지 한 그룹은 함께 일을 잘하는 하위 그룹들로 구성되었다.
>
> 여러분의 목적은 보기에는 차이가 있는 것처럼 보이는 이 그룹을 간과하는 것이 아니라, 반대 사례로서 이 마지막 그룹의 다른 특징들을 좀 더 주의 깊게 조사하는 것인데, 왜냐하면 이 그룹의 중앙 분권적 작업 방식으로 인해 사실은 그룹 결속력이 나타나지 않을 수 있기 때문이다.

세 번째 절차는 상반적 사고(rival thinking)에 지속적으로 관여하는 것으로, 예를 들어 초기 관찰에 대한 대안적인 설명을 추구하는 것이다.

> 예를 들어, 여러분은 어떻게 혁신적인 운동방법들이 건강관리 클리닉에서 실행될 수 있는지 연구하고 있다. 이러한 실행이 불안정해졌을 때, 재배열하기 단계에서 여러분의 초기 사고는 특정 근로자가 이러한 운동방법을 거부했다는 것이었다. 그러나 이러한 해석을 단정하기 전에 어떤 그럴듯한 상반되는 설명(rival explanations)이 있는지 자료를 주의 깊게 조사해야 한다. 그래서 근로자의 거부가 실행 불안정에 대한 주된 설명이라고 확실한 결론을 내리기 전에 여러분의 분석이 이에 상충되는 설명에 대한 증거(혹은 증거 부족)를 명확히 보여 주어야 할 것이다.

요약하자면, 재배열하기 과정은 여전히 예민한 분석적 과정의 하나이기 때문에, 어떤 것이든 순전히 기계적으로 접근하는 것을 피해야 한다. 여러분은 지속적인 비교, 반대 혹은 대조되는 사례, 상반적 사고에 좀 더 주의를 기울임으로써, 연구의 정확성과 엄격성을 증가시킬 수 있다.

자료 재배열하기를 지원하기 위한 컴퓨터 소프트웨어 이용하기

컴퓨터 소프트웨어는 자료를 재배열하기 위한 다른 방법을 시도하는 데 큰 도움이 될 수 있다. 예를 들어, 위계를 구축하는 기능은 거의 모든 종류의 CAQDAS에 내재되어 있다. 부수적인 이점은 이 소프트웨어가 결과로 도출된 위계를 시각적으로 나타낼 수 있다는 것이다. 어떤 소프트웨어는 매트릭스와 개념적 지도를 포함하여 다른 배열 방식에 따라 자료를 재구성하고 나타낼 수 있다.

어떤 상황에서 CAQDAS 소프트웨어를 이용하여 배열을 만들기 위해서는 CAQDAS 소프트웨어 사용 시 중요한 유의점을 고려해야 한다. 만약 자신이 바라는 배열 방식에 대해 미리 인지하고 있지 못하다면, 관심 있었던 배열 방식을 발견하기 위해 원래 코드나 범주를 다시 살펴볼 필요가 있다. 예를 들어, 위계를 구축하는 데 이용했던 범주는 매트릭스를 구축하는 데 필요한 범주와 정확하게 같은 종류가 아닐 수 있다.

소프트웨어는 좀 더 창의적인 배열 방식의 개발을 지원할 수는 없다. 이러한 상황에서는 컴퓨터 중심 작업과 수작업의 결합을 고려할 수 있다. 주된 목적은 분석적으로 사고하는 데 있어 유연성을 갖는 것, 즉 '고정관념에서 벗어난' 생각을 하는 것이며, 사전에 미리 프로그램화된 소프트웨어의 한정된 작업만 하도록 제한받지 않는 것이다.

CAQDAS 소프트웨어의 사용에서 일반적이지만 매우 중요한 또 다른 유의점은 다음의 가능한 세 가지 상황을 제외하고는 재배열하기의 주된 전략으로 단어의 발생 빈도를 세기 위해 소프트웨어를 이용하지 말라는 것이다.

1. 연구는 원래 연구 문제의 일부로 어떤 빈도를 구체적으로 추정해 왔다(그러나 이러한 질문은 매우 흥미로운 질적 연구 질문은 아니다).
2. 좀 더 방대한 질적 연구(단지 설문연구의 일부가 아니라)의 일환으로 개방형 설문 항목이 코드화되고 수식화되도록 특별히 고안되었는데, 예를 들면 앞선

폐쇄형 질문(예: '누구에게 투표했는가?'라는 폐쇄형 질문 뒤에 연이어 오는 개방형 질문 '왜인가?'에 대한 답변을 요구하는 여론조사 질문의 위계)에 대해 응답자들이 답한 서로 다른 설명의 이유에 대한 빈도를 확인하기 위해서다.

3. 단어 사용의 빈도가 내용 분석 연구의 중요한 부분으로 고려되었다(예: Grbich, 2007).

이들 세 가지 상황에도 불구하고, 빈도를 계산함으로써 자료를 재배열하는 것은 특히 통찰력 있는 질적 연구의 결과를 나타내지 못하는 분석 전략이다. 게다가 이러한 위험은 더 커졌는데, 왜냐하면 연구를 '수 세기' 활동이라고 생각하고 싶어 하는 경향이 있는데다 소프트웨어 프로그램이 이러한 수 세기를 너무나 쉽게 해 주기 때문이다. 여러분은 이러한 경로를 따르게 됨으로써 질적 연구의 독자들을 무척 실망시킬 위험을 안게 된다(그리고 이러한 방식으로는 질적 연구에 대한 여러분의 숙련도를 나타낼 수 없을 것이다).

바꿔 말하면, CAQDAS 소프트웨어를 성공적으로 이용할 때의 주된 도전 과제는 비록 컴퓨터의 자연적인 성향이 관례적으로 빈도를 세는 것과 관련 있다 하더라도 질적인 관점을 이러한 과제와 연결하는 여러분의 능력에 있다. 이러한 과제는 창의성과 일련의 프로그램화된 사고방식이 맞붙는 다음과 같은 몇 가지 다른 상황(검색 카드 범주에만 의존하기보다는 직접 도서관의 서고를 찾아보는 것 또는 관련 있어 보이는 가장 일반적인 형식에 근거한 편견을 가지지 않고 새로운 학생의 개별화된 프로파일을 모으는 것 또는 결론적으로 범죄의 독특한 단서들을 맞춰 감으로써 수사 중인 사례를 해결하는 것)에 비유할 수 있다.

재배열하기에 대한 결론

만족할 만한 배열 방식과 함께(그것이 시각적이든 아니든) 성공적인 재배열하기는 전체 분석 과정에 대해 더 큰 주제나 개요를 볼 수 있다는 것을 의미한다. 만약 이러한 주제들이 도출되지 않는다면, 나누기와 재배열하기 단계 사이에서 추가 작업을 할 필요가 있다. 만약 좀 더 광범위한 주제나 개요가 도출되었다면, 다음 장에서 다룰 분석 과정의 4단계, 5단계인 해석하기와 결론 내리기를 위한 준비가 된 것이다.

⊙주요 용어와 개념 --

1. 모으기, 나누기, 재배열하기
2. 자료 분석 지원을 위한 컴퓨터 소프트웨어
3. 자료 기록과 필드
4. 자료 코딩과 자료를 코딩하지 않는 것의 이점과 불이익
5. 근거이론
6. 문자 그대로 코딩하기와 범주별 코딩
7. 자료를 만지작거리기
8. 자료 배열 방식으로서의 위계, 매트릭스, 연대표, 그래프 묘사
9. 지속적인 비교
10. 반대 사례
11. 상반적 사고

제8장과 제9장 학습활동　자서전 관련 자료 나누기, 재배열하기 및 해석하기

• 제8장

연대순으로 구조화하면서 짧은 자서전을 작성하라(어디에서, 언제 태어났는지로 시작해서 현재까지의 이야기와 연계하라. 제1장을 위한 학습활동의 자료와 중복되지 않도록 하라).

중요한 모든 경험을 기억하려고 애쓸 필요는 없다. 다만 기록할 경험만을 생각하고, 그 상황에 대한 기록을 확실히 함으로써 다른 사람들이 그 장소에 같이 있었던 것처럼 느낄 수 있도록, 예를 들면 지리적 위치, 함께했던 사람들, 그들과 여러분과의 관계, 그 경험을 위한 제도적 환경 등을 다루라. 짧은 자서전은 약 5쪽(더블스페이스) 정도는 되어야 한다. 이 자서전 버전이 자료 모으기 단계나 수합된 데이터베이스를 대표한다.

이 작업을 마친 후에, 전체 문서로 돌아가서 자세한 부분을 수작업으로 코딩한다. 적어도 8~10개의 코드를 가지도록 다음 두 가지 방법[① 각 항목이 '상위' 개념적 범주를 나타내게 하라(귀납적). ② 이미 중요할 것이라고 생각한 개념으로 시작해서 이들 개념을 나타내는 문서 내의 관련 항목을 찾으라(연역적).] 중 한 가지를 선택하라. 자서전 관련 내용 가까이에 코드를 적어 두라.

지금부터는 코드를 검토하라. 어떤 코드가 서로 관련되어 있는지, 전혀 관련 없는지, 혹은 좀 더 복잡한 방식으로 관련되는지를 결정하라. 이들 상황에 적합한 범주 코드를 추가하고, 원래 코드 바로 옆에 그 범주를 쓰라. 이 버전이 분석에서의 나누기를 대표한다.

여러분의 자서전에 의미 부여를 시작하는 일련의 방식으로 코드와 범주를 배열하라(예: 위계적으로, 혹은 매트릭스나 흐름도 다이어그램). 이 배열 방식 중 하나가 여러분이 하는 분석의 재배열하기를 대표한다.

• 제9장

재배열한 것을 바탕으로, 자신의 자서전에 대한 더 광범위한 해석을 생각하고, 여러분과 관련된 쟁점을 다루라(또한 다음에 제시한 지침을 이용할 수 있다).

1. 1~2쪽 이내로, 여러분이 만든 배열(제8장의 학습활동)의 특정 부분을 인용하고, 선택한 경험들이 어떻게 하면 공통점을 가질 수 있을지, 혹은 그 경험이 몇 가지 주요 주제(그렇다면 그것들은 무엇인가?)로 분류될 수 있을지 토론하라. 만약 그 경험 가운데 어떤 공통점도 없거나, 어떠한 주요 주제에도 해당되지 않는다면, 왜 이 경험이 서로 연계되지 않거나 관련성이 없는지 그 이유에 대해 토론하라.

2. 또 다른 1~2쪽 이내로 해석을 계속하면서 자서전이 독자에게 전달하고자 하는 것 (예: 내 생애에 중요한 사람들, 다른 기관이나 단체와의 관계를 지속하기)에 대한 여러분의 주장을 지원할 수 있는 특정 코드가 부여된 자료나 배열을 인용하라.

3. 마지막 장에 사람들의 경험에 일반화하기 위한 기초를 제공하는 다른 자서전과 비교하여 자신의 자서전이 어느 정도 독특한지 토론하라.

샘플 연구 1: 제8장과 제9장을 위한 예로서(제8장 부분) 대학과 학교 파트너십에 대한 연구

샘플 연구 소개

이 예는 대학과 K-12(유치원부터 12학년까지) 학교 사이의 파트너십에 대한 연구다. 연구 대상이 모든 사람이 경험한, 혹은 누군가는 아직 다니고 있는 학교에 대한 것이기 때문에 이 책의 모든 독자는 이 예를 잘 이해할 수 있을 것이다. 상황과 쟁점은 비전문가에게도 명확해야만 한다.

좀 더 구체적으로 이야기하자면, 이 예는 48가지 파트너십을 다루고 있다. 각 파트너십에서 대학의 수학과 또는 과학과의 교수는 K-12 수학 및 과학 교육을 향상시키기 위해 학교들과 협력했다. 주요 연구 질문은 연방정부로부터의 초기 외부 지원이 종료된 이후에 지속적으로 자립할 수 있을 것인가에 대한 이들 파트너십의 전망에 대한 것이다(이 예와 연구 질문은 이들 파트너십의 많은 측면을 다루고 있는 좀 더 광범위한 평가의 일부다. Moyer-Packenham et al., 2009; Wong et al., 2008 참고). 지속성에 대한 쟁점은 공립학교 정책에서는 공통적인 쟁점이 되어 왔지만, 외부 지원에 대한 새로운 자원을 찾지 못한 경우 수학-과학 파트너십과 같은 유형은 과거에는 지속성을 많이 보여 주지 못했다.

이 연구는 집중적인 현장연구로, 면담, 관찰, 문서 검토를 포함하고 있다. 그래서 이 연구는 질적 연구 방법을 사용하였으며, 논의했던 5단계 순환 과정과 관련된 분석 전략을 보여 준다.

이 연구는 이후에는 '샘플 연구 1'로 지칭될 것이다. 여기서는 모으기, 나누기, 재배열하기를 설명할 것이며, 해석하기와 결론 내리기 단계는 제9장 후반부에서 논의하고자 한다.

'샘플 연구 1'을 위해 수합한 데이터베이스

48가지 파트너십에 대한 연구는 모으는 데 시간이 걸리기는 했지만, 그럼에도 오히려 데이터베이스가 간단했다. 각 기관은 전국의 서로 다른 지역에 위치해 있어, 각각 별도로 현장연구가 진행되었고, 보관 중인 기록 자료에 대한 검색이 이루어졌다.

　연구 팀은 현장 노트와 각 파트너십에 대한 별개의 보고서(각 보고서는 별개의 기록으로 이루어졌다)에 속한 기록 자료로부터 노트를 모두 모았다. 비록 종종 다이어그램뿐만 아니라 수식 표와 그래프도 포함되어 있기는 했지만 그 보고서들은 주로 내러티브 형식으로 작성되었다. 그러나 보고서들은 모두 편집되어 모두가 주제에 대해 정확히 같은 양식의 개요를 따를 수 있도록 했다(각 보고서마다 제목이 나타나도록). 그리고 모두 유사한 용어를 사용했다(사용된 용어에 대한 개요와 축약 버전을 위해 〈표 8-3〉 참고). 48가지의 분리된 보고서들은 어떤 CAQDAS 소프트웨어의 일부가 아닌 분석을 위해 이용할 수 있는 데이터베이스가 되었다.

〈표 8-3〉 '샘플 연구 1'의 단일 기록을 위한 제목과 샘플 용어사전

a. 48가지 보고서 각각의 문서 구조화를 위해 사용될 주제 제목	b. 샘플 용어 사전 목록
• Sec. 1. 논리적 모델의 개요(K-12 수학과 과학 교육을 향상시키기 위해 어떻게 파트너십을 구조화할 것인가?) • Sec. 2. 파트너십의 자료 수집과 기타 평가 활동에 대한 샘플 • Sec. 3. 교사의 질, 양, 다양성 • Sec. 4. 어려운 과목과 교육과정 • Sec. 5. 대학 학과 교수의 역할 • Sec. 6. 상반되는 설명 • Sec. 7. 진화하는 혁신과 발견 • Sec. 8. 출처와 참고문헌	• 교사 양성기관 교육: 예비 K-12 교사들을 위한 교육 • 교사 재교육: 기존의 K-12 교사들을 위한 훈련 또는 교육 • 도전적인 교육과정: 주의 기준(양성기관 및 재교육기관에서 사용했던 교육과정이 아닌)을 충족시키기 위해 선택된 K-12 교육과정 • 학과의 교수: 일반적으로 예술 및 과학 대학 내의 학문 중심 학과에 속한 연구 현장으로서의 과학, 기술, 공학 또는 수학과 대학 교수 • 대립되는 설명: 파트너십과 관련된 작업 외에 K-12 수학과 과학 교육의 변화를 설명할 수 있는 대안적 설명 • 지속성: 연방정부의 기금 지원 시기를 지나서도 활동을 지속하기 위한 파트너십의 능력

'샘플 연구 1'의 나누기 절차

이 책에서 소개한 간단한 예를 계속 사용하려는 목적으로 나누기 절차는 단일 주제(K-12 수학 및 과학 교육과 관련된 활동 수행에서 대학 교수의 역할)에 초점을 두었다. 코딩은 두 단계로 이루어졌으며 수작업으로 진행되었다.

첫째, 대학이나 대학 교수에 대해 언급된 부분이 있는지 데이터베이스를 꼼꼼히 검토했다. 이와 관련하여 언급된 부분이 많이 발견되었고, 언급된 각 부분의 주변에 괄호를 쳤다. 둘째, 만약 괄호 안의 언급이 대학 교수와 K-12 교육의 어떤 측면 간에 이루어지는 활동과 관련 있다면, 그 활동은 1수준 코드를 부여받았다(만약 괄호 친 언급이 이러한 활동에 관련되지 않았다면 어떤 코드도 부여하지 않았다). 부여된 코드는 의도적으로 관련 있어 보이는 K-12 교육의 측면을 나타냈고, 각 활동에 대해 8개(2수준)의 범주가 도출되었다(〈표 8-4〉 참고).

〈표 8-4〉 '샘플 연구 1'의 코드로 이용되었던 데이터베이스 검토 결과 도출된 여덟 가지 활동

K-12 교육활동에서 대학 교수를 동반한 활동의 다양성
1. 교사 양성 교육: 교수는 수학과와 과학과에서 교과목과 프로그램을 제공하는데, K-12 교사가 되려는 학생이 등록할 수 있다.
2. 기존의 K-12 교사를 위한 재교육: 교수는 기존의 수학과 과학 교사들에게 임시 워크숍, 여름 연수, 멘토링 지원을 제공한다.
3. 기존의 K-12 교사를 위한 대학 교과목: 교수는 교사자격증이나 심화 학위를 취득하려는 기존의 교사들을 위한 기회를 강화하기 위해서 학과에서 제공하는 학부 또는 대학원 교과목을 개발한다.
4. 학교 교육청에 대한 지원: 교수는 학교 교육청이 수학과 과학에서의 교육과정의 틀, 운영 지침, 학급 평가를 정의할 수 있도록 돕는다.
5. K-12 학생과의 직접적인 접촉: 교수는 대학 연구실험실, 과학박람회 심사 또는 일련의 유사한 지위를 가지고 일하는 인턴처럼 비공식적인 과학 프로그램의 일환(예: 과학센터)으로 K-12 학생들을 지도한다.
6. 지역사회 교육: 지역의 학교들이 지원하는 가족 수학의 밤 행사로서, K-12 학생들의 가족이 참여하는 미팅에 참여한다.
7. 연구: 교수는 K-12 교육과정이나 교수방법과 같이 K-12 교육 주제에 초점을 둔 자신만의 연구를 수행한다.
8. 대학 교육: 교수는 K-12 교육 원칙(예: 질문 중심의 과학 및 수학 교수 이용)을 경험하면서 학습한 새로운 교수방법을 채택하여 자신의 교과목을 수정한다.

모든 명칭과 범주는 구분할 수 있는 고유번호와 함께 괄호 친 항목 옆의 보고서 여백에 수기로 기재되었다. 이들 숫자가 달린 항목은 분석의 후반부 단계에서 사용되는 (3수준) 코드로 사용되었다.

수작업 절차는 괄호 친 항목과 그것의 명칭 명명하기의 일관성이나 그 밖의 다른 목적을 위해 검토하고 재검토함으로써 하드카피 문서를 작성하는 데 이점이 있었다. CAQDAS 소프트웨어 이용은 같은 이점을 제공할 뿐만 아니라 그 이상의 이점을 주는데, 예를 들면 이 소프트웨어는 특정 항목을 더 쉽게 검색할 수 있는 능력뿐만 아니라 더 빠른 자료 스캔을 가능하게 했다. 그럼에도 불구하고, '샘플 연구 1'의 연구팀은 소프트웨어를 이용하고, 자료를 컴퓨터 양식으로 변환하는 것과 관련된 노력이 필요할 만큼의 광범위한 기록을 고려하지 않았는데, 이것은 모든 연구자들이 작업의 비교 단계에서 직면할 의사결정 과정을 보여 준다.

'샘플 연구 1'에서 사용한 재배열하기 배열의 예

코드가 부여된 자료는 2차원의 매트릭스에 따라 재배열된다(그러나 이 방대한 매트릭스는 현재 문서의 일부로 재생산되지 못했다). 한 차원(행)은 〈표 8-4〉에서 정의한 여덟 가지 활동의 각 부분을 대표했다. 두 번째 차원(열)은 이 연구에서의 48가지 파트너십을 대표했다. 매트릭스 각 셀 내의 여덟 가지 활동 중 하나로 코드화된 데이터베이스로부터 실제 항목이 배치되는데, 이때 구분을 위해 독특한 번호를 부여하고, '8×48'의 셀을 구성한다. 근본적으로 매트릭스는 연구자가 각 48가지 파트너십에서 대학 교수가 수행한 K-12 교육활동의 여덟 가지 특정 유형에 따라 원래 자료를 체계적으로 구조화할 수 있도록 돕는다.

제9장

질적 자료 분석하기 (II)

_ 해석하기, 결론 내리기

연구는 자료의 단순한 분석이나 실증적인 결과를 문자 그대로 발표하는 것으로 끝나지 않는다. 좋은 연구는 결과의 해석에 대해 노력하기와 연구에서 종합적인 결과 도출하기의 두 단계를 더 나아가야 한다. 그러나 불행하게도, 추가적인 이 두 단계를 나아가는 능력은 종종 아무런 노력 없이도 자연스럽게 생길 것이라고 생각한다. 예를 들어, 많은 실증적 연구에서(질적 연구만이 아니라) 반복과 말 바꾸기로 연구 결과를 마무리 짓는다. 질적 연구 수행 능력을 강화하기 위해, 이번 장에서는 두 단계에서의 선택과 예시의 배열에 대하여 다룬다. 명확하게 정의하고 상세하게 논의하기 위하여 세 가지 해석 방법과 다섯 가지 결과 도출 방법을 제시하였다.

이 장에 대한 어떤 톡톡 튀는 소개는 없다. 네 번째 단계인 해석하기(interpreting)와 다섯 번째 단계인 결론 내리기(concluding)를 통해 제8장에서 소개한 5단계의 분석 순환 과정을 지속할 것이다. 그러나 어떤 톡톡 튀는 소개도 없는 이 단계는 모든 사회과학 연구자들에게 가장 매력적이다. 이 단계는 여러분이 하나하나 세 가며 순서를 정하고, 알맞은 단어와 개념을 창조하며, 연구의 중요성을 세상에 알리는 데 도전이 될 것이다.

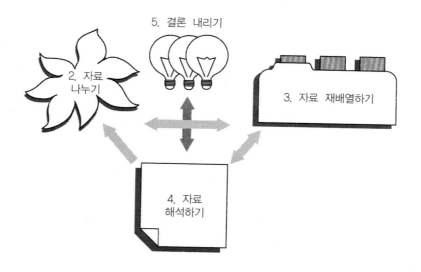

[그림 9-1] 4단계의 분석 순환 관계

　분석의 순환 관계는 지속적으로 신호의 역할을 한다. [그림 9-1]은 나머지 4단계에 초점을 맞추기 위해 기존 5단계([그림 8-1] 참조)에서 자료 수집 단계를 생략하였다. 이것은 해석 단계의 중요성을 강조하는 것이다.

　[그림 9-1]의 양방향 화살표에서 나타나듯이, 최초의 해석 단계는 관련 자료의 배열을 수정하는 것과 같은 재배열하기(reassembling) 단계로 되돌아가게 하는 원인이 될 수 있다. 한두 번 이 두 단계 사이를 오갈 것이다. [그림 9-1]에 의하면, 해석하기 단계는 어떤 항목을 코딩하기 위해서 심지어 자료 나누기(disassembling) 단계를 다시 찾아가게 하는 원인이 될 수도 있다. 이런 경우 코딩된 항목은 재배열하기 단계에서 새로운 주제를 도출할 것이다. 마찬가지로, 해석하기와 결론 내리기 단계도 순환 관계에 놓일 수 있다.

　해석하기 단계를 시작하면서는 자료 배열이나 자료를 재배열하는 다른 방법을 개발해야 한다. 자료에 대하여 실증적인 것에 기반한 해석을 어떻게 나타낼 것인가를 생각해야 한다. '해석하기' 라는 용어는 다른 사람들이 똑같은 자료를 다르게 해석할 수 있는 가능성의 신호로 사용하라. 만일 여러분이 열정적이라면 왜 이러한 것들이 덜 매력적인가에 대하여 설명하고 중요한 대안을 가져올 수 있는 해석을 위해 노력할 것이다.

　다섯 번째 또는 결론 내리기 단계를 시작하면서, 아직도 이전에 해석한 내용을 가지고 있는지 아닌지를 알아야 한다. 여러분은 연구에서 나온 결론에 자신의 생각을 투입하여야 한다. 설득력 있는 결론은 연구 전반에 걸쳐 일관성을 가져온다. 만일 결론이 이러한 상황을 이끌어 내지 못했다면, 여러분은 기대되는 결론에 더 근접하기 위하여 재해석 작업을 하고 싶을 것이다. 제8장의 뒷부분에서 시작된 실례를 계속 인용하면서, 이 장의 뒷부분에서는 '샘플 연구 1'의 연구를 통해 해석하기와 결론 내리기 단계가 어떻게 다루어졌는지를 보여 줄 것이다.

비록 두 장이 표면적으로는 비슷한 주제를 다루고 있는 것처럼 보일지라도 이 장은 제11장과 목표가 다르다. 제11장은 해석과 결론을 함께 내렸다고 가정하고, 그것들을 가능한 한 강력하면서도 섬세하게 표현하는 방법을 제안하고 있다. 이 장의 목표는 우선 그것들을 종합하도록 당신을 돕는 것이다.

1. 해석하기

■ **미리 보기**

- 단순히 하나의 표나 일련의 자료가 아니라 연구 전반을 포함하는 해석하기
- 포괄적이고 바람직한 해석의 다섯 가지 특성

해석하기는 자료의 재배열이나 자료의 배열에 자신만의 의미를 부여하는 기술로 간주할 수 있다. 이 단계는 연구의 전반적인 분석을 유도하며, 연구의 절정 단계라고 할 수 있다.

분석의 이 네 번째 단계에서는 자료의 숨은 의미뿐 아니라 자료의 중요한 부분을 다루면서, 해석 기술을 광범위하게 사용해야 한다. 다른 말로 하자면, 여기서 언급된 '해석하기'는 특정한 표로 자료를 해석하는 것처럼 단순한 것이 아니다. 그보다는 여전히 특정 자료를 포함하면서 연구의 전반을 이해하는 근본이 될 포괄적인 해석을 개발하는 것이 목표라고 할 수 있다.

명확한 정의 없이 무엇으로 포괄적이고 훌륭한 해석을 도출할 것인가? 다음과 같은 속성을 가능한 한 많이 고려하는 것이 좋다.

- 완전성(해석에는 시작, 중간, 끝이 있는가?)
- 공정성(해석적 입장을 고려할 때, 똑같은 입장에서 다른 사람들도 여러분과 똑같은 해석을 내릴 것인가?)
- 실증적 정확성(해석은 자료를 정확하게 표현하는가?)
- 가치 개입(새로운 해석인가, 아니면 주제를 글자만 반복한 것인가?)
- 신빙성(창조성과는 독립적으로, 연구 영역에서 가장 존중하는 동료가 여러분의 해석을 어떻게 비평하는가? 또는 어떻게 수용하는가?)

숙련된 질적 연구자는 이러한 다섯 가지 기준을 충족시킬 수 있는 뛰어난 감각을 보유하고 있을 것이다. 그러나 질적 연구에 새로 입문하는 사람은 아직도 그것을 찾고 있을 것이다. 가장 좋은 충고는 여러분이 해석을 멋지게 발전시켰더라도 동료에게 꾸준한 피드백을 받으라는 것이다.

자료는 '스스로' 말하지 않는다. 그것과 가장 근접한 경우는 똑같은 자료에 대해서 모든 사람의 해석이 거의 동일한 때다. 그러나 그런 형태의 의견 일치는 아주 드문[1] 경우가 아니면 일어나지 않는다. 그래서 해석의 질은 전반적인 연구가 어떻게 보이는가에 대한 차이를 만들 수 있다. 또한 바람직한 해석과 자료의 힘은 불가분의 관계다. 두 가지 극단적인 경우 중에 피해야 할 것은 많은 자료를 가지고 있지만 자료를 완전히 '내 것'으로 하지 않고 표면적인 해석을 하는 것 또는 자료의 질을 넘어서는 과잉 해석을 억지로 하는 것이다. 가장 좋은 의미(golden mean)는 정의되려고 대기하고 있는 것이 아니기 때문에 찾으려고 노력해야 한다.

---

1 이것이 질적 자료의 중요한 한계라고 생각하는 사람들은 경제학과 같이 양적 자료가 지배적인 영역에서 현저하게 다른 해석과 일치의 부족 현상이 발생한다는 것을 기억하는 것이 좋다.

2. 해석하기의 유형

■ 미리 보기

- 질적 연구 해석의 세 가지 방식
- 연구의 구성에 묘사적 해석을 조화시키는 방법
- 질적 연구의 부제가 연구의 중요한 주제를 요약하는 빈도
- 사람이나 사회집단의 다양성과 마찬가지로 질적 연구에서 다루는 구체적인 주제의 다양성
- 이미 같은 주제를 다룬 문헌을 더 탄탄하게 하기 위해 부족한 부분에 연구의 해석을 삽입하는 방법

해석에 정해진 방식은 없다. 해석을 정교하게 하자면, 다소 미지의 영역보다는 일반적인 것에 접근하게 될 것이다. 그럼에도 불구하고, 일반적인 내용이 기존의 질적 연구에서 찾아낸 해석을 검토함으로써 도출될 수 있는 것인지 아닌지를 결정하기 위해서는 귀납적인 접근이 유용할 것이다.

이와 같은 검토를 금방 끝내기 위해, 짧고 간단한 해석 방식을 제안한다(별개로 자신이 가장 좋아하는 질적 연구에 대해 스스로 검토하고 그런 방식을 보완하거나 수정할 수 있는지 알고 싶을 수도 있다).

- 묘사
- 묘사와 행동 요구
- 설명

앞에 제시된 방법은 언뜻 보면 간단해 보일지도 모른다. 예를 들어, 모든 사람은 질적 자료가 첫 번째 방식인 '묘사'의 튼튼한 기초가 된다는 것을 안다. 그래서 그것을 언급하는 것은 대단한 통찰력이 있는 것처럼 보이지는 않는다.

그러나 묘사를 잘하는 것이 반드시 쉬운 일은 아니다. 뚜렷한 목표 없이 두루두루 펼쳐진 평범한 묘사는 질적 분석에서 나타날 수 있는 함정 중 하나다. 그

래서 사회과학에서 여러분의 묘사가 더 매력적인 해석이 될 수 있도록 유용한 아이디어를 개발할 수 있는지 살펴보고 '묘사와 행동 요구'와 '묘사'의 두 가지 다른 방식을 논의한다.

 ## 해석의 중요한 유형인 '묘사'

우리의 귀납적 전략은 『미들타운(Middletown)』(Lynd & Lynd, 1929)과 『사모아의 성년(Coming of Age in Samoa)』(Mead, 1928)이라는 질적 연구의 고전 두 편을 검토하면서 시작한다. 이 작품은 대부분의 질적 연구에 영향을 준 사회학과 인류학에서 기인한다. 신기하게도 두 작품 모두 출판된 때가 거의 비슷한데, 현재 100년이 되어 가고 있다. 이 기간 동안 두 작품은 개정판이 나왔고, 그 영역의 고전으로 설명되고 있으며, 시대를 초월하여 존재한다. 두 작품 모두 각각의 분야[2]에서 존중받는 위치에 있다.

두 작품에서 해석은 주로 묘사적 해석이다. 『미들타운』은 20세기 초 미국 중부의 평균적인 소도시의 일상에 대해 기술하였다. 그 기술의 범위는 어느 사회에서나 발견되는 가족과 지역사회의 보편적인 양상을 포착해서, 여섯 장의 제목에서 나타나듯이 매우 간단히 표현된다.

1장. 생계유지
2장. 가족 구성
3장. 자녀 교육
4장. 여가 활동
5장. 종교 활동 참여

---

2 다른 오랜 연구처럼 (사회과학 또는 자연과학) 원래의 연구는 새로운 호기심으로 시작된다. Mead의 『사모아의 성년』 같은 경우에, 훗날의 연구자에 의하면 사모아의 생활은 Mead가 그려 낸 것과 매우 다르게 성적으로 더 억압되어 있었다(예를 들어, Gardner, 1993, 위대한 사모아인의 사기, Skeptical Inquirer, 17, 131-135, Reichardt & Rallis에 의한 보고, 1994b, p. 7). 훗날의 연구자는 현지 언어에 대한 Mead의 지식에 한계가 있었기 때문에 연구 참여자들을 Mead가 성적으로 난잡한 사회에 대한 연구를 하고 있다고 잘못 생각하게끔 만들어 그들이 Mead가 듣고 싶어 한다고 생각하는 내용을 말하였기 때문에, 연구 참여자를 오도했다고 의심하고 있다(Reichardt & Rallis, 1994b, p. 7).

6장. 지역사회 활동 참여

이 작품에는 두 가지의 독특함이 있다. 첫째, 이전에는 미국의 평균적인 도시의 삶에 대한 광범위한 현장 자료를 수집한 사회과학자가 거의 없었다. 이 연구 팀은 다른 팀의 구성원뿐만 아니라 두 명의 리더로 구성되었고, 그들이 연구하고 있는 도시에 현지 사무실을 열었다. 그 팀은 현지에서 2년 동안 생활하면서 현지의 통계 자료를 수집하였고, 질문지를 사용하여 면담을 실시했으며, 많은 문서를 조사했다. 둘째, 산업사회의 전체 모습이 나타나기 전 평균적인 도시의 대부분이 농업사회였던 시대의 미국 생활 방식을 담아냈다. 그래서 미국 역사[3]에서 의미 있는 시기를 다루었다.

『사모아의 성년』은 완전히 다른 세상을 다루고 있다. 이 책은 청소년기 소녀의 발달적 순환에 초점이 맞추어져 있다. 이 연구는 사모아 섬의 해변가 세 마을에 살고 있는 9~20세 소녀 68명의 자료를 수집했는데, 저자는 자료를 수집하면서 그곳에서 6개월을 보냈다. 면담은 사모아에서 사용하는 언어로 수행되었고, 사모아인을 대상으로 임시 지능검사를 실시했으며, 세 마을의 가계도를 자세하게 조사하였다.

이 책의 각 장은 청소년의 삶에 따라 구성되었다.

1장. 서론
2장. 사모아의 하루
3장. 사모아의 아동교육
4장. 사모아의 가정
5장. 소녀와 소녀의 또래 집단
6장. 지역사회에서의 소녀
7장. 공인된 성관계
8장. 춤의 역할

---

3 농경사회에서 산업사회로의 전환은 『미들타운』의 속편에서 더 직접적으로 연구되었다(전환의 미들타운, Lynd & Lynd, 1937).

『미들타운』과 마찬가지로, 당시에는 세상에 잘 알려지지 않았던 『사모아의 성년』의 독특함은 풍부한 자료에서 얻어졌다. 그러나 이 연구는 『미들타운』과 마찬가지로, 미국 소녀들에게는 나타나지만 사모아의 소녀들에게는 전혀 나타나지 않는 '갈등과 스트레스의 증후'에 대한 통찰을 얻기 위해 노력하면서 더 광범위한 주제를 설명하였다(p. 136). 연구의 중요한 목표 중 하나는 "이러한 어려움이 청소년기에 있었기 때문인지 미국의 청소년이기 때문인지를 결정하는 것"(p. 6)이었다. 그리고 이 연구는 미국의 상황에 대한 통찰력을 얻기 위해 사모아의 상황을 이용하곤 했다. 이 폭넓은 목표는 Mead의 책 마지막 두 장뿐만 아니라 도입 부분의 주제다.

두 작품 모두, 특히 이 연구 주제는 그전에는 사회과학자들에 의해 체계적으로 조사되지 않았기 때문에, 묘사는 강렬하고 공개적이다. 또한 두 작품은 묘사가 어떻게 폭넓은 문제의 결론에 이르는지를 보여 준다. 그것은 분석적 순환의 5단계를 설명하는 일반적인 결론의 유형으로 이 장의 후반부에서 논의하였다. 우선은 해석 방식으로 묘사의 특성에 대해 더 많이 탐색하자.

검토를 계속하자면, 질적인 해석의 중요한 방식인 묘사의 특징은 동시대의 연구를 조사함으로써 더 잘 알아낼 수 있다. 이러한 작품은 묘사의 본질에 대한 통찰력을 제공한다. 따라서 자료를 취득하고 읽거나 걸러 내면서 이러한 작품이나 다른 비슷한 작품을 조사해야 한다.

그러나 이 책에서 그것을 논의하기 위해 묘사를 검토하는 방법 중 하나는 기존 연구의 부제(subtitle)를 살펴보는 것이다. 〈표 9-1〉은 9편의 연구에서 그것들의 정확한 부제를 인용하였다. 주목할 것은, 그것들의 간결함에도 불구하고 〈표 9-1〉에서 각각 인용된 작품의 맨 위에 나와 있는 부제는 폭넓은 주제와 전

〈표 9-1〉 해석으로서의 묘사: 예시 연구의 저자, 부제, 장의 제목

저 자	1 Liebow(1993)	2 Anderson(1999)	3 Sharman(2006)
부제	여성 노숙인의 삶	체면, 폭력 그리고 도심의 도덕적인 삶	동부 할렘의 세입자들
서론	n.a.	독일인 마을 거리의 아래	n.a.
1장	하루하루	점잖은 가족과 갱단들	동부 할렘
2장	일과 직업	존엄성을 위한 캠페인	기분 좋은 거리: 이탈리아인
3장	가족	마약, 폭력 그리고 거리 범죄	106번가: 푸에르토리코 사람들
4장	서비스를 제공하는 사람과 서비스를 제공받는 사람	짝짓기 게임	125번가: 아프리카계 미국인
5장	나의 친구, 나의 신 그리고 나 자신	품위 있는 아빠	116번가: 멕시코인
6장	함께 만들기	검은 도심, 과도기의 할머니	3번 대로: 서부 아프리카인
7장	노숙인에 대한 생각	John Turner의 이야기	2번 대로: 중국인
8장	n.a.	n.a.	도시 재개발과 마지막 이주
결론	n.a.	역할모델의 변화: Johnson 씨 찾기	n.a.

저 자	4 Napolitano(2002)	5 McQueeney (2009)	6 Pérez(2004)
부제	멕시코 도심에서의 삶	포용적인 교회에서의 동성애자들: 인종, 성별 그리고 성	이주, 이동 그리고 푸에르토리코 가족들
서론	소속감의 프리즘과 대안적 근대성	n.a.	n.a.
1장	국제화되는 지역, 팽창하는 도시, 과도기의 지역	연구방법	서론: 배리오 두 명의 성적 이야기
2장	이주, 공간 그리고 소속되기	환경: 믿음의 교회와 통일의 교회	케인에서의 도피와 이동의 기원
3장	지역적 담화와 근대성의 정치학	동성애자와 크리스천의 갈등	푸에르토리코에서 동료 미국인
4장	의료적 다원주의	성의 최소화, 정상화, 도덕화	외부로, 다국적주의 그리고 문화정치의 정체성
5장	성인 되기	n.a.	고급 주택화, 대도시 간의 이동 그리고 그곳의 정치
6장	기혼, 미망인, 미혼 또는 이혼: 성의 극복, 순응, 저항	n.a.	다국적 생활, 동족 관계와 생존 전략
결론	n.a.	결론	결론: 성, 빈곤, 이민 논쟁의 재조명

저 자	7 Hays(2003)	8 Bogle(2008)	9 Padraza(2007)
부제	복지 개혁 시대의 여성	대학 캠퍼스의 성, 데이트, 관계	쿠바 혁명과 탈출에서의 정치적 반감
서론	n.a.	n.a.	n.a.
1장	금전과 도덕성	도입	잘못된 희망
2장	직업윤리의 적용	데이트부터 만남까지	혁명 그 자체의 정의
3장	가족의 가치 홍보	만남	혁명 심화
4장	두려움, 희망 그리고 복지부의 체념	만나는 장면	혁명 그 자체의 재정의
5장	불평등 피라미드	성적인 무대로서의 캠퍼스	강화된 혁명
6장	보이지 않음과 통합	남성, 여성 그리고 이중의 성적 기준	1980년의 로스 마리엘리토스
7장	빈곤 문화	대학 후의 생활: 다시 데이트하기	소비에트 붕괴 후
8장	복지 개혁의 성공	만남과 데이트: 비교	최종 물결
9장	n.a.	n.a.	교회와 시민 사회
10장	n.a.	n.a.	민주화와 이민
11장	n.a.	n.a.	불가능한 삼각관계
결론	n.a.	n.a.	n.a.

*n.a.: 해당 없음.

체 연구 영역을 다루고 있다는 것이다.

〈표 9-1〉은 각 연구 장(chapter)의 제목을 나열하였다. 이런 제목은 다음에 이어질 묘사 구조에 대한 단서를 제공한다(질적 연구는 학술지에 논문 형식으로 출판되기 때문에 논문의 소제목은 책으로 출판된 질적 연구의 장의 제목과 같은 기능을 할 것이다).

전형적으로 일부 연구는 사회집단이나 지역 사람들의 일상을 다룬다. 이러한 묘사 구조의 하나는 일상생활에서 의례적인 일의 기능을 나타낸다.

- 노숙 여성인의 삶 연구(Liebows, 1993)
- 도심 지역에서의 노숙생활 연구(Anderson, 1999)(〈표 9-1〉의 1, 2 참고)

대안적인 방법으로 묘사는 지역 사람이나 사회집단의 다양성에 기반을 둘 수 있다.

- 뉴욕 시에 잘 알려진 다인종 지역인 동부 할렘가의 주민 연구(Sharman, 2006) (〈표 9-1〉의 3 참고)

다른 연구들은 사람들의 일상을 다루는 반면, 사회구조의 모습에 더 많은 관심이 있을 수 있다. 이런 상황에서의 묘사는 제도적 구조, 기능 또는 주제와 관련하여 구조화된다.

- 멕시코의 도시 생활 연구(Napolitano, 2002)
- 2개의 크리스천 교회가 직면한 도덕적 딜레마 연구(McQueeneny, 2009)
- 푸에르토리코인의 이주 연구(Pérez, 2004)
- 새로운 사회보장 개혁 정책이 채택된 미국 여성들의 삶(Hays, 2003) (〈표 9-1〉의 4, 5, 6, 7 참고)

시간의 흐름에 따른 과정을 조사하는 연구는 시간 순서로 묘사를 구조화할 수 있으며, 질적 연구의 변형인 이야기식 질문을 따를 때 과거와 더 먼 과거로 떠나는 모험을 포함할 수 있다(예: Connelly & Claniinin, 2006).

- '데이트-만남-데이트'의 연속을 따르는 대학 캠퍼스의 성에 대한 연구 (Bogle, 2008)
- 수십 세기에 걸친 쿠바 이민의 세 가지 물결의 혁신적인 보도(Padraza, 2007) (〈표 9-1〉의 8, 9 참고)

앞의 모든 묘사적 구조는 연구 자료의 분석과 해석을 위한 틀이 될 수 있다. 게다가 묘사는 다양한 수준의 상세화로 나타날 수 있다. 심층 묘사(thick description)(Geertz, 1973, 1983) 또는 매우 자세한 설명은 독자가 올바르게 평가하고, 궁극적으로는 연구된 사회현상에 대해 깊이 있는 이해를 할 수 있게 한다. 성공적인 경우, 심층 묘사는 연구자 중심의 관점에서 멀어지게 하고, 오히려 독자에게 의미 있는 맥락에서 사람, 사건, 행동을 묘사한다. 연구자가 상세한 묘사를 하는지와 상관없이, 중요한 것은 많은 연구에서 일반적인 연구 문헌과 관련하여 더 넓은 사회 주제를 나타내려고 노력한다는 것이다.

가장 좋은 묘사는 연구 자료를 이용한다. 이 자료는 연구 면담에 기반을 둔 개인의 프로파일, 문서에 기반을 둔 역사적 자료, 보존 기록물에서 추출된 수치를 포함하여 매우 다양할 수 있다. 참고로 자료 분석 3단계에는 이런 자료를 재배열하는 시도가 포함되어 있다. 재배열은 묘사적인 해석을 하면서도 계속할 수 있다.

묘사와 행동 요구

묘사의 다소 다른 방식은 연구가 공공정책이나 정치 의제 변화의 요구처럼 묘사적 해석에서 제시하는 것을 따르는 후속 행동을 촉구할 때 나타난다(〈표 9-2〉에 제시된 세 편의 연구에서 부제와 장의 제목을 참고하라). 이 연구들은 처음부터 명백한 옹호 동기를 가지고 있다. 그래서 실행연구(action research)를 설계할 때는 연구의 처음부터 협력적 방식으로 연구자와 연구 참여자를 공개적으로 참여시킨다(예: Reason & Riley, 2009). 또 다른 예로, 자문화기술지적인 질문은 연구자를 직접적으로 연구의 중심에 둔다(Johns, 2005).

반대의 경우, 행동 요구는 사전에 고려되지 않았던 것이고, 단지 연구에서 밝혀진 결과로 나타날 수 있다. 그 연구는 방금 설명한 묘사의 일반적인 방식과 다음의 측면에서 다르다.

첫째, 행동 요구는 연구의 결론을 지배하는 경향이 있다. 장의 제목을 다시 관찰하다 보면 이것이 실행되는 방법에 대한 단서를 알 수 있다. 이를테면 다음과 같다.

- 세계 경제에서의 새로운 노예제도 연구(Bales, 2004)
- 아메리칸 드림과 싱글맘 연구(Sidel, 2006)(〈표 9-2〉의 1, 2 참고)

둘째, 행동 요구는 독자로 하여금 연구 자료를 다른 방식의 정밀 조사로 재조

〈표 9-2〉 해석으로서의 묘사와 행동 요구: 예시 연구의 저자, 부제, 장의 제목

저자	1 Bales(2004)	2 Sidel(2006)	3 Newman(1999)
부제	국제 경제의 새로운 노예	모자 가정과 미국의 꿈	도심의 근로 빈곤층
도입	n.a.	도입	n.a.
1장	새로운 노예	낙인을 넘어서는 이동	근로 생활
2장	태국: 왜냐하면 아이처럼 보기 때문에	진정한 가족의 가치	보이지 않는 빈곤
3장	모리타나: 잊히지 않는 오랜 옛날	상실	도심에서 직업 가지기
4장	브라질: 위기의 생활	탄력성, 강화 그리고 인내	이 게임에서 부끄러워하지 않기
5장	파키스탄: 노예는 언제 노예가 아닌가?	모두 우리 할머니를 안다: 대가족과 다른 지원망	저임금 세상에서의 학교와 기능
6장	인디아: 농부의 점심	나는 내 삶에서 꼭 해야 하는 것이 있다: 좌절된 꿈	고생, 개선
7장	무엇을 할 수 있는가?	나는 정말로 정말로 그가 주변에 있다는 것을 믿는다: 위임(약속)의 상반되는 개념	가족의 가치
8장	n.a.	21세기의 의제: 우리 가족 모두에 대한 돌봄	누가 안에 있고, 누가 밖에 있는가?
9장	n.a.	n.a.	근로 빈곤층을 위해 우리가 무엇을 할 수 있는가?
결론	노예를 그만두기 위해 당신이 할 수 있는 세 가지	n.a.	n.a.

사하게 할 수 있다. 심지어 그 자료의 대부분이 묘사 방식으로 제시되었을 때도 행동 요구를 지지하기 위해, 발표가 어떤 방법으로 편향되어 있을 가능성이 있기 때문이다. 편향의 가능성은 질적 연구와 일반적으로 관련이 있는 반성성과 선택적 편견을 넘어서는 우려를 가져온다. 그래서 요구가 더 강력할수록 정밀한 조사가 더 많이 필요하다.

셋째, 행동 요구는 매우 복잡하고 논쟁거리인 공공정책 주제를 다룰 수 있다. 현대 미국 정치의 실질적인 주제는 최소임금 인상, 보편적 의료 제공, 돌봄(day care) 프로그램 확장 같은 것이다. 이러한 주제를 다룬 광범위한(질적인 것과 비

질적인 것) 문헌이 있고, 그것의 권리에 대해 책 분량만큼 많은 정책이 필요하다. 즉, 행동 요구는 한 장(chapter) 분량으로 간략하게 제시할 수 없다. 그래서 행동 요구를 포함해서, 질적 연구자가 정치 주제에 대해 단순하게 제시하는 것은 위험하다. 이것은 또다시 연구에서 실증적인 부분의 질에 대한 회의론에 영향을 미칠 것이다.

많은 학자들은 사회과학 연구의 역할이 정책을 지원하거나 반대할 증거를 모으고 제시하는 것이라고 믿는다. 어떤 학자들은 심지어 연구 주제와 방법을 선택할 때, 그 자체에 편견이 내재해 있는 문화적 가치 시스템을 반영한다고 주장한다. 예를 들어, 이 책의 후반부 논의와 같이(제12장 제2절), 포스트모더니스트에 따르면, 심지어 자연과학자도 정의를 내리거나 연구 주제를 선택할 때 본인도 모르게 자신의 개인적인 가치를 연구에 투영한다(예: Butler, 2002). 이러한 상황을 감안하고, 행동을 요구하는 것은 처음에 말한 것처럼 그렇게 거북한 일은 아니다.

그럼에도 불구하고 여러분에게 경고하는 것은, 여러분이 연구의 일부로 어떤 유형의 행동을 요구하고 싶다면 학문적인 방식을 취하라는 것이다. 연구 문헌을 통해 현재 어떤 정책 주제나 실제적인 옹호 문제를 제시하고, 그 주제에 대한 전문지식을 연구에 덧붙여 긴 부록으로 표현할 수도 있다. 다른 방법으로, 더 깊은 정책 이슈의 토론과 관련된 정책 문헌을 다음과 같은 보기[4]처럼 광범위하고 자세한 각주에 인용할 수도 있다.

• 도심에서 '일하는 빈곤층' 연구(Newman, 1999)(〈표 9-2〉의 3 참고)

이와 같은 방법으로 행동을 요구하는 것은 연구에서 실증적인 부분에 대한 신빙성 문제를 감소시킬 수 있다.

---

4 Newman의 책은 376쪽으로, 색인이 없다. 이 중 65쪽은 상세한 각주에 할애하였으며, 그 내용의 대부분은 정치 의제에 대한 것으로 질적 연구는 아니다. 이런 방법으로, 저자는 정치 의제에 대해 광범위한 연구를 하고 있는 것이 드러났고, 행동을 촉구하는 그녀의 의지를 강력하게 전달했다.

해석 방식으로의 '설명'

　설명은 항상 묘사적 해석의 일부로 나타날 수 있다. 예를 들어, 〈표 9-2〉에서 인용한 Newman(1999)의 연구는 패스트푸드점의 신규직원이 그런 직장에서 일하는 것에 대한 또래의 낙인을 극복하는 방법을 설명하려고 노력하고 있는데, 이러한 노력은 넓은 의미에서 묘사적 연구의 일부라 할 수 있다.

　여기서 강조하는 것은, 어떤 설명은 연구하고 있는 사건을 드러내는 데 기여한다는 것이다. 그것은 어떻게 또는 왜 사건이 발생했는가 혹은 다른 방식으로는 어떻게 또는 왜 사람들이 행동의 특별한 과정을 추구했는가를 설명한다. 이런 상황에서 해석적 틀은 〈표 9-3〉에서 나열한 다섯 편의 부제와 장의 제목에서 보여 주고 있는 해석 방식을 수용한다.

　연구가 무엇보다 설명을 가장 우선시할 때, 그 설명은 연구의 부분이 아닌 전체 연구의 구성을 이끈다. 어떤 설명적 해석은 도입이나 첫 장에서 설명이 필요한 인간의 상황에 대해 진술한다. 이것은 질적 연구에서 특히 더 나타나는 것은 아니며, 사회에 불평등이 존재하는 것과 같이 인간에 대한 관심은 평범한 연구 주제 중 하나다.

- 노동직에 종사하는 흑인 남성의 소외 연구(Royster, 2003)
- 소매시장의 불공평성 연구(Williams, 2006)(〈표 9-3〉의 1, 2 참고)

또 다른 연구는 다음과 같이 어떤 사회의 선호도에 대해서 설명할 수 있다.

- 가난한 여성들이 혼전 임신을 하는 이유에 대한 연구(Edin & Kefalas, 2005) (〈표 9-3〉의 3 참고)

　다른 예로, 정치학에서 어떤 지정학적 사건을 설명하기 위한 전반적인 필요 때문에 질적 연구를 하게 된다. 관심 상황은 국제적으로 의미 있는 것 아니면 보통은 어떤 국가에서 일어나는 사건이다. 그 예로는 다음과 같은 것이 있다.

〈표 9-3〉 해석으로서의 설명: 예시 연구의 저자, 부제, 장의 제목

저 자	1 Royster(2003)	2 Williams(2006)	3 Edin & Kefalas(2005)
부제	백인 사회의 노동직에서 흑인 남성을 어떻게 배제하는가	일하기, 쇼핑하기 그리고 불평등	왜 가난한 여성은 결혼 전에 어머니가 되는가?
도입	n.a.	n.a.	도입
1장	도입	장난감 이야기 속의 사회학자	우리가 아이를 갖기 전에
2장	보이지 않는 손과 보이는 손	미국의 장난감 쇼핑의 역사	내가 임신했을 때
3장	흑인과 백인의 학교에서 직장까지	장난감 이야기의 사회 조직	그 꿈이 어떻게 죽는가
4장	직업을 가지는 것과 직업을 가지지 못하는 것	쇼핑층의 불평등	결혼은 무엇을 의미하는가
5장	시장 설명 평가하기	장난감 나라의 어린이	사랑의 고단함
6장	포함된 전환	장난감과 시민권	모성이 내 삶을 어떻게 바꾸었는가
7장	통합된 사회와 배제된 사회	n.a.	n.a.
8장	백인의 특권과 흑인의 적응	n.a.	n.a.
결론	n.a.	n.a.	한부모 어머니 이해하기
저 자	4 Allison & Zelikow(1999)	5 Neustadt & Fineberg(1983)	
중심 주제	쿠바 미사일 위기 설명하기	절대 일어나지 않을 전염병	
도입	도입	도입	
1장	모델 1: 합리적인 배우	새로운 독감	
2장	쿠바 미사일 위기: 첫 번째 컷	이상 증상 결정하기	
3장	모델 2: 조직적 행동	쿠퍼의 보증	
4장	쿠바 미사일 위기: 두 번째 컷	포드 성명	
5장	모델 3: 정부의 정치	조직하기	
6장	쿠바 미사일 위기: 세 번째 컷	현장 실습	
7장	n.a.	책임	
8장	n.a.	법률 제정	
9장	n.a.	시작과 멈춤	
10장	n.a.	켈리포노에 들어오기	
11장	n.a.	유산(유물)	
12장	n.a.	반영	
13장	n.a.	미래의 기술	
결론	결론	n.a.	

- 쿠바 미사일의 위기 설명을 위한 노력(Allison & Zelikow, 1999)
- 1970대 후반 미국에서의 유사 유행성 독감 연구(Neustadt & Fineberg, 1983)

  (〈표 9-3〉의 4, 5 참고)

인간, 사회 또는 정치적 사건의 관심이 무엇이든지 간에, 이어지는 장에서는 연구자가 바라는 것을 계속 설명할 수 있다. 각 장에는 설명의 일부나 내용과 관련된 상황에 대한 정보를 추가한다. 방법 면에서 가장 효과적인 설명은 양자택일을 하거나 비교하면서 설명하는 것이다.

방법론적 절차 전반에서 **상반되는 설명**(rival explanations)에 대해 고려하는 것은, 제4장의 초반에서 논의한 것처럼 분석의 기술적인 질을 향상시키는 중요한 방법 중 하나다. 분석에서 해석 단계에 이르면, 상반되는 설명의 관련성은 배로 중요해진다. 당신은 마치 핵심 설명인 것처럼 증거가 상반되는 설명을 얼마나 '선호'하는가를 보여 주려고 하면서 진짜 같거나 그럴듯해 보이는 상반되는 설명과 관련된 증거를 제시해야 한다. 이론상으로, 축적된 증거는 그 자체의 무게를 가지기 때문에 어떤 강력한 설명적 논쟁 없이도 그것과 상반되는 설명을 포기할 수 있다. 전반적인 결과는 연구에서 알아낸 것에 맞게 적절하고 그럴듯한 설명으로 제시되어야 한다.

경영 분야의 탁월한 질적 연구 한 편이 상반되는 설명을 제시하는 독특한 방법을 사용하였다(Schein, 2003). 이 연구는 국내 상위 50대 안에 들었던 주요 컴퓨터 회사의 붕괴에 대한 설명을 중심으로 작성되었다. 비록 저자가 자신의 설명을 지지하기 위하여 풍부한 면담과 문서 증거를 제시하였지만, 그것에 그치지 않고 책의 마지막에 보충 장을 포함시켰다. 각 보충 장에는 이전 회사 주요 경영진의 상반되는 설명을 실었다.

훌륭한 설명을 하는 것은 쉽지 않다. 아무 도움 없이 그렇게 하기는 어렵다. 연구의 내용이나 설계에 대해 알고 있고 지식이 풍부한 동료와 또래에게 중요한 도움을 받을 수 있을 것이다. 이러한 동료나 또래와 예비 초안의 검토뿐만 아니라 설명 과정 내내 지속적으로 대화하는 것이 바람직하다.

동료의 외부 관점은 여러분이 수정하기를 원하는 설명의 틀에서 차이가 나거나 이상한 것을 드러낼 수 있다. 그래서 이것은 연구가 혼자만의 세계에 빠지는 것을 막아 준다. 친구 그리고 동료와 대화하고, 연구에 대하여 이야기하라. 더 많은 사람과 관계를 맺을수록 연구의 통찰력 있는 해석 틀을 더 많이 만들게 될 것이다.

 ## 통찰력 있고 유용한 해석하기

실증적 근거가 있기만 하면, 분석 가능성은 무한하다는 것을 알고 자신을 격려하라. 훌륭한 해석 틀을 알아내는 데 방해가 되는 것은 오직 자신의 자료에 대한 부주의와 창의성 부족뿐이다. 이상적인 해석은 여러분의 관심사와 재배열된 자료를 연관 지을 것이다.

여러분은 여러 가지 방법으로 해석을 시작할 수 있다. 첫째, 이미 우리가 발견한 것이 반영된 질적 연구의 부제를 진술하면서 연구의 핵심 주제를 알 수 있다. 둘째, 연구 자료에서 중요하고, 새롭고, 지속적인 패턴을 분석적으로 관찰할 수도 있다. 예를 들어, 다양한 개인이나 사건에 걸쳐 새롭게 발견된 패턴은 독창적인 해석을 창조하는 기둥이 될 수 있다. 셋째, 언제나 처음의 연구 질문에서 시작하여 그 주변으로 확산시킬 수 있다.

또한 해석을 선형 순서로만 생각할 필요는 없다. 말하자면, 분석 단계를 거치기 전에도 할 수 있다. 어떤 질적 연구는 결과를 드러낸 후 해석을 하기도 한다. 예를 들어, Adrian(2003)은 그녀의 연구 발표 전반에 걸쳐 해석을 하였다(예시 9.1 '질적 연구 전반에 나타나는 해석적 주제' 참고). 그런 전략은 제시할 자료를 선택하는 데 위험이 따르기는 한다. 그러나 Adrian 연구의 예처럼 풍부하고 상세한 자료의 제시, 분리된 각 장에서의 관련 영역 다루기를 통해 이러한 위험을 상쇄할 수 있다.

돌이켜 보면, 무엇을 하든지 이런 모든 대안적인 작업은 관련 문헌에 대한 충분한 지식에서 비롯된다. 만일 관련 문헌이 취약하다면(즉, 여러분의 주제에 대한 이전의 연구가 거의 없거나 또는 불분명한 주제와 이론적 기초), 연구의 해석에서 후속 연구를 위해 새로운 힘을 어떻게 강화시킬 것인지 보여 주어라. 만일 더 풍성한 주제를 반영한 연구가 많다면, 아직 다루어지지 않은 채 남겨진 틈새를 설명하는 해석을 개발하라. 만일 그 문헌이 앞의 두 상황의 중간 정도라면, 기존의 경계를 확장하고 '새로운 관점'을 설명하는 해석을 개발하라.

예시 9.1　**질적 연구 전반에 나타나는 해석적 주제**

　질적 연구의 결과를 해석하는 데 피할 수 없는 어려움과 대면하는 방법 중 하나는 애초에 광범위한 주제에 연구를 삽입하는 것이다.

　Bonnie Adrian(2003)의 연구는 특정 사건에서 시작한다. 그녀는 타이완 친구의 가족 침실에서 기념품 같은 3피트 높이의 결혼식 그림과 15인치 높이의 결혼 사진이 있는 커다란 앨범을 관찰하였다(pp. 1-2). 그 사진은 매우 경쟁적인 결혼 사진 산업과 포장 그리고 결혼 홍보로 촉발된 타이완 사회의 많은 변화를 반영한다.

　동시에 Adrian의 연구에서는 '소비사회의 세계화'라는 중심 해석을 소개하고, "타이완의 신부 사진은 단순히 급격한 세계화에 대한 반응이 아니라 그 자체가 과정의 일부다."(2003, p. 244)라고 결론을 내렸다. 연구 전반에서 타이완의 독특한 결혼기념식과 결혼 의식이 지속적으로 '세계화'라는 주제와 관련되었다.

3. 결론 내리기

▰ 미리 보기

- 연구의 '의미'를 획득하는 방법(반드시 연구의 결과가 일반화되어야 한다는 의미는 아니다.)
- 다섯 가지 결론 방식의 예

　해석 단계를 지나면 다섯 번째 결론 단계가 있다. 실증적 연구를 끝낼 때, 질적 연구를 기반으로 하는지와 상관없이 모든 연구는 하나 이상의 결론을 내려야 한다. 기본 논리에 따르면, 결론이란 앞선 해석 단계와 연구의 중심 자료 또는 실증적 결과와 연결되어야 한다. 이런 의미로, 결론을 이끌어 내는 것은 아직도 연구 분석의 한 부분으로 생각되고, 그리하여 다섯 번째 단계가 된다.

어떤 면에서, 모든 연구의 결론은 매우 특수하고 심지어는 유일할 수 있다. 이런 이유로 처음부터 관련 있어 보이는 논의는 거의 없다. 그러나 또 다른 사람에 의해 도출된 결론의 종류를 주목하면 여러분 자신의 연구 결론을 생각하는 방법에 대한 아이디어를 얻을 수 있다.

결론은 더 높은 개념적 수준이나 더 광범위한 생각으로 연구 결과를 이끌어 내는 총체적 또는 일련의 진술이다. 어떤 의미에서, 결론은 광범위한 연구의 '중요성'을 표현한다. 결론은 '교훈'과 '연구의 의미' 같은 개념뿐 아니라 '실제적 의미'와 같이 더 실용적인 슬로건에도 나타난다(그러나 이런 개념과 슬로건이 연구의 실제 단계에서 반드시 나타나는 것은 아니다). 그래서 연구의 다른 어떤 부분에서보다도 여러분이 연구 전반에 대해 더 많이 추론하도록 한다. 바람직하지 않은 결론 내리기는 연구 결과를 단지 방법만 바꾸어 다르게 고쳐 말하는 것이다.

다음은 다섯 가지 결론 내리기 방법의 예다. 여러분은 그것들을 단독으로 또는 몇 개를 조합하여 모방할 수 있다. 또는 다섯 가지의 예와는 전적으로 다른 자신만의 결론을 이끌어 낼 수도 있다.

새로운 연구를 요구하는 결론 내리기

기초 연구에서 탄생한 많은 전통적인 연구는 실행할 필요가 있는 새로운 연구를 제안하는 연구 결과(예를 들면, 원래의 제안이 지지되는 것으로 발견되거나 지지되지 않는 것으로 발견된다)를 요구한다. 중요한 결론은 '우리가 아직 모르는 것은 무엇인가?'의 선상에 존재한다.

이런 상황에서 결론은 전형적으로 후속 연구에서 설명될 질문의 형식을 취한다. 이 질문은 필요한 연구 방법을 함께 제안할 수도 있다. 그래서 이런 종류의 가장 완벽한 결론은 새로운 연구 설계와 유사하게 시작한다.

질적 연구도 이런 전통을 따를 수 있지만, 새로운 연구 주제 대신 이미 연구되고 있거나 새로운 연구 주제에 추가하는 식으로 더 매력적인 선택을 할 수도 있다.

기존의 일반화와 사회적 전형성의 도전에 따른 결론 내리기

결론 내리기의 두 번째 방식은, 보통 질적 연구가 일반적으로 구체적이고 독특한 환경에 초점을 맞춘다는 사실에서 기인한다. 결론을 도출하기 위해, 새로운 질적 연구는 이미 출판된 연구를 출발점으로 삼을 것이다. 이전의 연구는 질적인 방법 이외의 다른 방법에 기반을 두고 있고, 입증된 증거가 많이 있으며, 인간의 행동, 의식 과정 또는 조직을 전형화하거나 묘사하는 어떤 방법을 가지고 있다. 대조적으로, 새롭게 쓰인 질적 연구는 다양하고 기대되지 않은 행동 패턴을 보여 주고, 이것이 연구 결론의 기초가 될 수 있다.

예를 들어, 가장 평범한 전통적인 일반화 중 하나는 빈곤층의 생활을 묘사한 것이다. 그들은 자신들의 역기능적 행동, 매일 성실하게 일하는 데 필요한 인내심의 부족, 비조직적이고 건강하지 않은 이웃과 생활환경의 피해자다. 게다가 '파괴된' 가족 구조를 가지고 있으며, 이런 사람들은 자신들의 상황을 자손들에게 대물림한다.

빈곤층의 생활에 대한 이런 결론의 일반화는 많은 질적 연구에 의해 해마다 강화되고 있다. 초기에 Oscar Lewis는 유명한 인류학적 연구를 실시하였다 (1959, 1961, 1965). 그는 중요한 사회문제를 극복하기 위한 노력을 기울이는 데 있어 보이지 않는 장벽을 발표하여, '빈곤 문화'를 가진 사람들의 생활에 대한 개념을 발달시켰다(1965, pp. 42-52).

그러나 더 현대적인 연구에서는 기존 일반화의 기본 전제에 도전하고 있다. 우선 낮은 임금을 받는 사람들 사이의 개인적 역기능과 사회의 비조직화를 묘사하였다. 예를 들어, Pérez(2004)는 '하층민의 전형성'에 도전하기 위해(예시 9.2 '기존의 일반화에 도전이 되는 결론' 참고) 푸에르토리칸 이주민의 1세대와 2세대에 대한 연구(〈표 9-1〉의 6)를 이용하였다. 유사하게, Hays(2003, pp. 180-181)의 미국 복지 개혁하의 어머니에 대한 연구는 임금 노동자로는 적절하지 않거나 그것을 꺼리는 부유한 어머니의 전형성에 도전하며 결론을 내렸다(〈표 9-1〉의 7). 마지막으로, Bourgois(2003)는 지하도시경제의 마약 판매상과 다른 이들을 연구하여 "역사, 문화 그리고 정치·경제적 구조가 이런 개인의 삶을 어떻게 억압하는가"(p. 16)로 결론지었다.

예시 9.2　**기존의 일반화에 도전이 되는 결론**

1세대, 2세대 푸에르토리코 이주민의 삶은 Gina Pérez(2004)의 '이중 지역 연구 사업'의 주제였다(p. 20). 그녀는 시카고, 일리노이, 산 세바스찬, 푸에르토리코 문화기술지 연구를 수행하였고, 역사적 사회에 대해 기록한 많은 분석 논문에서 인류학적 연구를 수행하였다.

그것은 성(gender)과 다국적 관점에 대한 연구였다. 예를 들어, 이주 경험은 "지극히 성적이고 어떤 것은 가능하게 만드는 반면 어떤 것은 그렇지 않다"(p. 17). 다국적인 관점에서 그 연구 결과는 "순환 이주가 일반적인 것이라는 초창기 연구에 대한 도전이다"(Pérez, 2004, p. 198). 이 연구에서 푸에르토리코 사람들은 다국적인 감각을 보여 주었지만, 그것은 순환적인 패턴에 근거한 것이 아니었다. 그래서 이 연구는 이민은 세대 간 전해지는 사회의 부조리를 제공하고, 빈곤의 순환을 재생하는 패턴과 연결된다는 하층민의 전형성에 대한 도전이다(p. 199).

같은 방법으로, 질적 연구의 결과는 여성의 직장과 가정에서의 역할, 남자의 직장과 가정에서의 역할, 대조적인 경제 이해에 기반을 둔 고용인과 피고용인의 상반된 관계, 다양한 인종이나 민족 집단 사이의 갈등 등 인간 사회에 만연한 전형성과 일반화에 도전이 되고 있다.

이러한 전형성을 설명하면서, 질적 연구의 기여는 질적 연구가 비주류의 문화와 사회적 상황을 다룰 기회를 제공하기 때문에 이전의 연구에서 인식했던 것보다 더 다양한 상황을 드러내고 있다는 것이다. 그와 같은 연구는 역사적인 민족주의, 차별 그리고 배제를 경험한 사회집단에 초점을 맞추고 있다(Banks, 2006, p. 775). 그래서 질적 연구는 실제 가족 구성 또는 행동의 다양성과 복잡성의 의미를 이해하는 것에 실패할 수도 있는 '(통계적으로) 평균적인 가정'의 프로파일을 이해할 수 있도록 풍부함과 깊이를 더할 수 있다.

질적 연구는 다음의 예에서 보는 바와 같이 기존의 일반화를 변경, 개조 및 자극하는 방법을 제안하기 때문에 기존의 일반화에 대한 도전 이상일 수 있다.

　　교외 지역에 대한 Carr(2003)의 연구는 청소년 관련 범죄를 제지하는 데 성공적인 억제력으로 밀접한 사회적 유대 관계의 중요성을 지지한 이전 연구에 도전이 되었다. 비록 그러한 내부 연계망이나 사회적 유대가 없었어도, Carr에 의한 그 지역의 연구는 성공적이었기 때문이다. Carr는 청소년 관련 범죄를 교외 지역에서 처리하는 것을 설명하기 위해 비공식적인 사회통제의 수정 이론을 제안하면서 결론을 내렸다.

새로운 개념, 이론, 인간의 사회적 상황에 대한 발견을 통한 결론 내리기

　　기존의 지혜에 대한 도전이든 아니든 간에 질적 연구의 결론은 새로운 개념과 이론의 요구 및 유용성을 입증할 수 있다. 이것들은 질적 연구에서 알아낸 결론 내리기의 세 번째 방식으로 간주할 수 있다.

　　이 장에 예시로 제시된 연구 중 Anderson(1999)은 '거리의 코드'에서 도심 거주자의 생활에 대한 통찰을 제공하여 저자가 선동하는 궁극의 개념을 표현하였다(예시 9.3 '이론적 구조를 조직하고 검증하기 위하여 질적 연구 이용하기: 거리의 코드' 참고). 완전히 다른 주제로 쿠바 미사일의 위기(〈표 9-3〉의 4)를 연구한 Allison과 Zelikow(1999)의 연구는 중요한 국제적 결론을 강조하면서 한 명의 정치적인 지도자보다는 복잡한 조직의 행동을 이해하는 것에 대한 중요성을 지적하는 것으로 결론을 내렸다.

　　결론은 광범위한 학문적 의미를 가지는 새로운 사고방식을 제안할 수 있다. 예를 들어, 이웃의 변화(〈표 9-1〉의 4)에 대한 연구 후반부에서 Napolitano(2002)는 그러한 이웃은 "배리오(barrio)의 표준 인류학"의 묘사에 의해서가 아니라 "개방적이고 끝나지 않는 과정의 문화"에 대한 관점으로 더욱 잘 연구될 수 있는 가능성을 제시하였다(예시 9.4 '멕시코 도시에서 이웃의 변화 연구하기' 참고).

　　전통적인 혼합연구 방법(양적 연구와 질적 연구의 혼합)의 하나로 폭넓은 현장연구뿐만 아니라 대규모 조사연구에 기반을 둔 '발견'이 있다. 이 연구는 다섯 권 분량이며, 뉴잉글랜드 소도시의 사회계층 구조에 초점이 맞추어져 있다. 중

예시 9.3   **이론적 구조를 조직하고 검증하기 위하여 질적 연구 이용하기: 거리의 코드**

Elijah Anderson(1999)의 연구는 특별한 시간의 특정 장소에 대한 것이다 (1990년의 필라델피아). 그럼에도 불구하고 저자의 관심은 도시 문화의 중요한 측면에 대해 광범위하게 진술하는 것이다. "지속적인 도시 빈곤과 실직의 영향" 그리고 "특히 청소년 사이에서 이것이 어떻게 주류 사회와 제도로부터 멀어져 극심한 소외감으로 응집하도록 강요하는가"(p. 323).

Anderson에 따르면, 이런 소외감은 안전에 대한 무감각, 경찰과 사법제도에 대한 심각한 불신과 같은 '거리의 코드'로 나타난다(1999, p. 323). 그의 연구는 이웃의 특징과 사건을 묘사하고, 일상적으로 직면하는 마약, 범죄 그리고 소송에 대처하는 청소년과 그 가족의 삶을 보여 준다. 이런 자료는 '거리의 코드'의 구체적인 증거를 제공하고, 독자에게 도시 문화를 이해하는 데 기여하는 새로운 이론적 구조를 평가하도록 한다.

* 예시 7.1, 11.5 참고

예시 9.4   **멕시코 도시에서 이웃의 변화 연구하기**

여러 해 동안 많은 질적 연구는 이웃의 '변화'에 초점을 맞춰 왔다. 이런 이웃들은 거주지의 이동, 경제적인 포기(그리고 감소), 개발(그리고 고급 주택화)을 경험하였다. 대부분의 연구는 미국 내의 도시에서 실시되었는데, 유사한 현상이 다른 곳에서도 뚜렷하게 발생할 수 있다.

Valentina Napolitano(2002)는 1990년에 인구 3백만을 넘어선 서부 멕시코의 가장 큰 도시인 Guadalajara의 이웃을 연구하였다. 그녀의 현장연구는 1989년에 6개월, 1990년부터 1992년까지 2년, 1997년, 1998년, 1999년에 걸쳐 한 달 동안 지속되는 방문을 포함하여 10년에 걸쳐 이루어졌다. 그녀의 "이탈리아인스러움"은 그녀를 "이국적인 외국인"의 자리에 놓았지만, 또한 "그렇지 않으면 닫힌 상태로 남았을" 문을 열어 주었다(p. 16).

Napolitano의 연구에서는 국제화가 진행되는 이웃의 일상과 저소득층의 새로운 위기를 함께 제시하였다(2002, p. 22). 그 연구는 또한 배리오의 표준 인류학

> 을 나타내기보다는 "개방적이고 끝나지 않는 과정의 문화"를 강조하는 풍부한 인류학적 틀 안에 그 자료를 삽입하였다(p. 2).

요한 발견은 다섯 권 중 제1권에 숨어 있다. 제1권의 1부에서는 계층과 경제적 상황이 독립적인가 아닌가를 보여 주고 있다. 제1권의 2부에는 여섯 계층의 매우 차별적인 구조에 대한 증거가 드러나 있다. 이 자료를 통하여 연구자는 각 계층의 전체 인구 비율을 측정할 수 있었고, 또한 오늘날까지 사용되고 있는 용어를 개발하였다(Warner & Lunt, 1941, pp. 81-91).

- 상류층(1.4%)
- 상하류층(1.6%)
- 중상류층(10.2%)
- 중하류층(28.1%)
- 하상류층(32.6%)
- 하류층(25.2%)

이 획기적인 연구 결과의 하나는 지역사회 내 사회계층의 미묘함(섬세함)에 대한 관심을 불러일으켰으며, 그 주제는 연구가 마무리된 이후에도 지속적으로 연구의 관심사가 되고 있다.

실제적인(방법적으로가 아닌) 제안에 따른 결론 내리기

결론 내리기의 네 번째 방식은 더 강한 입장을 취하고 있다. 저자는 한 가지 이상의 제안으로 연구를 요약할 수 있다. 그 제안은 연구의 핵심을 설명하거나 심지어 예측하려고 시도할 수 있다. 예를 들어, Liebow(1993, p. 223)의 여성 노숙인의 연구(<표 9-1>의 1)에서 그는 처음에는 "집이 없는 사람들은 그들이 살 곳이 없기 때문에 집이 없다."와 같이 똑같은 말을 반복적으로 사용하여 결론을 내렸다. 그러나 그는 집이 없는 것은 집이 없는 사람들의 신체나 정신 상태 또는 고용의 결핍 때문이라는 더 빈번한 다른 주장의 입장에서 이 제안을 비교하고 토론하였다.

제안이 어떻게 예측의 형식을 취할 수 있는가를 보여 주기 위해 Wilson과 Taub(2006)은 민족과 인종 배경이 다양한 복합적인 지역을 연구한 후에 "미국 도시지역은 같은 민족과 문화끼리 서로 나뉠 가능성이 있다."(p. 161)는 예측으로 결론을 내렸다. 연구의 통찰력은 단순하게 이런 예측에서 나오지 않는다. 연구의 중요한 통찰력은 경제적 또는 문화적으로 서로 편안하게 느끼는 지역에 살고 있는 주민들의 민감성에 대한 연구의 설명에서 도출할 수 있다.

광범위한 상황의 일반화에 따른 결론 내리기

마지막 결론 내리기 방식은 그 연구의 결론을 연구의 일부가 아니라 다른 상황에서 일반화할 수 있는 기회로 생각한다.

제4장에서 두 단계의 과정을 따르는 분석적 일반화(analytic generalization)의 과정을 묘사하면서 이런 방식의 결론 내리기를 검토하였다. 특별한 개념, 이론적 구조, 가정된 사건의 순서에 대한 정의 내리기는 이 과정의 핵심이다. 이러한 구조에 따르면, 첫 번째 단계는 질적 연구의 결과를 구조와 연결하고, 두 번째 단계는 이 구조가 하나의 연구 이상의 새로운 연구 상황에 적용되는 방법을 논의한다. 이 장과 다른 장에서 미리 언급했듯이 이 두 단계는 일반화로 설명된다. '세계 권력의 충돌' '빼앗는 학교교육' '세계화' 모두 필요한 구조의 일례다.

- 다른 조건에 있는 두 세계 권력 사이에 있는 하나의 미사일 위기 대립 방식 연구(Allison & Zelikow, 1999)
- 제한된 영어를 구사하는 학생들의 '빼앗는 학교교육' 경험에 대한 멕시코 청소년 이민자의 경험(Valenzuela, 1999)
- 신부 산업에서의 '소비 사회의 세계화'(Adrian, 2006)

질적 연구가 아닌 다른 연구에서는 보편적인 두 종류의 일반화 방법이 질적 연구에서는 그다지 바람직하지 않다. 첫 번째는 조사(survey) 방법이다. 그것은 연구가 사람, 장소 또는 사건을 대상으로 잘 알려진 표본의 숫자에 신중하게 초점을 맞췄다고 가정한다. 만약 그렇다면 연구의 결과가 모든 인구나 세계의 사람들, 장소, 사건에 적용된다고 추측할 수 있을 것이다. **통계적 일반화**(statistical generalization)라고 부르고 제4장 초반에 토론한(선택 6) 이런 방법은 오직 숫자로 된 결론을 내리고, 연구의 보다 큰 의미에 대한 어떤 개념적 기여도 하지 못한다. 질적 연구도 이런 방식의 일반화를 적용하려고 노력할 수 있지만, 어떤 더 큰 집단을 대표할 사람, 장소, 사건을 어디에서 신중하게 선택할 수 있을까? 질적 연구에서 대상으로 하는 사람, 장소, 사건은 어떤 통계적 일반화를 입증하기에는 그 수가 너무 적다.

덜 바람직한 일반화의 두 번째 방식은 실험방법이다. 실험에서 나온 결과는 유사한 상황에서는 충분히 반복되고, 그 결과는 다른 유사한 상황에서 일반화될 것을 가정한다. 연구방법론에서 이 일반화 방법은 '외적 타당도'라고 언급된다(예: Cook & Campbell, 1979). 이 일반화 방법은 다음과 같은 점에서 질적 연구와 유사하다.

그 유사점은 질적 연구의 일부나 전체가 반복연구(replication)의 주제인 경우에 있을 수 있다. 예를 들어, 하나의 질적 연구 내에 그와 같은 반복연구가 여러 사례에서 수행되며, 그 결과가 유사하다고 생각되는 두 가지 이상의 사례가 선택된다(Yin, 2009). 여러 사례에서 결과가 유사할수록 더 많은 반복연구가 주장될 것이다. 그러나 반복연구는 오직 여러 사례연구를 수행할 경우에만 있을 수 있고, 그것은 질적 연구에서는 드문 설계방법이다. 질적 연구에서는 보통 똑같은 사례를 제시하지 않는 것이 더 일반적이다. 이런 이유 때문에, 질적 연구에서 결론을 모색함에 있어 일반화는 권장되지 않는 방법이다.

주요 용어와 개념 --

1. 다양한 분석 단계 사이의 순환 관계
2. 포괄적인 해석

3. 묘사, 묘사와 행동 요구, 설명

4. 심층 묘사

5. 상반되는 설명

6. 오직 연구의 결과를 다시 진술하는 결론 피하기

7. 새로운 연구를 요구하는 결론 내리기

8. 기존의 일반화와 사회적 전형성의 도전에 따른 결론 내리기

9. 새로운 개념, 이론, 발견에 따른 결론 내리기

10. 실제적인 제안에 따른 결론 내리기

11. 일반화에 따른 결론 내리기

제8장과 제9장 학습활동 **자서전 자료의 나누기, 재배열하기, 해석하기**

• 제8장

짧은 자서전을 쓰고, 그것을 연대기적 방법(어디에서, 언제 태어나고 현재까지 자랐는지)으로 조직하라(제1장의 연습처럼 자료를 중복하지 마라).

모든 중요한 경험을 회상하려고 노력할 필요는 없지만, 써 내려가는 그 경험에 대하여 기술하는 상황을 다른 사람들이 그곳에 있다고 느낄 수 있도록 확실히 하라. 예를 들어, 지리적 위치, 관련된 사람들 및 그들과의 관계, 그런 경험을 한 제도적 환경, 물리적 환경에서 어떤 대상이나 관련된 특징 같은 것들이 있다. 짧은 자서전은 약 다섯 쪽(한 줄씩 띄어서) 분량이어야 한다. 이것을 편집 단계나 축적된 데이터베이스에 나타내라.

그것을 끝낸 후에는 본문으로 돌아와서 자세하게 코드화하라. 최소 8~10개의 코드를 만들고, 두 가지 방법—① 항목을 더 상위의 개념적 범주에 제시한다(귀납적). ② 여러분이 중요하다고 생각한 개념에서 시작하고, 이런 개념을 설명한 항목을 본문에서 찾는다(연역적)—중 하나를 선택하라. 자서전의 관련된 본문 가까이에 코드를 기입한다.

이제 그 코드를 검토한다. 어떤 것이 다른 것과 관련되는지, 전혀 관련이 없는지, 어떤 복잡한 방법으로 관련되어 있는지를 결정하라. 범주화된 코드를 상황에 적합하도록 더하고, 원래의 코드 다음에 그것들을 기입하라. 이것은 분석의 나누기 단계에 제시하라.

자서전을 이해하기 시작한 방법으로 코드와 범주를 나열하라(예: 계층 구조, 매트릭스, 도형 흐름도). 분석의 재배열 단계에서 그러한 배열의 한 가지를 이용하여 나타내라.

• 제9장

만일 무엇을 재배열한다면, 자서전에 대해 다양한 해석을 생각하고 자신에게 흥미 있는 이슈를 다루어라(제안 내용으로 다음을 이용할 수 있다).

1. 1~2쪽 이내로 배열한 것의 특정한 부분을 인용하면서(제8장의 연습에서), 여러분이 선택한 경험을 조금이라도 공동으로 공유할 수 있는 방법을 토론하라. 또는 그것들이 몇 가지의 중요한 주제에 해당되는지 아닌지 토론하라(만약 그렇다면 그것들은 무엇인지). 만약 그 경험이 조금도 공동으로 공유되지 않거나, 중요한 주제에 해당되지 않는다면, 왜 그 경험이 연결되지 않거나 서로 관계가 없는가를 토론하라.

2. 또 다른 1~2쪽 이내로 해석을 계속하라. 특정 코딩 자료를 언급하거나, 자서전이 독자에게 말하려고 하는 것에 대하여 여러분의 주장을 지지하기 위한 것을 나열하라(예: 내 생애에서 중요한 사람들, 다른 유형의 기관이나 단체와의 관계를 지속하기).

3. 마지막 장에 자서전에서 완전히 독특한 점이 무엇인지 논의하고, 다른 사람들의 경험을 일반화하는 것에 기초를 제공할 수 있는 것과 비교하라.

샘플 연구 1: 제8장과 제9장을 위한 예로서 대학과 학교의 파트너십에 대한 연구(제9장 부분)

🌴 '샘플 연구 1'의 해석

제8장에서 묘사한, 대학-학교의 협력을 포함하는 여덟 가지 방식의 활동을 강조한 '샘플 연구 1'의 재조합 자료를 기억하라. 해석 단계에서 밝혀졌던 활동 유형을 보여 주기 위한 배경으로 문헌 검토가 소개되었고, 하나를 제외하고는 이전에 다른 연구에서 보고한 것과 다르지 않았다.

문헌 검토에서 다양한 대학-학교 협력은 파트너 상호 간의 이익을 창출하기 어렵기 때문에 오랫동안 유지되기 곤란하다는 점을 지적하였다. 거의 모든 활동 유형은 대학 또는 학교 중 한 곳(둘이 동시에 발생하는 것이 아니라)에서만 어떤 이익을 얻었다(예: 5학년 담당 교사들에게 제공된 현직 연수는 교사에게는 도움이 되었지만, 교수에게 전문적인 발전을 제공해 주지는 못했다). 그 결과, 파트너십 연구의 전망은 외부 자금을 지속적으로 유입할 수 없었고 비관적으로 보였다.

그러나 예외적이었던 하나의 활동에서 두 파트너 모두에게 어느 정도 이익이 되는 것으로 나타났다. 현직 연수가 공식적인 대학 과정의 일부로 제공되면(공식적인 대학 프로그램의 부분이 아니라 임시 워크숍 또는 여름캠프에서 개최한 전형적인 현직 연수와 비교하면), 5학년 담당 교사들은 계속해서 연수를 통해 이익을 얻었고, 대학의 학과(그 학과의 교수)는 프로그램의 확장과 등록생 증가의 이익을 얻었다. 그래서 이 한 가지 활동은 지속적인 외부 자금의 유입 없이도 유지될 수 있었다. 따라서 '샘플 연구 1'의 해석은 이런 전체적인 상황의 원인을 제시하였다.

🌴 '샘플 연구 1'의 결론

협력하고 있는 파트너에게 서로 이익을 제공하는 것으로 나타난 한 가지 활동 유형에 근거하여(대학에서 제공하는 공식적인 과정을 포함하는 현직 연수), '샘플 연구 1'은 이 한 가지 활동을 강화하기 위해 앞으로의 파트너십이 어느 정도 자체적으로 유지될 수 있다고 결론을 내렸다.

그런 결론의 실제적인 함의는 K-12학교에서 앞으로 교사들에게 임시 워크숍과 여름캠프에 참석하도록 격려하기보다는 대학 기반의 과정을 교사와 현장 연수 자료로 권장할 수 있다는 것이다. 교사들은 실제로 더 풍부한 수학과 과학 교육을 받을 수 있어 이익을 얻을 수 있다(임시 워크숍과 여름캠프의 교육과정과는 달리, 공식적인 대학 과정의 내용은 학과에 제시되기 전에 검토와 승인이 필요하므로). 이전에 언급했듯이, 대학은 K-12학교와 파트너십 없이 존재하는 것보다 더 많은 등록생과 광범위한 프로그램으로 이익을 얻을 수 있다.

제3부
질적 연구 결과 발표하기

제10장

질적 자료 제시하기

질적 연구 자료에는 연구 참여자의 이야기가 포함되기 때문에 자료를 제시할 때 특별한 위험이 내포되어 있을 수 있다. 연구자들은 간략한 직접·간접 인용문에서부터 한 장(chapter) 분량의 생애사까지 다양한 발표 방법을 선택한다. 연구자들은 이러한 선택에서 최대의 유익을 취하려고 하면서, 만일 나중에 연구 참여자의 말로 폭넓은 이야기를 하고 싶다면 면담을 테이프에 기록하는 것과 같이 우선은 적절한 자료를 선택하려고 한다. 이야기 자료와 별개로, 질적 연구는 그래프, 사진, 복제와 같은 여러 가지 비언어적 제시 방법을 사용할 수 있다. 이러한 자료의 몇 가지 유형은 연구자가 후에 연구 결과를 구어로 제시할 때 보강하는 슬라이드에 나타낼 수도 있다. 이 장에서는 질적 연구 자료를 가장 정확하고 매력적으로 해석하기 위한 제시 방법을 논의한다.

질적 자료는 숫자로 된 것보다 글자로 된 것이 더 많다. 그 자료는 단어 표, 계층도, 매트릭스, 이전의 두 장에서 논의한 여러 방식의 도표처럼 이야기 또는 자료의 배열로 제시할 수 있다.

언뜻 보기에, 이런 형식으로 글자를 제시하는 데 별 문제는 없어 보인다. 어쨌든 모든 사람들은 종이나 슬라이드에 글을 쓰는 방법을 알기 때문이다. 그러나 질적 자료를 가지고 작업을 할 때, 가장 정확하고 좋은 방법을 아는 것은 정말로 쉽지 않다. 만일 잘못된 방법으로 자료를 제시한다면, 자료는 매우 지루하거나, 무척 장황하거나, 너무 애매하게 나타날 수 있다. 이 장은 자료가 그러한 운명에 처하는 것을 피하도록 도울 것이다.

그와 같은 문제의 심각성을 간과하지 마라. 내러티브 형식은 잠시 후에 다루도록 하고, 우선 분석 초반에 사용했던 자료의 배열은 청중과 효과적으로 의사소통하는 목적으로 자료를 제시하는 가장 좋은 방법은 아닐지도 모른다. 비록 원래의 배열이 조사에 쉽게 이용될 수 있다고 해도, 그것은 여러분 자신의 분석과 분석 작업을 조사하거나 체크하기를 원할 수도 있는 일부 청중을 위해 의도되었다는 것을 기억하라. 그러나 슬라이드로 제시할 때는 본문이 훨씬 적어지기 때문에 원래의 배열은 제시하기에 너무 상세하거나 길 수도 있다. 그것은 부록이나 다른 보조 자료[1]의 일부로 배치되는 것이 더 나을 것이다.

안전한 가정(assumption)은 모든 청중이 당신이 알아낸 것과 결과뿐만 아니라 자료의 함축된 의미를 배우는 것에 관심이 있으며, 자료의 원래 배열이 이 목적에 부합하도록 준비되어 있지 않다는 것이다. 따라서 청중들과 효과적으로 의사소통할 수 있도록 질적 자료를 제시하는 것은 어렵다.

내러티브 형식으로 돌아가서, 조사 결과를 해석할 때처럼 연구의 내러티브에는 자신의 말이 포함될 것이다(제11장 참고). 그러나 이야기는 이전 장에서 설명한 것처럼 질적 자료를 제시하는 방법 중 하나다. 이 방법은 질적 연구의 중요한 부분이 연구 참여자의 경험에 대해 상세한 설명의 기회 제공하기, 자신의 생활사나 생애사 포함하기와 같은 내러티브 연구에 기반을 두기 때문에 특히 중요하다(예: Labov & Wiletsky, 1997; Murray, 2009).

일반적인 내러티브 자료는 연구 참여자의 삶, 행동, 관점에 대한 설명을 최소

---

1 사회과학 저널은 독자들이 도구, 코드북, 자료 배열 그리고 출판된 자료를 보충할 수 있는 다른 문서에 접근할 수 있도록 최소 하나의 전자기록보관소를 사용하고 있다(예: Randolph & Eronen, 2007년의 사례연구와 관련해서 유용한 보충 자료 보기). 또 다른 영역인 AAAS(American Association for the Advancement of Science)에서 출판하는 유명한 저널 *Science*에서도 같은 방법을 따른다[예: Brayant 등에 의한 2008년 California 학생의 성취에 대한 (양적) 보고서에서 미출판된 방법, 표, 설명 보기].

로 제시하면서, 인용과 부연의 형식을 취하는 것이다. 질적 연구에서 이런 간략한 묘사는 자료 제시의 중요한 방법 중 하나다. 당연히, 이런 내러티브 자료를 제시하는 방법의 선택은 문체의 문제 이상이다. 방법론적인 이슈 또한 관련되어 있다. 그러나 이런 내러티브 방법은 간략하든 길든지 간에 아직 질적 연구 수행 가이드에서 많은 주목을 받고 있지 못하다.

그래서 이 장은 연구에서 자료를 보여 주는 방법에 초점을 맞추었다. 제1부에서는 연구 참여자의 자료를 나타내는 내러티브 형식을 논의하였다. 제2부에서는 연구의 마지막에 제시될 표, 그래프, 그림 또는 표현 방법을 검토하였다. 마지막으로 제3부에서는 자료를 구어 발표와 함께 제시할 슬라이드로 변환하는 것에 대해 다루었다.

1. 질적 연구에서 연구 참여자의 내러티브 자료

■ 미리 보기
- 연구 전체 이야기 흐름의 일부로 연구 참여자 자신의 말을 이용한 발표
- 발표에 포함될 연구 참여자의 내러티브 분량 그리고 수집된 자료의 양과 정확성에 대한 현장연구 설계의 관계
- 연구 참여자의 말에 대한 연구자의 해설과 발표의 길이 그리고 연구 참여자의 관점과 의미를 제시하는 직접적으로 전사된 문장 사이의 차이

거의 모든 질적 연구는 연구 참여자의 행동과 태도에 대한 정보를 포함할 것이다. 이들의 이름이나 가명이 밝혀지면, 그들은 질적 연구의 중심으로 떠오를 수 있다. 연구는 작은 집단, 문화, 정치 운동 같은 집단과 사람들을 대상으로 할 것이다. 이런 상황에서 연구의 핵심 요소에는 어떤 점에서, 작은 집단, 문화 또는 집단 과정의 일부나 연구 참여자 개인에 대한 정보가 포함될 것이다. 그래서 모든 질적 연구는 개인에 대한 정보를 모으고, 그들의 인식, 소망, 믿음 또는 행동에 대한 것을 보고하는 경향이 있다.

　양적 연구의 전형적인 방법은 숫자로 된 자료를 모으고, 연구하고자 하는 사람들의 가족 구성, 다양한 연령 집단 사이의 행동(예: 10대의 약물 남용 비율) 또는 조직 내 사람들의 인구학적 특징(예: 인종적 배경과 성)과 같은 개인들의 집합적인 특성을 통계로 나타내는 것이다. 질적 연구에서도 배경 특징으로 비슷한 통계 자료를 갖게 되지만, 연구의 핵심은 통계적 프로파일이 아니라 실제 세계에 살고 있는 사람들에게 초점을 맞추는 것이다. 또한 연구 참여자의 관점에서 실제 세계의 사건을 묘사할 수 있다. 그렇게 된다면 이야기는 광범위하게 인용된 자료를 통해서 그들의 목소리를 드러낼 수 있을 것이다.

　방식은 다를지라도, 모든 사람들은 그러한 자료를 기록하고 제시하는 방법을 안다. 그리 분명하지는 않지만 이런 내러티브를 만드는 데 몇 가지 선택의 여지가 있다. 내러티브는 더 짧거나 더 길 수 있고, 제한적이거나 또는 광범위하게 인용된 문장을 포함할 수도 있다. 선택이 상호 배타적이지는 않기 때문에 모든 유형의 내러티브를 사용할 수 있다. 그러나 각 내러티브는 다양한 분량의 자료를 요구할 것이다. 또한 각각은 현장 기록에서 다양한 수준의 상세함을 요구할 것이다. 그다음 선택은 길이와 복잡성에 따른 조직화와 관련된 것으로 가장 짧고 단순한 내러티브가 먼저 온다.

선택된 단락에 인용 문장 삽입하기

　개인에 대한 가장 짧은 발표는 연구 참여자 중의 한 사람이 인용한 말을 연구 전체 이야기 흐름의 일부로 제시하는 것이다. Elliot Liebow(1993)의 노숙인 여성에 대한 이야기는 좋은 예시다. 이 발췌는 노숙인 여성과 그녀의 가정과의 관계에 대한 그의 폭넓은 논의에서 이루어졌다(p. 114). 연구 참여자의 말은 고딕체로 표시하였다.

　　역으로 노숙인 여성이 되도록 하는 어떤 가정이 있으며, 그렇게 한 후에는 그 가정은 정확하게는 그 여성들이 가정이 없기 때문에 그 여성들과 아무것도 하지 않으려고 한다. 후에 만일 그 여성이 노숙인 생활에서 벗어나면, 그들은 그 여성이 더 이상 파리아(최하층민)가 아닌 것을 알고는 놀라며, 마침내 어떤 가족 구성원은 관계를 회복할 준비를 한다. Grace는 가족의 일부로 받아들이기 위한 초대에 놀랄 뿐만 아니라 화가 났다. "나는 내가 노숙인이었을 때와 똑같은 사람이다. 나는 변하지 않았다. 변한 것은 오직 나의 상황이다. 나는 지금 집과 재산을 가지고 있다. 그것이 유일한 차이점이다."

이야기에 대화를 인용하여 삽입하는 형식은 사람들 간의 상호작용을 포착하는 데 이용되곤 한다. 그가 많이 했던 것처럼 쉼터에 밤새 머물면서 Liebow는 다음과 같은 상호작용을 목격하였다(p. 132).

셜리와 다른 사람들은 잠잘 준비를 하고 있었다. "씻는 걸 잊지 말아요." Gretchen (쉼터의 직원 중 한 사람)이 말했다. 셜리는 화를 냈다. "나는 쉰세 살이야!" 그녀는 "나는 당신보다 더 나이 든 자식이 있어. 당신은 나에게 잠자리에 들기 전에 씻으라고 말할 필요가 없어."라고 말하기 시작하더니 멈추지 않고 쏘아붙였다. 그녀는 Gretchen과 쉼터의 직원들이 여자들을 통제하는 것의 일환으로 여자들의 품위를 손상시킨다고 비난했다. 그리고 아마 그녀는 그날 밤에 억지로 추방될 때까지 계속하여 그들을 비난했을 것이다.

앞에 제시한 두 편의 예시 모두 인용된 문장은 짧다. 인용된 문장과 본문에 분산되어 삽입된 저자 자신의 이야기는 간단하고 매력적인 발표 양식을 만들어 낸다. 이런 종류의 글쓰기는 독자에게 노숙자 쉼터의 현실적인 모습을 전달하고, 심지어는 그 상황의 일부인 듯한 느낌을 갖게 할 수 있다.

인용된 자료의 간결성은 또한 저자의 현장연구 방법 중 하나다. 이런 특별한 경우에, 그는 테이프 기록을 하지 않았다. 대신에 그는 간단한 필기 메모를 했다. 후에 이 메모를 타이핑하여 사무실에서 모은 자료와 함께 재구조화하였다. Liebow는 이 과정에 대해 다음과 같이 말한다(1993, pp. 322-323).

내가 할 수 있는 최선으로 나는 대화나 대화의 일부를 말 그대로 기억하려고 노력하였다. 연습하면 누구나 잘 할 수 있다. 내가 생각하기에 재구조화한 자료가 원래 자료와 매우 유사해서 화자 자신이 말한 것과 같으면 인용 부호를 사용했다. 만일 그렇지 않은 경우에는 간접 인용을 하였다.

다른 경우에 Liebow는 더 많은 양의 면담을 녹음했고, 20가지 종류의 생활사를 밝혀냈다. 그것은 그의 책 부록에 실려 있다. 생활사는 대부분 저자의 해설로 이루어졌고, 집이 없는 사람들의 직접 인용을 연구 사이사이에 삽입하였다.

다른 질적 연구자는 비록 두 상황 사이에 약간 차이를 두어 선을 그을지라도, 인용된 대화와 부연된 대화를 비슷하게 구분하면서 인용의 실제를 따른다. 일부 싱글 맘에 대한 연구에서 Ruth Sidel 같은 사람은 필사력과 전사 능력이 뛰어나기 때문에, 심지어 대화가 테이프에 녹음되어 있지 않을 때도 직접 인용에 대한 확신을 가지고 Liebow의 실제를 따른다(Sidel, 2006, p. 15). 다른 사람들은 뉴욕의 길거리 노점상의 역할에 대한 Mitchell Duneier 연구처럼 오직 대화가 테이프에 기록된 경우에만 직접 인용을 할 것이다. 그렇지 않으면 간접 인용을 할 것이다(Duneier, 1999, p. 13).

여러 단락을 다루는 더 긴 발표하기

만일 연구에서 개인의 더 광범위한 자료를 제시하는 경우, 개인에 대한 정보를 나타내고, 그들 자신의 말을 인용하는 것은 매우 중요해진다. 더 광범위한 자료를 요구하는 경우는 다음의 두 가지 이유로 발생할 수 있다.

첫째, 어떤 특정한 사람이나 전체 연구의 중요한 부분으로 나타날 평범하지 않은 생활환경이 있다. 둘째, Liebow 연구의 예에서 나타난 짧은 상호작용과 다르게 의미 있는 장면이나 대화가 장기간에 걸쳐 진행될 수 있다. 이러한 상황이 되면 여러 쪽 또는 여러 문단에 걸쳐 쓸 수 있는 이야기가 필요할 것이다.

만일 연구 설계 초반에 이런 요구나 가능성에 대해 예상하지 못했다면, 글자 그대로의 형식으로든 아니든 간에, 더 많은 자료를 모으기 위해 연구 참여자들을 다시 모으고 데이터베이스를 강화하는 것을 고려해야 할 것이다. 이런 사실은 연구에서 자료 수집과 자료 분석 단계의 순환이 고려되는 이유다.

다른 상황에서 계획된 자료 수집의 일환으로, 심지어 모든 연구 참여자에게 더 적은 양의 자료를 수집했을지라도 여러 연구 참여자들의 심도 있는 자료를

예시 10.1 **연구에서 소집단원들에 대한 심층적인 자료 모으기**

Hochschild(1989)의 연구는 사람들을 두 가지 다른 수준의 강도로 대하는 방법을 보여 주고 있다.

50쌍의 큰 집단에 대하여, 저자 또는 그녀의 보조연구자는 각자 약 2시간씩 면담을 실시하였다. 12쌍의 작은 집단에 대해서는 그녀 자신이 그들의 가정생활에 대한 심층 관찰과 폭넓은 대화를 실시하여 훨씬 많은 자료를 수집하였다.

그 결과 그 연구는 중간 크기(50쌍)에 기본을 두고 있지만, 핵심 이슈는 더 심도 있게 연구한 12쌍에 근거하여 수행되었다. 12쌍 각각에 대한 정보는 개별 장에서 중요한 부분으로 다루고 있다.

이런 이중 방식을 통하여 다양한 규모의 집단에 대한 두 가지 다른 수준의 정보를 포함하는 것은 문제의 깊이와 넓이 모두를 다루어야 하는 상황에서 바람직한 균형을 찾을 수 있게 한다.

계획적으로 제한했을 수도 있다. 예를 들어, 이중 설계(two-tired design), 즉 어떤 사람은 오랜 기간 다양한 실제 상황에서 연구의 일부에 포함시키고, 또 어떤 사람은 오직 짧은 기간 동안만 포함시키거나 면담을 할 수도 있다(예시 10.1 '연구에서 소집단원들에 대한 심층적인 자료 모으기' 참고).

또 다른 변형으로, 우선 10개의 이민 가족에 대한 Valdés(1996)의 연구처럼 (예시 10.3 참고) 더 작은 집단의 사람들에게 초점을 맞출 수도 있다. Valdés에 의한 보고에서 인용된 대화는 약 반 쪽 분량으로 연구 참여자들이 사용하는 스페인어로 면담한 후 영어로 번역하여 제시했기 때문에 특히 설득력이 있다.

이러한 변형의 어떤 것이든, 면담, 참여하기 또는 관찰하기의 어느 것이든 이런 것들은 연구 참여자와 많은 시간을 보낸다는 것을 의미한다. 전형적으로 심층적인 연구가 필요하다면, 질적 연구의 저자는 연구 참여자의 가정에서 함께 보내기, 지역사회와 가족의 행사에 함께 참여하기, 참여관찰자로 다른 상황에서 함께 지내기를 통하여 연구 결과를 보고한다.

더 긴 발표는 인용되거나 부연된 대화 사이사이에 제삼자의 묘사가 섞여 있는 경향이 있다. 참여관찰자의 경험에 대한 보고에서, 연구자는 또한 자서전으로 자신에 대하여 글을 쓸 수 있고, 그러한 글쓰기에서 그는 보통 1인칭이 될 것이다. Circe Sturm(2002)이 오클라호마의 북동쪽에 있는 체로키족을 대상으로 실시한 민족 정치 연구에서처럼 연구자가 대화를 보고할 때 자신을 제삼자로 언급하는 것은 자주 사용되는 방식은 아니다.

연구 참여자에 대한 장 분량의 긴 발표하기

연구 참여자 한 개인의 생활환경은 매우 중요해서 전체 장을 그 사람에 대해 할애할 때는 큰 어려움이 발생한다.

'거리의 코드' 또는 도심 이웃의 삶에 대한 Anderson(1999)의 연구에서, 연구의 마지막 두 장은 이 방법을 사용하여 결론을 내렸다. 각 장은 연구의 중심 문제를 다루었고, 그것은 젊은 아프리카계 미국 여성이 "거리와 보다 전통적인 세상에서의 합법적인 일자리 및 안정된 가정의 고상함 사이에서 발생하는 기본적인 긴장감"(p. 285)에서 갈등하는 방법을 다룬다. 끝에서 둘째 장에서는 이 긴장을 극복하지 못한 사람을 조명하는 반면, 마지막 장에서는 그러한 긴장을 보다 성공적으로 극복한 또 다른 사람의 투쟁과 적응을 보여 주고 있다.

이 두 장에서 Anderson은 제삼자의 입장에서 각 연구 참여자에 대해 묘사하고, 그들의 말을 자유자재로 인용한다. 이러한 두 가지 방식을 혼합해서 사용하는 능력은 혼합된 현장연구 방법에서 나타난다. 그는 ① 광범위한 참여관찰(예를 들어, 그는 우연히 지역의 심부름센터에서 한 사람을 만났고 단골이 되었다. 그리고 후에 그는 여러 해에 걸쳐 이 사람을 위해 변호사와 직업을 찾으려고 노력하였다.)과 ② 두 사람의 상호작용에 대한 광범위한 테이프 기록뿐만 아니라 수많은 일상적인 대화를 같이 사용하였다(1999, pp. 237-238).

전체 장을 연구 참여자의 연구에 할애할 뿐 아니라, 연구자에 의한 제삼자의 묘사보다 연구 참여자의 관점과 목소리가 반영된 경우에도 이런 발표가 가능하다. 이런 발표에는 전사본의 철저한 검토와 함께 연구 참여자와 대화하는 많은 테이프 기록이 필요하다. 자료를 발표할 수준으로 만들기 위해서, 연구자는 전사된 문장을 편집하고 정리해야 한다. 그러나 이러한 과정에서는 연구의 마지막에 제시될 자료에 연구자의 관점이 두드러지는 것을 피하기 위하여 세심한

예시 10.2 **전적으로 연구 참여자 목소리에 기반을 둔 연구**

도입 장을 제외하고 500쪽에 달하는 이 연구는 전적으로 Sanchez 가족 구성원인 연구 참여자의 말로 구성되어 있다(Lewis, 1963). 각 장은 5명의 가족 구성원 중 한 명씩을 포함하고, 각 구성원을 세 개의 분리된 장에서 다루었다.

저자인 인류학자 Oscar Lewis는 이런 발표는 "그 설명이 북아메리카 중산층의 마음으로 걸러지지 않았기 때문에 조사자의 편견 요소를 감소시키는 경향이 있다."(1963, p. 11)라고 하였다. 그는 또한 "똑같은 사건에 대해서 다양한 가족 구성원이 제시하는 독립된 해석은 자료의 신뢰성과 타당성의 자동 검사 기능을 한다."(p. 11)라고 말하였다.

필요한 자료를 얻기 위하여, 저자는 4년에 걸쳐 가족 구성원과 나눈 대화와 그의 질문을 테이프에 기록하였다. 그는 자료의 배열과 조직 그리고 각 가족 구성원의 이야기 흐름을 방해하지 않기 위해서 자신의 질문을 생략해야 했다.

Lewis는 후에 잘 알려진 『La Vida: 빈곤한 문화에서의 푸에르토리칸 가족–산후안과 뉴욕』(1965)의 가족 연구로까지 이런 접근을 확장하였다.

주의가 필요하다.

이런 종류의 보도에서 가장 잘 알려진 것은 Oscar Lewis의 연구에서 찾을 수 있다. 『산체스의 아이들(The Children of Sanchez)』(1961)은 5명의 멕시코 가족 구성원의 말로 가득 채워져 있다(예시 10.2 '전적으로 연구 참여자 목소리에 기반을 둔 연구' 참고). 또 다른 작품으로, 수상 경력이 있는 La Vida(1965)는 거의 700쪽 분량의 책 전체에 한 푸에르토리칸 가족을 보여 주고 있다.

한 사람의 생애사에 집중하지 않고 다양한 연구 참여자에 대한 정보 제시하기

더 복잡하고 총체적으로 다양한 접근은 질적 연구의 목적이 개인이나 개별적인 가족의 생애사보다는 대조적인 문제를 조사하는 것일 때 발생한다. 그 이야기에는 여전히 연구 참여자의 인용과 대화가 혼재되어 있지만, 동일한 사람이

> **예시 10.3** **한 사람의 생애사에 집중하지 않고 다양한 연구 참여자에 대한 정보 제시하기**
>
> 　두 편의 연구에서 이런 실제를 묘사하였다. 첫째, 멕시코에 새로 도착한 열 가구의 이민 가족에 대한 Valdés(1996)의 연구는 그 가족 누구의 생애사도 나타내려고 하지 않았다. 그래서 이 연구는 비록 텍스트를 통해서 열 가구의 가족에 대한 광범위한 정보를 제공할지라도, 10개 가족사나 사례로 구성되지 않았다. 오히려 이 연구는 지속적으로 다양한 교육과 학교교육 문제를 설명하였다. '육아'와 '학교 관계자와 상호작용하기'를 포함하여, 각 문제에서 한 가족 이상의 독특한 경험을 인용하면서, 그 결과로 가족이 직면한 과도기의 문제에 대한 이해를 돕는 '횡단 사례'를 발표하였다.
>
> 　둘째, 체로키에 대한 Sturm(2002)의 연구는 민족 정치와 연관된 문화 양식에 초점을 맞추었다. 이 연구는 사람들의 행동과 인식을 묘사하고, 그들의 일부를 직접적으로 인용하면서 관련 분야의 장면을 풍부하게 제시하였다. 그러나 이 연구는 그 사람들 중 누구의 생애사나 전기도 다시 반복하여 제공하지 않았다.
>
> * 예시 6.9 참고

　하나의 문제에서 그다음 문제에까지 반드시 관계될 필요는 없다(예시 10.3 '한 사람의 생애사에 집중하지 않고 다양한 연구 참여자에 대한 정보 제시하기' 참고).

　매력적인 변형은 Liebow(1993)의 연구다. 그의 주요 텍스트가 주제에서 주제로 이동함에 따라 그 텍스트는 주제에 대한 관련성과 적합성에 맞게 다양한 연구 참여자들의 경험을 언급하였다. 그리고 책의 마지막에 20개의 생애사를 제시하여 독자가 그것을 참고하여 각 연구 참여자의 배경과 환경을 더 많이 알 수 있도록 하였다. 이러한 배열 결과, 만일 그렇게 하기를 원한다면 독자는 텍스트에 보고된 연구 참여자의 상호작용을 맥락에 맞게 잘 이해하기 위하여 텍스트와 생애사 사이를 오갈 수 있다.

　이야기를 사람 교차(cross-person) 방식으로 조직할 때, 연구 참여자의 목소리는 어떤 깊이를 나타내지는 않는다. 비록 특별한 주제에 대한 그들의 인식과 의견이 유지되어도, 궁극의 목적은 개인이 아니라 주제와 이슈에 대한 관심을 이끌어 내는 것이다. 이 사람 교차 방식은 전반적으로 다른 구성 전략과 혼돈되지 않지만, 저자가 다양한 실제 인물의 경험을 구성하기 위해 복합적이면서 가상의 인물을 만들어 낼 때 방법론적인 관점에서는 바람직하지 않을 수 있다. 지금은 이런 경우는 거의 없지만 이와 같은 상황에서는 복합적인 사람을 실제 인물인 것처럼 내세운다.

2. 표, 그래프, 그림의 제시

◢■ 미리 보기

- 이야기가 아닌 형식으로 자료를 나타내는 방법의 다양성
- 같은 자료를 분석하기 위해 이전에 사용했던 자료 배열 방식과 다르게 발표할 수 있을 정도의 목록을 만드는 방법
- 연구 참여자가 목록의 일부일 때, 심지어 익명이 사용된 경우에도 익명성 보호에 필요한 추가의 노력
- 연구 자료를 나타내기 위한 다양한 형식의 그래프, 사진, 복제

대부분은 아니지만 많은 질적 연구는 연구되는 모든 문제, 현상, 사건을 다루는 데 이야기 방식을 따른다. 방금 논의했듯이, 이런 발표에는 제삼자에 의해 제시되든 다양한 길이의 당사자의 목소리로 제시되든지 간에 연구 참여자의 개별화된 서술이 포함된다.

동시에 어떤 질적 연구는 표(그리고 목록), 그래프, 그림을 포함해서 보기나 수치와 같은 다양한 발표 형식으로 이야기를 보강한다. 이러한 방법으로 자료를 나타내는 것은 이야기만 사용했을 때보다 그 자료를 더 이해하기 쉽게 만들 수 있다. 또한 이런 다양한 방법은 연구 자료를 더 생생하게 만들기 위해 독자의 마음에 이미지를 심어 줄 수도 있다. 질적 연구에서 자료를 제시할 때, 내러티브 형식으로 제시하는 것에 추가하여 〈표 10-1〉과 같은 세 가지 제시 방법을 고려할 수 있다. 이어서 각 제시 방법을 논의할 것이다.

〈표 10-1〉 질적 자료를 제시하는 세 가지 방법

제시 방법	예 시
단어 표와 목록	• 결과의 요약, 매트릭스의 행과 열 배치 • 연표 • 연구되거나 면담한 사람들의 특성 수집 • 연구 참여자의 개별 목록과 연구의 특징(일상적인 인구학적 특징이 필수적인 것은 아니다.)
그래프	• 지역 지도: 인구 조사 지도 • 연구 영역의 공간적 배치 • 위계적 차트(예: 조직화된 차트) • 순서도(예: 시간에 따른 사건의 연속) • 가계도와 다른 구성표
그림	• 사진 • 복제품(예: 작품 또는 다른 사람의 그림이나 사진)

표와 목록

표는 보통 행과 열의 두 가지 차원으로 제시된다. 다차원적인 표는 더 복잡하지만 발표에서는 비슷한 원리를 따른다. 질적 연구에서 사용되는 표의 독특한 특징은 표가 주로 숫자가 아닌 글자로 구성된다는 것이다(제8장 제3절). 이런 표는 일반적으로 단어 표(word table)로 간주된다.

이 장의 처음에 언급했듯이, 청중과 효과적으로 의사소통하기 위해서는 분석을 위해 모았던 것과 다른 표나 배열이 필요할 것이다. 많은 연구자들에게 뚜렷하게 나타나는 것은 아니지만, 바람직한 표는 더 짧고 분석에서 사용했던 것처럼 상세하지 않은 경향이 있다.

바람직한 표는 정보를 제공하면서 간결한 제목(선택된 단어 내에 표의 주제가 아닌 해석의 출발일 수 있는 간결한 제목)과 행과 열의 표제 구조(관련이 있는 하위 행과 하위 열을 포함하는 것)를 갖추어야 한다. 독자는 행과 열의 중요한 관계를 도출해 내고, 표의 각 칸들이 제시하는 정보를 쉽게 해석하면서 표를 빠르게 훑어볼 수 있어야 한다(예시 10.4 '분석 결과 요약을 위해 단어 표 사용하기'와 〈표 10-2〉 참고).

예시 10.4 **분석 결과 요약을 위해 단어 표 사용하기**

잘 조직된 단어 표는 단순한 것처럼 보일 수 있지만, 사실은 중요한 연구 결과의 핵심을 전달할 수 있다. 예를 들어, George(2005)의 문화기술지 연구는 인도에서 미국으로 이민 온 남편과 함께 살고 있는 간호사의 경험을 조사하였다. 그 부부는 매우 엄격한 가부장 사회에서 이주했기 때문에 성역할이 미치는 영향으로 인해 많은 문제들을 겪고 있었다.

George가 실시한 면담의 일부는 부부간에 가사를 어떻게 분담해야 하는가에 초점을 맞추었고, 가사의 네 가지 유형을 분석하였다(〈표 10-2〉 참고). 가사의 네 가지 유형에 대한 풍부하고 상세한 논의는 George 책 전체의 주제가 되었다.

예시 10.5 참고

〈표 10-2〉 가사 유형의 다양성(예시 10.4와 관련됨)

가사 유형	형성 요인		
	이민 유형	가사 노동 관계	육 아
전통적	남편이 먼저 이주해 온 경우	• 남편의 지위가 높음 • 아내는 낮거나 동등한 지위를 가짐	• 아내가 가정에 머묾 • 아동은 친척이나 기숙학교에서 케랄라(Kerala)와 지냄
강제 참여	아내가 먼저 이주해 온 경우	• 아내의 지위가 높음 • 인도에서의 남편의 직업과 미국에서의 아내의 직업과 비교하여 남편의 지위가 낮음	• 남편도 참여하도록 강요당함 • 부부가 교대로 담당함 • 미국이나 케랄라에서 양육의 도움을 받을 수 있음
동반자	아내가 먼저 이주해 온 경우	• 아내의 지위가 높음 • 인도에서의 남편의 직업과 미국에서의 아내의 직업과 비교하여 남편의 지위가 낮음	• 남편이 참여함 • 부부가 교대로 담당함 • 약간의 외부 지원이 있음
여성 주도	아내가 먼저 이주해 온 경우	• 아내의 지위가 높음 • 남편은 없거나 활동을 하지 않거나 지위가 낮음	• 대부분 남편이 없음 • 친척과 지역사회가 지원을 제공함

출처: George(2005). p. 81.

목록은 여러 열과 하나의 행으로 이루어진 표로 간주될 수 있다. 목록 또한 자료를 나타내는 데 유용할 수 있다. 예를 들어, 여러분의 연구가 시간의 흐름에 따른 사건의 중요한 연속성을 가지고 있다면 표에 연대기적인 사건 순서를 나열할 수 있다. 독자들은 전체의 목록을 훑어볼 수 있다. 그들은 텍스트의 일부에 순서를 삽입한 것보다 더 쉽게 연대기를 알 수 있을 것이다.

많은 질적 연구에서 표와 목록은 연구 참여자의 특징을 다룰 것이다. 그 특징은 연구 참여자 전체 집단 다루기, 평균 연령, 각 성의 비율, 전문 직업 분포와 같이 집계된 용어로 보고된다. Cable, Shriver 그리고 Mix(2008)는 면담을 했던 연구 참여자의 이런 특징을 보여 주기 위하여 연구의 일부로 표를 사용하였다. 그 표는 심지어 연구 대상이던 사람들과 문화기술지 연구에서 심도 있게 다루었던 사람 간의 차이를 비교할 수도 있다(예: Moore, 2008, p. 342).

보다 미묘한 상황은 목록이 집단보다는 개별 연구 참여자의 특징을 나타낼 때 발생한다. 예를 들어, 아랍계 미국인 남성과 여성에 대한 연구에서는 38명의 개별 연구 참여자들을 익명으로 목록화하였고, 각 개인에 대한 세세한 인구학적 자료를 제시하였다(Read & Oselin, 2008, p. 305). 이런 종류의 개별화된 목록은 가끔 다른 연구에서도 발견될 수 있다.

- Stone의 54명의 면담자(2007)
- Valenzuela의 25개 포커스 그룹과 그들의 구성(1999)
- Valdés의 10개 가족 연구에서 특정 부모의 특징을 하나하나 열거한 표(1996)

이런 목록의 일부는, 심지어 익명을 사용하는 경우에도 연구 참여자들이 밝혀질 위험이 있고, 그러한 신원 확인의 위험 때문에 연구 참여자들이 동의하지 않아 반대에 부딪힐 수 있다.

익명에 대한 문제가 적절하게 다루어진다면 연구 참여자들을 목록화하는 것은 바람직하고, 연구와 그 자료에 대하여 더 강력한 느낌을 독자에게 전달할 수 있다. 예를 들어, 단순히 전형적인 인구학적 차원에서가 아닌 연구 참여자의 관련 특징을 연구 주제에 직접적으로 반영할 수 있다(예시 10.5 '연구 참여자에 대한 정보 목록화하기' 참고).

연구 참여자에 대한 정보 목록화하기

두 편의 연구에서는 각 연구 참여자에 대한 정보를 포함한 목록을 제시하였다. 두 편 모두 목록에서 단순히 평범한 인구학적인 다양성이 아닌 연구 대상에 대한 특징을 열거하였다.

첫 번째 연구에서, Sheba Mariam George(2005)는 이주 원인, 고용 상태, 미국에 도착한 연도 그리고 국제적인 이주에서의 성(gender)과 계급에 대한 연구와 관련된 그 밖의 특징을 다루기 위해 그녀의 연구에 나오는 50명 이상의 개별 특징을 부록에 표로 나타냈다.

두 번째 연구에서, Deirdre Royster(2007)는 약 40명의 사람들을 목록화하여 낮은 성공, 중간 정도의 성공, 높은 성공의 세 집단으로 나누었다. 각 집단에는 면담 대상자의 이름, 인종, 직업을 목록화하였다. 집단과 목록화된 특징은 고등학교를 졸업한 후에 할 수 있는 육체 노동직에서의 흑인 배제와 같은 그녀 연구의 중심 주제와 직접적으로 관련되어 있다.

* 예시 10.4 참고

 그래프

그래프는 모든 종류의 그림, 도표 또는 예술 작품을 다룬다. 이런 종류의 발표를 통해 수없이 많은 질적 자료가 제시된다.

많은 질적 연구와 특별히 관련이 있는 것은 공간 관계를 명확히 하기 위하여 그래프를 사용하는 것이다. 연구에서 잘 선택된 지도나 그래프는 연구에 대한 어떤 서술보다 독자들을 더욱 잘 이해시킬 것이다. 그래서 연구는 이야기를 보충하기 위하여 지도와 레이아웃을 자주 사용한다. 이런 실제는 질적 연구가 지역과 같은 지리적인 위치에 관심이 있을 때 가장 많이 관련된다.

Sharman(2006)은 뉴욕에 있는 한 이웃의 다양한 문화 집단에 대하여 연구하였다. 그는 책의 제목 페이지 맞은편에, 전체 본문의 소개와 함께 블록의 개략적인

> 지도와 지역의 표식을 제시하였다. 그 지도는 독자들에게 현장의 공간적인 관계에 대한 시각적인 이미지를 제공하였다.

지도는 또한 연구의 초점이 지리적인 것이 아닌 곳에서도 사용할 수 있다. 예를 들어, 이주 집단의 연구에서는 이주자의 원래 지역을 묘사할 수 있다. 그 지도는 완전하거나 개략적인 지도일 수 있고, 특히 그 지역이 세계에서 잘 알려지지 않은 곳일 때 더욱 유용하다.

• 지중해를 따라 위치하는 스페인 동부(Narotzky & Smith, 2006, p. 1의 지도)
• 태평양 해안을 따라가면 위치하는 멕시코 남부(Smith, 2006, p. 21)

지도는 또한 독자에게 로스앤젤레스 주변의 카운티 5개와 같이 복잡한 대도시 지역에 관심을 갖게 할 수 있다(Waldinger & Lichter, 2003, p. 23).

유사한 방법으로, 연구에서는 연구 주제와 관련하여 다양한 인구 집단의 분포를 보여 주기 위하여 '인구조사 경로도'를 사용하곤 한다(예: Edin & Kefalas, 2007, pp. 15, 17-18; Smith, 2006, pp. 31-33). 집단 관계에 대한 현대 연구의 시초로서 1910년 동부 유럽에 있는 두 인종 간의 지리적인 관련성을 보여 준 한 편의 연구처럼 지도는 역사적일 수도 있다(Brubaker et al., 2006, p. 31).

지도, 인구조사 경로도, 역사 지도 외에 그래프는 다음과 같이 더 추상적인 주제의 광범위한 다양성을 다룰 수 있다.

• 시간에 따른 사건의 흐름(예: 흐름도)
• 계층 관계(예: 조직도)
• 가계도
• 개념적 관계(예: 중요한 자료의 겹침과 겹치지 않음을 보여 주는 벤다이어그램)

풍부한 예술적 솜씨로 거의 모든 도표는 그래프로 묘사될 수 있다. 주된 제한점은 자신의 상상력과 정확하고 매력적인 그림이나 도표를 그릴 수 있는 누군가를 찾아낼 수 있는가 하는 것이다. 적절하게만 된다면, 그래프는 질적 연구와 그 자료에 생명을 불어넣을 것이다.

 ## 사진과 복제물

　사진과 복제물은 질적 자료를 보여 주는 세 번째 방식이다. 사진은 연구 참여자나 장소 또는 연구와 관련 있는 환경의 특징과 여러 조형물을 나타낼 것이다. 이 책에서 인용한 많은 질적 연구는 이런 사진을 자주 사용한다(예: Adrian, 2003; Bourgois, 2003; Brubaker et al., 2006; Duneier, 1999; Lee, 2009; Pedraza, 2007; Rabinow, 2007; Sharman, 2006; Smith, 2006).

　휴대전화를 가진 사람은 누구나 사진사가 될 수 있다는 사실을 포함하여 일상에서 사진을 많이 사용하면서 오늘날의 독자는 좋은 사진에 대해서 점점 더 통찰력 있는 소비자가 되고 있다. 그래서 사진을 사용하는 연구는 기술적인 용어(예: 빛, 초점, 이미지 크기)와 예술적인 구성에서 사진의 질에 대해 높은 기준을 세워야 한다. 광택지의 컬러 사진을 학술지에서 요구하는 무광지의 흑백 형식으로 재현했을 때 매력적인지 아닌지를 주의 깊게 결정해야 한다. 물론 연구의 핵심 내용이 반영되도록 사진을 잘 선택해야 한다.

　좋지 못한 사진은 연구와 연구의 질을 추측하는 데 부정적으로 작용할 수 있다. 좋은 사진은 그 정도가 지나칠 수도 있지만, 수천 마디 말의 가치를 지닌 통찰력 있는 격언을 제시할 수 있다(예시 10.6 '질적 연구의 일부로 사진 이용하기' 참고). 사진은 오직 책에만 제시되는 것이 아니라, 동시대를 이끄는 간행물에도 제시될 수 있다. 예를 들어, 거리의 상호작용 연구의 중요한 부분으로, Lee(2009)의 논문에는 사람들의 몸짓과 자세를 보여 주는 다섯 세트의 상호작용으로 구성된 17개의 사진이 포함되어 있다.

　복제물은 기존 회화 작품의 일부를 복사하기 때문에 사진과 유사하다. 복제물은 다른 사람들의 공예품, 그림, 오래된 사진을 복사한 것일 수 있다. 그것은 또한 개인의 일기, 오래된 지도, 제복이나 옷의 스타일 또는 질적 연구와 관련된 많은 항목을 가공하여 나타낼 수 있다.

　복제물과 사진의 차이는, 사진은 여러분이 만들어 낸 것인 반면, 복제물은 다

예시 10.6   **질적 연구의 일부로 사진 이용하기**

많은 질적 연구는 연구의 일부로 사진을 제시할 때 문제에 봉착하게 된다. 문제는 사진이 너무 선택적이거나, 너무 매혹적이거나, 광택이 나거나(또는 반대로 너무 형편없이 구성됐거나) 하는 등 사진의 전체적인 부분에서 발생할 수 있다.

뉴욕의 인도(sidewalk)에 대한 Duneier(1999)의 연구는, 다른 연구자들이 모방하고 싶어 할 만한 방법으로 이런 모든 문제를 극복했다. 그의 연구에는 50장이 넘는 사진(선택의 위험을 감소시키는 것)이 포함되어 있다. 그 사진은 연구하고 있는 거리의 풍경에 적합하도록 무광지와 흑백을 사용하였다. 그리고 그 사진은 거리의 사람들을 솔직하게 촬영하였다. 그 사진은 "30년 동안 도심 사진을 찍은" 그리고 "일 년 동안 계속해서 마을을 방문하고 책에 나오는 사람들과 가깝게 된" 사진 기자가 촬영하였다(p. 12).

Rabinow(2007)는 이와 유사한 좋은 예를 보여 주었다. 그는 전문가와 협력하였고, 헌사의 글에서 사진사의 "놀랍도록 아름답고 예리한 사진, 그의 예리하고 독특한 통찰력과 그의 우정"에 진심으로 고마움을 표했다.

* 예시 7.3 참고

른 사람의 사진을 재생하는 것을 포함하여 누군가 다른 사람의 작품을 복사한 것이다. 그래서 작품의 출처를 밝히는 것은 복제물을 적절하게 사용함에 있어 중요한 부분이다. 복제물의 기술적인 질과 주제의 구성 및 중심성이라는 양 측면에서 사진과 함께 연구의 내러티브에 추가된 복제물은 가능한 한 매력적인 방법으로 제시되어야 한다.

3. 구두 발표와 함께 제시되는 슬라이드 만들기

◼ 미리 보기

- 구두 발표의 일부로 청중과 의사소통을 잘할 수 있는 매력적인 슬라이드를 만드는 방법
- 슬라이드에 글자를 넣는 좋은 방법에 대한 힌트와 글자로만 이루어진 슬라이드 대신 매트릭스나 다른 형식을 제시할 때 슬라이드를 활용하는 것에 대한 힌트

대체로 간략한 인용과 같이 짧은 이야기를 포함해서 이 장에서 논의한 어떤 자료도 질적 연구에서 구어 발표와 함께 슬라이드로 나타낼 수 있다. 유용한 컴퓨터 소프트웨어 덕분에 자료를 쉽게 슬라이드 형식으로 변경할 수 있다.

그렇다면 어떤 슬라이드를 만들 것인가? 전문가 모임에 참석한 때를 생각해 보라. 읽거나 이해하기에는 슬라이드에 제시되는 정보가 너무 작거나 희미한 경험이 얼마나 자주 있었는가? 연설가가 발표 대본으로 슬라이드의 내용을 단순히 읽지는 않았는가? 연구 결과의 요점 정리에 대한 이미지를 남기듯이 어쨌든 슬라이드의 내용이 기억에 남는가?

양질의 효과적인 슬라이드를 설계하는 것은 어렵지 않지만, 발표자는 그들의 옵션을 충분히 고려하지 않을 수 있다. 이어지는 장에 슬라이드를 제작하는 데 고려할 수 있는 몇 가지 힌트를 제시하였다.

🏖 슬라이드 작품: 인쇄물과는 다른 작품

첫 번째 힌트는, 인쇄물 형식에서는 잘 보이는 똑같은 내용을 어떤 재작업 없이 슬라이드에서 재사용하기는 어렵다는 것이다. 서면으로 발표된 것은 독자들이 오랜 시간 동안 자세하게 살펴볼 수 있다. 반대로 산만함을 야기할 수도 있는 연설가의 코멘트와 함께 청중은 오직 잠깐 동안(보통 몇 분)만 슬라이드를 본다.

결과적으로, 슬라이드가 인쇄물에 비하여 더 적은 양의 정보를 전달하는 이유를 알 수 있을 것이다. 인쇄물과 비교하여 슬라이드는 더 큰 글자체를 사용하고, 더 단순한 개념이어야 하며, 더 빠르게 이해할 수 있어야 한다. 예를 들어, 인쇄물에서는 자료를 명확히 하기 위해 주석을 사용하기도 하지만, 슬라이드에서는 좀처럼 주석을 볼 수 없다. 그래서 실질적인 관점에서 그것들을 전달할 수 있는 슬라이드를 만들기 위해서 인쇄물의 재작업이 필요할 것이다.

주관적인 단서는 슬라이드를 종이에 출력했을 때, 눈을 과하게 자극하는 것처럼 약간은 크게 보이는 것이 바람직하며, 종이에 출력하면 너무 '크게' 보일 것이다. 반대로 인쇄물에서 가장 적당하게 보이는 것을 어떠한 재작업 없이 슬라이드로 변경하면 너무 '애매' 하거나 희미하게 나타날 것이다.

대략적인 지침으로, 특히 여러분이 스크린에서 어느 정도 떨어져서 앉아 있는 청중 앞에서 이야기한다면, 슬라이드에 18포인트 이상을 사용하도록 노력하라. 슬라이드는 스크린에서부터의 평균 거리가 아니라 가장 먼 거리에서 앉아 있거나 서 있는 사람에게도 잘 보여야 한다는 것을 기억하라. 프로젝터로 슬라이드를 보여 줄 때 슬라이드보다 폭이 넓은 스크린의 바깥 부분이 슬라이드에 여백으로 추가될 수 있기 때문에 슬라이드의 여백을 최대한 좁게 만들라.

앞에서 제시한 세부 사항에 따라, 행간을 포함하여 보기 쉽도록 15줄의 텍스트로 슬라이드를 만들 수 있다. 그러나 그렇게 많은 줄을 사용하는 경우는 거의 없다. 대부분의 상황에서 그런 슬라이드에는 청중이 감당하기에 너무나 많은 양의 정보가 들어 있기 때문이다.

오직 텍스트로만 구성된 슬라이드('글자 슬라이드')

가장 기본적인 종류의 슬라이드에는 오직 글자만 포함될 것이다. 예를 들어, 그러한 글은 발표에서 다루는 주제를 제시하면서 첫 번째 슬라이드에 나타날 것이다. 반대로 그러한 글은 중요한 결론을 제시하면서 발표의 마지막 슬라이드에 나타날 수 있다.

그런 텍스트를 보여 줄 때, 많은 연설가들은 슬라이드에 너무 많은 글자를 넣는다. 슬라이드에 핵심이 되는 단어나 문구 대신 전체 문장을 쓰거나, 더욱 좋지 않은 경우는 전체(그러나 짧게) 문단을 쓰는 것이다. 그리고 연설가는 마치 슬라이드가 구두 발표의 일부인 스크립트인 것처럼 슬라이드 내용을 큰 소리로 읽을 것이다.

만일 슬라이드에 글자를 넣으려면, 연구의 요점을 나타내는 핵심 단어, 두 어절(예: 형용사-명사 또는 동사-명사), 문구 또는 문장으로 제한하라. 슬라이드를 제작하는 목적은 더 완전한 설명을 회상하기 위한 단서로, 청중들이 핵심 단어, 어절, 문구 또는 문장을 기억하게 하는 것이다.

자유로운 형식의 슬라이드 이용하기

몇 줄이 되었든 글자로만 슬라이드를 채우는 것은 슬라이드를 잘 이용하는 것처럼 보이지는 않는다. 더 좋은 것은 이 장의 초반에 논의했던 표, 그래프, 그림 자료가 들어간 슬라이드를 만드는 것이다. 글로만 채워진 슬라이드로는 청중의 마음을 사로잡을 수 없다.

예를 들어, 2행 2열의 매트릭스는 구어로 묘사하기가 어려울 수 있다. 슬라이드는 예시와 같은 기능을 수행하거나 관계를 쉽게 전달할 수 있다. [그림 10-1]은 학교 선택에 대한 연구에서 발췌하였다. 증가하고 있는 대중 정책의 영향으로 학생들에게 학교가 지정되는 것이 아니라, 학생들이 공립학교 중에서 학교

선택을 위한 적격성

학교

	일반	특성화
일반	모든 학교의 모든 학생	선택된 학교의 모든 학생
특성화	모든 학교의 선택된 학생	선택된 학교의 선택된 학생

학생

[그림 10-1] 2행 2열의 매트릭스

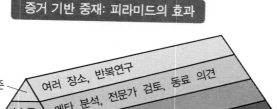

[그림 10-2] 단어 목록의 더 생생한 발표

를 선택한다. [그림 10-1]에서는 이차원 매트릭스를 통해 적격성의 다양한 조합을 강조하였다. 일단 이 관계가 확실해지면, 연설가는 매트릭스의 내용에 대하여 더 자세하게 구어로 발표할 수 있다.

추상적인 개념을 제시하는 보다 창의적인 방법은 피라미드와 같은 기하학적인 형태의 매트릭스 또는 목록과 같은 것을 삽입하는 것이다. [그림 10-2]처럼 비록 주요 개념이 목록 형태로만 제시된 단어일지라도 만일 기하학적인 형태나 다른 사물이 평면적인 글자와 더해져서 제시된다면 청중은 슬라이드에 더 관심을 가질 수 있다. 여러분은 후에 '피라미드의 효과'([그림 10-2]의 소제목)라고 말하면서 이 형태를 언급할 수 있다. 그러한 구체적인 표제어는 당신이 '증거 기반 중재'([그림 10-2]의 제목)처럼 추상적인 개념을 직접적으로 언급한 것보다 청중들이 청각적으로 이해하기가 더 쉬울 것이다.

아이콘과 다른 상징 사용하기

마찬가지로, 아이콘과 다른 상징은 어려운 개념적 관계를 명확하게 이해하는 데 도움을 줄 수 있다. 예를 들어, 학교 선택에 대한 연구에서 중요한 예비 조사 결과로 네 가지 유형을 확인하였다. 이러한 유형의 목록화에 추가하여 그 슬라이드에는 네 가지의 각 유형에서 학생들이 이 학교에서 저 학교로 이동하는 방향을 부각하기 위하여 '버스'와 '학교' 아이콘을 사용하였다([그림 10-3] 참고).

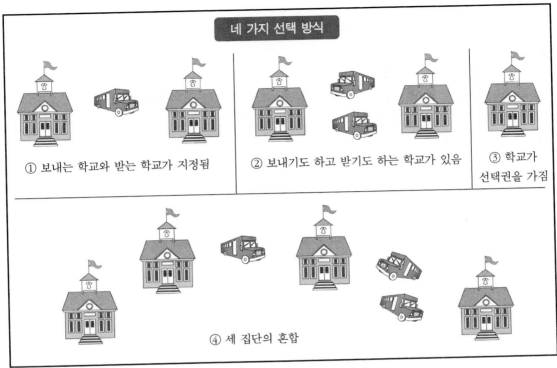

[그림 10-3] 개념적 관계를 설명하기 위하여 아이콘 사용하기

경쟁자에 관한 생각

※ 기존의 평가나 방법을 다룬 교과서에서 많은 도움을 받지 못한다.
 • 가장 강력하고 그럴듯한 경쟁자를 표면화하는 방법
 • 경쟁자를 시험하는 방법

※ 관련된 세 가지 경험적 기술에서 경쟁자의 탐색 방법
 • 언론
 • 탐정 수사
 • 과학 수사

[그림 10-4] 특정 주제를 설명하기 위하여 아이콘 추가하기

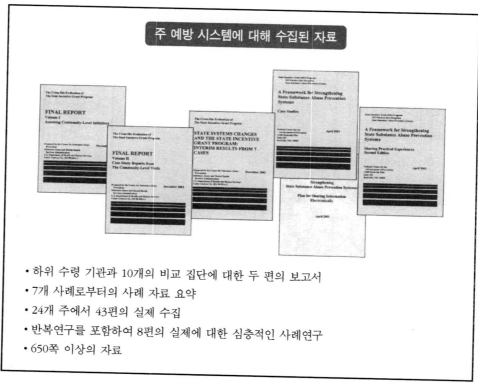

[그림 10-5] 콜라주로 텍스트 항목 설명하기

이와 유사한 방법으로, 아이콘과 다른 상징은 슬라이드에 예술적인 감각을 더할 수 있다. 그렇지 않으면 [그림 10-4]에서 언론, 탐정 수사, 과학 수사의 서로 다른 세 분야를 나타내는 것과 같이 핵심 개념을 잘 설명하는 아이콘으로 텍스트의 직접적인 문장을 보충할 수 있다.

마찬가지로 [그림 10-5]의 콜라주는 청중에게 콜라주 아래에 이어지는 글머리 기호로 특징되는 리포트의 내용에 대한 구체적인 이미지를 형성시켜 준다.

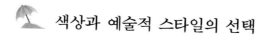 색상과 예술적 스타일의 선택

슬라이드를 만드는 소프트웨어는 자체적으로 기본 설정이 되어 있어서 슬라이드를 빠르게 만들 수 있다. 기본 설정에는 약간의 예술 작품, 대부분 보통은 약간의 푸른빛이 도는 기본 설정 색이 포함되어 있다.

슬라이드와 전체 발표에 개성을 표현하기 위해서는 기본적으로 설정된 것 이상의 것을 사용하려고 노력해야 한다. 우선 검은색과 흰색으로도 매력적인 슬라이드를 만들 수 있기 때문에 기본 설정 색을 사용하지 않을 수 있다. 여러 색으로 작업하기를 원할 경우에는 유용한 세 가지 힌트가 있다.

첫째, 색을 지나치게 많이 사용하면 안 된다(그림 이미지가 색을 많이 포함하고 있지 않으면 그 슬라이드는 이미지를 충실하게 재현할 것이다). 슬라이드의 메시지는 색의 배열이 아니라 실질적인 내용으로 나타난다. 메시지를 압도하는 것이 아니라 메시지를 강조하기 위한 색을 생각하라.

둘째, 어떤 색은 발표자로부터 보통의 거리에 떨어져 앉아 있는 청중이 쉽게 식별하지 못한다. 슬라이드의 색이 배경 색 때문에 애매해지면 식별하기가 더 어렵다. 예를 들어, 대부분의 경우에 청중은 검푸른색 선과 검은색 선 사이의 차이를 알아보는 데 부담을 가질 것이다. 마찬가지로 파스텔 톤의 그림자는 서로 구별하는 것이 어려울 것이다. 배경 색이 너무 강해도 그러한 문제를 더 악화시키며, 보통 전체 슬라이드의 내용은 너무 희미하게 되어 버리고 바라보거나 뜻을 파악하는 데 어려움을 준다.

여러분은 청중이 슬라이드의 색에 순간의 관심을 기울이는 것이 아니라 슬라이드와 발표에 실제로 참여하기를 원할 것이다. 이런 효과를 위해 각 색이 서로 충돌하는 것이 아니라 어떤 색상 그룹이 대조적이면서 양립할 수 있는지 알아야 한다(예: 밝은 푸른색, 은색, 금색 또는 빨간색, 노란색, 오렌지색, 노란색). 슬라이드에서 강조를 위해 이들 색을 사용하고, 핵심 특징은 흰색 위에 검은색으로 표시할 수 있다. 더 어두운 색이나 심지어 검은색을 배경으로 하고 글씨와 특징적인 것을 흰색으로 나타내어 슬라이드의 효과를 주고 싶다면, 선택된 색 구성이 자연스럽게 어울리는지 확인하라.

셋째, 똑같은 색의 다양한 색조(예: 어두운 갈색과 밝은 갈색)를 사용하면서 실질적인 차이를 만들 수도 있으며 이것은 기교의 문제다. 색조의 차이는 시각적으로 너무나 미묘할 것이다. 그 문제는 슬라이드를 검은색과 흰색으로 하고, 갈색 색조를 두 가지 이상 사용할 때도 발생한다. 예를 들어, 파이 차트(pie chart)의 서로 다른 부분을 보여 주기 위해 사용된 더 밝은 색조와 더 어두운 색조는 보통 구별이 가능할 것이다. 그러나 그러한 두 가지 색조를 넘어서면 위험스럽다. 파이 차트나 막대 차트에서 색조를 세 가지 이상 나타낼 때는 줄무늬 등 다른 패턴의 사용을 고려하라.

 ## 발표 보조물로서 슬라이드

심지어 양질의 슬라이드를 만들었을 때도, 그것은 보충 도구의 역할을 한다는 것을 기억하라. 여러분과 여러분의 발표는 여전히 중심 무대를 차지할 것이며, 그것은 다음을 의미한다.

- 청중 앞에서의 프레젠테이션이 단순히 읽는 데 그치지 않도록 열심히 준비하기
- 너무 짧은 시간에 너무 많은 슬라이드를 사용하지 않도록 주의하기
- 연구의 요지에 청중의 관심을 유지시키기

주요 용어와 개념

1. 내러티브 자료
2. 생애사
3. 연구 참여자의 말에 대한 직접 인용과 간접 인용
4. 연구 참여자로부터 내러티브 자료를 수집하기 위한 이중 설계
5. 사람 교차 방식의 이야기 제시(여러 참여자의 이야기를 섞어 가공 인물로 발표하기)
6. 단어 표
7. 익명
8. 사진과 사진의 재생을 포함하는 복제품
9. 슬라이드(구어 발표와 함께 제시하는)와 인쇄물(프린트 인쇄물로 나타나는)의 차이
10. 아이콘

학습활동　슬라이드 만들기

(제11장 학습활동을 시작하기 전에 이 학습활동을 반드시 완성하라.)

　제5장 학습활동의 현장연구 노트를 사용해서 두 개의 다른 발표 슬라이드를 만들고, 각각을 3~5장 정도의 슬라이드로 구성하라. 각 발표 슬라이드는 똑같이 실제의 자료를 다루어야 한다. 하나는 현장연구 전체 경험을 포괄적으로 포함시키거나 중요한 사건을 요약해도 된다. 두 개의 발표 슬라이드 모두 도입부터 결론까지 전체 또는 부분의 경험이 서로 관련되어야 하고, 청중에게 작은 '이야기'를 해 주어야 한다.

　첫 번째 발표 슬라이드는 구어 자료로 제한해야 한다(즉, 전체가 '글자' 슬라이드가 되어야 한다). 두 번째 발표 슬라이드는 구어 자료를 최소화하고, 비구어 자료(예: 아이콘, 드로잉, 그래프, 그림)를 사용하여 관련된 아이디어를 표현하라. 그러나 제목은 명확한 구어 제목이어야 한다.

　어떤 것이 만들기 더 어려우며, 그 이유는 무엇인가? 어떤 것이 청중에게 더 큰 영향을 줄 것이며, 왜 그러한가?

제11장

사람들과 공유하기 위한
연구 결과 작성하기

글로 쓰든 말로 하든, 최종 연구는 연구에서 알아낸 것과 결론을 정확하게 보고할 뿐만 아니라 흥미를 유발하고 매력적인 방법으로 구성되어야 한다. 그 목적은 단순히 연구를 발표하는 것이 아니라 특정한 청중과 의사소통하기 위한 것이다. 질적 연구는 연구자 자신을 반영하는 것뿐만 아니라 연구자의 서술을 포함해야 하기 때문에 구성상 추가적인 부담감이 있다. 이 모든 것을 어떻게 잘할 수 있을까 하는 것이 이번 장의 주제다.

이번 장은 작가의 글쓰기 고통(writer's cramps)을 피하기 위해 '내부에서 외부로 그리고 뒤에서부터(inside out and backwards)' 전략을 설명하고, 서술적이고 반성적인 자아와 의사소통하는 방법을 토론하면서 시작한다. 그 토론은 연구의 실증적 자료를 정확하게 묘사하면서 구성을 풍부하게 하는 방법을 제안한다. 그리고 다양한 유형의 검토자 견해에 반응하고, 최종 연구 결과에서 편집 요구를 처리하는 방법과 함께 탄탄한 연구 결과의 구성을 위해 수정의 필요성을 기술하면서 끝난다.

여러분은 지금 연구를 마무리할 준비가 되어 있다. 그 목적은 여러분의 질적 연구를 다른 사람들과 의사소통할 수 있도록 표현하는 것이다.

우선 개인적인 짧은 이야기를 하겠다. 내가 컴퓨터로 작업할 때, 근처에 있는 사람들은 내가 가끔씩 이야기하는 것을 우연히 듣게 된다. 그들 중 어떤 사람은 내가 그들에게 무언가를 말한다고 생각하는데 그럴 경우 우리는 그 자리에서 즉각 오해를 푼다. 그렇지 않은 다른 사람들은 내가 혼자서 중얼거린다고 생각한다.

정말로 내가 하는 일은 내가 쓴 글을 소리 내어 읽는 것이다. 거기에 내가 말하고자 하는 것이 실제로 포함되었는가와 읽기 쉬운 소리인지 등 몇 가지를 결정하기 위하여 나는 문장이나 문단을 선택해서 들을 필요가 있다. 나의 옛 교수, 동료와 경쟁자, 친구, 가족들이 그 문장을 이해할지, 못할지를 나 자신에게 물어보면서 어떻게 해서든 가상의 청중을 염두에 둔다. 만일 문장이나 단락이 이 과정을 통과하면, 나는 한동안 그것에 만족한다.

나는 내가 기억할 수 있는 한은 계속 이렇게 해 왔다. 이것은 매우 색다른 작업이기 때문에 그것을 다른 사회과학자와 비교하지는 않는다. 내가 독특한 사람이든 큰 집단의 일원이든, 그 습관적인 작업이 좋든 그렇지 않든지 간에 그 작업은 여전히 유용한 단서를 제공해 준다. 글이나 말로 구성할 때는 끊임없이 청중을 생각해야 한다. 여러분에게 첫째로 필요한 연구의 유의점은 자신을 위한 구성을 하지 않는 것이다.

모든 단계에서, 구성을 할 때 다른 사람을 생각하라. 메시지가 오직 전달되는 데만 그치는지(지식의 보급), 또는 여러분에게 중요한 사람들에게 그것이 원하는 방향으로 수용되고 이해되는지(의사소통)에 대해 생각하라.

두 가지 주제가 의사소통을 위한 이런 목적을 반영할 수 있다. 첫째, 여러분이 알아낸 것에 대한 쓰기와 구어 발표 간의 표면적 차이보다는 두 방법 모두 사람들과 의사소통하기 위한 노력이라는 것을 기억하는 것이 더 중요하다. 여러분은 질적 연구를 발표할 때 글과 구어로써 해야 한다. 그래서 이 장은 세 가지 모두 쓰기와 구어 양식을 포함하도록 고려될 것이다. 작성하기(composing), 제시하기(presenting), 보고하기(reporting) 용어를 혼용할 것이며, 모든 것이 글과 구어 양식을 포함할 것이다.

둘째, 모든 실증적 연구와 마찬가지로 여러분의 목표가 공개적으로 널리 공유되어야 한다. 이 두 번째 주제는 실증적 연구를 수행하는 더 큰 목표의 일부다. 유명한 학자이자 철학자인 Michael Polanyi(1958, 1966)는 개인이 발굴한 지식을 다른 사람들에게 반복연구나 도전을 하게 함으로써 공공의 지식으로 전환하는 과학자들에게 과학적 진보가 어떻게 도움을 받고 있는가에 대한 글을 썼다. 그것이 질적 연구와 관련되기 때문에 이번 장에서는 그와 같은 주제를 상세하게 설명할 것이다. 여러분은 알아낸 것을 공유해야 할 뿐만 아니라 수행한 연구와 함께 연구 렌즈의 통찰력을 제공할 필요가 있다.

이 장에서는 우선 질적 연구 작성에 포함되는 일반적인 문제를 보여 준다. 장의 중반부로 넘어가면 결과 구성에는 보통 서술적 자아와 반성적 자아가 나타난다는 사실을 강조한다. 장의 후반부에는 때때로 작품을 재구성하거나 편집하는 것뿐만 아니라 검토자들의 의견을 포함하는 광범위한 과정을 통해 초기 작품을 수정하는 방법에 대해 토론한다.

셋째, 결과 작성 전과 진행 중에 결과 작성에서 참고할 다른 작품을 읽고 배우는 것을 고려하라. 언론, 역사, 더 일반적으로는 논픽션 글쓰기와 같은 관련 영역에서 결과 작성에 대한 단서를 적극적으로 찾아라(예시 11.1 '다양한 관련 영역에서 결과 작성하기에 대하여 읽기' 참고). 그런 읽기 자료에는 유용한 보기뿐만 아니라 올바른 충고가 포함되어 있을 수 있다. 때때로 다른 사람의 작품을 한두 편 읽으면서 결과를 작성하는 것은 휴식이 될 뿐만 아니라 여러분의 글쓰기를 자극할 것이다.

예시 11.1　　**다양한 관련 영역에서 결과 작성하기에 대하여 읽기**

이 책의 전반에 있는 대부분의 다른 주제와 마찬가지로, 읽기는 당신의 생각을 자극할 수 있다. 결과를 작성하는 데 도움을 받을 수 있는 네 가지 방법은 책에서 찾을 수 있다. 그 책들은 재미있게 읽을 수 있으며, 당신은 결과 작성 전과 결과를 작성하는 중에도 그것들을 읽어야 한다.

그 첫 번째는 Howard Becker의 『사회과학을 위한 글쓰기(Writing for Social Scientists)』(1986)다. 그것은 작가의 글쓰기 고통의 극복에 대한 일반적인 어려움과 문체 문제를 다룬다. 두 번째는 Christopher Scanlan의 『보고와 글쓰기(Reporting and Writing)』(2000)로 언론인을 대상으로 하지만, 질적 연구와 관련된

많은 실제적인 제안을 하고 있다. 세 번째는 약간 다른 영역인 역사인데, Barzun
과 Graff의 『현대 연구(The Modern Research)』(1970)다. 이 책들은 좋은 문장과
문단 쓰기 같은 핵심 주제를 다룬다.

기분 전환으로, 약 200명의 다양한 논픽션 작가들의 간략한 기고문집인 Kramer
와 Call의 『실제 이야기 말하기(Telling True Stories)』(2007)를 계속 읽어라.

1. 연구 결과 작성하기: 일반적인 힌트

◢ 미리 보기

- 질적 연구와 그들의 선호도에 따른 세 가지 유형의 청중
- 연구 결과 작성을 시작하고, 글쓰기 고통을 피하기 위한 특별한 전략

연구 결과 작성에는 다양한 형식을 생각할 수 있다. 사회과학 연구에서 가장
많이 사용하는 형식은 내러티브 쓰기다. 그러나 대안적인 형식으로 통계, 시각
자료, 구어 또는 시(예시 11.2 '전통적이지 않은 발표 형식을 사용했을 때 발생하는
위험' 참고), 여러 가지의 조합이 있을 수 있다. 그 형식은 궁극적으로 여러분의
청중과 후원자에 의해 결정된다. 질적 연구에서 가장 자주 사용하는 형식은 아
마 내러티브와 시각적 형식일 것이다.

> **예시 11.2**   **전통적이지 않은 발표 형식을 사용했을 때 발생하는 위험**
>
> 내 연구 중 하나는 주민들이 매우 형편없는 방범, 소방, 위생 서비스로 고통받
> 고 있는 1970년대의 7개 도시 주민과 관련된 현장연구였다(Yin, 1982, 제10장).
> 연구의 마지막 부분에서 각 이웃에 한 명씩 있던 현장연구자는 그들의 결과를
> 보고해야 했으며, 발표 형식은 정해지지 않았다.

현장연구자 중의 한 명이 그의 결과를 긴 운문인 '거리의 시'로 표현하였다. 그 시는 인근 거리의 모습을 적절하게 전달하였다. 그것은 도시 서비스에 대한 중요한 의미를 전달하고, 서비스 제공자에 의해 종종 사용되는 부적절한 문화와 계급의 렌즈에 대해 일깨워 주었다.

그 시는 후원 연구 기관의 연례 보고서에 등장하였지만 이사회에서 비판을 받았다. 그들은 의미 있고 가치 있는 연구 결과에 시를 사용하는 것에 의문을 제기하였다.

후원자들은 여러분의 연구를 지원한 후에 후원금이 제대로 투자됐는지 판단하기 위한 어떤 기대를 가지고 있다는 것에 유의하면서 연구를 가장 잘 표현하는 방법이 무엇인지 결정할 필요가 있다.

* 예시 2.4 참고

질적 연구의 청중 파악하기

사회과학에서 거의 유일하게, 질적 연구는 매우 다양한 청중을 접하는 능력이 있다. 잠재적인 청중 중에서 연구를 이미 수행한 사람들은 다양한 유형일 수 있다. 청중의 첫 번째 유형은 다른 질적 연구자들일 수 있다. 그들은 여러분의 결과 작성이 전통적인 것과 이국적인 것, 안정적인 것과 위험한 것 사이의 경계를 무너뜨린다고 해도, 새롭고 창조적인 기술과 전략을 보여 주기를 기대할 것이다.

청중의 두 번째 유형은 질적 연구를 이해하면서도 대안적 방법과 특히 비질적인 연구 방법을 선호하는 또 다른 사회과학 연구자들일 수 있다. 그들은 연구 결과 작성에서 질적 연구의 전문 용어를 사용하여 사회과학 방법의 표준이나 더 현실적인 이야기라고 여겨질 수 있는 실제적인 특징을 보여 주기를 기대할 것이다(Van Maanen, 1988 참고).

청중의 세 번째 유형은 더 실제적인 생각을 가지고 있을 수 있다. 그들은 질적 연구는 유용한 통찰력을 제공하는 수월한 방법이라고 믿고, 여러분의 연구에서 실제적인 이론을 찾으려고 할 수 있다.

　　효과적인 의사소통은 청중을 확인하고, 그 청중에게 의미를 가장 잘 전달할 수 있는 방법을 선택하는 것을 의미한다. 질적 연구 분야에는 다양한 청중이 있을 수 있기 때문에 연구 결과를 보고할 때 우선적으로 청중과 그들의 경향성을 확인하고 파악해야 한다.

　　청중과 그들의 선호도 사이에는 매우 다양한 차이가 있을 수 있다는 것을 유념하라. 어떤 사람들은 질적 연구를 의아하게 생각하는 반면, 또 어떤 사람들은 질적 연구를 선호할 것이다. 인류학자의 모임에서 발표했던 것이라도 연구를 후원했던 민간재단의 이사회에서는 높게 평가하지 않을 것이다. 여러분은 이처럼 다양한 청중을 고려한 다양한 보고서와 구어 발표의 개발을 포함하여 연구의 여러 측면을 강조해야 할 필요가 있다.

솜씨 있는 글쓰기

　　그럼에도 불구하고 거의 모든 청중을 위한 질적 연구의 의사소통에는 여전히 어느 정도는 일반적인 특징이 있다. 첫째로, 질적 연구는 숫자나 상징보다는 글을 사용한다. 그 글이 현장연구, 현장 노트 또는 자료의 배열 어디에서 얻어졌든지 간에 종이나 구어 발표의 스크립트에 쓰였을 때 편안하게 느껴져야 한다.

　　만일 글쓰기의 천부적인 재능과 같이 솜씨 있는 글쓰기로 질적 연구를 완전하게 끝마쳤다면 확실히 이점이 있을 것이다. 사실 많은 질적 연구자들이 쓸 수 있는 기회가 많이 주어진다는 이유로 질적 연구 쪽으로 방향을 잡는다. 글쓰기를 좋아한다고 해서 반드시 세련된 문장의 글쓰기를 할 수 있음을 의미하는 것은 아니다. 단지 글의 흐름을 유지하고 당신이 선택한 글에 만족하면 된다.

　　보다 마음에 드는 단어를 사용하기 위해서, 사람들이 제시하는 가장 일반적인 방법은 가능하다면 학기 말 보고서나 연구 논문과 같은 더 많은 텍스트를 빈번하게 작성하라는 것이다. 물론 일상에서도 글에 더 민감해지는 방법이 있다 (〈표 11-1〉 참고).

　　만족스럽게 솜씨 있는 글을 쓰는 것은 연구 결과를 작성할 때 여전히 중요한 문제다. 게다가 처음부터 쓰기를 시도했으나 무엇을 말하거나 써야 할지 모르기 때문에 이미 이 문제를 경험했을지도 모른다. 또한 적어도 장의 제목이 될

〈표 11-1〉 매일 글을 사용하는 일곱 가지 예시

- 일기나 일지를 매일 쓰기, 그럴 수 없다면 자주 쓰기
- 어떤 것을 보거나 누군가에게 들었을 때 기록하기
- 키보드를 사용하여 작업하고, 문장을 쓸 때 손가락이 얼마나 경쾌하게 움직이는지 확인하기
- 다른 사람에게 텍스트나 짧은 메시지를 자주 보내기
- 신문에서 단어 퍼즐 풀이하기
- 읽을 때 텍스트의 내용이 아니라 글쓰기 방식을 기록하기: 만일 계속 읽게 된다면(그렇지 않다면), 글쓰기 방식 때문인가, 단순히 텍스트의 내용 때문인가?
- 무엇을 읽든지 글의 오류 살피기

만한 정의를 내리면서 보고서의 개요에서 시작하라는 충고를 들었을 수도 있다. 그러나 만일 무엇을 말하거나 써야 할지 확실하지 않다면 개요나 장의 제목을 작성하는 일은 어려울 것이다.

어떻게 시작해야 할지 모르거나 어떻게 개요를 작성해야 할지 모를 때 유용한 충고가 있다(예: Becker, 1986; Wolcott, 2009). 일반적으로 이러한 것들은 글쓰기의 고통(writers' cramps)을 극복하는 방법으로 간주되고 있다. 오랜 시간 동안 사용할 수 있는 대안적인 방법을 소개하자면, 개인적으로 '내부에서 외부로(inside out)' 그리고 '뒤에서부터(backwards)' 구성하는 방법으로 보고서를 작성하면서 여러 해 동안 도움을 받고 있다. 이 방법을 사람들에게 추천했을 때 동료들은 이미 그 방법을 사용하고 있었다. 그래서 이러한 절차는 여러분이 글쓰기를 시작할 때 신뢰할 수 있을 것이다. '내부에서 외부로'와 '뒤에서부터'는 무엇을 의미하는지 알아보자.

'내부에서 외부로' 작성하기

보고서나 구어 발표에서, '내부'는 특정한 현장 경험이나 당신이 나타내고자 하는 다른 자료나 증거로 구성된다. 이런 정보는 다음의 형식으로 발표된다.

- 제10장(제1절)에서 기술한 것처럼 다양한 길이의 인용 대화
- 단어 표(글로 채워진 표)
- 예시(이 책에 제시된 예시나 요약된 생애사 발표에서 이용된 사례)

- 그래프나 다른 자료의 배열(예: 제10장 제2절에서 논의한 매트릭스)
- 발표에서 보여 주기를 원하는 그림, 카툰, 예시, 내러티브와 같은 보조 자료
- 숫자 표(숫자로 채워진 표)

'외부'는 도입에서 결론까지 생각의 근간에 포함되는 특정 현장 경험과 자료 주변의 이야기다. 그래서 '외부'의 모든 구성 요소는 전체 구성에 함께 엮인다.

내부 요소에서 작성할 때는 우선 두 가지 장점이 있다. 첫째, 최종 결과의 핵심 부분에서 정확하게 시작될 것이다. 둘째, 사용하고자 하는 특정 영역의 내용, 자료 또는 증거가 명확하고 정확할 것이다. 이것은 선택한 인용문을 검토하는 것을 의미하고, 제10장에서 설명한 것처럼 배열하며, 전체 안에서 그 자료를 마무리하거나 최종 결과 작성 시 제시할 특정 영역을 선택하는 것을 의미한다.

이것들을 공개적으로 발표하기 위해서는 편집과 다듬기가 필요하기 때문에 이 자료를 마무리하는 것은 더 심도 있는 작업이 될 것이다. 그러나 분석에서 가장 마음에 드는 부분과 마찬가지로 여러분은 이들 자료의 어느 부분에서든지 먼저 시작할 수 있다. 또한 가장 쉬운 부분에서 시작할 수도 있다. 가장 중요한 것은 결과의 '외부'에 대해서 아무런 걱정 없이 자료를 가지고 진행할 수 있다는 것이다.

'내부'에 있는 자료로 보고서를 작성하는 것은 얼마 동안 지속될 수 있다. 그러나 처음에 선택한 인용문이나 자료가 원래 목적에 맞지 않는다는 것을 알게 되고, 그래서 그것을 수정하거나 분리하거나 교체할지 모른다. 게다가 원래 분석이 완전하지 않다는 것을 알게 될 수도 있다. 그러면 증거를 다시 확인해야 할 수도 있다.

일단 최소한의 '내부' 자료가 만족스럽다면, 여러분은 유쾌하고 극복할 만한 도전을 하게 될 것이다. 이런 자료를 다르게 배열하는 방법을 시험할 수도 있다. 그 가상의 순서는 자료의 어느 부분이 앞에 오거나 뒤에 와야 할지 시험할 수 있다. 예를 들어, 내부 자료 중 몇몇은 연구 시간과 장소 그리고 그 안에 속한 사람들에 대해 기술할 것이다. 그들은 보통 순서의 앞에 올 것이다. 또 다른 예로, 자료에는 연구에 등장하는 사람들의 간략한 생애사가 포함될 수 있다. 이

제 여러분은 다양한 상황에 그것들이 매력적으로 배치됐는지 시험하기 위하여 이러한 생애사를 조율할 것이다.

다양한 부분의 배열을 포함하여 '내부'의 임시 표현을 정렬하면서, 여러분은 필요한 '외부'의 구성을 수월하게 진행하고 있다는 것을 알고 놀랄 것이다. 자료와 증거의 이동은 대체 순서를 검사하는 것뿐만 아니라 전체 구성의 처음, 중간, 마지막에 대한 생각을 자동적으로 자극할 것이다. 만일 지금 형식에 맞는 개요를 작성하지 못하고 있다면 이러한 과정을 통해 '외부' 구조의 심상을 이끌어 낼 수 있을 것이다.

질적 연구를 하는 동안 내부에서 외부로의 접근은 더 큰 의미가 있다. 연구 초반의 통찰과 결과의 많은 부분이 실증적 연구의 구체적이고 특정한 사건에서 얻어지기 때문에 그 접근 방식은 질적 연구의 귀납적인 특징에 알맞다. 비록 어떤 가설과 이론적 문제를 가지고 연구를 시작했다고 해도, 질적 연구의 중요성은 현장의 증거와 자료에서 무엇을 배울 수 있는가에 있다. 그것은 기존의 가설과 이론의 문제가 아니라 새로운 생각과 설명을 밝혀낼 가능성을 증가시킨다.

또한 전반적인 내부에서 외부로의 접근 방식은 실증적 연구의 특징이다. 연구 결과의 작성은 소설이나 다른 가상의 작품을 작성하는 것과는 다르다. 실증적 증거에(그리고 좋든 나쁘든 그것의 제한점) 기반하여 보고서를 작성해야 한다. 증거를 기반으로 시작하는 것은 소설이나 가상의 이야기 쓰기에서 이용할 수 있는 방법은 아니다.

'뒤에서부터' 작성하기

글이든 말이든 모든 발표는 선형적인(linear) 최종 형식을 취할 것이다. 최종 구성은 심지어는 연구의 결과에서 시작할 수도 있다. 이런 경우에는 본문을 상기시키는 설명이 필요하다. 더 전통적인 방법으로, 구성은 연구를 시작한 연구 문제와 문헌에서 시작할 수 있다.

연구 결과 작성이 어디에서 시작됐든, 그것에는 시작과 중간 그리고 끝이 있다. 그러나 비록 그 최종 작성이 선형 형식일지라도 선형 배열을 따라야 한다는 것을 의미하지는 않는다. 앞부분 전에 뒷부분을 작성할 수도 있고, 앞부분이나 뒷부분보다 중간 부분을 먼저 작성할 수도 있다.

대부분의 구성에서는 중심 텍스트와 떨어져 있는 후반부와 최종 결론 또는 정리의 바로 뒤에 자료가 제시된다. 후주(end notes), 부록(간략 보고서), 참고문헌 목록과 같은 자료는 중심 텍스트를 보충한다. 비록 이러한 보충 자료가 중심 텍스트만큼 중요하지는 않을지라도, 여전히 가치 있는 연구 보고서의 중요한 부분이다.

'뒤에서부터' 작업하는 것은 연구 내용의 본론을 건드리지 않고 가능한 한 많은 보충 자료에서 연구 결과를 작성하기 시작하는 것이다. 비록 보고서의 본문을 쓸 때까지 후주를 구성하지 못했을지라도 부록과 참고문헌을 다룰 수는 있다. 부록의 특성 중 하나는 질적 연구의 핵심으로 연구 방법에 대하여 더욱 자세하게 진술하는 것이다(이 방법과 연구에서 어떻게 연구 렌즈를 다루었는지에 대해 더 많은 것을 잠깐 언급할 것이다).

여러분은 보고서의 본론을 다루기 전에 방법에 대한 토론의 초안이 준비되어 있을 것이다. 이 초안은 부록의 형태로 보고서의 마지막에 제시할 수 있다. 똑같은 토론이 앞부분으로 와서 중심 텍스트의 본론에 놓일 수도 있고, 연장된 서문에 제시될 수도 있다. 심지어 아직 중심 텍스트를 작성할 준비가 되어 있지 않더라도, 방법에 대한 토론이 어디에 놓이는가에 상관없이 그것을 작성하는 것은 보고서 쓰기에 있어 비약적인 발전을 가져올 것이다.

마찬가지로 추가 부록으로 생애사, 사례연구 또는 표를 포함하고 싶을 수 있다. 이것을 중심 텍스트에서 어떻게 토론할 것인가에 대해 생각하는 한편, 이 것을 작성하는 것은 최종 보고서의 실제적인 부분을 완성하도록 도움을 줄 것이다.

마지막으로, 보고서의 다른 부분을 작성하기 전에 참고문헌 목록이나 다른 보조 자료를 모을 수 있다. 연구의 초반에 했던 것처럼, 연구 내내 모든 참고문헌을 잘 챙겨야 한다. 심지어 연구 내내 그것들을 알파벳 순서로 정리할 수도 있고, 목록을 추가할 수도 있다. 그것이 준비되면, 참고문헌 전체를 반드시 모아 두어라. 나중에 사용할 형식에 상관없이 자세한 정보(저자, 제목, 출판자, 출판사, 책의 페이지 등)가 필요할 것이다. 다른 모든 것들을 완벽하게 작성한 후에 이런 세부 사항에 관심을 쏟는 것보다 더 당황스러운 일은 없다. 목록에 새로운 참고문헌을 추가할 때 자세한 정보를 모으도록 최선을 다하라.

2. 질적 연구 결과 작성하기

▞ 미리 보기

- 자료를 제시할 때 다양한 '목소리' 사용하기
- 독자를 그곳에 있는 것처럼 느끼도록 만들기
- 현장에서 알게 된 것을 이야기하는 세 가지 방법

연구 결과 작성의 일반적인 문제를 넘어서, 질적 연구를 발표한다는 것은 연구의 독특한 특징에 주의를 기울여야 한다는 것을 의미한다. 한 예로, 질적 연구의 핵심은 결과의 작성이 독자들을 현실 세계나 연구하고 있는 현장과 맞닥뜨리도록 할 것이라는 점이다. 이렇게 할 수 있는 몇 가지 방법이 있다.

첫째, 그 방법은 부분적으로 방법론을 반영한다(제1장 제3절의 '인식론적인 위치' 참고). 그리고 1인칭, 2인칭, 3인칭과 같은 다양한 시점의 사용과 관련될 수 있다.

John Van Maanen(예시 11.3 '현장연구 결과와 관련짓는 세 가지 다양한 방법' 참고)은 현장에서 알게 된 것을 말하는 세 가지 방법을 서술하면서 사실적 이야기(관점을 포함하지 않은 3인칭 서술의 이야기), 고백적 이야기(독자가 현장에서 여러분의 존재를 지속적으로 상기하도록 하는 1인칭 서술의 이야기), 인상적 이야기(독자가 현장에 있는 듯 현장을 생생하게 만드는 이야기)의 정의를 내렸다. 여러분은 이 세 가지 중 어떤 것이라도 선택할 수 있고, 결합해서 사용할 수도 있으며, 자신만의 시나리오를 만들 수도 있다. 그러나 자료 수집을 하는 동안 약간은 다르게 노트 필기를 해야 하기 때문에, 결과를 작성할 준비가 되었을 때가 아니라 연구 초반에 이 방법을 고려할 필요가 있다.

둘째 '질적 연구'에서 '연구'는 경험적 증거에 주의를 기울이는 것을 의미한

예시 11.3   **현장연구 결과와 관련짓는 세 가지 다양한 방법**

John Van Maanen(1988)은 질적 연구에서 밝혀낸 사실적 이야기, 고백적 이 야기, 인상적 이야기의 다양한 '현장의 이야기'를 확인하고 비교하였다. 그는 자 신의 연구에서 현장 보고서를 선택하여 예시로 제공하면서(예: Van Maanen, 1978) 각 유형을 자세하게 기술하였다.

사실적 이야기는 가장 일반적으로 나타난다. 그것은 "감정에 치우치지 않은 3인칭의 목소리"(Van Maanen, 1988, p. 45)로 현장을 나타낸다. 그 저자는 이야 기의 일부가 아니다. 현장의 사건을 해석하는 데 저자의 역할에 주의를 끌게 하 는 고백적 이야기는 "연구 현장에서 현장연구자의 참여적 존재를 보여 준다"(p. 91)(예: "그 경찰은 ○○했다."보다는 "나는 ○○하는 경찰을 보았다."라고 기술 함. pp. 74-75). 저자는 또한 연구 초기에 믿었던 것과 비교하면서 자신의 연구 가 전체적으로 새로운 관점을 제시하는 방법을 입증할 것이다.

인상적 이야기는 "청중을 현장의 상황에 배치시킨다." "해석하거나 분석하지 않고 현장연구자와 함께 그 이야기 속에서 산다."(Van Maanen, 1988, p. 103)가 되도록 시도할 것이다. 인상적 이야기는 "시작할 때는 특별하게 주목할 것이 없 으면서 마지막으로 갈수록 점점 중요해지는 것"과 같이 극적인 방법으로 진행될 것이다.

* 예시 7.1 참고

다. 질적 연구에서는 통계 분할표나 분석 모델을 이용하여 자료를 자동적으로 정렬하는 통계 소프트웨어와 같이 증거 제시를 위한 고정된 형식을 사용하지 않는다. 보여 주기 과정의 일부로, 이야기, 표, 그림과 같이 질적 증거를 정렬하 는 것은 제10장에서 다루었다. 결과를 작성할 때도 조심스럽게 다룰 필요가 있 다. 결국 연구에 기반한 결과 작성은 이론화되어 명명된 것을 제외하고는 사용 가능한 증거에서 많이 벗어나서는 안 된다.

질적 연구의 특징은 다음과 같다.

오감 다루기

'거기에 있는 것'은 현실 상황의 인간 상호작용에 관여하는 것을 의미한다. 인간의 오감을 활용하여 무엇이 발생했는지 서술하면서 경험을 더 많이 전달할수록, 질적 연구를 수행하는 중요한 장점 중 하나를 더욱 강조하게 될 것이다.

또한 중요한 여섯 번째 감각으로 현장에 있는 사람이나 자신의 경험에 따른 직관과 느낌이 있다. 이런 것들을 포착하고 적절하게 이름 붙이면서 다른 형식의 연구와 질적 연구를 구별한다.

여러 목소리와 관점 나타내기 그리고 익명성의 문제 다루기

질적 연구의 또 다른 장점은 다양한 인간의 관점을 이해하는 능력이다. 간략한 인용문에서부터 더 긴, 장 분량의 생애사까지 1인칭의 발표를 포함하여 초반에 토론한 것은 다양한 형식으로 연구 참여자의 관점을 나타내는 방법이었다(제10장 제1절 참고).

참여자를 밝히거나 익명성을 유지하는 것은 그들의 관점을 제시할 때 발생하는 기본적인 문제다(예: Guenther, 2009). 그 문제는 질적 연구가 수행된 장소를 확인할 수 있는지에 대한 더 광범위한 질문의 일부일 수 있다. 거의 모든 연구에서, 참여자의 익명성은 가명의 사용과 함께 선택의 문제다. 동시에 만일 이름을 부여해도 그렇지 않은 다른 익명의 참가자를 쉽게 확인할 수 없다면 대부분의 연구는 그들의 연구 지역을 밝힐 것이다. 물론 이런 문제는 검토 위원회의 승인을 얻고, 연구 대상을 보호하기 위한 과정의 일부로(제2장 제5절 참고), 그리고 연구 설계의 일부로(제4장 '선택 6' 참고) 먼저 고려되어야 한다.

결과의 해석적 특징에 민감하기

질적 연구에서 연구 보고서의 해석적 특징이 점점 더 많이 이해되고 있다. 이와 같은 상황은 연구 도구인 여러분의 역할에서 직접적으로 기인한다.

질적 연구의 해석적 특징은 피할 수 없으며, 또한 그것은 질적 연구 수행의 가장 중요한 강점이다(예시 11.4 '경련 또는 윙크?: 현실의 해석적 구조' 참고). 특히, 결과 작성 시 지속적인 과제는 해석적 기능을 인지하고 그것에 민감해지는 것이다. 반성적 자아에 대해 논의하는 중에 이런 작업을 수행하는 자신을 모니터링하는 방법에 관해 더 많은 것을 이야기할 것이다.

사실, 반성적 자아에 대한 이런 언급은 모든 훌륭한 질적 연구에는 서술적 자아와 반성적 자아가 포함되어 있다는 사실에 주의를 기울이게 한다. 서술적 자아는 여러분이 아는 것이나 알게 된 것을 세상에 이야기하고 싶어 한다. 반성적 자아는 배우고 알게 되는 방법에 대한 있을 수 있는 의문을 포함하여 여러분이 알고 있는 것을 어떻게 배우게 되었는지를 시인할 필요가 있다. 훌륭한 질적 연구는 이 두 자아를 표현한다. 서술적 자아를 제시하는 방법은 반성적 자아를 제시한 제4절에 이어 기술한다.

예시 11.4   경련 또는 윙크?: 현실의 해석적 구조

질적 연구에서 유명하고 자주 인용된 에세이에서, Clifford Geertz(1973)는 '심층 묘사'에 대한 Gilbert Ryle의 작품을 인용한다. Ryle의 메시지의 일부는 '사실적'인 묘사로 간주되는 눈을 잠깐 감게 하는 것과 관련된 근육의 수축은 어쨌거나 그 수축이 경련이냐 윙크냐에 따라 전혀 다른 두 가지 의미를 전달할 수 있다는 비유에 기본을 두고 있다.

Geertz는 훨씬 더 어려운 개념을 설명할 때 이 비유를 충분히 활용한다. 인간의 상호작용을 관찰하는 것은 복잡한 관계 속에서 관찰자와 관찰되는 사람 모두를 포함한다. 관찰자는 전형적으로 의도적인 사회적 신호를 나타내는 윙크와 사회적 의미가 거의 없는 경련을 구별하는 등 상호작용의 해석을 해야 할 것이다. Geertz에 따르면, 사실적 관찰자는 둘 사이의 차이를 알지 못할 것이다. 그러나 관찰된 사람은 의도적으로 가짜 윙크를 신호로 보냈을 수 있으므로 해석적 관찰자 또한 유의할 필요가 있다.

3. 서술적 자아 나타내기

▄▌ 미리 보기

- 흥미 있는 부분에서 구성을 시작하고, 독자들이 계속 관심을 유지하도록 하는 방법
- 연구의 실증적 자료 제시와 함께 견고한 구성으로 이야기를 엮어 내는 방법
- 연구의 전문 용어 사용을 최소화하는 방법
- 머리글과 제목 만들기의 어려움

　사람들은 연구 결과와 의미를 연관 지어 서술하기 위하여 수용할 만한 비유가 되는 '이야기하기(storytelling)'를 찾아낼 것이다. 그러나 만일 실제 '이야기'의 문자적인 의미로 이 비유를 사용한다면, 오직 상상에만 과도하게 근거를 두고 있는 연구는 전달되지 못한다는 것을 상기해야 한다. 질적 연구에서 '이야기'는 상상의 산물이 아니라, 현장 경험과 다양한 증거(미리 공지한 후에 추측이 고려된)에서 이끌어 낼 필요가 있다. 연구의 이야기하기는 서술적 자아의 문제에서 가장 중요한 부분이다.

　흥미 있는 부분에서 이야기를 시작하고, 그것의 결론에 이르기까지 매력적인 방법으로 이야기를 이끌어 가는 것이 최종 목표가 되어야 한다. 그러나 허구를 쓰는 것이 아니고 어떤 실증적인 자료에 근거하여 이야기를 써야 하기 때문에 이런 목표를 기대하는 것이 어렵기는 하다. 자료는 이야기의 특성에 상당한 영향을 줄 것이다. 때때로 여러분은 자료에 의해 지지될 수 있는 것보다 더 강력한 이야기를 원할 것이다. 자료는 놀랄 만큼 새로운 결점이나 심지어는 중요한 왜곡을 이야기에 삽입할 수도 있다. 이러한 상황에 휩싸이는 것을 미리 피하기 위한 실제적인 방법 중 하나는 우선 적절한 연구를 설계하고 완성한 후에 점점 더 광범위하고 더 복잡한 연구를 지속하여 의미 있는 향상을 이루도록 하는 것이다.

　연구 결과를 작성하는 형식이 정해진 것이 아니듯, 모든 상황에 단일한 접근

법은 없다. 또한 여러분은 이미 다양한 청중과 질적 연구를 성공적으로 이끌 수 있는 잘 개발된 방법을 알고 있을지도 모른다. 그러나 더 많은 도움이 필요하거나 서술적 자아를 나타내는 추가적인 제안에 호의적인 경우 이용할 수 있는 약간의 팁과 예시가 다음에 있다. 물론 당신이 '내부에서 외부로'(제1절 참고) 작업해 왔기 때문에 성공적으로 대화, 표, 예시, 그 밖의 다른 자료를 모았다면 이야기의 광범위한 개요는 이미 드러났을 것이다.

흥미 있는 부분에서 연구 결과의 작성을 시작하기

이야기를 시작하는 것은 가장 창의적이고 분석적인 생각을 동시에 요구할 것이다. 이 목적은 연구 이야기와 증거의 중심 부분에 여전히 강력하게 연관이 있는 처음의 문단과 페이지를 통해서 본문으로 청중을 유인하는 것이다.

가장 전형적으로 구체적인 사건이나 예시를 묘사하면서 이 작업을 수행할 수 있다. 이러한 전략은 질적 연구의 장점을 따르는 귀납적인 방법이다. 광범위하지만 자극적인 일반화를 먼저 거론하면서 시작할 수도 있다. 비록 이것이 연역적인 출발일지라도 여러 상황에서 이와 같은 일반화는 유혹적일 수 있다.

또 다른 방법으로, 이미 사용된 비유나 다른 작품의 매력적인 인용문을 고려하라. 이런 계획은 사람들의 눈길을 끄는 단어로 나타나지만, 그것이 연구의 중요한 부분과 주제에 직접적으로 연관되도록 해야만 한다(예시 11.5 '매력적인 출발점의 세 가지 예' 참고).

예시 11.5 **매력적인 출발점의 세 가지 예**

이전의 예시에서 다루어진 세 편의 연구는 연구를 시작하는 다양한 방법의 예를 제공한다. 각 시작은 구체적일 뿐만 아니라 이어지는 연구의 중심 주제를 반영한다.

Bogle의 연구(2008) '급만남'은 이러한 관계와 데이트 사이의 구별을 요구한다. 그녀는 유명한 작가 Tom Wolfe(p. 1)가 쓴 긴 인용문으로 본문을 시작했다. 그 인용문은 '홈 플레이트'가 예전에는 '갈 데까지 가는 것'이었던 것과는 달리,

이제는 '서로의 이름을 알아 가는 것'에 주목하면서 성적인 친밀감의 과정을 어떤 사람이 베이스 주변을 달리고 있는 것과 비교하였다.

Anderson(1999)의 연구는 '거리의 코드'에 대한 것이다. 그는 자신이 살고 있는 주요 도심의 사회 여행(social tour)으로 연구를 시작하였다(p. 15부터 이어서). 그 거리는 전통적인 사회 통제를 존중하는 풍요로운 이웃에서 시작되어 경찰과 사법 체계에 대한 신뢰의 부족과 도시 빈곤 및 실업이 결합된 소외 지역에서 끝이 나며, 그것으로 그 거리의 코드를 강조하였다.

마지막으로, Brubaker 등의 연구(2006)는 민족성과 국가주의 같은 추상적인 개념에 대한 것이다. 그 연구는 국가 정서의 정신을 상징화하는 구체적인 사건[소수 민족의 대사관에서 깃발을 제거하는 사건(pp. 1-4)]의 여파를 제시하면서 시작하였다.

* 예시 2.2, 6.3, 7.1, 9.3 참고

 ## 결과 작성의 다양한 '형식'

첫 장면이나 주제를 설정한 후 어떤 시점에서는 연구의 추가 설명을 들어 줄 청중이 있어야 한다.

전통적인 결과 작성 방식의 하나로 잘 알려진 것은 '모래시계' 형식이다(예: Scanlan, 2000, p. 168). 그 형식은 한두 장이나 절의 광범위한 문제로 시작하고, 여러 절에 걸쳐 자세한 결과와 분석으로 규명하며, 일반적인 문제와 결론을 논의하면서 광범위한 수준으로 끝낸다. 마지막 절은 시작할 때 떠올랐던 문제들에 대한 의견을 밝히고, 더 높은 단계의 교훈과 해석으로 나아가는 결과와 분석 방법을 보여 준다. 더 높은 단계의 실질적인 의미는 새로운 지식에 대한 연구의 기여로 나타난다.

대부분의 연구 보고는 이 모래시계 형식을 취한다. 초기의 구체적인 사건이나 새로운 시각을 갖게 하는 사건에 따르면, 앞부분은 연구 주제와 연구에서 동기화된 구체적인 관심사를 확장하면서 광범위한 문제를 설명하는 것으로 시작한다. 중간 부분은 매우 상세한 수준으로 실증적 증거의 관련성을 조사한다. 그리고 뒷부분은 연구의 의미를 토론하면서 광범위한 단계로 돌아가 연구에서 도출한 결론과 해석을 제시한다.

여러분이 모래시계 형식의 결과를 작성하든 아니든 결과 작성 방식은 청중이 남아 있도록 하는 데 영향을 줄 것이다. 예를 들어, 실증적인 정보는 청중이 더 폭넓은 문제와 그것과의 관련성을 잊어버릴 정도로 애매해서는 안 된다.

질적 연구의 결과가 오래도록 영향을 줄 수 있도록 하는 데 적합한 전략은 전개되는 행동을 포함해서 '거기에 있음'을 느끼게 하는 것이다(Degregory, 2007). 전개되는 행동은 양파의 껍질을 서서히 벗기는 동안 청중들이 점점 더 멀고 애매한 설명으로 끌려가고 있다고 느끼게 하지 않는다. 당연히 그것들이 점차로 연구의 핵심을 향하도록 장이나 절에서 연속성이 있어야 한다. 마치 드디어 연구의 가장 은밀하고 귀중한 비밀을 누설하는 것처럼 연구의 가장 중심 부분은 일련의 전체 증거에서 강조될 수 있다.

만일 이야기를 할 때 이와 같은 일반적인 접근을 수용한다면, '내부에서 외부로' 작업하는 것의 이점에 대해 더 잘 이해하게 될 것이다. 실제 '외부' 이야기의 구성과 재구성의 서투름 없이도 내부 자료의 배열과 재배열의 중요성을 보다 쉽게 볼 수 있어야 한다. 그래서 구성을 하기 전에 연구에서 실증적으로 강조할 것을 정해야 한다. 강조할 것은 연구 전체에 표현된 생애사 주인공의 발표일 수도 있고, 그러한 몇몇 사람들에 대한 통합된 정보일 수도 있으며, 현장에서 중요한 사건의 발생일 수도 있다. 또 다른 방법으로, 각 장에 소개된 다양한 사람들의 생애사를 선택하고 강조하는 것을 생각해 보라(예시 11.6 '실질적인 의미를 강조하기 위하여 각 장에 다양한 생애사 이용하기' 참고). 중요한 강조점과 함께 또한 이야기에 결말이 있는지, 그것이 무엇인지, 결말에 이르기까지 가장 어려운 사건은 무엇인지 알고 시작해야 한다.

주목하라. 이 과정 내내 필요한 증거에서 다루지 않은 부분은 애초에 남겨 두었던 자료를 다시 검토하게 하고, 이야기의 흐름을 강화하기 위한 유용한 목적으로 이용될 수 있는지 확인하도록 한다.

예시 11.6　　**실질적인 의미를 강조하기 위하여 각 장에 다양한 생애사 이용하기**

Edin과 Kefalas(2005)는 동부의 유명한 도시에 있는 8개 마을에서 162명의 어머니들의 자료를 수집하고 테이프에 기록하였으며, 참여관찰자로 2년을 함께 보냈다.

저자는 왜 "가난한 여성들이" "결혼은 사치"라고 생각하지만 "자신의 자식을 갖는 것은 젊은 여성의 삶에서 핵심으로 필수적인 것"(p. 6)이라고 생각하는지를 연구하였다. 그 어머니들은 자식을 자신들에게 고난을 주는 존재로 보지 않고 반대로 모성이 자신들을 보호한다고 믿고 있다(2005, p. 11).

결과는 여섯 장으로 구성되었으며, 각 장마다 특정 어머니의 집중적인 생애사를 실었다. 다음에 각 생애사는 각 장의 중심 주제를 설명하였다. 장은 직접적으로 연구와 관련이 있는 생애 주기 과정을 따르는데, 장의 제목은 '우리가 아기를 갖기 전에' '내가 임신했을 때' '꿈이 어떻게 사라지는가' '결혼은 무엇을 의미할까' '사랑으로 하는 일' '어머니라는 것은 내 삶을 어떻게 바꾸어 놓았나' 등이다. 그 생애사는 저자가 서술적이고 설명적인 관점에서 결과를 보고하도록 하였다.

 평범한 말을 사용하고 전문 용어를 최소화하기

대부분의 연구 영역에는 그들만의 전문 용어가 있으며, 특정 영역의 학자들과 공유한다. 비록 학자 사이에서는 전문 용어를 사용하는 것이 쉽고 편하게 느껴진다고 해도 전문가가 아닌 청중들 또는 연구의 외부 영역에 있는 사람들은 그렇지 않을 것이다. 그들은 많은 전문 용어에는 반응을 잘 보이지 않을 것이기 때문에 연구 결과 작성 시에 전문 용어를 최소로 사용해야 한다.

이런 유의 사항은 대부분의 사회과학 연구에 적용된다. 그러나 질적 연구는 이런 문제를 피할 수 있는 좋은 위치에 있다. 왜냐하면 질적 연구와 여러분의 연구는 일상의 모든 상황에서 발생하는 인간의 상호작용을 다루는 경향이 있기 때문이다. 어디서나 할 수 있는 평범한 말을 사용하여 질적 연구의 이런 측면을 최대한 이용하라. 지속적으로 다음과 같은 용어를 사용해야 한다.

- 추상적이 아닌 구체적인 용어
- 여러분의 전문가 동료뿐만 아니라 가족과 개인적인 친구가 이해할 것 같은 말
- 장황하고 범주가 넓은 말보다 간략하고 범주가 좁은 말

동시에 청중이 학자 집단이라면, 기존의 연구와 여러분의 연구에서 선별된 전문 용어를 사용하여 중요한 이론적 문제를 신중하게 연결하여 연구 결과를 작성할 것이다. 이런 상황에서도 여러분은 일상의 이야기를 여전히 평범한 용어로 말하려고 할지 모르지만 이야기의 도입과 해석에서 더 전문적인 용어를 사용하여 토론하라.

 ## 실제 의미를 가진 제목 정하기

제목(보기, 표, 슬라이드에 들어가는)은 청중의 관심을 끌어들이는 데 중요한 역할을 한다. 예를 들어, 대부분의 사람들은 사회과학 보고서를 처음 검토할 때 나름의 독특한 방법을 가지고 있다. 책이나 잡지의 기사라면 확실히 글의 제목에 관심을 가질 것이고, 초록이 있다면 그것을 읽을 것이다. 그들은 여전히 대충 읽으면서 표를 주목하고, 더 주의 깊게 읽어야 할 것이 있는지 파악하기 위해 보고서의 본문을 훑어볼 것이다. 마찬가지로 대부분의 사람들은 더 관심을 가지고 계속 들어야 할지, 아니면 '해변'으로 가는 것을 상상하면서 앉아 있을지 결정하기 위하여 발표의 초반에 귀를 기울일 것이다.

따라서 발표의 초반에 제목의 역할은 결정적일 수 있다(청중의 관심은 양적인 것이 아니라 질적인 것에 있다는 것에 주의하라). 만일 그것들이 빠른 메시지를 담고 있다면, 눈으로 통독하거나 귀가 반쯤은 열릴 것이다. 그러나 도입, 1부, 방법, 결론과 같은 소제목은 결과의 내용이 아니라 오직 피상적인 구조만 전달한다. 더 나쁜 것은, 어떤 연구자(기말 보고서를 쓰듯 원고를 쓰는 경향이 있는 사람)들은 소제목을 전혀 쓰지 않기도 한다는 것이다.

보다 바람직한 것은 관련 단락이나 장을 읽으면서 독자들이 알았으면 하는 것을 구(phrase)나 단문 수준의 소제목으로 만들어 보는 것이다. 예를 들어, 서론이나 결론의 서두는 서론이나 결론에서 무엇을 말하려고 하는가에 대한 실제

적인 내용을 포함하여야 한다. 마찬가지로 표, 보기 또는 슬라이드의 제목은 적어도 표, 보기, 슬라이드의 주제를 나타내야 한다. 그렇지 않으면 자료를 나타내는 결과를 찾아야 한다. 제목은 연구를 훑어보는 사람들을 끌어들일 뿐만 아니라 진지한 청중이 내용을 더 잘 이해할 수 있게 할 것이다.

4. 반성적 자아 나타내기

■ 미리 보기

- 특히, 질적 연구에서 반성적 자아의 중요한 역할과 연구 렌즈를 명확하게 해야 할 필요성
- 연구 렌즈의 잠재적인 측면과 연구 과정에 영향을 주는 방법
- 적절한 곳에서 연구 렌즈를 설명하는 방법
- 반성적 자아가 통제를 벗어나게 하는 방법과 그것을 피하는 방법

반성적 자아는 서술적 자아가 제시한 것을 어떻게 알았는지를 표현한다. 여러분은 그것의 핵심이 연구 방법을 보고하거나 서술적 자아가 설명한 정보에 대하여 다른 중요한 제한과 경고를 나타내는 것이라고 생각할 것이다.

반성적 자아는 모든 과학적 조사에 존재한다. 그러나 다른 연구 영역과는 다르게 질적 연구 방법은 이 점에서 더 복잡하고, 그래서 반성적 자아를 더 많이 드러내는 것이 필요하다. 예를 들어, 여러분은 인식론적인 입장에서 어떤 진술과 묘사를 포함하는 연구를 고려할 수 있다.

🌂 최대한 명확한 연구 렌즈 만들기

가장 복잡한 문제는 연구자인 여러분이 자료를 수집하는 중요한 연구 도구가 되기 쉽다는 사실에서 기인한다. 다른 형식의 연구와는 다르게 질적 연구는 사람들의 행동과 관점을 측정하기 위하여 기계적인 도구나 질문지를 사용할 수도

있지만, 그것을 넘어서는 연구자와 연구되는 현상 사이의 상호작용 및 직접 관찰에 가치를 둔다. 그리고 제5장(제4절)에서 강조하였듯이 연구 도구로서 여러분은 자료 수집 과정에서 특별한 렌즈 또는 필터를 가지고 있다.

어떤 렌즈도 편견에서 자유롭지 못하다. 모든 렌즈에는 주관적이고 또 객관적인 측면이 있다. 반성적 자아를 제시할 때, 가능한 한 많은 연구 렌즈를 드러냄으로써 그것의 질적인 측면을 확인하도록 해야 한다. 이렇게 하는 목적은 렌즈에서 바람직한 것과 바람직하지 않은 것의 잠재적인 영향에 대해서 자체 평가를 할 수 있도록 청중에게 충분한 정보를 제공하기 위한 것이다. 그래서 보고하는 것(예: 연구 참여자에 관한 정보)과 자료 수집 환경 간의 관계에 대한 통찰력을 제공해야 한다(예: Gubrium & Holstein, 1998). 그 환경에는 다음이 포함될 수 있다.

- 여러분의 문화적 성향과 그것이 연구에 포함되는 사람들의 문화와 상호작용하는 방법
- 여러분의 신체적 특징(성, 나이, 외모 등)의 잠재적인 관련성
- 연구의 주제를 지속할 수 있는 동기, 이전의 관심 그리고 견해
- 연구하는 실제 삶의 현장에서 특별한 인간관계와 실제 삶의 현장에 접근하는 방법

다른 말로 하면, 여러분은 서술적 자아가 만든 결과에 어떤 식으로든 영향을 주기 쉬운 렌즈의 특징을 확인하기 위해 열심히 노력해야 한다. 청중에 따라, 우호적이고 통찰력 있는 방법 또는 장점, 약점, 경고로써 이러한 모든 특징을 나타낼 수 있다.

그래서 여러분의 렌즈에 대한 설명은 텍스트의 어딘가에 제시되어야 한다. 그 설명은 다음의 세 영역 어디서든 제시될 수 있다. 첫째, 그것은 연구의 서문에 제시될 수 있다(예시 11.7 '현장연구자의 렌즈에 대해 토론하기 위해 머리말 사용하기' 참고). 그런 배치는 경직된 방법보다 덜 형식적이고 심지어는 우호적인 방법으로 토론하도록 하는 경향이 있다. 둘째, 그 설명은 도입 자료를 포함하는 공식적인 장, 절 또는 장의 일부로 텍스트의 본문에서 토론될 수 있다(예시 11.8

'현장연구자의 렌즈에 대해 토론하기 위해 자아 반성성 제목의 단락 사용하기' 참고).
셋째, 그 설명은 부록에 제시될 수 있다.

예시 11.7　　현장연구자의 렌즈에 대해 토론하기 위해 머리말 사용하기

　　노숙 여성에 대한 그의 연구에서, Elliot Liebow(1993)는 참여관찰자로서 그의
방법을 머리말에 소개하였다. 그는 처음부터 솔직하게 썼다. "이 연구에서 여성
들에 대해 보고된 모든 것은 나에 의해 선택되었고 나를 통해 걸러졌습니다. 그
래서 어떻게 이 연구가 시작됐는가뿐만 아니라 나 자신과 나의 편견에 대해 말
하는 것은 중요합니다"(p. 7).

　　Liebow는 여성들이 머무는 임시 노숙자 쉼터에서 활동했던 3년을 포함해서
자기 자신—그의 나이, 성 그리고 외모에 따른 여성들의 잠재적인 반응; "요청을
받은 몇 명의 요구대로 2달러, 5달러, 10달러, 심지어는 20달러를 빌려 주면서"
또는 사회복지국, 직장 면접, 클리닉이나 병원 그리고 다른 목적지에 사람들을
태워다 주면서 여성들을 돕고자 하는 그의 기꺼운 마음(1993, p. 11); 그리고 참
여관찰자는 가능한 균형적인 관계를 만드는 것이 필요하다는 그의 믿음("그 여
성들은 내가 그들에 대해 아는 만큼 나에 대해 많이 알기를 원했다." p. 12)—에
대해 말하였다(그는 한 달에 두 번 하룻밤을 머무는 자원봉사자였다).

　　이런 참여관찰은 특정한 상호작용에 대한 충분한 예시를 포함해서, 책의 뒷부
분에 기술되는 여성들의 삶에 대한 상대적인 친밀감을 설명하는 데 도움을 준다.

* 예시 1.1과 5.6 참고

**예시 11.8　　현장연구자의 렌즈에 대해 토론하기 위해
'자아 반성성' 제목의 단락 사용하기**

　　'자아 반성성'은 '쿠바 혁명과 그 이후 미국으로의 이민 물결'에 대한 Sylvia
Pedraza(2007)의 방법론 부분에 나타난다.

　　이 단락에서 Pedraza는 쿠바 사건에 대한 그녀 가족의 입장과 그들의 지지와

반대에 대하여 개인적인 견해를 많이 제시하였다. 또한 저자는 자신을 "1960년
대 미국 사회운동의 소산"(p. 32)이라고 생각한다는 사실의 언급과 함께 그녀의
교육과 연구 주제의 관심사에 이 사건이 어떻게 영향을 주었는지를 분명히 하
였다.

　　이런 모든 언급에서 Pedraza는 "보편적인 인간의 권리를 위해 현재 쿠바에서
반체제운동을 벌이고 있는 용감한 남성과 여성"(2007, p. 32)에 대한 공감을 포
함하여 자신의 렌즈를 드러내고 있다. 동시에 그 연구는 매우 조심스럽게 실시되
었고, 기록물, 조사 그리고 현장 증거로 가득 차서, 그녀의 공감이 중심 문제와
결론에 알게 모르게 영향을 주는 것처럼 보이지는 않았다.

* 예시 4.4와 7.1 참고

 ## 중요한 질 관리 절차로서 연구 렌즈 설명하기

　　연구의 질을 판단하는 여러 기준점으로부터, 특히 질적 연구에서 렌즈가 매
우 중요하다고 생각하는 특징을 나타낼 때 인식과 민감성에서 실수하지 말아야
한다. 모든 사람의 렌즈는 연구의 범위, 현장에서 수집할 관련 자료의 선택, 결
과의 해석으로 이어진다. 그런 경우를 원했든 원하지 않았든, 현실 상황과 전반
적인 연구는 의미와 해석에 따라 색이 입혀지게 된다.

　　질적 연구는 또한 비질적 연구에서는 강조되지 않는 필터로서 렌즈의 역할을
점점 더 많이 강조하고 있으며, 비질적 연구에서 연구자는 그들의 잠재적 편견
을 때때로 의식하지 못할 수 있다. 예를 들어, 포스트모더니스트는(Butler, 2002,
pp. 37-43) 비질적 연구를 수행하는 사람들을 포함하여 모든 연구자들은 연구의
우선순위를 설정하고, 특별한 연구 설계와 도구를 선택함으로써 그들의 렌즈를
드러낸다고 가정한다(제12장 제2절 참고).

　　질적 연구를 수행하면서 최선의 연구는 이러한 영향을 제거하는 것이 아니
라, 가능한 한 명확하게 그것을 인식하도록 요구하는 것이다. 그 목적은 재해석
이 가능하도록 청중에게 충분한 정보를 제공하는 것이며, 만일 필요하다면 여
러분의 해석도 함께 제공하기 위한 것이다. 말하자면, 서술적 자아가 충분한 중

거를 제시하고, 반성적 자아가 증거를 모색하며, 수집한 환경에 대해 충분한 정보를 제공할 때 더 좋은 질적 연구를 보장받는다.

 ## 반성적 자아 통제하기

반성적 자아를 드러낼 때 서술적 주석(오직 인용만 사용한 주석과 비교하여)이나 괄호 설명(괄호 안의 글자)과 같은 텍스트 구조 중 어느 쪽이든 지나치게 많이 사용해서는 안 된다.

두 가지 형식 모두 부가적인 자기 관찰로 본문을 재미있게 꾸미거나 본문의 어떤 점에 대한 단서로서 반성적 사항을 추가하게 된다. 어떤 기능이든 주석과 괄호 설명은 보통 연극의 '방백(aside)' (또는 '부수적인 이야기'로 간주된다)의 어조를 취한다. 만일 그러한 내용을 글이 아닌 말로 전달한다면, 청중에게 그것을 말하기 위하여 어조를 약간 누그러뜨릴 것이다.

'부수적인 언급'은 반성적 자아를 표현하기 쉽다. 그것은 서술적 자아가 다른 실제적인 일을 나타내는 것이 아니라 연구에 대해 의견을 말할 것이다(그렇지 않으면 그 자료는 각주나 괄호가 아니라 텍스트의 본문에 똑같이 제시될 수 있다)(앞에 나와 있는 괄호 설명은 이 책에 있는 반성적 자아의 예다).

거의 모든 학자들은 글쓰기와 구어 발표에서 '부수적인 언급'을 한다. 그러나 반성적 자아의 이런 면에 너무 많이 주의를 기울이면, 혼란의 위험을 감수해야 한다. 왜냐하면 독자(또는 청중)는 서술적 자아와 반성적 자아 사이에서 지속적으로 관심을 전환시켜야만 하기 때문이다. 한 비평가는 지나치게 광범위한 서술적 주석에 대하여 다음과 같이 말하였다. "마치 두 명의 저자가 한 명은 (본문과 주석을 구분 짓는) '선의 위에' 다른 한 명은 '선의 아래에' 있는 것 같다." 그렇게 개인이 분리되면 읽는 것이나 듣는 것이 어렵다. 그것은 독자에게 잘못된 자아(반성적 자아)에 지나친 관심을 기울이게 하고, 중심 이야기의 방향을 잃게 할 위험이 있다.

그래서 글쓰기나 구어 발표에서 '부수적인 언급'을 제한하고, 반성적 자아를 통제하는 것은 중심 이야기에 대하여 더 나은 의사소통을 하게 할 것이다. 부수적인 효과로, 주석과 괄호 설명을 구성하고 수정하는 것보다 주요 이야기에 투자할 시간이 더 많아질 수 있다.

 ## 통찰력 있고 흥미로운 머리말 만들기

반성적 자아는 또한 책 앞부분이나 구어 발표의 도입부에 있는 머리말(어떤 형식적인 방법론 설명뿐만 아니라)에서도 드러난다. 단지 질적 연구에서뿐만 아니라, 대부분의 머리말에서는 적어도 두 가지 생각을 다룬다. 첫째, 머리말에는 어떻게 연구 주제에 관심을 가지게 됐고, 왜 시작했는지에 대한 배경이 포함될 것이다. 질적 연구에서 이것은 여러분의 연구 렌즈를 더 체계적인 논의로 쉽게 이끌 수 있다.

둘째, 머리말은 연구하고 있는 주제를 맥락화할 수 있다. 머리말에서 밝히는 견해는 공식적인 참고문헌이나 선행연구의 인용에 대한 의무감 없이 보다 개별적인 것이기 때문에 연구의 형식적인 도입부와 다를 것이다. 맥락화된 자료는 유용하지만 머리말이 사실상의 도입이 되지 않도록 과장하지 않아야 한다.

책의 경우, 머리말은 잠재적인 독자들이 책을 미리 훑어보고 그 책이 읽을 만한 가치가 있는지를 결정하도록 한다. 그래서 머리말을 유의해서 작성하고 통찰적이거나 매혹적인 언급을 하여야 한다. 이러한 언급은 잠재적인 독자에게 책에 더 관심을 갖게 할 수 있다. 마찬가지로, 구어 발표에서 인상적인 머리말로 시작하면 청중은 더 적극적으로 들을 것이다.

보고서에서 미흡한 점은 확실하면서도 매력적인 머리말 작성에 대한 지침이 없다는 것이다. 이러한 점 때문에 머리말에 무엇을 나타낼 것인가에 대해 신중하게 주의를 기울여야 한다. 너무 개인적인 자기중심적 접근은 연구가 의미 있게 진행되는지를 알고 싶어 하는 독자들의 관심을 떨어뜨릴 위험이 있다. 너무 거리를 두는 접근은 냉정하고 기계적으로 보일 위험이 있으며, 질적 연구에 대해 실망을 가져올 것이다. 다른 사람의 머리말을 검토하는 것, 사람들이 말하려고 하는 것과 왜 말하려고 하는지를 결정하는 것, 초안을 동료가 검토하도록 하는 것은 여러분이 알맞은 내용을 찾을 수 있도록 할 것이다.

5. 작성된 연구 결과 수정하기

■ 미리 보기
- 연구의 결과 작성에서 수정 과정의 중요성
- 수정 작업을 도울 수 있는 두 유형의 검토자
- 검토자 의견의 유형과 그것을 다루는 방법

　연구의 일부나 전체 결과를 작성한 후에는 언제든 그것을 수정할 수 있다. 모차르트의 음악처럼 완벽한 작품은 수정할 필요가 거의 없거나 아예 없을 것이다. 그러나 우리 대부분은 처음에 그렇게 완벽한 것을 만들어 내지 못하고, 그래서 결과물을 수정하는 시간을 가져야 한다.

　수정 작업에 소요되는 시간은 학문 수준에 따라 다양할 것이다. 대부분의 과정에서 수정 작업은 연구 전체에 쏟은 노력의 5~10%가 소요될 것이다. 그러나 학위논문, 박사논문 그리고 더 광범위하고 복잡한 연구에서 수정 작업은 전체 연구의 더 많은 부분을 차지할 수 있다. 연구 결과의 어떤 부분은 아직도 1차의 마무리만 마친 반면, 일부는 완성됐고 일부는 계속 수정하면서 연구 결과 작성의 전반에 걸쳐 수정 작업이 지속될 수 있다.

수정 과정에서 검토의 유용성

　연구를 할 때 반드시 필요한 것은 다른 사람들이 연구를 검토하도록 하는 것이다. 이때 연구의 참여자와 동료가 가장 중요한 검토자가 된다.

참여자
　여러분은 이미 현장연구 내내 '검토자'의 일부인 연구 참여자와 다양한 현장 노트를 확보하고 있다(제7장 제3절 참고). 그러나 최종안을 구성하는 마지막 단계에서 추가적인 피드백을 요구할 기회가 있다. 가능하면 연구 설계에서 이전에 고려했던 절차를 따라야 한다(제4장 '선택 6' 참고).

피드백의 목적 중 하나는 정보의 정확성을 확인하는 것이고, 이러한 목적은 연구 초안의 일부를 선택하여 연구 참여자에게 보여 주는 것으로 달성될 수 있다. '정확성'은 어떤 하나의 사실만을 의미하는 것이 아니라 보고된 사건의 정확성을 확보하려고 노력하면서 여전히 다양한 관점을 수용하는 것이라는 점에 주목하라. 그래서 연구 참여자들이 정확성을 점검하는 것은 그들이 말했던 것에 대해 본문에서 무엇을 말하는지 확인하는 것을 의미한다.

피드백의 또 다른 목적은 추가적인 통찰력과 반응을 얻는 것으로, 연구 참여자들은 여러분이 처음에 무엇을 취합했는지 볼 수 있다. 이런 상황에서 여러분은 전체 초안을 공유하려고 할지 모른다. 그러나 그렇게 공유할 수 있는 전체 초안을 만드는 것은 예상하지 못한 결과를 초래할 수 있다는 것을 미리 경고한다. 왜냐하면 연구 참여자들은 그것이 지나치게 학문적이고, 그런 면에서 자신의 현실과는 다르다고 생각할 수 있기 때문이다. 만일 전체 초안을 공유할 예정이라면 그 전에 그것을 소개하고, 그것의 방향을 토론하는 것이 필요하다. 또한 만일 연구 참여자들이 초안의 중요한 부분에 동의하지 않을 경우 어떻게 반응할 것인가에 대해서도 준비해야 한다(예: Locke & Velamuri, 2009).

동 료

두 번째 유형의 '검토자'는 학문적 동료다. 예를 들어, 이들은 연구 내용 또는 방법(또는 두 가지 모두)을 잘 알고 있고, 그렇지 않은 경우에는 연구에 대한 예리한 분석력이나 비판적인 안목을 가지고 있을 것이다. 이런 동료는 저널과 다른 출판물을 대신하여 여러분의 연구 결과를 검토하는 사람과 유사하며, 전통적인 '동료 검토' 과정의 일부로 생각할 수 있다.

사회과학 연구에서 동료 검토를 고수하는 것이 독특한 것은 아니다. 검토 절차는 예술이나 건축과 같은 영역뿐만 아니라 다른 모든 연구 영역(예: 자연과학, 의학)에도 존재한다. 이러한 영역에서 그 절차는 꽤 까다로울 수 있다. 또한 검토는 글이나 구어의 형식을 취할 수 있다.

동료 검토 과정에서 신뢰를 유지하고 반응하라. 동료의 피드백을 받고, 피드백을 반영하여 작성한 결과를 수정하거나 심사숙고하는 것은 결국 연구를 견고하게 할 것이다. 연구는 검토한 동료의 이름이 아니라 여러분의 이름으로 발표된다는 것을 기억하라. 이런 의미에서 여러분은 동료들의 조언의 수혜자이며, 그런 조언을 자유롭게 나눌 수 있는 것에 감사해야 한다. 개인적으로 알고 있는 선배 학자는 그 내용에 상관없이 검토자들의 의견에 항상 반응을 보이겠다고 활동 초반부터 약속을 했다. 해를 거듭하면서 이러한 행동은 그 학자의 작품이 100% 수용률을 달성하는 데 많은 도움을 주었다.

　동료 검토자들은 많은 의견을 제시할 수 있다. 대부분의 저널은 검토자들에게 원고의 증거가 조직적으로 수집됐는지, 그것이 결론을 지지하는 것처럼 보이는지에 대한 의견과 함께 실증주의적인 방향으로 검토하도록 한다. 어떤 검토자는 직접적인 방법으로 기록하고, 공개적으로 심각한 우려를 표할 수도 있다. 다른 검토자는 부드럽게 기록하지만 사실상 여전히 우려되는 문제를 제기할 것이다. 〈표 11-1〉에는 검토자의 의견, 더 심각한 우려 그리고 의견에 반응하는 방법이 나타나 있다.

　동료 검토 과정의 일부로, 저널 및 기타 저작물은 종종 저자들에게 관련 검토자의 추천을 요구한다(만일 그 검토자들이 그렇게 하지 않으면 또 다른 일반적인 방법은 참고에서 인용한 주요한 연구물의 저자에게 접근하는 것이다). 그 검토자들은 보통 익명으로 제시될 것이다. 그러나 어떤 상황에서는 제안 검토 위원회 또는 논문 검토 위원회와 같은 곳에서 검토자 신분에 대한 정보를 쉽게 이용할 수 있다. 이런 상황에서 항상 검토자의 연구나 경험에 대해서 알려고 노력해야 한다. 모든 검토자는 어떻게 연구가 가장 잘 실행되는지에 대한 자신만의 관점을 가지고 있고, 이러한 관점은 보통 자신의 글에 나타난다. 그래서 검토자의 연구나 경험에 대하여 알 수 있는 방법 중 하나는 그들의 연구물을 접하고 읽는 것이다.

　질적 연구에서 그러한 준비는 적극 추천된다. 검토자가 될 가능성이 있는 사람이 질적 연구 전반에서 상당히 다른 관점을 가질 수도 있고, 또한 질적 연구의 다양한 접근에 대하여 선호가 다를 수 있다. 검토자의 의견을 모두 수용할 필요는 없지만 또한 검토자의 관점을 이해하지 못했기 때문에 잘못 해석해서 의견을 무시하는 것은 원하지 않을 것이다.

〈표 11-1〉 검토자 의견의 서술 유형에 대한 반응

	서면 메시지	잠재적으로 더 심각한 메시지	고려해야 할 반응
1	결론이 실증적 증거에 의해 지지되지 않는다.	연구가 심각한 결함이 있거나 또는 중요하지 않은 결론을 내렸다. 그래서 발표될 수 없다.	제시할 유용한 증거가 더 있는지 확인하기. 그러나 인용된 증거가 어떻게 모든 수집된 증거를 고르게 제시하고 있는지를 보여 주기. 인용된 증거와 일치하도록 결론을 수정하고, 결론이 어떤 결과를 가져오는지 확인하기
2	발견, 해석, 결론이 논리적으로 서로 연결되지 않는다.	보고서가 허술하게 작성됐다. 저자의 연구 논리가 매우 취약할 가능성이 있다.	텍스트를 재구조화하기. 또한 실질적인 논쟁을 증가, 수정 또는 삭제하기. 사용한 개념을 명확히 하기. 경우에 따라서는 그것들이 혼돈의 원천일 수 있음
3	현장연구 또는 다른 연구 방법이 부적절하게 기술되어 있다.	연구 방법이 연구 주제나 연구 설계에 적합하지 않다. 또는 검토자가 그 방법을 싫어한다.	연구 방법의 선택이나 다른 고려할 만한 선택 사항에 대해 논의하기. 만일 있다면 연구에 사용된 프로토콜의 예를 포함해서 더 상세한 설명과 함께 연구 방법 부분 늘리기. 반성성에서 생기는 위험에 대해 더 많은 통찰력을 제공하기
4	자료의 분석과 제시에서 자료가 적절하게 다루어지지 않았다.	보고서에서 표면적인 방법이나 조잡한 방법으로 자료를 분석했다.	분석의 일부 또는 전부를 재실행할 수 있다는 생각으로 분석 방법 재고하기
5	텍스트가 여러 가지 오류를 포함하고 있다.	문헌의 이해 부족이나 엉성한 글쓰기로 인해 내용이 부정확하다.	본문과 표를 신중히 편집하기. 또한 인용이 적절하고 정확한지 확인하기

 수정에 필요한 시간과 노력

수정 작업 과정에서 검토자가 각 버전에 대하여 제공한 피드백을 받고 나서 처음의 보고서를 여러 번 고쳐 쓰게 될 것이다. 이런 과정에서 실망할 것을 대비하고, 이 모든 수정 과정의 수혜자는 오직 자신이라는 것을 지속적으로 상기하라. 작성된 것을 더 많이 수정할수록 연구 결과물은 더 좋아질 것이고, 여러분은 질적 연구 분야에서 인정받는 사람이 될 것이다.

수정은 다음과 같이 결과 작성의 다양한 면에서 이루어질 수 있다.

- 증거를 제시할 때의 오류에서부터 다른 사람의 작품을 인용할 때의 오류까지 기술적인 오류 수정하기
- 증거, 해석 그리고 결론을 연결 짓는 해석과 논리를 분명하게 하기
- 비록 자료 수집이 끝난 것 같을지라도 대안적인 방법으로 자료 재검토하기
- 처음부터 인용하지 않았지만(또는 그것에 대해 모르는) 검토자 때문에 관심을 갖게 된 작품의 저자가 제안한 대안적인 해석 고려하기
- 더 광범위한 이론이나 전문적 관점과 관련하여 여러분의 연구물의 가치에 대한 자신의 의견을 확장하기(또는 생략하기)

 편집과 교정 그리고 편집자의 글 검토

이 과정은 오랜 시간 동안 그리고 작성된 연구물의 여러 버전에 걸쳐 진행될 수 있다. 비록 다른 사람들이 여러분을 대신해서 편집과 교정을 할 수는 있어도 이것들의 대부분이 어떻게 진행되는가를 알아야 한다. 또한 이들이 결과를 어떻게 작성했는지를 검토하고 수정에 동의하거나 좀 더 향상시킬 수 있을지 확인해야 한다. 오늘날의 출판계를 의심하라. 이러한 외부의 조력자들은 전반적으로 구체적인 주제나 선호하는 언어와 관련된 '전문 용어'를 적절하게 사용하는 데 민감하지 않을 수 있다. 예를 들어, 미국 영어는 세계 각지에서 사용되는 영어와 다를 것이다.

결국 여러분의 이름이 걸린 여러분의 작품이다. 청중은 마무리된 작품의 질로 여러분을 평가할 것이며, 다른 사람들이 편집과 교정에 도움을 주었는지는 알지도 못하고 관심도 없다. 결과적으로 마무리된 작품에 자부심을 가져라. 동료가 검토한 공개 토론회에서 생각과 결과를 공유하는 것은 권리가 아니라 특권이다. 그 특권은 사회과학을 하거나 연구하는 오직 소수의 사람들에게만 제

공되는 것이다. 여러분이 그중의 한 사람이라는 것에 기뻐하라.

주요 용어와 개념 --

1. 공공 지식과 비교되는 개인 지식
2. 내부에서 외부로, 그리고 뒤에서부터
3. 1인칭, 2인칭, 3인칭 표현
4. 사실적 · 고백적 · 인상적 이야기
5. 서술적 자아와 반성적 자아
6. 모래시계 형식
7. 연구 전문 용어
8. 어떻게 알고, 무엇을 하는가
9. 연구 렌즈
10. 질적인 관리
11. '방백' 또는 부수적인 언급
12. 연구 참여자의 검토와 동료 검토
13. 전문 용어

학습활동   현장 관찰 요약하기

현장 노트에 근거하여 제5장 연습 문제의 현장 관찰을 요약하라(행간 2.0으로 된 세 장 이상). 요약이 현장연구의 간단한 연대기나 일기가 되지 않도록 개념적 틀을 개발하라. 그래서 그 요약은 어떤 구체적인 결론에 도달하여야 한다.

그것이 학문적인 저널에 발표되기 위해 제출될 것처럼 요약하라(만일 원한다면 특정 저널을 선택하고, 저널에서 중요하게 생각하는 양식과 구체적인 주제에 맞추어 요약하면 이 과제는 향상될 수 있다).

이 연습 문제를 하면서 제10장의 연습 문제에서 만든 슬라이드가 결과를 요약하여 작성하는 것을 더 용이하게 하는 데 도움이 되었는가? 만일 그렇다면 어떻게 도움이 되었는가? 만일 그렇지 않다면 왜 그렇지 않은가?

제4부

질적 연구 수행의 한 걸음 더 나아가기

제12장 질적 연구 수행의 도전 확대하기

질적 연구 수행의 도전 확대하기

이 장에서는 질적 연구를 사회과학 연구의 광범위한 영역 안에 포함시킨다. 이 장의 초반부에서는 특히 질적 연구와 비질적 연구 사이의 유사점과 차이점이 관련되어 있다는 것을 다룬다. 그 차이는 다양한 세계관을 반영하고, 이러한 차이는 많은 토론과 논쟁의 주제가 되고 있다. 그 토론에는 실제로 객관적인 연구, 사회과학 또는 그 밖의 방법, 어떤 상황에서도 성취가 불가능할 것이라는 포스트모더니스트의 관점이 포함되어 있다.

이 장에서는 그러한 토론에 대해 검토하고 질적 연구와 양적 연구 방법을 결합하는 것이 하나의 해결책이라는 점을 시사한다. 그래서 이 장에서는 이런 유형의 연구를 소개하고, 사례연구와 함께 자세하게 설명할 것이다. 전체적으로 이 장은 질적 연구의 역할에 대한 심층적 이해를 제공하고, 독자에게 미래의 질적 연구를 강화할 새로운 아이디어를 생각해 보라고 촉구한다.

제1장부터 제11장까지는 다른 학자들의 경험을 묘사하는 많은 예시와 더불어 질적 연구를 수행하기 위한 광범위한 생각과 절차를 제시하였다. 이러한 생각을 흡수하고 절차를 이해하면서 여러분은 이미 질적 연구를 많이 배운 것이다. 이 절차를 연습하면서 실제의 질적 연구 수행에서 겪게 되는 중요한 문제에 봉

착하게 될 것이다. 실수만 하지 않는다면 틀림없이 획기적인 발전을 이룰 것이다. 여러분은 지금 마무리된 질적 연구의 초안을 작성하고, 적절한 결과와 절차에 대하여 토론할 수 있어야 한다.

동시에 더 큰 어려움이 여전히 앞에 놓여 있다. 그것을 미루면 당장은 아니지만 나중에 마주칠 것이다. 특히, 오직 한 편의 질적 연구를 수행하는 것 이상을 원한다면, 그리고 질적 연구를 수행하는 적절한 경력(career)을 추구하고 있거나 추구하기를 원한다면, 결국 그 어려움을 완전히 무시할 수 없다.

그 문제는 질적 연구가 고립되어 존재하는 것이 아니라는 인식에서 기인한다. 그보다 질적 연구는 광범위한 사회과학 분야의 일부다. 질적 연구를 수행하는 것은 사회과학 연구를 수행하는 한 가지 방법일 뿐이다. 더 광범위한 영역은 비질적 연구 방법을 포함한다. 연구 경력의 어느 시점이 되면 여러분은 질적 연구가 어떻게 광범위한 사회과학 연구 영역과 관련이 있는가에 대하여 설명할 필요가 있을 것이다.

마지막 장에서는 이러한 관련성을 정립하도록 도울 것이다. 이 장은 질적 연구와 일반적으로 양적인 방법의 일부로 언급되는 비질적 연구 사이의 중요한 차이점을 드러낸다. 지금까지 이 책에서는 양적 연구 방법이 무엇인가에 대하여 정의를 내리려는 시도가 없었기 때문에 양적 연구라는 말을 거의 사용하지 않고 더 광범위하면서 모호한 용어인 비질적 연구라는 말을 더 많이 사용하였다. 간단히 말하면, 그런 방법에는 인구학, 역학 또는 경제학에서 사용되는 조사, 실험연구, 준실험연구 또는 자료를 이용한 통계연구가 포함된다.

사회과학 연구의 광범위한 영역에 대하여 알고자 하는 바람은 이 장을 거치면서 더 심화될 것이다. 혼합연구 방법에 능숙하려면, 제3절의 후반에서 논의한 것처럼 질적 연구를 수행하는 방법뿐만 아니라, 양적인 방법을 어떻게 사용하는가에 대하여 알 필요가 있다. 이 방법들을 적절하게 사용하기 위해서, 그것에 대해서 공부하거나 그렇게 하는 누군가와 협력해야만 한다. 이 모든 것은 질적 연구를 마스터하려는 요구에 더해지는 것이다. 혼자 하든 협력자와 하든 질적 연구와 비질적 연구 방법을 혼합하는 방법을 알 필요가 있다.

이 장이 마무리될 즈음, 더 심화된 관점은 질적 연구를 더 잘 이해하도록 할 것이다. 그래서 마지막 고려 사항으로서 제4절에서는 간략하게 질적 연구 초안의 지속적인 발전을 위해 어떻게 할 것인가에 대한 문제를 제기하고, 아직 만족스럽지는 않지만 미래를 위해 우선적으로 고려해야 할 세 가지 요구 사항을 강조한다.

1. 광범위한 사회과학 연구 영역의 일부로서 질적 연구

◢ **미리 보기**

- 질적 연구와 다른 사회과학 연구 사이의 중요한 유사점과 차이점
- 사회과학 연구를 수행하는 데 있어 다양한 세계관의 기본을 이루는 가정
- 이런 가정이 질적 연구와 비질적 연구 사이에서 추가적인 차이점을 만들어 내는 방법

많은 질적 연구 절차가 모든 사회과학 연구에 포함되어 있는 더 일반적인 절차를 따른다. 그 밖에 질적 연구의 특징은 사회과학 연구를 수행하는 다른 방법에 비해 더 독특하고 차이가 있다. 여러분은 이러한 유사점과 차이점에 대하여 잘 알고 싶을 것이다.

유사점

몇 가지 분명한 점에서 질적 연구를 수행하는 방법은 사회과학 연구를 수행하는 방법과 다르지 않다. 몇 가지 예는 다음과 같다.

가장 분명한 유사점 중 한 가지는 질적 연구의 시작 절차다(제3장 참고). 시작 단계에서 연구의 새로운 주제를 제안하는 데 도움이 되는 것은 선행연구 모음집(study bank)의 형식으로 이전 연구들을 이용하는 것이다 이런 절차는 결코 질적 연구에만 국한되지 않는다. 그것은 또한 대부분의 다른 사회과학 연구에도 적용된다. 마찬가지로 유사점은 연구 순환의 마지막 단계에도 있다. 예를 들어, 제11장에서 논의한 최종 연구 결과의 수정으로 제안된 방법은 마찬가지로 대부분의 다른 사회과학 연구와 관련이 있다. 모든 실증적 연구는 연구가 질적

연구 방법을 사용한 것에 상관없이 일반적으로 동료 검토자에게 도움을 받을 수 있다.

여러분은 여전히 다른 유사점에 주목할 것이다. 예를 들어, 제4장에서 제시한 설계의 특징 중 타당성(validity)에 연관된 **삼각검증**(triangulation)의 사용과 연구 결과를 강화하는 상반되는 생각하기(rival thinking)의 중요성은 질적 연구만의 독특함은 아니다. 마찬가지로, 분석 기준으로서 지속적인 비교(constant comparisons)의 유용성뿐만 아니라 반대 사례(negative instances)에 대한 진지한 탐색은(제8장 제4절 참고) 다른 모든 사회과학 연구와 같은 방향으로 나아가고 있음을 보여 준다.

다른 분석 절차와 관련하여 중요한 기본적인 유사점이 자주 간과되고 있다. 예를 들어, 분석을 준비하면서 제8장에서 질적 연구는 특별한 용어(glossary of terms)의 생성에서 도움을 받을 수 있다고 말하고 있다. 그 용어의 역할은 비질적 자료를 분석하는 데는 별 도움이 되지 못한다. 왜냐하면 그 용어는 비질적 자료 분석의 준비에 사용되는 자료 사전(data dictionaries)과 유사한 기능을 수행하기 때문이다.

흥미롭게도, 또한 제8장에서 논의한 것처럼 질적 자료를 수집하는 데 배열, 위계, 매트릭스의 사용은 다른 유형의 사회과학 연구에서도 볼 수 있을 것이다. 중요한 차이점은 다른 연구 방법에서의 자료는 숫자로 이루어진 경향이 있는 반면에 질적 연구는 주로 글자와 내러티브로 구성되었다는 것이다. 이런 차이에도 불구하고, 예비 분석 단계로서 질적 연구에서 매트릭스를 사용하는 것은 기능적으로 서로 다르지 않다. 비질적 연구에서 보다 통계적인 방법을 실시하기 전에 카이스퀘어(chi-square) 또는 상관분석(correlations)을 수행하는 것도 마찬가지로 예비 분석 단계의 역할과 기능적으로는 다르지 않다.[1]

---

1 두 가지 잠재적인 유사점은 이 책의 범위를 넘어선 더 장시간의 조사가 필요하다. 제1장에서 첫 번째 유사점에 관해 간략하게 언급했다. 질적 연구에서 연구자의 반성적 역할의 가능성은 잘 알려져 있으며 조사는 되지 않지만 실험연구의 '실험자 효과'와 비슷하다. 두 번째 잠재적인 유사점 또한 실험연구와 관련이 있다. 공식적인 출판물에서 보고된 거의 모든 실험이 반대 사례에서 출발하고, 실험 절차에서 초반의 차이(earlier variation)를 논의한다(Streiner & Sidani, 2010). 통상적으로 이런 초반의 차이는 공식적으로 보고되지는 않았지만, 질적 연구를 시작할 때 마주치게 되는 초기의 시행착오 경험과 비슷할 것이다. 이 장의 후반부에 인용한 '예시 12.2'는 실험연구에서는 전형적으로 보고되지 않은 초반의 차이의 예를 보여 준다.

차이점

질적 연구에는 다른 사회과학 연구와 다른 독특한 절차가 있다. 몇 가지 예는 다음과 같다.

중요한 차이는 연구자인 여러분이 중요한 연구 도구가 되어 현장 기반의 자료를 수집하는 질적 연구의 핵심 특징에서 기인한다. 비록 구조화된 면접 질문지를 포함해서 다양한 자료 수집 방법을 사용한다고 해도 질적 자료 수집을 위한 여러분의 중요한 신념은 공식적으로 개발했든지 그렇지 않든지 간에 연구 프로토콜(research protocol)이 될 것이다(제4장 '선택 8' 참고).

그 프로토콜은 연구 과정에서 따르게 될 사고체계 또는 실마리가 되는 질문을 구체화한다. 그 사고체계는 질적 연구 면접이나 현장 관찰의 중요한 주제를 다룰 것이다. 그 연구 프로토콜은 다른 도구의 사용을 구체화할 것이다. 예를 들어, 만일 질적 연구에 자료 수집의 일부로 구조화된 면접이 포함된다면 그 도구로는 설문조사 질문지가 포함될 것이다. 그러나 특히 다른 사회과학 연구 방법과 비교하여 연구 프로토콜을 사용하고, 질적이거나 비구조화된 면접을 처음에 실행하는 것은(제6장 제3절 참고) 질적 연구의 독특함이다.

또한 질적 연구는 내러티브 자료를 수집한다는 점에서 다르다. 여러분의 목적은 연구하는 사건의 맥락에서 더 잘 이해되고, 연구가 제대로 인정받기 위해서 충분한 자료를 모으는 것이다. 동시에 연구의 배경이 되는 이웃에 대한 인구조사 자료를 제공하는 것처럼 수량화된 자료는 내러티브 자료를 보충할 수 있다. 그러나 내러티브 자료는 여전히 질적 연구의 독특함이다.

아마도 **분석적 일반화**(analytic generalization)와 **통계적 일반화**(statistical generalization) 사이에 발생하는 또 다른 차이점은 구별해 내기가 더 어려울 것이다. 이런 특징은 분석 단계뿐만 아니라 질적 연구의 설계에서도 발생한다(제4장과 제9장 참고). 모든 질적 연구와 비질적 연구가 반드시 결과의 일반화를 도출하는 것이 목적은 아니다. 그러나 어느 연구든지 다음과 같이 정도에 따라 일반화와 관련되어 있을 것이다. 질적 연구는 분석적 요구에 기초하여 다른 상황에 일반화하는 경향이 있는 반면, 비질적 연구는 통계적 요구에 기초하여 집단에 일반화하는 경향이 있다.

전반적으로, 유사점과 차이점에 대한 앞의 간략한 요약은 사회과학 연구의 전 영역에서 질적 연구의 위치에 대한 이해를 향상시킬 것이다. 이러한 이해는 질적 연구만을 수행하는 한계를 극복하도록 할 것이다. 여러분은 잠재적으로 보다 매력적인 결과를 도출할 수 있는 질적 연구 방법과 다른 방법의 사용을 동시에 고려해야 한다. 결합하거나 혼합하여 사용하는 이 방법은 혼합연구 방법에 대한 관심의 기초를 이룬다. 그래서 여러분은 질적 연구를 수행하는 레퍼토리에 추가하여 단일연구로서의 혼합연구 방법(a mixed methods study)의 수행을 고려할 수도 있다. 이 장의 제3절은 이 광범위한 문제의 도입이 된다.

사회과학 연구에서 세계관의 차이

질적 연구와 다른 형식의 사회과학 연구 간의 비교는 세계관의 차이를 반영할 수 있다.

세계관은 수용할 만한 연구의 질과 그것을 실행하는 방법에 대한 신념으로 구성되어 있다. 최근까지 사회과학 분야는 세계관의 차이를 가볍게 받아들이지 않았다. 따라서 여러분은 그 과정에 대해 조금은 알고 싶을 것이며 다음에 그것을 기술하였다.

제1장에서는 질적 연구에서의 다면적인 세상을 보여 주었다. 모자이크의 시작점은 인간 세상의 사건은 오직 하나의 사실이 아니라 복합적인 사실로 해석될 수 있다는 가능성을 보여 주었다[예: 똑같은 사건에 대한 내부자 관점(emic)과 외부자 관점(etic)].

사실 질적 연구의 모자이크는 더 일반적으로 사회과학 연구 전반에서 더 많은 차이점을 모방할 수 있다. 그래서 사회과학 연구의 수행에 대한 대안적인 가정(예: Hedrick, 1994, pp. 46-49; Reichardt & Rallis, 1994b; Tashakkori & Teddlie, 1998, pp. 6-11)에는 다음이 포함된다.

- 복합적인 사실 대 단일의 사실
- 연구가 가치 지향적인가, 가치 중립적인가?
- 연구 일반화가 시간과 문맥에서 자유로운 방법으로 만들어질 수 있는가?

그렇지 않은가?

• 사회과학 방법으로 인과관계를 확인하면서 일시적으로 원인이 효과의 앞에 오는 것인가? 그렇지 않은가? 또는 원인과 결과가 사실상 동시에 일어나서 구별하는 것이 불가능한가? 가능한가?

전형적으로 서로 다른 두 세계관에 따르면, 질적 연구를 하는 사람들은 가치, 시간 그리고 맥락에 따라 다양한 현실 세계가 있고, 그것의 원인과 결과의 복잡성은 사실상 그것들을 구별하는 것을 불가능하게 한다고 가정하는 경향이 있다. 비질적 연구를 좋아하는 사람들은 그 반대의 생각을 하는 경향이 있다.

이러한 차이를 수용하는 것은 질적 연구와 비질적 연구는 다를 뿐만 아니라 양립할 수 없다는 결론에 이를 수 있다. 질적 연구자들은 비질적 연구자들을 인간의 상황과 무관한 것은 아니지만, 인간의 더 사소한 측면에 초점을 맞추면서 인과관계를 성립시키기 위해 가치 없는 도구를 사용하려 한다고 볼 수 있다. 반면에 비질적 연구자는 질적 연구자를 선입견과 그로 인한 신뢰할 수 없는 연구 결과의 끝없는 거미줄에 얽혀서 다양한 사실과 인간 세상의 복잡성에 집착하는 것으로 볼 수 있다(Reichardt & Rallis, 1994b, pp. 7-9). 당연하게 그 차이는 첨예하고 지속적인 논쟁의 원인이 되고 있다.

2. 계속되는 대화

◢ 미리 보기

• 사회과학 연구가 '객관적'일 수 있는가에 대한 논쟁의 조건
• 질적인 방법과 양적인 방법의 지지자 사이에서 프로그램 평가 영역의 갈등
• '절대 기준'을 지키는 것과 오직 한 가지 방법을 사용하는 연구를 지지하는 것의 충돌

연구의 자리매김

수년간 이러한 세계관을 다루는 논쟁은 연구의 종류를 자리매김하는 방법에 대한 중요한 이해를 도출해 냈다. 그것에는 연구 우선순위와 의제의 배경, 개발되는 연구 설계와 도구의 선택 그리고 그것의 사용, 그래서 드러나는 독특한 사실의 선택을 넘어서는 더 민감한 부분이 많이 있다.

또한 학자들은 처음에 인간의 사회문제에 대하여 진정으로 '객관적인' 질문이 가능한지에 대한 것을 포함하여 이런 세계관의 영향에 대해 격렬하게 논쟁하고 있다(예: Eisner & Peshkin, 1990; Guba, 1990; Phillips, 1990a, 1990b; Roman & Apple, 1990). 예를 들어, 연구자의 외부에 있는 질문지나 다른 도구를 사용하여 '객관적'이라고 믿어지는 질문도, 연구 문제나 질문에 대한 연구자의 정의에 의해 여전히 알게 모르게 영향을 받을 것이다.

그런 논쟁이 어느 극단까지 갈 수 있는지 설명하기 위하여 지난 수십 년간 관심을 받아 온 포스트모더니스트(postmodernist)의 관점에 따르면, 추상적인 그림 그리기부터 과학적 연구를 수행하는 것까지 모든 인간의 노력은 은연중에 다른 사람을 통제하려는 욕망에서 비롯된다는 것이다(예: Butler, 2002, pp. 2-3; Eisenhart, 2006, p. 577).

한 포스트모더니스트는 보편적인 진실을 도출해 내기 위한 요구로서 자연과학자에 의해 촉진된 '객관성'도 실상은 다른 사람들 이상의 특권을 과학자들에게 준 것이라고 주장한다. 예를 들어, 과학자들은 특정 주제, 사람 또는 표본을 선호하는 연구 목적으로 사용하고 과학자의 관점에서 그들이 '객관적으로' 연구할 준비가 되어 있지 않은 다른 주제들은 무시한다. 마찬가지로, 포스트모더니스트의 비평에 따르면, 질적 연구는 학술 분야(예: 인류학)의 관심과 은연중에 '서부 핵심 권력의 구성'을 전파하는 방법으로 '현장(배경)'을 정의할 수 있다고 한다(Berger, 1993; Sluka & Robben, 2007, p. 18 인용).

포스트모더니스트의 주장은 강력한 반론(Butler, 2002, pp. 37-43)뿐만 아니라 타협적인 실제도 발달시키고 있다. 예를 들어, 통제와 관련된 포스트모더니스트의 논쟁을 완화하기 위하여, 질적 연구자는 그들과 협력한 연구 참여자에게 어떤 유용한 지지를 제공하는 것과 같은 현장의 윤리적 요구에 대한 상호성에 점점 더 공헌하고 있다(Sluka & Robben, 2007, p. 21). 더욱이 현시점에서 질적 연구자는 전통적인 위계 관계를 따르는 것보다 지식의 공동 생산 결과를 가져오는 관계를 포함해서, 연구자와 참여자가 다양한 관계를 맺게 될 가능성을 인정하고 있다(예: Karnieli-Miller, Strier, & Pessach, 2009). 게다가 실행 연구(action research)에 기반을 두고 있는 질적 연구는 공동 연구 참여형(participatory mode of cooperative inquiry)으로 정의할 수 있다(예: Reason & Riley, 2009).

질적 연구 방법 대 양적 연구 방법

사회과학 연구 전반에서, 특히 1980년과 1990년 초기의 프로그램 평가 영역에서 질적 연구 방법 대 양적 연구 방법에 대한 논쟁은 지속적으로 격렬하게 이루어지고 있다. 그 경쟁적인 세계관은 질적 연구 방법을 옹호하는 사람들과 양적 연구 방법을 옹호하는 사람들 사이에 나뉘어 있다. 그 논쟁은 너무나 심각해서 패러다임 전쟁으로 알려져 있다(예: Datta, 1994; Reichardt & Rallis, 1994a). 다른 세계관의 옹호는 서로 다른 방법과 각 연구의 신빙성을 불신하면서 서로 상대편을 과소평가하려고 한다.

논쟁의 격렬함은 다른 어떤 것을 넘어서서 일관되게 적용되는 방법은 없으며, 대조적인 연구 방법은 사회과학에서 언제나 공존한다는 사실을 무색하게 하고 있다. 프로그램 평가의 불일치 면에서 상당히 이전에 제기됐던 사회과학 영역의 방법론적 차이는 오랫동안 인식되고 묵인되어 왔다. 프로그램 평가 시 저자를 포함하여 많은 사람들은 모든 연구 방법에서 구체적인 증거, 상반되는 설명에 관한 생각, 의미 있는 결과의 추구, 주제에 맞는 연구의 전문성 보여 주기와 같이 공통적인 것의 중요성을 주장한다(Yin, 1994, p. 82).

분야에 상관없이 사회과학 연구의 수행에서 전통적이고 더 지속적인 목표는 "어떤 협소한 방법론적인 전통을 고수하는 것"(Patton, 2002, p. 264)보다는 조사하고 있는 연구 문제에 맞는 적절한 방법으로 구성하는 것이다. 한 가지 예를 들자면(예: Shavelson & Townes, 2002, 제5장), 중재가 효과적인지 아닌지를 판단하는 것이 평가의 목적인 경우에는 양적인 연구를 요구할 것이다. 그러나 중재와 그것의 실행 특성을 판단하는 것이 평가의 목적인 경우에는 질적인 연구가 요구될 것이다. 그리고 두 가지 유형의 질문을 포함하는 평가에서는 양적인 것과 질적인 구성 요소가 모두 필요할 것이다.

절대 기준이란

비록 그 패러다임 전쟁이 끝나고 논쟁이 해결된 것처럼 보여도(예: Patton, 2002, p. 264), 혼합연구 방법에 다시 초점이 모아진다는 점에서 모든 논쟁이 끝난 것은 아니다. 2002년부터 무작위 통제실험(randomized controlled trials)이라고 알려진 독특한 연구 방법의 지지자들이 교육 연구의 중요한 자금 출처를 독점하고, 교육 이외의 사회과학 연구에 영향을 미치고 있다(Cook & Foray, 2007). 이 독특한 방법은 '치료'나 '통제' 상황과 같은 실험 상황에 개인이나 장소를 임의로 할당한다. 그 방법의 장점은 의료 영역에서 임상적인 연구를 수행할 때 입증되고 있다(예: Jadad, 2004). 새로운 지지자들은 교육 연구의 발전은 이러한 방법을 취함으로써 성취될 수 있다고 믿고 있다.

역사적인 문제로 절대 기준(gold standard)은 미국이 대공황을 다루면서 1933년에 오래도록 포기했던 기준이라는 역설에도 불구하고, 무작위 통제실험의 옹호자들은 그것을 "절대 기준"으로 언급했다(Patton, 2006). 새로운 자금의 우선순위는 연방 정부 전체에 반향을 일으켰고, 중앙 관리와 예산부는 모든 연방 기관과 재정 지원 연구에 이 방법을 사용하도록 촉구하였다(예: Caracelli, 2006, p. 85). 그렇게 해서 실패하면 예산이 삭감될 수 있었다.

절대 기준을 추구하는 사람들은 계획을 먼저 제시하고, 왜 무작위 통제실험이 실행될 수 없는가를 보여 준 경우에만 다른 실험 방법과 준실험 방법(quasi-experimental methods)을 수용했다. 그러나 연구 문제로 다루어지는 것과 상관없이 질적 연구 형식을 포함하여 비실험적 설계는 환영을 받지 못했다. 아이러니하게도, 설문조사는 양적 자료를 산출하지만 그것은 선호되지 않는 방법이었다. 설문조사 방법의 지지자들은 어떻게 설문조사가 그 선호하는 실험 방법을 보충할 수 있는가를 보여 주려고 노력하였다(예: Berends & Garet, 2002).

우선순위의 협소함은 한 가지 연구 방법에 전념하게 했을 뿐만 아니라 그 막강한 힘은 새로운 기금 정책에 반영되었고, 주요 전문가 협회에 의해 취해진 반대 입장을 포함해서 새로운 충돌을 가져왔다(예: Berliner, 2002).

이러한 충돌은 심각하고, 사회과학 전반에 큰 반향을 일으키고 있다. 오늘날까지, 대부분의 전문가 모임에서는 '절대 기준'에 대해 언급하고 있다. 어떤 사람들은 여전히 무작위 통제실험의 사용을 열렬히 홍보하고 있는 반면, 다루어질 연구 문제의 종류에 따라 연구 방법을 선택하는 연구의 필요성을 강력하게 주장하는 사람들도 있다.

한편 교육에서 주목할 만한 충돌은 연구 검열과 같이 학문적 세계에서 발생할 수 있는 가장 심각한 비난에 초점이 맞추어져 있다. 이런 비난, 반론, 반박은 일련의 논문에 표현되어 있다(Herman et al., 2006; Schoenfeld, 2006a, 2006b).

그 비난은 비록 보고서가 "가장 과학적인 증거는 무엇을 말해야 하는가"(Schoenfeld, 2006a)를 말하기 위한 주장을 펼쳤음에도 불구하고, 정부 보고서에서 연구 계획대로 수행한 연구 결과를 고의적으로 생략했다는 것이다.

정부 지원 계획을 주도한 사람들의 반박에 따르면(Herman et al., 2006), 정부 지원 계획으로 수행한 학자의 연구는 항상 그들이 독립적으로 발표할 수도 있지만, 공식 정부 보고서는 보고서를 간소화하고, 청중들이 더 이해하기 쉽도록 하는 것에 관심이 있기 때문에 똑같은 연구는 생략한다는 것이다(주의: 이제 여러분은 제6장 제5절에서 논의한 것처럼 자료 수집의 일환으로 인터넷에서 내려받은 비학문적인 문서를 더 우려할지 모른다).

교육과정 평가에서 가장 중요한 문제는 교육과정에 드러난 학생의 수행을 평가하는 데 사용하는 성취도 평가의 특성이다. 학생들이 교육과정에 맞지 않는 내용의 성취도 평가로 평가되어 왔기 때문에 만일 다른 가치 있는 교육과정이 순조롭게 진행되지 않으면 인위적인 결과가 발생할 것이다. 한 가지 개선책은 학생의 수행 또는 교육과정 가치의 최종 해석 전에 평가의 내용을 분석하는 것이다.

미출판된 연구에서 다른 중요한 문제들과 함께 이러한 요구를 매우 학문적인 용어로 발표하였다(Schoenfeld, 2006b, pp. 13-17). 내용 분석의 필요를 지적한 이 연구는 원래 예비 교육과정을 평가하기 위한 프로토콜을 상세화하는 정부 보고서에 같이 있던 것이다. 그러나 그것이 생략됐기 때문에 성취도 평가 내용의 요약 없이 시험 결과가 제시되고 해석되었다(Schoenfeld, 2006b, pp. 18-19).

정책 영역에 들어서면, 사회과학 연구에 대한 논쟁은 더 이상 목적이 되거나 학문적 논쟁으로 거론될 수 없다. 정책 영역은 정치적 영역이다. 그래서 선호하는 특정 연구 방법의 어떤 변화, 더 중요한 것은 특정 연구 방법이 독점적인 기금 중재의 대상이 될 것인가, 아닌가 하는 것은 오직 정치적인 일이 끝나거나 새로운 정부에서 그들의 우선순위로 설정할 경우에만 발생할 수 있다. 그래서 사회과학 연구에서 무작위 통제실험 역할의 완벽한 이야기는 계속되고 있다.

3. 혼합연구 방법의 전망과 도전

◢ 미리 보기

- 현대 혼합연구 방법의 일부 근원을 형성하고 있는 초기의 혼합된 연구 방법
- 하나의 연구 내에서 혼합연구 방법을 실행하고 그것을 상세하게 설명하는 방법
- 혼합연구 방법을 위해 질적인 방법과 양적인 방법 모두를 다루는 데 필요한 전문지식을 갖추기 위한 도전과 전략

혼합연구 방법(mixed methods research)은 질적 방법과 양적 방법에서 유사점과 차이점을 활용하기 위한 실제적인 시도로서 선택 사항을 제공한다. 그것은 세계관의 잠재적인 충돌에 대한 해결 없이 연구가 진행될 수 있는 방법을 보여주면서 실용적인 대안을 제시한다. 결과적으로, 현대 혼합연구 방법의 지지자들은 그것에 대한 정의, 문서화, 분류에 많은 노력을 기울인다(예: Creswell, 2009; Greene, 2008; Johnson, 2006; Tashakkori & Teddlie, 1998, 2003, 2009).

혼합연구 방법의 근원

혼합연구 방법의 지지자들은 질적인 방법과 양적인 방법을 혼합하는 것은 일찍부터 있어 왔고, 또한 뿌리가 깊기 때문에 그들의 노력이 새로운 발견이 아니라 관심의 부활을 나타낸다는 것을 인식하고 있다(예: Teddlie & Tashakkori,

2009, pp. 8-13, 66).

첫째, 인류학과 사회학의 많은 초기 연구는 참여자들이 실시한 심리 테스트나 조사의 양적 자료와 함께 몇몇 유형의 현장연구를 결합하였다(Denscombe, 2008). 제9장에서 이미 논의한 이런 초기 연구에는 Lynd와 Lynd(1929)의 『미들타운(Middletown)』, Warner와 Lunt(1941)의 『양키 도시(Yankee City)』 6권 시리즈, Mead(1928)의 『사모아의 성년(Coming of Age in Samoa)』과 같은 고전이 포함된다. 마찬가지로, Oscar Lewis는 질적인 면접이나 현장연구에 크게 의존하면서 그의 연구에서 100가족의 구성원에게 많은 테스트를 실시하였다. 그 테스트는 매우 광범위해서 한 사람당 12시간이 필요하다고 추정되었다(Lewis, 1965, pp. 19-20). 더 광범위하게, Samuel Sieber(1973)의 세미나 논문에서는 사회학 연구에서 현장연구와 설문조사를 혼합하는 것의 이점과 문제점을 지적하였다. 또한 그러한 결합은 사회학과 정치과학에서 저명한 학자들이 실시한 노동조합의 연구와 같은 유명한 사례연구에서도 나타났다(Lipset, Trow, & Coleman, 1967).

둘째, 평가 영역에서 혼합연구 방법은 오랫동안 빈번하게 실행되고 있다(Greene & Caracelli, 1997). 중요한 평가는 1960년대까지 거슬러 올라가고, 미국의 경제기회국(Office of Economic Opportunity)과 빈곤퇴치 프로그램(Datta, 1994) 그리고 주택도시개발부(Department of Housing and Urban Development)에 의해 지지되었다. 미국의 국립교육협회(National Institute of Education)는 1970년대의 교육을 평가하는 데 혼합된 양적-질적 평가를 지지했다. 또한 프로그램 평가와 관련 있는 방법론적 접근이 초기에 문서화되었다(예: Cook & Reichardt, 1979). 마침내, 그때까지 혼합된 방법을 사용했던 57편의 평가 연구를 확인하여 1989년에 논문을 출판하였다(Greene, Caracelli, & Graham, 1989).

그것들이 복잡한 프로그램에 따른 주제나 중재 그리고 종종 여러 장소를 다루기 때문에 평가에는 다양한 방법이 필요한 경향이 있다. 그러나 똑같은 종류의 광범위한 조사도 형식적인 평가 없이 진행할 수 있다. 심지어는 일반적으로 양적 연구 영역이라고 간주되는 미국의 인구조사에서 여러 해 동안 질적 연구를 포함해 오고 있다(예시 12.1 '미국 인구조사에서 오랫동안 사용한 문화기술지 연구' 참고).

예시 12.1   **미국 인구조사에서 오랫동안 사용한 문화기술지 연구**

미국 연방 정부가 지원한 연구와 평가는 오래도록 문화기술지 연구를 포함하고 있다. 그 연구는 중요한 정책 주제를 다루고, 단지 학문적인 가치가 아닌 그것의 실제를 설명하고 있다.

Valerie Caracelli(2006, p. 88)는 1960년대 이래로 미국 인구통계국에서 지원한 문화기술지를 가장 오래된 노력 중 하나로 지적했다. 문화기술지 자료의 중요한 기능은 특정 인구 집단의 숫자가 적게 산출되는 이유에 대한 통찰을 제고할 수 있다는 것이다. 전형적으로 문화기술지는 집중적인 현장 기반의 연구를 포함한다. 주의 깊게 선택한 장소에서, 현장연구자는 모든 사람들의 주 거주지를 문서화하고, 또한 이웃에 대한 관찰과 주택 상황을 기록한다. 그 결과를 처음 중심 도시를 기반으로 한 인구조사와 비교한다. 더 중요한 것은, 그 현장 자료는 어떤 불균형을 설명할 수 있고, 이 정보는 인구조사 측정의 정확성을 향상시키는 데 이용할 수 있다는 것이다.

이런 초기의 모든 것은 혼합연구 방법에 대한 현대의 재검토와 수용에 견고한 기초를 제공했다. 향후 연구는 혼합연구 방법의 연구 설계(예: Creswell, Shope, Plano Clark, & Greene, 2006; O'Cathain, 2009; Teddlie & Tashakkori, 2006), 혼합분석 방법의 절차(예: Caracelli & Greene, 1993), 혼합연구 방법이 자신의 연구 패러다임을 나타낸다는 주장(예: Johnson & Onwuegbuzie, 2004)을 형식적으로 더 분명히 해야 하는 과제를 안고 있다.

단일연구로서 혼합연구 방법

핵심 특징으로, 단일연구로서 혼합연구 방법(a mixed method study)은 질적 및 양적 연구의 증거와 방법을 보충해야 하는 연구 문제를 설명하면서 단일연구로서의 정체성을 지켜야만 한다(Yin, 2006). 이런 상황에서 이상적인 분석은 질적 연구의 구성 요소와 양적 연구의 구성 요소 사이의 통합된 관계를 반영할 것이다. 양적 자료와 질적 자료 모두 연구의 중심 결론에 도달하기 전에 함께 분석되고 해석될 것이다.

처음의 해석과 결론이 다른 방법에 각각 기반을 둔 것과 별개로 두 가지 연구 방법을 사용하면서도 해석과 결론이 질적 또는 양적 방법 중 하나에만 근거하여 도출된다면 단일연구로서 혼합연구 방법을 수행한 것은 아니다. 두 방법의 결과를 모두 비교하더라도, 그러한 분리는 단일연구로서 혼합연구 방법을 사실상 별개 연구로 분리한다. 두 연구를 합하는 것은 연구의 통합과 비슷할 것이다. 물론 그러한 연구의 통합은 두 가지 이상의 연구와 함께 수행될 수 있다(예: Cooper, 1998). 그러나 그때의 통합은 전통적인 연구의 통합과 다르지 않고, 단일연구로서 혼합연구 방법의 정의를 충족할 수 없을 것이다.

그 혼합이 단일연구에서 일어났을 때, Tashakkori와 Teddlie(1998)는 단일연구로서 혼합연구 방법의 양적 및 질적 구성 요소 사이의 바람직한 보충 관계에 대하여 간단한 예를 제시하였다(〈표 12-1〉 참고).

그 예에는 질적 조사와 양적 조사에서 연구 대상으로 개인이 포함된다고 가정한다. 중요한 것은, 질적 및 양적 자료 모두 동일한 사람이 수집하고 있다는 것이다. 그러나 개인 대신에 조직 또는 기타 단체가 연구 대상일지라도 그리고 양적 및 질적 자료가 동일한 개인에 의해 수집되지 않는다고 해도, 다양한 혼합 방

〈표 12-1〉 세 가지 혼합 분석 방법(예시)

혼합연구 방법에서 양적 및 질적 분석의 결합
병렬 혼합 분석 • 참여자의 행동에 대한 통찰력을 얻기 위하여 실험실 실험(양적 연구)의 마지막에 참여자와 인터뷰하기(질적 연구) • 같은 설문조사의 일부에서 개방적인 질문(질적 연구)과 폐쇄적인 질문(양적 연구)을 사용하고 분석하기 • 내용 분석을 통해서 질적 자료를 양적 자료로 변환하기
질적 연구 먼저, 그다음 양적 연구 분석 • 수업 실제의 현장 관찰에 근거하여 두 집단의 교사를 정의하기 위하여 질적 자료 사용하기(질적 연구) 그리고 설문조사로 교사의 반응 비교하기(양적 연구)
양적 연구 먼저, 그다음 질적 연구 분석 • 수량화된 점수를 설명하기 위하여 양적 분석에서 매우 잘하거나 매우 서툰 사람에 대해 추가적인 질적 자료 사용하기

출처: Tashakkori & Teddlie(1998), pp. 128-135.

식이 존재할 수 있다. 결과적으로, 혼합연구 방법은 다양한 연구 설계에 기반을 둘 수 있고, 그것을 정의하고 기록하는 것은 동시대의 연구자가 떠맡은 중요한 과제가 되고 있다(예: Creswell, 2009; Roter & Frankle, 1992; Teddlie & Tashakkori, 2006).

이 장의 끝부분에 나오는 '샘플 연구 2'는 단일연구로서 혼합연구 방법의 예를 상세하게 보여 주고 있다. 샘플 연구는 질적 연구와 양적 연구 모두 한 가지 방법으로는 완전한 연구를 지원하기에 충분하지 못하기 때문에 두 방법을 혼합하여 어떻게 연구 문제를 설명하는가를 보여 준다.

> '샘플 연구 2'에서 양적 자료(예: 상관관계)를 분석할 때, 한 가지 방법만으로는 계획서 처리 과정의 실제적인 절차에 대해 모르는 것이 있을 것이다. 반대로, 질적 자료(예: 순서도)만으로는 진행된 계획서의 수와 비용 측면에서 각 흐름의 결과를 확인하지 못할 것이다.

샘플 연구는 혼합 방식의 한 가지 유형을 설명하고 있다. 다른 유형은 〈표 12-1〉에 제시하였다. 그리고 초반에 언급했듯이 오늘날 혼합연구 방법에 다시 집중되고 있는 관심은 질적 연구와 양적 연구 방법이 하나의 연구에 혼합될 수 있는 연구 설계를 만드는 데 기여하고 있다.

단일연구로서 혼합연구 방법을 수행하기 위해 필요한 전문성

앞의 주제는 한 가지 중요한 화제를 함축적으로 말하고 있다. 혼합연구 방법을 고려하는 사람들은 혼합된 방법에 대하여 깊이 있는 지식을 쌓을 필요가 있다. 가장 일반적인 양적 연구 방법에는 설문조사, 준실험연구, 실험연구 또는 무작위 통제실험이 포함될 수 있다.

예를 들어, 건강보험의 연구에서는 혼합연구 방법이 점진적으로 증가하고 있다(예: Devers, Sofaer, & Rundall, 1999; Mays & Pope, 1995, 1996; Pope & Mays, 1995; Shortell, 1999). 이 영역에서 주장하는 가장 특징적인 것 중의 하나가 무작

위 통제실험을 사용하면서 질적 연구 방법을 혼합하는 것이다(O' Cathain, 2009). 이에 비하여, 교육과 프로그램 평가의 혼합 영역에서는 설문조사를 하면서 질적인 방법을 결합하는 경향이 있다. 이러한 예 이외에 역학, 인구학, 경제학에서 양적 연구 방법을 실시할 것이다.

질적 방법과 양적 방법을 잘 혼합하기 위해서는 다양한 지식 기반이 필요하다. 모든 방법은 각 교재에 반영된 전문화된 논리, 용어, 절차, 문헌이 있고 심지어 대학 과정도 있다. 이러한 방법을 배우는 것은 전혀 사소한 문제가 아니다. 그러나 질적 방법과 그것들 중의 어느 하나를 적절히 혼합하기 위해서, 그리고 실수로 인해 당황하지 않기 위해서는 많은 전문 지식이 필요하다.

여러분은 두 가지 방법으로 필요한 전문 지식을 이끌어 낼 수 있다. 첫째, 추가로 양적 연구 방법을 익히는 것이다. 그러나 이 요구는 질적 연구를 숙달하려는 필요에 더해질 것이기 때문에 까다로운 과제일 수 있다. 실제 양적 연구의 연구 경험이 책으로 편집되어 축적되었듯이 양적 방법을 사용하는 것은 자체의 어려움이나 예기치 않은 변화를 가져올 수 있다(예시 12.2 '양적 연구에서 극복해야 할 함정의 예' 참고).

둘째, 혼합연구 방법에서 찾을 수 있는 보다 일반적인 방법은 동일한 연구를 수행하는 데 두 사람 이상의 전문가가 협력하고, 각 전문가는 관련된 연구 방법 중 한 가지에 정통한 전문가인 경우다. 그러나 지금 그 두 전문가는 강력한 협업 윤리, 다른 사람의 전문성 존중하기, 그것들을 혼합하는 방법을 알 필요가 있다. 이러한 협력은 반드시 쉬운 작업은 아니다.

여러분이 그러한 상황에 있다면, 진정한 협력에는 파트너에 대하여 많은 인내와 공감이 필요하다는 것을 알게 될 것이다. 우선 둘 모두 패러다임 전쟁에서 군림하려는 모든 경향을 극복하거나 무시해야만 할 것이다. 그럴 마음이 없다면, 질적 또는 양적인 협력자 중에서 한 명이, 그래서 한 가지 연구 방법이 연구를 거의 지배할 것이다. 일반적인 두려움은 질적 연구를 넘어서는 양적 연구의 지배일 것이다(예: Creswell, Shope, Plano Clark, & Greene, 2006). 더 안 좋은 가능성은 그 방법들 중 한 가지 방법이 왜곡될 것이라는 점이다. 각각의 상황에서 혼합연구 방법의 실제 이익은 성취되지 않을 것이다.

불가피한 연구 초기의 실수와 시행착오를 통한 배움 그리고 인내와 공감을

예시 12.2   **양적 연구에서 극복해야 할 함정의 예**

　당연하게, 만일 혼합연구 방법이 질적 방법과 양적 방법 모두를 사용한다면 양적 연구는 극복해야 할 그 자체의 함정을 가지고 있는 것이다. Streiner와 Sidani (2010)는 그러한 함정과 극복 방법에 대해 지적하면서 42편의 짧은 논문을 모았다. 그 함정은 다음과 같다.

- 임상 실험의 참가자를 확인하기 위하여 치료사와 협력할 때의 문제(Joyce, pp. 130-135)
- 치과 서비스에 접근하는 것처럼 그 자신의 우선순위에 관심을 요구하고, 7년 이상 약물을 복용하는 3년 연구를 확장할 기관을 찾기 위해, 정신건강과 학교 교육 연구의 접근권을 얻기 위해 입주자 단체와 협력하기(Barrette, pp. 119-129)
- 우체국 파업 때문에 계획된 엽서 발송이 중단된 후, 지역사회 보건 연구를 위하여 일지를 끝내도록 참여자에게 상기시키는 가장 좋은 방법 고안하기 (Streiner, pp. 223-227)
- 사업가 100명을 대상으로 초기의 면접 시도에서 3%의 응답률을 얻은 후 소수의 사업가에게 계획된 설문조사를 현장연구로 대체하기(Watson, pp. 254-262)
- 심리실험 대상을 모으기 위해 큰 대학교의 잘 구축된 절차와 비교하여 작은 대학에서 학부생을 모집하는 방법 알아내기(Koch & Tabor, pp. 101-105)

갖추게 되는 데는 자연히 '시간' 이 필요하다. 혼합연구 방법을 사용하고 싶다면, 질적 연구만 할 때보다 훨씬 더 큰 어려움이 닥쳐도 놀라지 마라.

4. 앞으로 나아가기

◢ 미리 보기

• 질적 연구 수행의 미래에 대해 생각하는 방법

혼합연구 방법에 대한 앞선 산책은 질적 연구로의 여러분의 여행을 완성한다. 여러분은 질적 연구의 안팎에 대하여 충분히 이해를 해야 한다. 이 장의 나머지는 앞으로 나아갈 방법을 제안한다.

앞으로 나아가기 위한 다양한 동기

상황에 따라 앞으로 나아가기 위한 다양한 동기가 있을 수 있다. 첫째, 질적 연구를 수행하는 것에 대해 생각하거나 질적 연구를 실시하려고 이 책을 읽을 수 있다. 여러분은 그와 같은 연구에 접근하는 것이 강화되거나 첫 번째 질적 연구를 시작하려는 결심이 확고해지기를 원했을 것이다.

이런 독자들을 위해, 이 책은 가능한 한 실제적인 방법을 제시하고 그 과정에 점진적으로 들어갈 수 있도록 하였다. 이 책은 처음부터 끝까지 읽어야 하거나 순서대로 읽어야 하는 통합적인 이야기 흐름을 따르지 않았다. 그래서 연구를 진행하면서 모듈 방식으로 그 장을 언급할 수 있고, '질적 연구에서의 윤리'(제2장), '현장 자료를 기록하는 다양한 방법'(제7장), '질적 연구를 해석하고 결론을 내리는 전략'(제9장)처럼 여러분에게 가장 어려운 단계에 더 가깝게 다가갈 수도 있다.

둘째, 여러분은 질적 연구를 가르치는 강사일 수 있다. 한 학기의 긴 과정이라면 이 책은 총 12장으로 구성되었기 때문에 학기 중에 주별로 한 장씩 다룰 수 있을 것이다. 수강생이 각 주에 공부할 수 있도록 각 장의 뒷부분에 '학습활동'을 제시하였다. 주마다 실시하는 학습활동의 대안으로, 부록에 한 학기 또는 일 년 프로젝트를 제시하여 그것 대신 수행할 수 있게 하였다.

수업을 심화하기 위해, 이 책의 귀납적 접근은 학생들이 방법론적 주제에 관심을 가지고 동시에 서술적 자료로 다양한 질적 연구 방법으로 조사하고 연구하도록 격려할 수 있다. 이전 연구에서 습득한 것은 어떤 종류의 연구를 수행하기 위해 배우는 가장 좋은 방법 중 하나이기 때문에 이 귀납적 접근은 특히 유용하다. 이제 여러분은 나머지 수업 계획서에 맞추어 이 책을 사용하고 수업을 시작할 준비가 되어 있다.

셋째, 여러분은 이미 다른 사회과학 방법에 대하여 알고 있지만, 질적 연구에 대하여 알고 싶어서 이 책을 전체적으로 훑어봤을 수 있다. 그런 독자들을 위해 이 책은 로젠바움(Rosenbaum)의 관찰연구에 대한 언급, 제6장에서 구조화된 면담과 질적 면담 사이의 차이, 이번 장에서의 유사점과 차이점의 논의와 같이 다른 연구 방법과 충분한 연관성을 만들기 위하여 노력했다. 지금 여러분은 더 광범위한 사회과학 배열에서 질적 연구의 위치 그리고 그것의 기초와 절차에 대하여 더 많은 지식을 가지고 있을 것이다.

넷째, 여러분은 앞의 모든 상황에 해당되지 않을 수 있다. 어쩌면 동료나 친구가 '질적 연구'라고 부르는 것이 무엇인지에 대한 호기심을 만족시키고, 그것에 대해 더 잘 이해하기 위해 이 책을 보고 있을지도 모른다. 이런 독자들에게 제5장은 고전과 현대의 작품을 언급하면서 질적 연구의 구체적인 이미지뿐만 아니라 뛰어난 질적 연구자의 관련 경험을 보여 줄 것이다.

단지 절차만이 아니라 원칙 실천하기

앞으로 나아가기 위한 동기와 별개로, 그리고 이 책의 실제 방향에도 불구하고, 질적 연구의 수행 원칙은 가장 오래 지속적으로 여러분의 관심을 끌 것이다. 사회과학 연구를 수행하는 것은 요리 방법을 따르듯이 기계적으로 절차를 찾거나 사용하는 것을 의미하는 것은 아니다. 질적 연구 또는 비질적 연구가 다양하든 그렇지 않든지 간에 연구에는 많은 중요한 선택과 판단이 필요하다. 그래서 앞으로 나아가는 것은 연구의 진실성과 신빙성에 대한 관심을 동반해야 한다. 그것에는 증거와 반대 증거에 대한 철저한 연구뿐만 아니라 투명한 방식의 연구 절차를 따르는 것을 포함한다.

중요한 원칙의 흐름을 따르고 그것을 실천하면서 여러분은 단지 질적 연구뿐만 아니라 모든 사회과학 연구를 존중하게 될 것이다. 여러분의 성공은 질적 연구에서의 지속적인 성공뿐만 아니라 탄탄하고 논리적으로 옹호할 수 있는 경험적 연구의 수행에 달려 있다.

 ## 질적 연구 수행에 기여하기

마지막 장의 제목을 생각하면서 마지막으로 말하고 싶은 것은 새로운 문제는 항상 발생한다는 것이다. 다른 모든 방식의 연구와 마찬가지로 질적 연구는 연습이 계속됨에 따라 질도 계속 변화한다. 질적 연구 완성하기, 질적 연구에 대해 공부하기, 질적 연구 가르치기 이외에 질적 연구에 기여하는 방법에 대하여 생각해 보았는가?

필요한 세 가지가 빠르게 떠오른다. 그것들은 여러분의 가장 혁신적인 생각을 담아야 한다. 첫째, 특히 다른 사회과학 방법을 사용하면서 향상되는 것과 비교하여 질적 연구에는 더 부담스러운 작업이 남는다.[2] 질적 연구를 수행하기 위하여 현장연구는 시간이 오래 걸리고, 학자들의 어려움은 점점 증가하며, 학생 수는 점점 줄어든다. 대조적으로 요즘 거대한 양적 문서 자료는 웹 사이트를 통해서 쉽게 이용할 수 있다. 그 유용성은 질적 연구 수행에서부터 양적 연구를 수행하는 연구자에게까지 영향을 줄 수 있다.

질적 자료를 수집하는 데 긴 시간이 필요하기 때문에, 심지어 이런 연구가 관련성이 높고 중요할지라도 공공정책의 긴급한 문제를 설명하는 역할에서는 제한될 수 있다(예: Caracelli, 2006, p. 87). 그래서 우선 필요한 것은 어느 방법으로든 왜곡 없이 질적 연구에서 자료 수집 과정의 능률적인 방법을 찾는 것이다.

---

2 통계 방법의 발달은 기술 진보와 연결될 수 있는 방법론적인 발달의 예를 제공한다. 그 예에는 통계 기법으로서 현재 일반적으로 사용하고 있는 계층적 선형 모델이 포함된다. 유명한 사회통계 학자인 Leslie Kish가 1965년 텍스트에서 이 모델의 기초가 되는 수학을 '설계 효과'로 기록했을지라도 그 모델을 사용하는 실제 연구는 그로부터 몇 년 후에도 시작되지 않았다(Bryk & Raudenbusch, 1987). 이것은 그것과 관련된 계산을 할 때 Kish의 시대에는 불가능했던 연산 능력이 필요했기 때문이다.

여러분은 이 첫 번째 문제가 사소한 것이 아니라는 것에 동의할 것이다.

둘째, 질적 연구는 또한 그것을 나타낼 때 다루기 힘들 수 있다. 전형적으로, 질적 연구의 서술과 그 결과는 길다. 더 길다는 것은 최종 보고서를 구성하는 데 더 많은 시간과 노력이 필요하다는 것을 의미한다. 더 중요하게, 더 길다는 것은 또한 질적 연구의 독자들이 어떤 질적 연구의 결과를 알고 싶을 때 더 많은 시간과 노력을 기꺼이 투자할 것이라고 간주한다. 그래서 두 번째 필요한 것은 어떤 방법으로든 왜곡 없이 이런 부담을 줄일 수 있는 방법을 찾는 것이다. 그 목적은 질적 연구가 더 폭넓은 청중과 다양한 상황에 더 접근할 수 있도록 하는 것이다.

셋째, 실증적 연구는 개별 연구에서 도출된 결과가 비교되고 대조될 때 축적된 지식을 생산해 내면서 더 많은 이익을 가져온다. 이런 방법으로 질적 연구를 통해 축적된 지식을 기반으로 더 향상된 통찰력을 획득할 수 있기 때문에 더 많은 연구가 수행될 필요가 있다. 대부분의 질적 연구 표면에 드러나는 개별성에도 불구하고, 그러한 개별 연구의 노력이 표면적으로는 방해하는 것처럼 보이지만, 여전히 질적 연구의 성장에 든든한 기반[3]을 제공한다.

이런 세 가지 필요에 더해서, 여러분은 질적 연구의 향상을 위한 자신만의 생각을 가지고 있을 것이다. 그것들을 시험해 보라. 일부 예비 조사를 실시하라. 출판된 형태건 아니건 간에 그 결과를 다른 사람과 공유하라.

이전 또는 다른 미래의 요구를 설명하는 것은 모든 질적 연구가 이러한 방향으로 변화되어야 한다는 것을 의미하는 것은 아니다. 전통적인 질적 연구가 가득 채워진 깊이 있는 연구와 통찰력 있는 이야기는 여전히 그들의 자리를 지키고 있다. 중심 생각은 그것의 기준을 유지하고 향상시키면서 기술을 다양화하는 것이다. 이런 면에서 볼 때 질적 연구는 모든 사람들에게 더 만족스러운 경험이 될 전성기에는 아직 도달하지 않았다.

---

3 문화기술지 연구의 수집에 기반을 두고 지역별 인간관계 자료(Human Relations Area Files)로 알려진 문화 간 데이터베이스는 Connecticut의 New Haven에서 1949년부터 존재해 왔다. 그러나 지금의 질적 연구는 문화기술지 연구를 넘어서고 있다.

주요 용어와 개념 --------------------------------------

1. 비질적인(양적인) 방법
2. 사회과학 연구에서의 세계관
3. 포스트모더니스트의 주장
4. 패러다임 전쟁
5. 절대 기준과 무작위 통제실험
6. 혼합연구 방법
7. 단일연구로서 혼합연구 방법
8. 혼합연구 방법의 수행에 필요한 전문성을 위한 두 가지 전략
9. 미래의 질적 연구 향상을 위해 필요한 기여

학습활동　단일연구로서 혼합연구 방법에 대하여 생각하기

다시 시작점으로 제5장에서 연습했던 현장연구를 사용하라. 현장연구에서 질적 자료를 수집했고, 직업 체험(또는 대안적인 현장의 선택)에 근거하여 질적 연구를 완성할 수 있었다면, 사람에 대한 공식적인 설문조사를 실시할 방법을 생각해 보라. 여러분이 체험했을지 모르는 직업을 가진 사람(또는 대안적인 현장과 관련된 다른 사람)을 표현하는 것은 원래의 연구를 더욱더 견고하게 할 것이다. 다음의 질문에 대답하라(그러나 어떤 실제적인 자료를 수집할 필요는 없다).

1. 질적 자료 한 가지보다 두 가지 방식의 자료를 이용하면 어떤 다양한 연구 문제를 설명할 수 있는가?
2. 그 조사 방법은 체험한 직업 또는 대안적으로 선택한 환경의 잠재적인 독특함에 대하여 어떻게 더 많은 정보를 제공할 것인가?
3. 두 개로 분리된 연구가 되지 않도록 하면서 질적 분석과 양적 분석을 통합하여 수행하는 한 가지 방법은 무엇인가? (힌트: 특별한 설문조사로 현장연구에서 만들었던 현장 질문을 직접 보충하는 방법을 생각하라.)
4. 양적 연구의 어떤 부분에서 혼자 작업할 수 있었으며, 어떤 부분에서 더 많이 알고 있는 동료가 필요했는가? 예를 들어, 설문조사가 이메일, 전화, 직접 인터뷰에 근거

> 해야 하는지, 그렇지 않은지에 대한 의견, 선택한 방법이 그 방법을 사용하기 위하
> 여 수용할 만한 기준을 충족시키는가를 어떻게 알 수 있는가에 대한 의견 등

샘플 연구 2: 대학교의 계획서 처리 과정에 대한 단일연구로서의 혼합연구 방법

COSMOS에 있는 나의 팀이 수행한 연구는 '샘플 연구 2'에 제시했고, 혼합연구 방법의 특별한 예로 다룬다(COSMOS, 1996). 연구 환경은 또다시 교육 환경이다. 그러나 제8장과 제9장의 초반에 제시한 '샘플 연구 1'과는 다르게, 이 연구에는 K-12 시스템은 제외하고 대학만 포함한다.

'샘플 연구 2'는 중요한 연구를 후원하는 정부 기관에 의해 계획서 제출 과정이 웹 기반으로 변화되는 것에 대한 기대를 하면서, 기존 대학의 계획서 처리 과정을 설명하고 평가하는 것이 목적이었다. 그 결과는 대학의 계획서 처리 과정을 이해하는 기초가 되었다.[4] 원래의 계획은 만약 가능하다면 대학에 그 새로운 절차의 효과를 결정하기 위해 얼마 후에 그 연구를 반복하는 것이었다. 그러나 웹 기반의 절차 연구가 너무 잘되어서 나중의 연구는 실행되지 않았다.

그 연구에는 15개의 대학이 참여하였고, 많은 계획서를 제출하도록 하였다. 그 계획서의 상당 부분은 국립과학재단으로 전해졌거나, 다른 후원자가 참여할 때의 경험과 국립과학재단에 계획서를 제출하는 경험으로 분리할 수 있었기 때문에 각 계획서는 선택되었다. 이런 이유 때문에 이 샘플은 목적에 적합하였다.

각 대학의 현장연구에는 다양한 대학, 학교 그리고 부서 직원 및 교직원, 특히 각 대학 후원 연구 사무실(University's Sponsored Research Office: SRO)의 직원에 대한 개방적 면접이 포함되었다. 이 현장연구에서 계획서를 만들기 위한

---

4 그 연구 설계는 계획서의 준비보다 계획서의 처리 과정을 강조하였다. 중요하지만 잘 알려지지 않은 준비 과정의 일부는 어떤 실제적인 처리 과정이 시작되기 전에 연구자들 사이에서 일어난다. 그래서 이 연구 설계는 계획서 처리 과정에 초점을 맞추고, 연구 책임자가 공식적으로 대학, 학교 또는 각 부서에 계획서를 제출한 후에 발생하는 단계로 정의했다. 마찬가지로, 연구자 준비 작업의 노력과 비용 수준에 포함되는 극도로 어려운 계획서 준비 과정은 평가하지 않았다. 이 연구 설계는 연구가 대학을 통해서 국립과학재단으로 이관하는 데 포함되는 행정적 절차와 비용에 초점을 맞추었다.

각 대학의 기록과 절차의 검토와 함께 광범위한 문서 자료를 수집하였다. 이 자료에는 처리 시간과 계획서 처리 과정과 관련된 행정 직원의 노력을 측정하는 것이 포함되었다. 그 전체적인 목표는 각 대학의 처리 과정을 이해하고 기록하는 것이었다.

초기의 결과, 양적인 분석에서는 계획서를 제출하는 대학의 비용과 제출된 계획서의 수량 사이에 통계적으로 유의미한 상관관계를 알아냈다([그림 12-1] 참고). 그림의 각 자료점은 이것을 나타내고, 15개 대학 중 한 대학을 대표한다. 그러나 놀랍게도 상관관계의 방향이 '규모의 경제' 논리를 사용한다면 기대할 수 있는 것과 정반대였다. 그 논리에 따르면, 서비스는 양이 더 많아지면 더 저렴하게 된다. 하지만 계획서를 준비하는 데 소요되는 대학의 행정적 비용은 대학이 더 많은 계획서를 제출할수록 각 계획서를 작성해서 제출하는 데 드는 비용이 더 높아진다고 측정되었다.

다음 단계로 전통적인 양적 연구 절차를 따르면, 원래 상관관계의 강도를 더 테스트하는 것이다. 예를 들어, [그림 12-1]의 두 개의 이상치 또는 'A'와 'B'로 붙인 자료점을 이용하여 잠재적인 자료점이 만들어질 수 있다. 이것을 확인하기 위하여, 한 번은 자료점을 이용하여 그리고 또 한 번은 자료점 없이 상관관계를 계산하였다. 그러나 그 상관관계는 [그림 12-1]에서 보여 주듯이 여전히 통계적으로 유의미했다. 불행하게도 다변량 분석처럼 다른 양적 연구는 더 많은 대학이 없어 실행할 수 없었다.

양적 분석에서는 문서 자료에서 부적절한 것도 포함해서 추가로 인위적인 결과를 찾기 위하여 다른 일반적인 기술을 사용했지만 어떤 인위성도 찾을 수 없었다. 상관관계의 반직관적 방향을 설명하는 것은 아주 어려운 문제로 마침내 수용되었다.

한편 질적 자료는 각 대학의 계획서 처리 과정의 특징을 나타내는 데 사용되곤 했다. 간단히 말하면, 질적 분석은 반직관적인 상관관계를 설명하는 그럴듯한 통찰력을 만들어 냈다. 하나의 SRO가 전체 계획서 처리 과정을 수행하는 중앙 집중화 과정과 비교하여, 더 많은 계획서를 만들어 내기 위하여 대학은 분산화 과정을 따르고, 그에 따라 대학의 부서와 학교 모두가 포함되었다.

계획서의 양이 적을 때, 대학은 하나의 SRO에서 계획서를 처리하는 것이 효

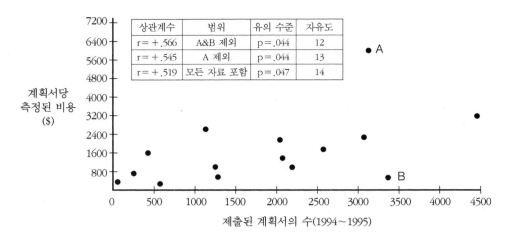

계획서당
측정된 비용
($)

상관계수	범위	유의 수준	자유도
r = +.566	A&B 제외	p = .044	12
r = +.545	A 제외	p = .044	13
r = +.519	모든 자료 포함	p = .047	14

제출된 계획서의 수(1994~1995)

[그림 12-1] 제출된 계획서의 수에 따라 계획서당 측정되는 비용

출처: COSMOS 협회(1996).

율적일 것이다. 그러나 계획서의 양이 많을 때는 하나의 SRO에서는 병목 현상을 일으키고, 또한 실제 감독을 할 만한 특별한 전문가가 없을 것이다. 동시에 분산화 방식은 더 많은 계획서를 만들어 내는 반면, 부서와 학교 그리고 SRO 직원을 포함해서 전체 대학에 걸쳐 더 많은 직원이 계획서 처리 과정에 포함되기 때문에 비용도 더 많이 든다.

[그림 12-2]는 핵심 과정을 그래프로 묘사하면서 다른 두 개 대학의 현장연구 결과를 보여 준다. 그래프의 중심 부분은 도표의 흐름이지만, 또한 중요한 것은 각 그래프의 아래에 있는 시간표다. 그림에서, 대학 'E'의 SRO는 초기 시점에서 계획서 처리 과정에 포함되어 중심에 남아 있었으며, 계획서를 만들어 내는 평균 시간은 14주가 걸렸다. 비교해 보면, 대학 'G'는 더 중심화된 구조를 가지고 있고, 그로 인해 그 부서는 가장 일찍 그리고 실제적인 처리 과정에 있었으며, SRO는 처리 과정의 거의 끝에 포함되었다. 그리고 계획서를 만들어 내는 평균 시간은 오직 5주가 걸렸다. 더 빠른 처리 과정 시간과 함께, 대학 'G'의 분산화된 배열은 많은 부서가 여러 다양한 계획서 처리 과정에 참여하기 때문에 더 많은 계획서를 만들어 낼 수 있다.

이 질적 연구 패턴은 [그림 12-1]에 나타난 초반의 통계적 상관관계와 일치하였다. 원래의 각 자료점을 보면, 대학의 계획서 처리 과정은 집중화와 분산화

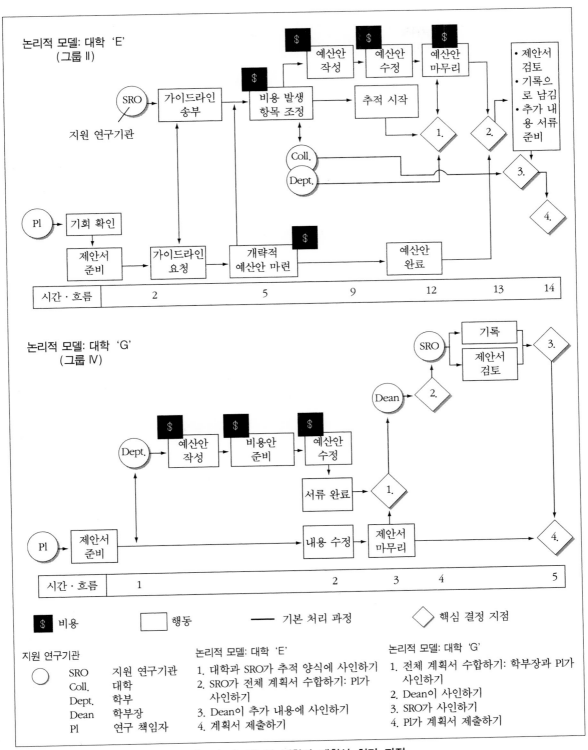

[그림 12-2] 두 대학의 계획서 처리 과정

출처: COSMOS 협회(1996).

정도의 다양성에 따라 특징지어진다. 그 결과 상관관계의 더 상단부에 자료점이 있는 대학은 더 분산화된 배열을 보이고 있음이 확인되었다.

부 록

한 학기 또는 일 년간의 긴 프로젝트: 진로 경력[1]

1. 질문의 주제

□ 연구 질문

특정 사건과 경험이 어떻게 개인을 자극하는가? 또는 특별한 진로를 추구하는 사람들을 어떻게 좌절시키는가?

□ 연구 관련성

이러한 사건과 경험에 대한 연구는 개인사에서 중요한 사건들 간의 관계를 더 깊게 이해하게 할 것이다.

2. 시 작

□ 연구 범위의 정의

여러분의 가족, 교육, 오늘날까지의 진로를 조사하라. 진로의 어디까지 왔는

---

[1] 샘플 시나리오에서, 'Career'는 직업이 아닌 사회적 역할(예: 부모, 여자나 남자 친구 또는 배우자)일 것이다. 이 중 어떤 것을 고르든지 간에 이 샘플 시나리오 전반에서 '진로'라는 단어를 대체해서 사용하라.

지 명백하게 진술하라(예: 단지 그것에 관해서 생각만 하기, 심각한 질문하기, 훈련하기, 이미 실천하기). 이제 이러한 진로를 거치는 데 영향을 주거나 방해한 중요한 사건이나 경험을 확인하라. 이것에 당신의 동기와 감정을 담아서, 그러나 개인 사에서 특정 사건, 사람, 경험을 인용해서, 5쪽 분량의 자서전으로 진술하라.

□ 비교 설계[2]

서로 다른 길을 가고 있는 한두 명의(원한다면 더 많이) 동료를 선택하라. 그 동료는 연구의 참여자가 되는 것에 동의해야 하고, 자신의 생애사에 대한 정보를 공유해야 한다. 그러나 그 동료는 연구의 공동 조사자는 아니다.

□ 문 헌

여러분이나 여러분의 동료가 그렇듯이 특정 진로를 추구하는 이유와 방법에 대하여 한 가지 이상의 중요한 연구를 검토하라. 여러 가지 영향과 여러분의 독특한 진로 사이의 관련성을 제시하기 위하여 연구 결과를 사용하라. 만일 연구 결과가 그런 관계를 구축하지 못하면, 연구 질문과 앞에서 언급한 연구 관련성 간의 중요성과 연관성을 구축하기 위해 문헌을 이용하라. 여러분이 언급한 문헌에서 완벽한 인용문을 기록해 두어라.

3. 현장 프로토콜

□ 프로토콜 주제/질문

연구의 중심 질문과 문헌 검토에서의 통찰력을 바탕으로 자료 수집에 지침이 될 프로토콜을 개발하라. 프로토콜은 두 부분으로 구성되어야 한다. 1부는 여러분의 진로, 2부는 동료의 진로를 직접적으로 다루어야 한다. 이 두 부분의 주제/질문은 중복된다. 이 두 부분에서 주제/질문은 중복될 수 있지만, 두 사람의 진로가 다르다는 것을 감안하면 같지는 않을 것이다.

---

2 시나리오에서 이 부분은 선택 사항이다. 만일 여러분이 그 선택 사항을 연습하지 않으려면, 시나리오의 이어지는 부분에서 비교 언어는 무시하라.

□ 관련 증거의 확인

프로토콜의 1부에서 여러분의 진로와 직접적인 것을 알아내기 위하여 필요한 증거—① 여러분이 생각한 진로의 어디쯤에 있는지, ② 여러분이 그 길을 걷는 데 영향을 준 자서전에 진술된 사건이나 경험—를 확인하라. 이런 유형의 증거에는 면담, 개인 문서의 검색, 특정한 현장 관찰이 포함된다. 숫자로 된 관련 자료 또한 기꺼이 확인하라. 결정적으로 관련 있어 보이는 특정한 사건이나 경험이 없다면, 그 프로토콜은 없다는 것을 확신하기 위한 증거를 알아내는 것이 필요하다. 프로토콜의 2부에서는 동료가 긴 면담에 응하고, 프로토콜의 주제/질문을 다룰 수 있도록 준비하라.

4. 자료 수집

□ 자신의 진로

프로토콜에서 요구한 중요한 다른 사람의 면담 또는 특정 개인의 기록을 수집함으로써 자서전에서 진술된 것 이상을 위해 1부 프로토콜을 사용하라. 예를 들어, 진로를 추구하는 데 중요한 영향을 준 사람이 다른 사람에게도 영감을 준 역할 모델로 드러났다면, 여러분이나 다른 사람들에게 역할 모델로서 어떻게 영향을 주었는지에 관한 견해를 알기 위해 그들과 면담을 하도록 노력하라. 또 다른 예로, 어떤 학교 프로젝트를 완성하거나 여러분이 선택한 진로와 관련된 과목에서 높은 점수를 받아 기쁨을 느낀 것이 중요한 영향이라면, 성적을 확인할 수 있는 성적표나 예시 과제를 찾아보라. 관찰의 예로, 진로를 선택하는 데 영향을 준 지역 봉사 활동이나 실습했던 장소를 재방문할 수도 있다.

□ 동료의 진로

동료나 다른 사람들의 진로를 위하여 2부 프로토콜의 주제/질문을 다루는 광범위한 면담을 실시하라. 면담 결과를 동료의 진로에 관한 전기문처럼 기록하라(5쪽이 넘어가지 않도록).[3]

---

3 이 샘플 시나리오를 위해서, 여러분은 다른 사람의 면담으로 그 진술을 확인하거나 또는 개인의 기록을 검색하려는 시도 없이 동료의 자서전적인 진술을 연구의 자료로 사용할 것이다.

5. 샘플 분석

□ 묘사

진로에 대한 현장 자료를 사용하여 실증적인 것에 기반한 이야기를 만들기 위해 자서전을 새로 작성하라. 예를 들어, 진로의 진행 연표나 각 영향에 대하여 몇 개의 문장으로 중요한 영향을 요약하는 표는 유용하며, 이후의 분석을 더 정확하게 할 것이다.

자서전의 진술에 기반을 둔 동료의 진로에 대해서도 비슷한 평가를 하라. 자료를 제시하기 위해 단어 표를 사용하는 것을 생각해 보라. 이렇게 비교적인 상황에서 동료의 진로에 관한 정보와 여러분의 진로에 관한 정보를 나란히 놓을 수 있다. 이제 여러분과 동료가 얼마나 다른 진로를 가고 있는지, 그리고 둘 다 이 진로에서 얼마나 걸어왔는지를 요약하라.

□ 설명

개요와 연구에서 도출해 낸 통찰이 무엇인지 기록하라. 예를 들어, 진로 선택은 종종 어떤 형식적인 것이나 학교에 근거한 영향보다는 비공식적인 것에 기반을 둔다고 생각된다. 또한 다른 것들은 오랜 시간 동안 각각의 영향이 축적된 결과로 발생하는 반면, 진로 선택은 어떤 '중요한 사건'의 결과로 나타날 수 있다. 그러나 어떤 진로 선택은 특별한 사건보다 문화적인 것에 근거한 영향에서 발생된 것이라고 생각된다.

동료의 경험과 함께, 서로 다른 진로에 영향을 주는 사건과 경험의 차이를 비교하라. 비교 분석은 앞에 제시한 문제를 다룰 뿐만 아니라, 해당 진로의 특성에 내재되어 있는 다양성에 영향을 주는 경험의 차이를 명확히 하려고 시도해야 한다.

□ 결론

앞에서 언급한 원래의 연구 문제를 설명할 예비 결론을 내려라. 결론이 앞에서 언급한 연구 관련성의 의미를 얼마나 함축하고 있는지를 각각 진술하고 설명하라.

□ 의 의

결론을 작성한 후에는 문헌으로 다시 돌아가라. 문헌에서 관련 있는 부분을 인용하면서 결론이 이와 다른지, 같은지 또는 어떤 방법으로든 기존의 문헌을 설명하는 데 도움이 되는지를 진술하라.

□ 유의점과 후속 연구

어떤 방법론적인 의구심이나 연구를 편향되게 하고, 연구의 결과나 함의에 의심을 불러일으킬 수도 있는 유의점을 검토하고 진술하라. 이어지는 연구에서 어떻게 설명하고 이런 의구심을 극복할 수 있는지 후속 연구를 위한 제언의 형식으로 진술하라.

용어사전*

* 좀 더 충분한 설명을 위해서는 독자들은 이러한 용어만을 소개하려는 목적으로 특별히 제작된 사전을 참고해야 한다(예: Abercrombie, Hill, & Turner, 2006; Schwandt, 2007).

CAQDAS 컴퓨터 보조 질적 자료 분석(computer assisted qualitative data analysis)을 대표하는 머리글자로, 질적 자료 분석을 위해 고안된 다양한 상업적 혹은 비상업적 소프트웨어를 칭하는 일반적인 명칭

간섭 측정(비간섭 측정)[unobtrusive(nonreactive) measures] 연구 또는 연구자에 의해서 어떤 식으로든 선동되는 것이 아니라 인간의 자연적인 상호작용에서 기인하는 사회 환경의 특징에서 파생된 측정

개인 일지(personal journal) 연구 과정에서 사용되는 연구자의 방법론적 선택, 딜레마, 임의적 판단을 기록하는 일지. 특히 연구의 결과에 영향을 주는 반영 조건, 경향성에 대한 기록을 포함함(비교: 메모장).

거대이론(grand theory) 현상의 큰 범주를 설명하려 시도하는 이론적 구조(예: Newton, Einstein, Mendel, Freud, Piaget, Skinner)로, 일반적으로 어떤 단일연구의 범위를 넘어서는 경향이 있음

경험주의(empiricism) 모든 인간의 행동은 유전의 영향에 의해서가 아니라 학습된 행동이라고 보는 관점. 이 관점은 실증주의(positivism)(실증적 연구와 혼동하지 않기 위해)와 연계됨으로써 주로 질적 연구와 관련됨

고백적 이야기(confessional tale) 질적 연구에서 얻은 결과를 보통 일인칭 시점으로 보고하는 것으로, 의도적으로 연구자의 역할과 관점을 연구 대상인 현장 사람들 중 하나로 포함하는 것[비교: 인상적 이야기(impressionist tale)와 사실적 이야기(realist tale)]

구성주의(constructivism) 사회 현실은 외부 상황의 특성뿐만 아니라 이 상황을 관찰하고 보고하는 사람에 의해서 함께 만들어진 산물이라고 보는 관점. 이러한 관점에 의거하여, 모든 사회 현실은 이런 방식으로 구조화되기 때문에 절대적인 진실보다는 상대적인 특성을 가정함

근거이론(grounded theory) 현실 세계의 맥락 내에서 사회적 행동의 자연적 발생에 대한 자료 수집을 강조하는 질적 연구의 변형으로, 연구자의 이전 범주와 선입견에 의해 제한받지 않음. 자료 분석의 일환으로 관련 범주에 대한 최종 어원과 관련되나, 범주는 '상향식' 방법에 의해 도출되며, 그래서 원래 현실 속의 '근거'가 됨

내부자 연구(insider research) 연구하고 있는 현장에서 특권을 가지고 있거나 실제 역할이 있는 연구자에 의해 수행된 연구

내부자 관점(emic) 연구 주제에 대해 외적 방향 및 관점을 채택하는 것과 대조적으로 연구에 속한 사람들을 대표하는 고유한 관점을 채택하는 것[비교: 외부자 관점(etic)]. 원래는 음성론(phonetic, 단어의 외적 소리)과 음소론(phonemic, 내부 문법 기재 내에서 단어의 단위)의 유사한 차이를 대략적으로 구분하려는 데서 기인함

내러티브 연구(narrative inquiry) 질적 연구를 수행하고, 의도적으로 구조화된 이야기 형식으로 결과를 제시하는 것. 이 형식은 평범한 이야기와는 다르게 독자들이 '거기에 있음'을 느끼게 하는 특징을 강조함

눈덩이 표집(snowball sample) 하나의 정보원이 다른 정보원을 추천하는 것에 근거하여 연구에 사용되는 참여자나 자료를 선택하는 것

다문화 연구(multicultural research) 정확하고 확실한, 그러면서 공감하는 방법으로 참여자의 관점을 의식적으로 조명하는 질적 연구. 특히, 역사적으로 인종주의, 차별 그리고 더 넓은 사회 진출의 배제를 경험하며 생활하는 사회집단과 관련된 연구

담화 분석(discourse analysis) 사람이 생각하는 것을 말하는 것이 언어라고 가정하기보다는 언어가 통용되는 사회적 상황 내에서 사회 현실의 구축을 대표한다고 간주하는 질적 연구 접근

대화 분석(conversational analysis) 화자의 버릇, 휴지기, 억양, 강조점을 포함하여 대화에서의 언어와 비언어에 대한 자연주의적 관찰연구. 전형적으로 오디오 및 비디오 기록물을 사용하고, 분석에 의해 도출된 정보는 연구의 기초 자료로 간주됨

도구적 사례연구(instrumental case study) 특정 상황의 사례연구지만, 그것의 독특함에도 불구하고 다른 유사한 상황에 적용할 가능성이 있기에 수행되는 사례연구(비교: 고유한 사례연구)

목적 표집(purposive sample) 연구 질문과 관련하여 기대되는 정보의 풍부함과 정보의 관련성에 기초하여 연구에 사용될 자료의 원천 또는 참여자를 선택하는 것. 풍부함과 관련성은 단지 연구 문제에 대한 연구자의 생각을 지지해서 샘플의 일부가 되는 것뿐만 아니라 도전이 되는 자료를 포함하고 있음

무작위 표집(random sample) 선택한 표본이 보편적인 무작위 표본을 대표할 수 있도록, 선택한 것과 선택될 수 있는 모든 것 사이의 통계적 관계에 기초를 두고 연구의 자료 및 참여자를 선택하는 것. 연구의 마지막에, 표본에서의 결과는 특정한 경험을 추정할 수 있음

문화(culture) 정치적 기구나 지리적 경계와 항상 일치하는 것은 아니지만, 공통의 언어, 종교 또는 혈통을 공유하는 혈연집단보다는 더 많은 사람들로 이루어진 집단을 포함하는, 보이지 않는 사회적 구조. 같은 문화의 구성원은 요리, 의복, 혈연관계의 존중, 삶의 중요한 사건(예: 생일, 결혼, 죽음)에 대한 인사 등과 같이 유사한 일상적인 실제(혹은 관습)를 따르는 경향이 있음

문화기술지(ethnography) 현실 세계에 있는 사람들에 대한 현장 중심 연구로, 일반적으로 사람들의 일상적인 삶의 일정, 즉 그들의 규준, 의식, 수용 가능한 사회적 상호작용을 나타내기 위해 충분한 시간에 걸쳐 이루어지며, 이런 이유로 문화의 특수성을 확립함

민속방법론(ethnomethodology) 사람들이 어떻게 일상적인 생활 속에서 사회적 의식, 습관, 상징을 학습하고 알게 되는지 이해하고자 하는 질적 연구의 변형

반성성(reflexivity) 참여자가 연구자의 존재와 행동에 의해 영향을 받고, 반대로 참여자의 존재와 행동이 연구자의 생각과 관찰에 영향을 주는 역동적인 상호작용

본질적 사례연구(intrinsic case study) 다른 상황의 적용성과 상관없이 유일하고 고유한 관심, 중요성, 가능성 있는 통찰력 때문에 선택된 특별한 상황의 사례연구(비교: 도구적 사례연구)

분석적 일반화(analytic generalization) 논리적인 논쟁, 이론 개발 또는 반복연구를 토대로 연구 결과를 연구하지 않은 다른 상황에 일반화하는 방식[비교: 통계적 일반화(statistical generalization)]. 기존 실험실에서의 실험연구(예: 실험 간 일반화) 결과뿐만 아니라 질적 연구에도 동일하게 적용될 수 있음(예: 사례 간 일반화)

비반응적 수단(nonreactive measures) '비개입적(비반응적) 수단' 참고

실제 코드(in vivo code) 기록된 자료에서 직접 가져온 낱말이나 문장으로 표현한 코드(질적 자료 분석에 부과되는)(비교: 코딩하기)

사고틀(mental framework) 지지와 대조를 통해서 연구의 방향에 지속적으로 집중하도록 하고, 연구자가 관련 증거를 인식하도록 하면서 자료를 수집하는 동안 연구자의 머릿속에 이어지는 질문의 흐름

사례연구(case study) 특정 사례나 일련의 사례에 대한 연구로 사례와 관련된 사건을 묘사하거나 설명함[비교: 도구적 사례연구(instrumental case study)와 본질적 사례 연구(intrinsic case study)]. 사례연구는 양적 또는 질적 자료(혹은 둘 다)에 의존할 수 있지만 일반적으로 일련의 현장 중심 자료를 포함함

사실적 이야기(realist tale) 질적 연구의 결과에 대하여 감정에 치우치지 않고, 제삼자의 목소리로 이야기의 일부에 속하지 않는 저자가 보고하는 것(비교: 고백적 이야기와 인상적 이야기)

삼각검증(triangulation) 두 가지 이상의 다양한 정보원에서 추출한 증거를 가지고 결과를

정교화하기 위하여 나중의 형식적인 분석 과정뿐 아니라 현장 조사 과정에서 사용되는 분석 기술

상반되는 설명, 가설 또는 생각하기(rival explanations, hypotheses, or thinking) 다른 결과를 도출하여 편견을 줄이고 연구를 강화할 수 있는 절차, 자료 또는 결과를 찾기 위하여 연구 절차, 자료 또는 결과에 대하여 의도적으로 반대의 생각을 하는 것

상징적 상호작용론(symbolic interactionism) 대상과 사회적 환경에서 의미를 도출하는 것에 근거하여 사람들의 사회적 상호작용과 환경의 중요성을 강조하는 질적 연구의 변형. 그 의미는 보통 언어나 다른 상징적인 용어로 표현됨

생애사(life history) 인생사와 전환점 및 핵심 주제를 표현하려고 시도하는 개인의 인생사에 대한 이야기식 변환. 생애사는 연구의 중심 주제인 사회단체, 상호작용, 생활 방식을 가진 사람에 대한 관심에서 생겨남

선행연구 모음집(study bank) 새로운 질적 연구에 사용되는 다양한 주제, 방법, 증거의 원천에 대한 생각을 자극하도록 하는 질적 연구의 참고 자료 모음집

세계관(worldview) 특별한 존재론적 관점을 바탕으로 사회과학 연구에 사용되는 방법에 대한 광범위하고 심도 있는 사고 체계(즉, 선택된 방법이 어떻게 실제 현실을 포착하거나 포착하지 못하는지 그리고 단일한 실제가 있는지 또는 복잡한 구조화된 실제가 있는지)

시카고학파(Chicago school) 20세기 초반부터 중반까지 우수한 연구 성과의 출판과 아울러 현장 중심 질적 연구의 개발을 선도했던 시카고 대학교의 학파

실용주의(pragmatism) 연구하고 있는 연구 문제와 관련하여 적절한 연구 방법을 선택하는 것을 지지하는 세계관. 이 세계관에 따르면, 어떤 연구 방법이 연구 문제에 가장 적합한가에 따라 연구자는 양적 방법, 질적 방법 또는 두 가지 방법 모두를 사용한 단일연구로서의 혼합연구 방법을 사용하기 위해 선택할 것임

실증적 연구(empirical research) 연구에서 주장하는 바를 지원하는 원래 증거나 자료의 수집 및 발표에 기초한 연구. 이 증거나 자료는 신빙성을 조사하기 위해 처리될 수 있어야 함. 즉, 산출된 증거나 자료에 의해[경험주의(empiricism)와 혼동하지 않기 위하여] 출처와 절차에 대한 개방적 조사가 이루어져야 함

실증주의(positivism) 진리를 밝혀내는 연구의 역할과 함께 자연과학과 그 이후의 사회과학은 보편적인 진리에 근거를 두고 있다는 관점. 이 관점은 지식과 이해는 절대적인 것이 아니라 상대적이라는 관점과 직접적으로 반대됨

실행연구(action research) 연구 주제를 지원하기 위해 연구자로서의 행위 역할 채택과 연구 참여자와의 적극적인 협력을 강조하는 변형된 질적 연구

심층 묘사(thick description) 실제 세계의 사건에 대하여 매우 상세하게 서술한 자료를 수집하기 위한 노력. 이 상세한 설명은 사건을 더 풍부하게 해석할 뿐만 아니라 사건의 보고에 영향을 주는 연구자의 선택과 반성성을 감소시킴

연구 계획서(study protocol) 질적 연구의 참여자와 같이 연구 대상을 포함하는 연구 수행의 승인을 위하여 보통 기관생명윤리위원회(IRB)에 제출하는 계획. 보통 IRB는 프로토콜의 구조를 추천할 것이며, 그것의 주제는 연구 프로토콜만큼 아주 상세하게 구체적인 주제를 다루지는 않고 논리적인 주제를 강조할 것임(비교: 연구 프로토콜)

연구 렌즈(research lens) 나중에 질적 연구에 보고될 현장 기반의 자료에 대한 연구자의 해석에 영향을 주는 모든 질적 연구에 나타나는 사고의 거름망

연구 문제(research questions) 연구로 설명되는 최초의 문제. 연구의 결과와 결론은 연구 문제를 정교하게 하는 것을 포함하여 그것에 답하여야 함

연구 프로토콜(research protocol) 연구를 수행함에 있어서의 사고 체계로서 연구자가 사용하는 지침. 그 지침은 연구자가 답하고자 하는 질문을 가리키고, 응답자, 면담자 또는 연구 대상에게 제시하는 질문지나 다른 연구 도구에 있는 질문과는 다름(비교: 연구 계획서)

연구 참여자 확인(member checks) 연구의 결과나 초안이 연구 참여자와 공유되는 절차. '확인하기'는 협력적이고 윤리적인 관계를 동시에 강화하면서 참여자가 수정하거나 또는 연구의 정확성을 향상시킴

연행적 문화기술지(performance ethnography) 문화와 관련된 주제를 표현하는 데 있어서 드라마, 예술 그리고 다른 유형의 연구에 대한 의미를 분석하는 것에 초점을 맞춘 질적 연구의 변형

외부자 관점(etic) 연구의 한 부분으로 참여하는 사람들을 대표하는 고유의 관점과 대조적으로 연구 주제를 향한 외적 방향 및 관점을 가정함[비교: 내부자 관점(emic)]. 원래는 음성론(phonetic, 단어의 외적 소리)과 음소론(phonemic, 내부 문법 기재 내에서 단어의 단위)의 유사한 차이를 대략적으로 구분하려는 데서 기인함

인상적 이야기(impressionist tale) 독자를 연구의 실제 상황에 위치시켜 그것을 체험하도록 하기 위한 질적 연구의 결과 보고 방식(비교: 고백적 이야기와 사실적 이야기)

인식론(epistemology) 지식의 속성과 어떻게 그것이 기인하고 만들어졌는지에 대한 연구자의 신념과 철학적 기초. 특정 신념은 인간의 인식론적 장(epistemological position)을 대표함

인식론적 위치(epistemological location) 연구의 철학적이고 방법론적 기초(예: 알아 가는 방법)를 특징짓는 것으로, 상대주의-사실주의 또는 고유성-비고유성과 같은 철학적 입지에 부분적으로 기초를 둠[비교: 인식론적 유사성(epistemological similarity)]

인식론적 유사성(epistemological similarity) 인식론적 위치가 어떠하든 관계없이 모든 질적 연구는 투명하고, 체계적이며, 경험적인 기반을 통해 연구의 신뢰성과 신빙성을 구축하려고 하는 공통의 노력을 기울이는 데 관심이 있다는 것에 대한 인식[비교: 인식론적 위치(epistemological location)]

자기반성성(self-reflexivity) 중요한 반성적 상황을 명확히 하기 위한 연구자의 노력은 연구에 나타나고, 그것은 연구의 결론에 영향을 줌(비교: 반성성)

자문화기술지(autoethnography) 명백한 연구 대상의 일부로, 자기 자신을 포함하는 문화 연구. 확장한다면, 이와 같이 자신을 포함하는 모든 질적 연구

존재론(ontology) 사회는 무엇으로 구성되었는가, 특히 실재는 단일한 것인가, 복합적인 것인가에 대한 철학적인 신념(비교: 주체적 관점과 제삼자적 관점)

지식의 공동 제작(co-production of knowledge) 연구자와 설문 응답자 또는 실험 대상자 간의 보다 전통적인 위계적 관계에 비해 연구자와 참여자가 연구를 위해 긴밀히 협력할 때의 결과

질적 면담(qualitative interview) 참여자의 관점으로부터 참여자의 의미와 해석이 드러나도록 하는 것이 연구자의 목적인 면담하기 형식. 따라서 이런 면담은 엄격한 대본 형태보다는 대화일 가능성이 높으며, 연구자는 반드시 '유도' 질문을 피해야 함

쪽지(jottings) 처음에, 때때로 현장연구를 수행하는 동안 가지고 있는 단편적인 메모 세트

참여관찰(participant-observation) 현장, 참여자 그리고 사건에 대해 기록하고, 자료를 수집하는 한편, 현장에 참여하고 관찰하면서 연구하는 실제 현장. 즉, 연구자 자신이 속해 있는 현장에 기반을 둔 연구 유형

참여자(participants) 질적 연구의 대상이 되는 사람(대안적으로 문헌에서는 '구성원'으로 언급됨)

코딩(coding) 질적 자료 분석 시 (원래) 문자나 시각적 자료의 일부분에 대한 의미를 파악하기 위해 간단한 단어나 짧은 구를 지정하는 것으로, 컴퓨터 소프트웨어의 지원을 받든 아니든, 분석자는 모든 항목에 대해 무엇을 어떻게 코딩해야 할지를 결정해야 함[비교: 실제 코딩(in vivo code)]

통계적 일반화(statistical generalization) 연구 표본과 더 큰 모집단 사이의 통계적 관계에 기초하여 연구 결과를 연구되지 않은 모집단에 일반화하는 방법(비교: 분석적 일반화)

페미니스트 관점(feminist perspective) 연구 결과에 영향을 줄 수 있음에도 불구하고 자주 간과되어 온 권력관계가 방법론적 관계(예: 면담자와 면담 대상자)뿐만 아니라 일반적인 사회적 관계 안에도 내재되어 있다는 관점

편의 표집(convenience sample) 순전히 편의성과 접근성을 바탕으로 참여자 선정이나 연구에서 이용할 자료의 출처를 선정하는 것. 재난 생존자에 대한 연구와 같이 특이한 상황에서 연구를 수행할 때만 선호되는 것으로 인정됨

포스트모더니즘(postmodernism) 모든 인간의 노력은 추상적인 그림을 그리는 것에서부터 과학적인 연구를 수행하는 것까지 은연중에 다른 사람을 통제하려는 욕망에 의해 시작된다는 관점

포커스 그룹(focus group) 연구자가 유사한 특성, 경험 또는 '관심사'를 가진 사람들을 소

그룹으로 모아 비지시적인 방법으로 그룹을 이끌면서 연구 자료를 수집하는 방법. 목표는 가능한 한 연구자의 영향을 최소화하면서 그룹 내 사람들의 관점을 나타내는 데 있음

해석학(hermeneutics)　정치, 역사, 사회문화 등 다른 실제 세계의 내용을 심도 있게 이해하기 위하여 연구 중인 사건의 해석을 포함하는 연구의 한 분야

핵심 단위(focal unit)　질적 연구의 단위(예: 개인, 사람들의 집단, 기관). 이러한 단위를 정의하는 것은 연구를 위한 자료 수집을 구조화하도록 돕지만, 모든 연구가 다 명백한 핵심 단위를 가질 필요는 없음

현상학(phenomenology)　사건을 이해하기 위한 직접적인 경험적 기초를 왜곡할 수 있는 이전의 어떤 개념이나 경험을 미리 사용하는 것에 반대하면서 실제 세계에서 즉각적으로 경험하는 것과 같은 인간의 사건의 본질에 대한 연구를 목적으로 하는 질적 연구의 변형

현장연구(fieldwork)　현실 세계(바로 '현장')에서 실증적 연구를 수행하는 것으로, 일반적인 질적 연구 방법의 사용이 요구됨

혼합연구 방법(mixed methods research)　관심 있는 연구 문제를 다루는 데 필요하며, 양적 연구와 질적 연구 방법을 모두 사용하도록 연구를 설계하는 것

참고문헌

[QS: 질적 연구, CS: 사례연구, IS: 면담연구(포커스 그룹 포함), MM: 혼합연구 방법]

Abercrombie, Nicholas, Hill, Stephen, & Turner, Bryan S. (2006). *The Penguin dictionary of sociology* (5th ed.). London: Penguin.

Addams, Jane, & Messinger, Ruth W. (1919). *Twenty years at Hull-House*. New York: Signet Classic, 1961 (originally published in 1919). (QS)

Addison, Richard B. (1992). Grounded hermeneutic research. In Benjamin F. Crabtree & William L. Miller (Eds.), *Doing qualitative research* (pp. 110–124). Thousand Oaks, CA: Sage. (QS)

Adrian, Bonnie (2003). *Framing the bride: Globalizing beauty and romance in Taiwan's bridal industry*. Berkeley: University of California Press.

Alexander, Bryant Keith (2005). Performance ethnography: The reenacting and inciting of culture. In Norman K. Denzin & Yvonna S. Lincoln (Eds.), *The Sage handbook of qualitative research* (3rd ed., pp. 411–441). Thousand Oaks, CA: Sage.

Allison, Graham, & Zelikow, Philip (1999). *Essence of decision: Explaining the Cuban missile crisis* (2nd ed.). New York: Addison Wesley Longman. (CS)

American Anthropological Association (1998). *Code of ethics of the American Anthropological Association*. Washington, DC: Author.

American Association of University Professors (2006). *Research on human subjects: Academic freedom and the institutional review board*. Washington, DC: Author.

American Educational Research Association (2000). *Ethical Standards of the American Educational Research Association*. Washington, DC: Author.

American Evaluation Association (2004). *Guiding principles for evaluators.* Washington, DC: Author.

American Sociological Association (1999). *Code of ethics and policies and procedures of the ASA committee on professional ethics.* Washington, DC: Author.

Anderson, Elijah (1999). *Code of the street: Decency, violence, and the moral life of the inner city.* New York: Norton. (QS)

Anderson-Levitt, Kathryn M. (2006). Ethnography. In J. L. Green, G. Camilli, & P. B. Elmore (Eds.), *Handbook of complementary methods in education research* (3rd ed., pp. 279–295). Washington, DC: American Educational Research Association.

APSA Committee on Professional Ethics, Rights, and Freedom (2008). *A guide to professional ethics in political science* (2nd ed.). Washington, DC: American Political Science Association.

Auerbach, Carl F., & Silverstein, Louise H. (2003). *Qualitative data: An introduction to coding and analysis.* New York: New York University Press.

Auyero, Javier, & Swistun, Debora (2008). The social production of toxic uncertainty. *American Sociological Review, 73,* 357–379. (QS)

Bales, Kevin (2004). *Disposable people: New slavery in the global economy* (rev. ed.). Berkeley: University of California Press. (QS)

Ball, Deborah Loewenberg, Thames, Mark Hoover, & Phelps, Geoffrey (2008). Content knowledge for teaching: What makes it special? *Journal of Teacher Education, 59,* 389–407. (QS)

Banks, James A. (2006). Researching race, culture, and difference: Epistemological challenges and possibilities. In J. L. Green, G. Camilli, & P. B .Elmore (Eds.), *Handbook of complementary methods in education research* (3rd ed., pp. 773–793). Washington, DC: American Educational Research Association.

Barrette, Philippe (2010). All aboard!: Using community leaders to keep clinical researchers on track. In David L. Streiner & Souraya Sidani (Eds.), *When research goes off the rails: Why it happens and what you can do about it* (pp. 119–129). New York: Guilford Press.

Barzun, Jacques, & Graff, Henry F. (1977). *The modern researcher* (3rd ed.). New York: Harcourt, Brace, Jovanovich.

Becker, Howard S. (1958). Problems of inference and proof in participant observation. *American Sociological Review, 23,* 652–660.

Becker, Howard S. (1986). *Writing for social scientists: How to start and finish your thesis, book, or article.* Chicago: University of Chicago Press.

Becker, Howard S. (1998). *Tricks of the trade: How to think about your research while you're doing it.* Chicago: University of Chicago Press.

Becker, Howard S., Geer, Blanche, Hughes, Everett C., & Strauss, Anselm L. (1961). *Boys in white: Student culture in medical school.* Chicago: University of Chicago Press.

Berends, Mark, & Garet, Michael S. (2002). In (re)search of evidence-based school practices: Possibilities for integrating nationally representative surveys and randomized field trials to inform educational policy. *Peabody Journal of Education, 77,* 28-58.

Berger, Roger (1993). From text to (field)work and back again: Theorizing a post (modern) ethnography. *Anthropological Quarterly, 66,* 174-186.

Berliner, David C. (2002). Educational research: The hardest science of all. *Educational Researcher, 31,* 18-20.

Bertaux, D. (Ed.) (1981). *Biography and society: The life history approach in the social sciences.* Thousand Oaks, CA: Sage.

Bloome, David, & Clark, Caroline (2006). Discourse-in-use. In J. L. Green, G. Camilli, & P. B. Elmore (Eds.), *Handbook of complementary methods in education research* (3rd ed., pp. 227-241). Washington, DC: American Educational Research Association.

Blumer, Herbert (1969). *Symbolic interactionism.* Englewood Cliffs, NJ: Prentice-Hall.

Bogle, Kathleen A. (2008). *Hooking up: Sex, dating, and relationships on campus.* New York: New York University Press. (QS)

Booth, Wayne C., Colomb, Gregory G., & Williams, Joseph M. (1995). *The craft of research.* Chicago: University of Chicago Press.

Borman, Kathryn M., & Associates (2005). *Meaningful urban education reform: Confronting the learning crisis in mathematics and science.* Albany: State University of New York Press. (MM)

Borman, Kathryn M., Clarke, Christopher, Cotner, Bridget, & Lee, Reginald (2006). Cross-case analysis. In J. L. Green, G. Camilli, & P. B. Elmore (Eds.), *Handbook of complementary methods in education research* (3rd ed., pp. 123-139). Washington, DC: American Educational Research Association.

Bourgois, Philippe (2003). *In search of respect: Selling crack in El Barrio* (2nd ed.). New York: Cambridge University Press. (QS)

Brannick, Teresa, & Coghlan, David (2007). In defense of being "native": The case for insider academic research. *Organizational Research Methods, 10,* 59-74.

Brenner, Mary E. (2006). Interviewing in educational research. In J. L. Green, G. Camilli, & P. B. Elmore (Eds.), *Handbook of complementary methods in education research* (3rd ed., pp. 357-370). Washington, DC: American Educational Research

Association.

Brown, Kathleen M., Anfara, Vincent A., Jr., & Roney, Kathleen. (2004). Student achievement in high performing suburban middle schools and low performing urban schools: Plausible explanations for the differences. *Education and Urban Society, 36,* 428-456. (CS)

Brubaker, Rogers, Feischmidt, Margit, Fox, Jon, & Grancea, Liana. (2006). *Nationalist politics and everyday ethnicity in a Transylvanian town.* Princeton, NJ: Princeton University Press. (QS)

Bruyn, Severyn (1966). *The human perspective in sociology: The methodology of participant observation.* Englewood Cliffs, NJ: Prentice-Hall.

Bryant, M. J., Hammond, K. A., Bocian, K. M., Rettig, M. F., Miller, C. A., & Cardullo, R. A. (2008). School performance will fail to meet legislated benchmarks. *Science, 321,* 1781-1782.

Bryk, Anthony S., & Raudenbusch, Steven (1987). Application of hierarchical linear models to assessing change. *Psychological Bulletin, 10,* 147-158.

Bullough, Robert V., Jr. (2001). *Uncertain lives: Children of promise, teachers of hope.* New York: Teachers College Press. (QS)

Burgess, Ernest W., & Bogue, Donald J. (1967). Research in urban society: A long view. In E. W. Burgess & D. J. Bogue (Eds.), *Urban sociology* (pp. 1-14). Chicago: Phoenix Books.

Butler, Christopher (2002). *Postmodernism: A very short introduction.* Oxford, UK: Oxford University Press.

Cable, Sherry, Shriver, Thomas E., & Mix, Tamara L. (2008). Risk society and contested illness: The case of unclear weapons workers. *American Sociological Review, 73,* 380-401. (QS)

Campbell, Donald T. (1975). Degrees of freedom and the case study. *Comparative Political Studies, 8,* 178-193.

Campbell, Donald T. (2009). "Foreword," in *Case study design and methods,* by Robert K. Yin (pp. vi-viii). Thousand Oaks, CA: Sage. Originally appeared in the first edition of the book (1984).

Caracelli, Valerie (2006). Enhancing the policy process through the use of ethnography and other study frameworks: A mixed-method study. *Research in the Schools, 13,* 84-92.

Caracelli, Valerie, & Greene, Jennifer C. (1993). Data analysis strategies for mixed-method evaluation designs. *Educational Evaluation and Policy Analysis, 15,* 195-207.

Carr, Patrick, J. (May 2003). The new parochialism: The implications of the Beltway case for arguments concerning informal social control. *American Journal of Sociology, 108,* 1249-1291. (QS)

Charmaz, Kathy (1999). Stories of suffering: Subjects' stories and research narratives. *Qualitative Health Research, 9,* 362-382.

Charmaz, Kathy (2002). Stories of silences: Disclosures and self in chronic illness. *Qualitative Inquiry, 8,* 302-328.

Charmaz, Kathy (2005). Grounded theory in the 21st century. In Norman K. Denzin & Yvonna S. Lincoln (Eds.), *The Sage handbook of qualitative research* (3rd ed., pp. 507-535). Thousand Oaks, CA: Sage.

Chase, Susan E. (2005). Narrative inquiry: Multiple lenses, approaches, voices. In Norman K. Denzin & Yvonna S. Lincoln (Eds.), *The Sage handbook of qualitative research* (3rd ed., pp. 651-679). Thousand Oaks, CA: Sage.

Chaskin, Robert J. (2001). Building community capacity: A definitional framework and case studies from a comprehensive community initiative. *Urban Affairs Review, 36,* 291-323.

Cicourel, Aaron V. (1971). Ethnomethodology and measurement. *Social Forces, 50,* 182-191.

Connelly, F. Michael, & Clandinin, D. Jean (2006). Narrative inquiry. In J. L. Green, G. Camilli, & P. B. Elmore (Eds.), *Handbook of complementary methods in education research* (3rd ed., pp. 477-487). Washington, DC: American Educational Research Association.

Cook, Thomas D., & Campbell, Donald T. (1979). *Quasi-experimentation: Design and analysis issues for field settings.* Chicago: Rand McNally.

Cook, Thomas D., & Foray, Dominique (2007). Building the capacity to experiment in schools: A case stduy of the Institute of Educational Sciences in the U.S. Department of Education. *Economics of Innovation and New Technology, 16,* 385-402.

Cook, Thomas D., & Reichardt, Charles (Eds.) (1979). *Qualitative and quantitative methods in program evaluation.* Thousand Oaks, CA: Sage.

Cooper, Harris M. (1998). *Synthesizing research: A guide for literature synthesis* (3rd ed.). Thousand Oaks, CA: Sage.

Corbin, Juliet, & Strauss, Anselm (2007). *Basics of qualitative research: Techniques and procedures for developing grounded theory* (3rd ed.). Thousand Oaks, CA: Sage.

COSMOS Corporation (1996). *The National Science Foundation's FastLane System baseline data collection: Cross-case report.* Bethesda, MD: Author.

Covey, Stephen R. (1989). *The seven habits of highly effective people: Restoring the character ethic.* New York: Simon & Schuster.

Coyle, Adrian (2007). Discourse analysis. In Evanthia Lyons & Adrian Coyle (Eds.), *Analysing qualitative data in psychology* (pp. 98-116). Thousand Oaks, CA: Sage.

Crabtree, Benjamin F., & Miller, William L. (Eds.) (1999). *Doing qualitative research* (2nd ed.). Thousand Oaks, CA: Sage.

Creswell, John W. (2007). *Qualitative inquiry & research design: Choosing among five approaches* (2nd ed.). Thousand Oaks, CA: Sage.

Creswell, John W. (2009). Mapping the field of mixed methods research. *Journal of Mixed Methods Research, 3,* 95-108.

Creswell, John W., Shope, Ron, Plano Clark, Vicki L., & Greene, Denise (2006). How interpretive qualitative research extends mixed methods research. *Research in the Schools, 13,* 1-11.

Cronbach, Lee J. (1975). Beyond the two disciplines of scientific psychology. *American Psychologist, 30,* 116-127.

Datta, Lois-ellin (1994). Paradigm wars: A basis for peaceful coexistence and beyond. *New Directions for Program Evaluation, 61,* 54-70.

Davis, Nancy J., & Robinson, Robert V. (2009). Overcoming movement obstacles by the religious orthodox: The Muslim brotherhood in Egypt, Shas in Israel, Comunione e Liberazione in Italy, and the Salvation Army in the United States. *American Journal of Sociology, 114,* 1302-1349. (QS)

Degregory, Lane (2007). Finding good topics: A writer's questions. In M. Kramer & W. Call (Eds.), *Telling true stories: A nonfiction writer's guide* (pp. 20-22). London: Plume/Penguin.

Denscombe, Martyn (2008). Communities of practice: A research paradigm for the mixed methods approach. *Journal of Mixed Methods Research, 2,* 270-283.

Denzin, Norman K. (2003). *Performance ethnography: Critical pedagogy and the politics of culture.* Thousand Oaks, CA: Sage.

Denzin, Norman K., & Lincoln, Yvonna S. (Eds.). (2005). *The Sage handbook of qualitative research* (3rd ed.). Thousand Oaks, CA: Sage.

Devers, Kelly J., Sofaer, Shoshanna, & Rundall, Thomas G. (1999). Qualitative methods in health services research. *Health Services Research, 34*(5), Part II (whole issue).

Drew, Paul (2009). Conversation analysis. In Jonathan A. Smith (Ed.), *Qualitative psychology: A practical guide to research methods* (pp. 133-159). Los Angeles: Sage.

Duff, Patricia A. (2008). *Case study research in applied linguistics.* New York:

Routledge.

Duneier, Mitchell (1999). *Sidewalk*. New York: Farrar, Straus, & Giroux. (QS)

Dunn, Elizabeth C. (2004). *Privatizing Poland: Baby food, big business and the remaking of labor*. Ithaca, NY: Cornell University Press. (QS)

Edin, Kathryn, & Kefalas, Maria (2005). *Promises I can keep: Why poor women put motherhood before marriage*. Berkeley: University of California Press. (QS)

Eisenhart, Margaret (2006). Representing qualitative data. In J. L. Green, G. Camilli, & P. B. Elmore (Eds.), *Handbook of complementary methods in education research* (3rd ed., pp. 567–581). Washington, DC: American Educational Research Association.

Eisner, Elliot W., & Peshkin, A. (1990). Subjectivity and Objectivity. In Elliot W. Eisner & Alan Peshkin (Eds.), *Qualitative inquiry in education: The continuing debate* (pp. 15–17). New York: Teachers College Press.

Emerson, Robert M. (Ed.). (2001). *Contemporary field research: Perspectives and formulations* (2nd ed.). Prospect Heights, IL: Waveland Press.

Emerson, Robert M., Fretz, Rachel I., & Shaw, Linda L. (1995). *Writing ethnographic field-notes*. Chicago: University of Chicago Press.

Ericksen, Jeff, & Dyer, Lee (September 2004). Right from the start: Exploring the effects of early team events on subsequent project team development and performance. *Administrative Science Quarterly*, 49, 438–471.

Erickson, Frederick (2006). Definition and analysis of data from videotape: Some research procedures and their rationales. In J. L. Green, G. Camilli, & P. B. Elmore (Eds.), *Handbook of complementary methods in education research* (3rd ed., pp. 177–191). Washington, DC: American Educational Research Association.

Fetterman, David M. (2009). Ethnography. In Leonard Bickman & Debra J. Rog (Eds.), *The Sage handbook of applied social research methods* (2nd ed., pp. 543–588). Thousand Oaks, CA: Sage.

Fielding, Nigel G., & Lee, Raymond, M. (1998). *Computer analysis and qualitative research*. London: Sage.

Fine, Michelle (Ed.) (1992). *Disruptive voices*. Ann Arbor: University of Michigan Press.

Fontana, Andrea, & Frey, James H. (2005). The interview: From neutral stance to political involvement. In Norman K. Denzin & Yvonna S. Lincoln (Eds.), *The Sage handbook of qualitative research* (3rd ed., pp. 695–727). Thousand Oaks, CA: Sage.

Fowler, Floyd, J., Jr., & Cosenza, Carol (2009). Design and evaluation of survey questions. In Leonard Bickman & Debra J. Rog (Eds.), *The Sage handbook of applied social research methods* (2nd ed., pp. 375–412). Thousand Oaks, CA:

Sage.

Gans, Herbert J. (1962). *The urban villagers: Group and class in the life of Italian-Americans*. New York: Free Press. (QS)

Garfinkel, Harold (1967). *Studies in ethnomethodology*. Englewood Cliffs, NJ: Prentice-Hall.

Geertz, Clifford (1973). *The interpretation of cultures*. New York: Basic Books.

Geertz, Clifford (1983). *Local knowledge: Further essays on interpretive anthropology*. New York: Basic Books.

George, Sheba Mariam. (2005). *When women come first: Gender and class in transnational migration*. Berkeley: University of California Press. (QS)

Gilligan, Carol (1982). *In a different voice: Psychological theory and women's development*. Cambridge, MA: Harvard University Press. (QS)

Giorgi, Amedeo, & Giorgi, Barbro (2009). Phenomenology. In Jonathan A. Smith (Ed.), *Qualitative psychology: A practical guide to research methods* (pp. 26-52). Los Angeles: Sage.

Glaser, Barney G., & Strauss, Anselm L. (1967). *The discovery of grounded theory: Strategies for qualitative research*. New York: Aldine.

Goffman, Erving (1959). *The presentation of self in everyday life*. Garden City, NY: Anchor.

Goffman, Erving (1963). *Stigma: Notes on the management of spoiled identity*. Englewood Cliffs, NJ: Prentice-Hall.

Gold, Raymond L. (1958). Roles in sociological field observations. *Social Forces, 36*, 217-223.

Gomm, Roger, Hammersley, Martyn, & Foster, Peter (2000). Case study and generalization. In Roger Gomm, Martyn Hammersley, & Peter Foster (Eds.), *Case study method: Key issues, key texts* (pp. 98-115). London: Sage.

Grbich, Carol (2007). *Qualitative data analysis: An introduction*. Thousand Oaks, CA: Sage.

Green, Denise O'neil. (2004). Fighting the battle for racial diversity: A case study of Michigan's institutional responses to Gratz and Grutter. *Educational Policy, 18*, 733-751. (IS)

Greene, Jennifer C. (2008). Is mixed methods social inquiry a distinctive methodology? *Journal of Mixed Methods Research, 2*, 7-22.

Greene, Jennifer C., & Caracelli, Valerie J. (Eds.) (1997). Advances in mixed-method evaluation: The challenges and benefits of integrating diverse paradigms. *New Directions for Evaluation, 74*, whole issue.

Greene, Jennifer, Caracelli, Valerie, & Graham, J. F. (1989). Toward a conceptual framework for mixed-method evaluation designs. *Educational Evaluation and Policy Analysis, 11*, 255–274.

Greenwood, Davydd J., & Levin, Morten (1998). *Introduction to action research: Social research for social change.* Thousand Oaks, CA: Sage.

Gross, Zehavit (January 2008). Relocation in rural and urban settings: A case study of uprooted schools from the Gaza Strip. *Education and Urban Society, 40*, 269–285. (CS)

Guba, Egon G. (1990). Subjectivity and objectivity. In Elliot W. Eisner & Alan Peshkin (Eds.), *Qualitative inquiry in education: The continuing debate* (pp. 74–91). New York: Teachers College Press.

Gubrium, Jaber F., & Holstein, James A. (1998). Standing our middle ground. *Journal of Contemporary Ethnography, 27*, 416–421.

Guenther, Katia M. (2009). The politics of names: Rethinking the methodological and ethical significance of naming people, organizations, and places. *Qualitative Research, 9*, 411–421.

Hahn, Christopher (2008). *Doing qualitative research using your computer: A practical guide.* Thousand Oaks, CA: Sage.

Hall, Rogers (2000). Videorecording as theory. In Anthony E. Kelly & Richard A. Lesh (Eds.), *Handbook of research design in mathematics and science education* (pp. 647–664). Mahwah, NJ: Lawrence Erlbaum.

Hannerz, Ulf (1969). *Soulside: Inquiries into ghetto culture and community.* New York: Columbia University Press. (QS)

Hays, Sharon (2003). *Flat broke with children: Women in the age of welfare reform.* New York: Oxford University Press. (QS)

Hedrick, Terry E. (1994). The quantitative-qualitative debate: Possibilities for integration. *New Directions for Program Evaluation, 61*, 45–52.

Herman, Rebecca, et al. (2006). Overcoming the challenges: A response to Alan H. Schoenfeld's "what doesn't work." *Educational Researcher, 35*, 22–23.

Hesse-Biber, Sharlene Nagy, & Leavy, Patricia Lina (2007). *Feminist research practice: A primer.* Thousand Oaks, CA: Sage.

Hochschild, Arlie Russell (1989). *The second shift.* New York: Oxford University Press. (QS)

Holstein, James A., & Gubrium, Jaber F. (2005). Interpretive practice and social action. In N. K. Denzin & Y. S. Lincoln (Eds.), *The Sage handbook of qualitative research* (3rd ed., pp. 483–505). Thousand Oaks, CA: Sage.

Howell, Nancy (1990). *Surviving fieldwork: A report of the advisory panel on health and safety in fieldwork.* Washington, DC: American Anthropological Association.

Husserl, Edmund (1970). *The crisis of European sciences and transcendental phenomenology* (trans. by D. Carr). Evanston, IL: Northwestern University Press.

Irvine, Leslie (2003). The problem of unwanted pets: A case study in how institutions "think" about clients' needs. *Social Problems, 50,* 550-566. (QS)

Jacobs, Glenn (Ed.) (1970). *The participant observer: Encounters with social reality.* New York: George Braziller. (QS)

Jacobs, Rodney N. (1996). Civil society and crisis: Culture, discourse, and the Rodney King beating. *American Journal of Sociology, 101,* 1238-1272. (CS)

Jadad, Alejandro (2004). *Randomised controlled trials.* London: BMJ Books.

Johnson, R. Burke (Ed.) (2006). New directions in mixed methods research. *Research in the Schools, 13*(whole issue).

Johnson, R. Burke, & Onwuegbuzie, Anthony J. (2004). Mixed methods research: A research paradigm whose time has come. *Educational Researcher, 33,* 14-26.

Jones, Stacey Holman (2005). Autoethnography: Making the personal political. In Norman K. Denzin & Yvonna S. Lincoln (Eds.), *The Sage handbook of qualitative research* (3rd ed., pp. 763-791). Thousand Oaks, CA: Sage.

Jorgensen, Danny L. (1989). *Participant observation: A methodology for human studies.* Thousand Oaks, CA: Sage.

Joyce, Anthony S. (2010). Changing horses in midstream: Transforming a study to address recruitment problems. In David L. Streiner & Souraya Sidani (Eds.), *When research goes off the rails: Why it happens and what you can do about it* (pp. 130-135). New York: Guildford Press.

Kane, Mary, & Trochim, William. (2007). *Concept mapping for planning and evaluation.* Thousand Oaks, CA: Sage.

Karnieli-Miller, Orit, Strier, Roni, & Pessach, Liat. (2009). Power relations in qualitative research. *Qualitative Health Research, 19,* 279-289.

Karra, Neri, & Phillips, Nelson. (2008). Researching "back home": International management research as autoethnography. *Organizational Research Methods, 11,* 541-561.

Kelly, Anthony E., & Yin, Robert K. (2007). Strengthening structured abstracts for education research: The need for claim-based structured abstracts. *Educational Researcher, 36,* 133-138.

Kidder, Louise H., & Judd, Charles M. (1986). *Research methods in social relations* (5th ed.). New York: Holt, Rinehart & Winston.

Kidder, Tracy (1990). *Among school children.* Boston: Houghton Mifflin. (QS)

Kidder, Tracy (2007). Field notes to full draft. In M. Kramer & W. Call (Eds.), *Telling true stories: A nonfiction writer's guide* (pp. 51-54). London: Plume/Penguin.

Kish, Leslie (1965). *Statistical design for research*. New York: Wiley.

Kluckhohn, Florence R. (1940). The participant-observer technique in small communities. *American Journal of Sociology, 46*, 331-343.

Koch, Christopher, & Tabor, Anna (2010). Small colleges and small n's. In David L. Streiner & Souraya Sidani (Eds.), *When research goes off the rails: Why it happens and what you can do about it* (pp. 101-105). New York: Guilford Press.

Kramer, Mark, & Call, Wendy (Eds.) (2007). *Telling true stories: A nonfiction writers' guide from the Nieman Foundation at Harvard University*. New York: Penguin Group.

Kugelmass, Judy W. (2004). *The inclusive school: Sustaining equity and standards*. New York: Teachers College Press. (QS)

Kuzel, Anton (1992). Sampling in qualitative inquiry. In Benjamin F. Crabtree & William L. Miller (Eds.), *Doing qualitative research* (pp. 31-44). Thousand Oaks, CA: Sage.

Labov, W., & Waletzky, J. (1997). Narrative analysis: Oral versions of personal experience. *Journal of Narrative and Life History, 7*, 3-38. (Original work published in 1967.)

Langness, L. L. (1965). *The life history in anthropological science*. New York: Holt, Rinehart.

Lareau, Annette (2003). *Unequal childhoods: Class, race, and family life*. Berkeley: University of California Press. (QS)

Lawrence-Lightfoot, Sara (1983). *The good high school: Portraits of character and culture*. New York: Basic Books. (QS)

Lawrence-Lightfoot, Sara, & Davis, Jessica Hoffman (1997). *The art and science of portraiture*. San Francisco: Jossey-Bass.

Lee, Jooyoung (2009). Battlin' on the corner: Techniques for sustaining play. *Social Problems, 56*, 578-598. (QS)

Lee, S. J. (1996). *Unraveling the "model minority" stereotype: Listening to Asian American youth*. New York: Teachers College Press. (QS)

Levitt, Peggy (2001). *The transnational villagers*. Berkeley: University of California Press. (QS)

Lew, Jamie (2006). *Asian Americans in class: Charting the achievement gap among Korean American youth*. New York: Teachers College Press. (QS)

Lewin, Kurt (1946). Action research and minority problems. *Journal of Social Issues, 2*, 34-46.

Lewins, Ann, & Silver, Christina (2007). *Using software in qualitative research: A step-by-step guide.* London: Sage.

Lewis, Oscar (1961). *The children of Sanchez: Autobiography of a Mexican family.* New York: Vintage Books. (QS)

Lewis, Oscar (1965). *La Vida: A Puerto Rican family in the culture of poverty-San Juan and New York.* New York: Vintage Books.

Liebow, Elliot (1967). *Tally's corner: A study of Negro streetcorner men.* Boston: Little, Brown. (QS)

Liebow, Elliot (1993). *Tell them who I am: The lives of homeless women.* London: Penguin Books. (QS)

Lincoln, Yvonna S. (2005). Institutional review boards and methodological conservatism. In Norman K. Denzin & Yvonna S. Lincoln (Eds.), *The Sage handbook of qualitative research* (3rd ed., pp. 165-181). Thousand Oaks, CA: Sage.

Lincoln, Yvonna S., & Guba, Egon G. (1985). *Naturalistic inquiry.* Thousand Oaks, CA: Sage.

Lincoln, Yvonna S., & Tierney, W. G. (2004). Qualitative research and institutional review boards. *Qualitative Inquiry, 10,* 219-234.

Lipset, Seymour, Trow, Martin, & Coleman, James S. (1967). *Union democracy: The inside politics of the international typographical union.* New York: Free Press. (CS)

Lipsey, Mark W. (1990). *Design sensitivity: Statistical power for experimental research.* Thousand Oaks, CA: Sage.

Locke, Karen, & Velamuri, S. Ramakrishna (2009). The design of member review: Showing what to organization members and why. *Organizational Research Methods, 12,* 488-509.

Locke, Mary G., & Guglielmino, Lucy (2006). The influence of subcultures on planned change in a community college. *Community College Review, 34,* 108-127. (CS)

Lohman, J. D. (1937). Participant-observation in community studies. *American Sociological Review, 6,* 890-897.

Lynd, Robert, & Lynd, Helen (1929). *Middletown.* New York: Harcourt Brace. (QS)

Lynd, Robert, & Lynd, Helen (1937). *Middletown in transition.* New York: Harcourt Brace. (QS)

Madsen, Richard (2009). The archipelago of faith: Religious individualism and faith community in America today. *American Journal of Sociology, 114,* 1263-1301. (QS)

Maginn, Paul J. (2007). Negotiating and securing access: Reflections from a study into urban regeneration and community participation in ethnically diverse neighborhoods in London, England. *Field Methods, 19,* 425–440.

Malinowski, Bronislaw (1922). *Argonauts of the Western Pacific.* Prospect Heights, IL: Waveland Press. (QS)

Marwell, Nicole P. (2007). *Bargaining for Brooklyn: Community organizations in the entrepreneurial city.* Chicago: University of Chicago Press. (QS)

Maxwell, Joseph A. (1996). *Qualitative research design: An interactive approach.* Thousand Oaks, CA: Sage.

Maxwell, Joseph A. (2009). Designing a qualitative study. In Leonard Bickman & Debra J. Rog (Eds.), *The Sage handbook of applied social research methods* (2nd ed., pp. 214–253). Thousand Oaks, CA: Sage.

May, Reuben, & Buford, A. (2008). *Living through the hoop: High school basketball, race, and the American dream.* New York: New York University Press. (QS)

Mays, N., & Pope, Catherine (1995). Qualitative research: Observational methods in health care settings. *British Medical Journal, 311,* 182–184.

Mays, N., & Pope, Catherine (1996). *Qualitative research in health care.* London: BMJ Publishing Group.

McCall, George J., & Simmons, J. L. (Eds.). (1969). *Issues in participant observation.* Reading, MA: Addison-Wesley.

McQueeney, Krista (2009). We are God's children, y'all: Race, gender, and sexuality in Lesbian and Gay-Affirming Congregations. *Social Problems, 56,* 151–173. (QS)

Mead, George Herbert (1934). *Mind, self and society.* Chicago: University of Chicago Press.

Mead, Margaret (1928). *Coming of age in Samoa: A psychological study of primitive youth for Western civilisation.* New York: Perennial Classics Edition published in 2001. (QS)

Menjívar, Cecilia (2000). *Fragmented ties: Salvadoran immigrant networks in America.* Berkeley: University of California Press. (QS)

Merton, Robert K., Fiske, Marjorie, & Kendall, Patricia L. (1990). *The focused interview: A manual of problems and procedures* (2nd ed.). New York: Free Press.

Miles, Matthew B., & Huberman, A. Michael (1994). *Qualitative data analysis* (2nd ed.). Thousand Oaks, CA: Sage.

Miller, William L., & Crabtree, Benjamin F. (1992). Primary care research: A multimethod typology and qualitative road map. In Benjamin F. Crabtree & William L. Miller (Eds.), *Doing qualitative research* (pp. 3–28). Thousand Oaks, CA: Sage.

Molotch, Harvey (1969). Racial integration in a transition community. *American Sociological*

Review, 34, 878–893. (QS)

Moore, Mignon R. (2008). Gendered power relations among women: A study of household decision making in Black, Lesbian stepfamilies. *American Sociological Review, 73,* 335–356. (QS)

Morgan, David L. (1992). Doctor-caregiver relationships: An exploration using focus groups. In Benjamin F. Crabtree & William L. Miller (Eds.), *Doing qualitative research* (pp. 205–227). Thousand Oaks, CA: Sage. (QS)

Moustakas, C. (1994). *Phenomenological research methods.* Thousand Oaks, CA: Sage.

Moyer-Packenham, Patricia, et al. (2009). Participation by STEM faculty in math and science partnership activities for teachers. *Journal of STEM Education, 10,* 17–36.

Mulroy, Elizabeth A., & Lauber, Helenann (2004). A user-friendly approach to program evaluation and effective community interventions for families at risk of homelessness. *Social Work, 49,* 573–586. (QS)

Murphy, Jerome T. (1980). *Getting the facts: A fieldwork guide for evaluators and policy analysts.* Santa Monica, CA: Goodyear.

Murray, Michael (2009). Narrative psychology. In Jonathan A. Smith (Ed.), *Qualitative psychology: A practical guide to research methods* (pp. 111–132). Los Angeles: Sage.

Napolitano, Valentina (2002). *Migration, Mujercitas, and medicine men.* Berkeley: University of California Press. (QS)

Narotzky, Susana, & Smith, Gavin (2006). *Immediate struggles: People, power, and place in rural Spain.* Berkeley: University of California Press. (QS)

National Commission on Neighborhoods (1979). *People, building neighborhoods.* Washington, DC: U.S. Government Printing Office. (CS)

National Research Council (2003). *Protecting participants and facilitating social and behavioral sciences research.* Washington, DC: National Academies Press.

Nespor, Jan (2006). Finding patterns with field notes. In J. L. Green, G. Camilli, & P. B. Elmore (Eds.), *Handbook of complementary methods in education research* (3rd ed., pp. 297–308). Washington, DC: American Educational Research Association.

Neuman, Susan B., & Celano, Dana (2001). Access to print in low-income and middle-income communities: An ecological study of four neighborhoods. *Reading Research Quarterly, 36,* 8–26.

Neustadt, Richard E., & Fineberg, Harvey (1983). *The epidemic that never was: Policy-making and the swine flu affair.* New York: Vintage Books. (CS)

Newman, Dianna L., & Brown, Robert D. (1996). *Applied ethics for program evaluation.* Thousand Oaks, CA: Sage.

Newman, Katherine S. (1999). *No shame in my game: The working poor in the inner city*. New York: Russell Sage Foundation. (QS)

O'Cathain, Alicia (2009). Mixed methods research in the health sciences: A quiet revolution. *Journal of Mixed Methods Research, 3*, 3–6.

Olesen, Virginia. (2005). Early millennial feminist qualitative research. In Norman K. Denzin & Yvonna S. Lincoln (Eds.), *The Sage handbook of qualitative research* (3rd ed., pp. 235–278). Thousand Oaks, CA: Sage.

Palmer, Edward L. (1973). *Formative research in the production of television for children*. Report by Children's Television Workshop, New York (also available through the Educational Resources Information Center, Washington, DC).

Park, Robert E., Burgess, Ernest W., & McKenzie, Roderick D. (Eds.) (1925). *The city*. Chicago: University of Chicago Press.

Patton, Michael Quinn (2002). Two decades of developments in qualitative inquiry. *Qualitative Social Work, 1*, 261–283.

Patton, Michael Quinn (2006). Foreword: Trends and issues as context. *Research in the Schools, 13*, i–ii.

Pedraza, Silvia (2007). *Political disaffection in Cuba's revolution and exodus*. Cambridge, UK: Cambridge University Press. (QS)

Pelto, Pertti J., & Pelto, Gretel H. (1978). *Anthropological research: The structure of inquiry* (2nd ed.). Cambridge, UK: Cambridge University Press.

Pérez, Gina M. (2004). The near northwest side story: Migration, displacement, and Puerto Rican families. Berkeley: University of California Press. (QS)

Phillips, D. C. (1990a). Response to the commentary by Guba. In Elliot W. Eisner & Alan Peshkin (Eds.), *Qualitative inquiry in education: The continuing debate* (pp. 92–95). New York: Teachers College Press.

Phillips, D. C. (1990b). Subjectivity and objectivity: An objective inquiry. In Elliot W. Eisner & Alan Peshkin (Eds.), *Qualitative inquiry in education: The continuing debate* (pp. 19–37). New York: Teachers College Press.

Platt, Jennifer (1992). "Case study" in American methodological thought. *Current Sociology, 40*, 17–48.

Polanyi, Michael (1958). *Personal knowledge*. Chicago: University of Chicago Press.

Polanyi, Michael (1966). *The tacit dimension*. New York: Doubleday.

Pope, Catherine, & Mays, Nicholas (1995). Reaching the parts other methods cannot reach: An introduction to qualitative methods in health and health services research. *British Medical Journal, 332*, 413–416.

Powdermaker, Hortense (1966). *Stranger and friend: The way of an anthropologist*.

New York: Norton.

Punch, Maurice (1989). Researching police deviance: A personal encounter with the limitations and liabilities of field-work. *British Journal of Sociology, 40*, 177-204.

Rabinow, Paul (1977, 2007). *Reflections on fieldwork in Morocco* (30th anniversary ed.). Berkeley: University of California Press. (QS)

Randolph, Justus J., & Eronen, Pasi J. (2007). Developing the Learner Door: A case study in youth participatory program planning. *Evaluation and Program Planning, 30*, 55-65.

Read, Jen'nan Ghazal, & Oselin, Sharon (2008). Gender and the education-employment paradox in ethnic and religious contexts: The case of Arab Americans. *American Sociological Review, 73*, 296-313. (QS)

Reason, Peter, & Riley, Sarah (2009). Co-operative inquiry: An action research practice. In Jonathan A. Smith (Ed.), *Qualitative psychology: A practical guide to research methods* (pp. 207-234). Los Angeles: Sage.

Reichardt, Charles S., & Rallis, Sharon F. (Eds.). (1994a). The qualitative-quantitative debate: New perspectives. *New Directions for Program Evaluation, 61*(whole issue).

Reichardt, Charles S., & Rallis, Sharon F. (1994b). The relationship between the qualitative and quantitative traditions. *New Directions for Program Evaluation, 61*, 5-11.

Reid, M. Jeanne, & Moore, James L., III. (2008). College readiness and academic preparation for postsecondary education: Oral histories of first-generation urban college students. *Urban Education, 43*, 240-261. (IS)

Reiss, Albert (1971). *The police and the public.* New Haven, CT: Yale University Press.

Rex, Lesley A., Steadman, Sharilyn C., & Graciano, Mary K. (2006). Research the complexity of classroom interaction. In J. L. Green, G. Camilli, & P. B. Elmore (Eds.), *Handbook of complementary methods in education research* (3rd ed., pp. 727-771). Washington, DC: American Educational Research Association.

Riessman, Catherine Kohler (1993). *Narrative analysis.* Thousand Oaks, CA: Sage.

Riessman, Catherine Kohler (2008). *Narrative methods for the human sciences.* Thousand Oaks, CA: Sage.

Rivera, Lauren A. (2008). Managing "spoiled" national identity: War, tourism, and memory in Croatia. *American Sociological Review, 73*, 613-634. (CS)

Rolls, Geoff (2005). *Classic case studies in psychology.* Oxon, UK: Hodder Education.

Roman, Leslie G., & Apple, Michael W. (1990). Is naturalism a move away from positivism? Materialist and feminist approaches to subjectivity in ethnographic research. In Elliot W. Eisner & Alan Peshkin (Eds.), *Qualitative inquiry in education: The continuing debate* (pp. 38-73). New York: Teachers College Press.

Roschelle, Jeremy (2000). Choosing and using video equipment for data collection. In Anthony E. Kelly & Richard A. Lesh (Eds.), *Handbook of research design in mathematics and science education* (pp. 709-731). Mahwah, NJ: Lawrence Erlbaum.

Rosenbaum, Paul R. (2002). *Observational studies* (2nd ed.). New York: Springer.

Rosenthal, Robert (1966). *Experimenter effects in behavioral research.* New York: Appleton-Century-Crofts.

Rossi, Peter (1994). The war between the quals and the quants: Is a lasting peace possible? *New Directions for Program Evaluation, 61,* 23-36.

Roter, D., & Frankel, Richard. (1992). Quantitative and qualitative approaches to the evaluation of the medical dialogue. *Social Science and Medicine, 34*(10), 1097-1103.

Rowe, Michael (1999). *Crossing the border: Encounters between homeless people and outreach workers.* Berkeley: University of California Press. (QS)

Royster, Deirdre A. (2003). *Race the Invisible Hand: How white networks exclude black men from blue-collar jobs.* Berkeley: University of California Press. (QS)

Rubin, Herbert J., & Rubin, Irene S. (1995). *Qualitative interviewing: The art of hearing data.* Thousand Oaks, CA: Sage.

Ryle, Gilbert (1949). *The concept of mind.* New York.

Sack, Jacqueline J. (2008). Commonplace intersections within a high school mathematics leadership institute. *Journal of Teacher Education, 59,* 189-199. (QS)

Saldaña, Johnny (2009). *The coding manual for qualitative researchers.* Thousand Oaks, CA: Sage.

Sarroub, Loukia K. (2005). All American Yemeni girls: Being Muslim in a public school. Philadelphia: University of Pennsylvania Press. (QS)

Sauder, Michael (2008). Interlopers and field change: The entry of *U.S. News* into the field of legal education. *Administrative Science Quarterly, 53,* 209-234. (IS)

Scanlan, Christopher (2000). *Reporting and writing: Basics for the 21st century.* New York: Oxford University Press.

Schein, Edgar (2003). *DEC is dead, long live DEC: Lessons on innovation, technology, and the business gene.* San Francisco: Berrett-Koehler. (CS)

Schoenfeld, Alan H. (2006a). Reply to comments from the What Works Clearinghouse on "what doesn't work." *Educational Researcher, 33,* 23.

Schoenfeld, Alan H. (2006b). What doesn't work: The challenge and failure of the What

Works Clearinghouse to conduct meaningful reviews of mathematical curricula. *Educational Researcher, 35*, 13-21.

Schofield, Janet Ward (1990). Increasing the generalizability of qualitative research. In Elliot W. Eisner & Alan Peshkin (Eds.), *Qualitative inquiry in education: The continuing debate* (pp. 201-232). New York: Teachers College Press.

Schutz, Alfred (1970). *On phenomenology and social relations.* Chicago: University of Chicago Press.

Schwandt, Thomas A. (2007). *The Sage dictionary of qualitative inquiry* (3rd ed.). Thousand Oaks, CA: Sage.

Schwartz, Morris S., & Schwartz, Charlotte G. (1955). Problems in participant observation. *American Journal of Sociology, 60*, 350-351.

Seidman, Irving. (2006). *Interviewing as qualitative research: A guide for researchers in education and the social sciences* (3rd ed.). New York: Teachers College Press.

Sharman, Russell Leigh (2006). *The tenants of East Harlem.* Berkeley: University of California Press. (QS)

Shavelson, Richard, & Townes, Lisa (2002). *Scientific research in education.* Washington, DC: National Academy Press.

Shaw, Clifford R. (1930). *The natural history of a delinquent career.* Chicago: University of Chicago Press. (QS)

Sherman, Jennifer (2009). Bend to avoid breaking: Job loss, gender norms, and family stability in rural America. *Social Problems, 56*, 599-620. (QS)

Shortell, Stephen M. (1999). The emergence of qualitative methods in health services research. *Health Services Research, 34*, 1083-1090.

Sidel, Ruth (2006). *Unsung heroines: Single mothers and the American dream.* Berkeley: University of California Press. (QS)

Sieber, Sam D. (1973). The integration of fieldwork and survey methods. *American Journal of Sociology, 78*, 1335-1359.

Sluka, Jeffrey A., & Robben, Antonius C. G. M. (2007). Fieldwork in cultural anthropology: An introduction. In A. C. G. M. Robben & J. A. Sluka (Eds.), *Ethnographic fieldwork: An anthropological reader* (pp. 1-28). Malden, MA: Blackwell.

Small, Mario Luis (2004). *Villa Victoria: The transformation of social capital in a Boston Barrio.* Chicago: University of Chicago Press. (QS)

Small, S. (1995). Action-oriented research: Models and methods. *Journal of Marriage and the Family, 57*, 941-955.

Smith, Robert Courtney (2006). *Mexican New York: Transnational lives of new immigrants.* Berkeley: University of California Press. (QS)

Spradley, James P. (1979). *The ethnographic interview.* New York: Holt, Rinehart & Winston.

Spradley, James P. (1980). *Participant observation.* New York: Holt, Rinehart & Winston.

Stack, Carol (1974). *All our kin.* New York: Basic Books. (QS)

Stake, Robert E. (1995). *The art of case study research.* Thousand Oaks, CA: Sage.

Stake, Robert E. (2005). Qualitative case studies. In Norman K. Denzin & Yvonna S. Lincoln (Eds.), *The Sage handbook of qualitative research* (3rd ed., pp. 443–466). Thousand Oaks, CA: Sage.

Stewart, David W., Shamdasani, Prem N., & Rook, Dennis W. (2009). Group depth interviews: Focus group research. In Leonard Bickman & Debra J. Rog (Eds.), *The Sage handbook of applied social research methods* (2nd ed., pp. 589–616). Thousand Oaks, CA: Sage.

Stewart, Moira (1992). Approaches to audiotape and videotape analysis: Interpreting the interactions between patients and physicians. In Benjamin F. Crabtree & William L. Miller (Eds.), *Doing qualitative research* (pp. 149–162). Thousand Oaks, CA: Sage. (QS)

Stewart, Thomas, Wolf, Patrick J., Cornman, Stephen Q., & McKenzie-Thompson, Kenann (2007). *Satisfied, optimistic, yet concerned: Parent voices in the third year of the DC Opportunity Scholarship program.* Washington, DC: Georgetown University Public Policy Institute. (QS)

Stone, Pamela (2007). *Opting out?: Why women really quit careers and head home.* Berkeley: University of California Press. (QS)

Strauss, Anselm, & Corbin, Juliet (1998). *Basics of qualitative research: Techniques and procedures for developing grounded theory* (2nd ed.). Thousand Oaks, CA: Sage.

Streiner, David L. (2010). Hoist on our own postcard. In David L. Streiner & Souraya Sidani (Eds.), *When research goes off the rails: Why it happens and what you can do about it* (pp. 223–227). New York: Guilford Press.

Streiner, David L., & Sidani, Souraya (Eds.) (2010). *When research goes off the rails: Why it happens and what you can do about it.* New York: Guilford Press.

Stritikus, Tom, & Nguyen, Diem (2007). Strategic transformation: Cultural and gender identity negotiation in first-generation Vietnamese youth. *American Educational Research Journal, 44,* 853–895. (QS)

Sturm, Circe (2002). *Blood politics: Race, culture, and identity in the Cherokee National of Oklahoma.* Berkeley: University of California Press. (QS)

Sudman, Seymour, & Bradburn, Norman M. (1982). *Asking questions: A practical guide to questionnaire design*. San Francisco: Jossey-Bass.

Suttles, Gerald D. (1968). *The socil order of the slum: Ethnicity and territory in the inner city*. Chicago: University of Chicago Press. (QS)

Tashakkori, Abbas, & Teddlie, Charles (1998). *Mixed methodology: Combining qualitative and quantitative approaches*. Thousand Oaks, CA: Sage.

Tashakkori, Abbas, & Teddlie, Charles (Eds.) (2003). *Handbook of mixed methods in social and behavioral research*. Thousand Oaks, CA: Sage.

Tashakkori, Abbas, & Teddlie, Charles (2009). Integrating qualitative and quantitative approaches to research. In Leonard Bickman & Debra J. Rog (Eds.), *The Sage handbook of applied social research methods* (2nd ed., pp. 283-317). Thousand Oaks, CA: Sage.

Teddlie, Charles, & Tashakkori, Abbas (2006). A general typology of research designs featuring mixed methods. *Research in the Schools, 13*, 12-28.

Teddlie, Charles, & Tashakkori, Abbas (2009). *Foundations of mixed methods research*. Thousand Oaks, CA: Sage.

Tedlock, Barbara (1991). From participant observation to the observation of participation: The emergence of narrative ethnography. *Journal of Anthropological Research, 47*, 69-94.

Tetley, Josephine, Grant, Gordon, & Davies, Susan (2009). Using narratives to understand older people's decision-making processes. *Qualitative Health Research, 19*, 1273-1283. (QS)

Thomas, William I., & Znaniecki, Florian (1927). *The Polish peasant in Europe and America*. Chicago: University of Chicago Press. (QS)

Thrasher, Frederic M. (1927). *The gang: A study of 1,313 gangs in Chicago*. Chicago: University of Chicago Press. (QS)

Valdés, Guadalupe (1996). *Con respeto: Bridging the distances between culturally diverse families and schools*. New York: Teachers College Press. (QS)

Valenzuela, Angela (1999). *Subtractive schooling: U.S.-Mexican youth and the politics of caring*. Albany: State University of New York Press. (QS)

Van Maanen, John (1978). On watching the watchers. In Peter K. Manning & John Van Maanen (Eds.), *Policing: A view from the street* (pp. 309-349). Santa Monica, CA: Good-year.

Van Maanen, John (1988). *Tales of the field: On writing ethnography*. Chicago: University of Chicago Press.

Van Manen, Max (1990). *Researching lived experience: Human science for an action *sensitive pedagogy.* Albany: State University of New York Press.

Vidich, Arthur J., Bensman, Joseph, & Stein, Maurice R. (Eds.) (1964). *Reflections on community studies.* New York: Wiley. (QS)

Waldinger, Roger, & Lichter, Michael I. (2003). *How the other half works: Immigration and the social organization of labor.* Berkeley: University of California Press.

Warner, W. Lloyd, & Lunt, Paul S. (1941). *The social life of a modern community.* New Haven, CT: Yale University Press (in six volumes).

Wasonga, Teresa, & Christman, Dana E. (2003). Perceptions and construction of meaning of urban high school experiences among African American university students: A focus group approach. *Education and Urban Society, 35,* 181-201. (IS)

Watson, Dennis (2010). Community-based participatory research: A lesson in humility. In David L. Streiner & Souraya Sidani (Eds.), *When research goes off the rails: Why it happens and what you can do about it* (pp. 254-262). New York: Guilford Press.

Webb, Eugene T., Campbell, Donald T., Schwartz, Richard D., & Sechrest, Lee (1966). *Unobtrusive measures: Nonreactive research in the social sciences.* Chicago: Rand McNally.

Webb, Eugene T., Campbell, Donald T., Schwartz, Richard D., Sechrest, Lee, & Grove, Janet Belew (1981). *Nonreactive measures in the social sciences* (2nd ed.). Boston: Houghton Mifflin. Previously published as *Unobtrusive measures: Nonreactive research in the social sciences* (1966).

Weick, Karl E. (1968). Systematic observational methods. In Gardner Lindzey & Elliot Aronson (Eds.), *The handbook of social psychology,* Vol. 2 (2nd ed., pp. 357-451). Reading, MA: Addison-Wesley.

Weiss, Robert S. (1994). *Learning from strangers: The art and method of qualitative interview studies.* New York: Free Press.

Weitzman, Eben A. (1999). Analyzing qualitative data with computer software. *Health Services Research, 34,* 1241-1263.

Whyte, William Foote (1955). *Street corner society: The social structure of an Italian slum* (3rd ed.). Chicago: University of Chicago Press. (Original work published in 1943) (QS)

Whyte, William Foote (1984). *Learning from the field: A guide from experience.* Thousand Oaks, CA: Sage.

Whyte, William Foote (1989). Introduction to action research for the twenty-first century: Participation, reflection, and practice. *American Behavioral Scientist, 32,* 502-512.

Whyte, William Foote (1992). In defense of Street Corner Society. *Journal of Contemporary Ethnography, 21*, 52–68.

Wilkerson, Isabel (2007). Interviewing: Accelerated intimacy. In M. Kramer & W. Call (Eds.), *Telling true stories: A nonfiction writer's guide* (pp. 30–33). London: Plume/Penguin.

Williams, Christine L. (2006). *Inside toyland: Working, shopping, and social inequality*. Berkeley: University of California Press. (QS)

Willig, Carla (2009). Discourse analysis. In Jonathan A. Smith (Ed.), *Qualitative psychology: A practical guide to research methods* (pp. 160–185). Los Angeles: Sage.

Wilson, William Julius, & Taub, Richard P. (2006). *There goes the neighborhood: Racial, ethnic, and class tensions in four Chicago neighborhoods and their meaning for America*. New York: Vintage Books. (QS)

Wolcott, Harry F. (1999). *Ethnography: A way of seeing*. Walnut Creek, CA: AltaMira.

Wolcott, Harry F. (2009). *Writing up qualitative research* (3rd ed.). Thousand Oaks, CA: Sage.

Wolfinger, Nicholas H. (2002). On writing field notes: Collection strategies and background expectancies. *Qualitative Research, 2*, 85–95.

Wong, Kenneth K., Yin, Robert K., Moyer-Packenham, Patricia S., & Scherer, Jennifer (Eds.) (2008). Special issue on the Math and Science Partnership program. *Peabody Journal of Education, 83*(4).

Yardley, Lucy (2009). Demonstrating validity in qualitative psychology. In Jonathan A. Smith (Ed.), *Qualitative psychology: A practical guide to research methods* (pp. 235–251). Los Angeles: Sage.

Yin, Robert K. (1982a). Patrolling the neighborhood beat. In R. K. Yin (Ed.), *Conserving America's neighborhoods* (Chapter 3, pp. 26–50). New York: Plenum Press. (MM)

Yin, Robert K. (1982b). Using participant-observation to study urban neighborhoods. Chapter 10 in *Conserving America's neighborhoods* (pp. 132–157). New York: Plenum Press. (QS)

Yin, Robert K. (1994). Evaluation: A singular craft. *New Directions for Program Evaluation, 61*, 71–84.

Yin, Robert K. (2000). Rival explanations as an alternative to "reforms as experiments." in Leonard Bickman (Ed.), *Validity & social experimentation: Donald Campbell's legacy* (pp. 239–266). Thousand Oaks, CA: Sage.

Yin, Robert K. (2003). A case study of a neighborhood organization. *Applications of case study research* (2nd ed., pp. 31–52). Thousand Oaks, CA: Sage. (CS)

Yin, Robert K. (2006). Mixed methods research: Are the methods genuinely integrated or merely parallel? *Research in the Schools, 13*, 41–47.

Yin, Robert K. (2009). *Case study research: Design and methods* (4th ed.). Thousand Oaks, CA: Sage. (First published in 1984)

Yin, Robert K. (in press). Case study methods. In Harris Cooper et al. (Eds.), *The handbook of research methods in psychology*. Washington, DC: American Psychological Association.

Yow, V. R. (1994). *Recording oral history: A practical guide for social scientists*. Thousand Oaks, CA: Sage.

Zorbaugh, Harvey Warren (1929). *The Gold Coast and the slum*. Chicago: University of Chicago Press. (QS)

찾아보기

〈인 명〉

Addams, J. 180
Addison, R. B. 45
Adrian, B. 334, 342, 367
Allison, G. 165, 332, 333, 339, 342
Anderson, E. 180, 249, 325, 326, 339, 358, 395
Anderson-Levitt, K. M. 180, 195
Apple, M. W. 422
Auerbach, C. K. 290

Bales, K. 84, 328, 329
Ball, D. L. 158
Banks, J. A. 338
Barrette, P. 431
Barzun, J. 382
Becker, H. S. 42, 196, 199, 266, 385
Berends, M. 424
Berger, R. 422
Berliner, D. C. 425
Bogle, K. A. 69, 326, 327, 394
Borman, K. M. 227
Bourgois, P. 337, 367
Bradburn, N. M. 214
Brenner, M. E. 215

Bruyn, S. 196
Bullough, R. V. 107
Burgess, E. W. 180
Butler, C. 402, 422

Campbell, D. T. 138, 343,
Caracelli, V. 424, 427, 428, 435
Carr, P. J. 339
Charmaz, K. 182
Christopher, S. 381
Circe, S. 234, 358
Clifford, G. 392
Coleman, J. S. 427
Connelly, F. M. 327
Cook, T. D. 343, 427
Cooper, H. M. 429
Corbin, J. 182, 291
Cosenza, C. 213
Covey, S. R. 70
Creswell, J. W. 426, 428, 430, 432
Cronbach, L. J. 166

Danny, J. 186
Davies, S. 181
Degregory, L. 396

Deirdre, R. 365
Denscombe, M. 427
Denzin, N. K. 47
Devers, K. J. 430
Drew, P. 271
Duneier, M. 265, 356, 367, 368
Dunn, E. C. 159

Edin, K. 32, 43, 142, 189, 331, 332, 366, 397
Eduard, L. 196
Eisenhart, M. 52, 306, 422
Eisner, E. W. 422
Elijah, A. 340
Elliot, L. 191, 354, 401
Emerson, R. M. 41, 42, 249, 250, 252, 255, 265, 271
Erickson, F. 287

Fetterman, D. M. 268, 272
Fielding, N. G. 280
Fineberg, H. 332, 333
Fiske, M. 225
Fontana, A. 213, 220
Fowler, F. J. 213

〈내 용〉

◀◀ 저자 소개 ▶▶

Robert K. Yin

Yin 박사는 200여 편에 달하는 연구를 수행해 왔으며, 그중 대부분의 주제는 질적 연구다. 그는 사회과학 연구를 주로 하는 회사인 코스모스사(COSMOS Corporation)의 대표를 맡고 있다. 최근 그는 국제연합 개발계획(United Nations Development Programme: UNDP)의 위촉을 받아 UNDP 직원들이 프로그램 평가에 질적 연구를 적용할 수 있도록 돕는 역할을 수행하고 있다. 또한 그는 매사추세츠 공과대학교(MIT) 도시공학과에서 연구방법 과목을 강의해 왔으며, 코펜하겐 대학교에서 박사과정 학생들의 논문을 지도하고 있다. 그는 현재 아메리칸 대학교(American University) 국제학부의 석좌 상임학자이기도 하다.

Yin 박사는 지금까지 6권의 책을 집필하고, 4권의 책을 편집했으며, 100편에 달하는 학술지 논문을 발표했다. 그의 연구는 초등 및 중등 교육과 중등 이후 교육, 건강 증진, HIV/AIDS와 물질남용 예방, 조직개발과 프로그램 평가, 마을과 공동체 및 도시개발, 기술혁신과 의사소통 등의 광범위한 영역을 다루어 왔다.

◄◄ 역자 소개 ►►

박지연

미국 캔자스 대학교에서 박사학위를 취득한 후, 이화여자대학교 특수교육과 교수로 재직 중이다. 주요 연구 분야는 장애인 가족지원, 정서 및 행동장애아 교육, 긍정적 행동지원 이다.

이숙향

미국 캔자스 대학교에서 박사학위를 취득한 후, 이화여자대학교 특수교육과 교수로 재직 중이다. 주요 연구 분야는 지적장애아 교육, 장애학생의 자기결정, 통합교육, 전환교육 이다.

김남희

성산중학교, 신연중학교 특수학급에서 장애학생을 지도해 왔고, 이화여자대학교에서 박 사학위를 취득한 후, 이화여자대학교 특수교육과 겸임교수로도 활동하고 있다. 주요 연구 분야는 정서 및 행동장애아 교육, 긍정적 행동지원, 특수교육 교육과정 및 교과교육이다.

우리 세 명의 역자가 수행했던 질적 연구 중 일부를 소개하면 다음과 같다.

- Family Quality of Life: A Qualitative Inquiry (2003, Mental Retardation)
- 일반 학급 내 정서 및 행동 문제를 가진 아동의 특성과 지원 요구에 대한 질적 연구 (2004, 정서 · 행동장애연구)
- 장애학생의 자기결정 및 교수 실제에 대한 특수교사와 부모의 인식(2009, 특수교육저 널: 이론과 실천)
- 장애학생의 자기결정에 대한 인식 및 성인기 전환과 관련된 자기결정 개념의 실제적 적용에 관한 질적 연구(2009, 특수교육학연구)
- 문제행동이 장애아 가족의 삶에 미치는 영향과 가족의 대처방식에 관한 질적 연구 (2010, 정서 · 행동장애연구)
- 중등 통합교육의 현실 및 지원요구에 대한 질적 연구: 장애학생과 부모의 통합교육 경 험 및 인식을 중심으로(2011, 지적장애연구)
- 발달장애인의 성공적 성인기 전환에 영향을 준 요소와 전환 지원방안에 관한 질적 연 구(2012, 특수교육학연구)

질적 연구
시작부터 완성까지
Qualitative Research from Start to Finish

2013년 11월 15일 1판 1쇄 발행
2023년 10월 20일 1판 7쇄 발행

지은이 • Robert K. Yin

옮긴이 • 박지연 · 이숙향 · 김남희

펴낸이 • 김 진 환

펴낸곳 • (주) **학지사**

　　　　04031 서울특별시 마포구 양화로 15길 20 마인드월드빌딩 5층

대표전화 • 02) 330-5114　　팩스 • 02) 324-2345

등록번호 • 제313-2006-000265호

홈페이지 • http://www.hakjisa.co.kr

인스타그램 • https://www.instagram.com/hakjisabook

ISBN 978-89-997-0237-2 93370

정가 **20,000원**

출판미디어기업 **학지사**

간호보건의학출판 **학지사메디컬** www.hakjisamd.co.kr
심리검사연구소 **인싸이트** www.inpsyt.co.kr
학술논문서비스 **뉴논문** www.newnonmun.com
원격교육연수원 **카운피아** www.counpia.com